家具から発想する建築計画

宮宇地一彦

彰国社

著者　　　　　　宮宇地一彦（宮宇地一彦建築研究所 所長）

編集協力　　　　曽根里子（文化学園大学 造形学部 准教授）
　　　　　　　　伏見　建（建築環境・設備研究所 所長）

装幀・本文デザイン　髙橋克治（eats & crafts）

目次

第1章　発想は家具から

1. 家具のまわりにゾーンは生まれる ……… 8
2. ゾーンの規模づくり ………………… 10
3. ゾーンから室へ ……………………… 12
4. 複合ゾーンの室 ……………………… 14
5. 室から平面へ ………………………… 16
6. 平面から立体へ ……………………… 18
7. 動線・シークエンス ………………… 20
8. 廊下・通路・階段・スロープの寸法 …… 22

第2章　事例から学ぶ

1. 事例からの学び方 …………………… 26
2. 独立住宅・集合住宅 ………………… 28
3. オフィスビル ………………………… 40
4. 店舗 …………………………………… 48
5. ホテル・旅館 ………………………… 60
6. 病院・診療所 ………………………… 72
7. 高齢者施設 …………………………… 78
8. グループホーム ……………………… 90
9. 独身寮 ………………………………… 92
10. コミュニティセンター ……………… 94
11. 博物館・アートギャラリー ………… 96
12. 劇場・音楽ホール・映画館 ………… 102
13. 図書館 ………………………………… 114
14. クアハウス・温泉 …………………… 120
15. 体育館・スポーツクラブ …………… 122
16. 幼稚園・保育所・認定こども園 …… 126
17. 小学校 ………………………………… 134
18. 専門学校 ……………………………… 144
19. 斎場 …………………………………… 146
20. トイレ ………………………………… 148
21. 駐車場・駐輪場 ……………………… 150
22. 複合建築 ……………………………… 152

第3章　分析から総合へ

1. 建築づくりの進め方 ………………… 158
2. イメージ記憶をためておく ………… 160
3. アイデアをためておく ……………… 162
4. 場所とニーズの分析訓練をしておく …… 164
5. 案をつくる …………………………… 166
6. 複合建築の提案例 …………………… 168

まえがき

　私が、女子大学の建築デザインコース（当時）で教鞭をとっていた頃のことです。その学科は、前身である「家政学部・インテリア専攻」の雰囲気が色濃く漂っていました。あるとき、工学部出身の私は、学生の発想に対して内心驚くと同時に、感動したことがあります。設計課題の提出日のことです。模型の家具はびっしり細かくつくられているのに、屋根がつくられていないのです。「時間がなかった」というのが理由でした。私の学んだ工学部の建築学科では、外観はしっかりつくり、時間があったら家具の模型をつくるといった順序が普通だったので、よく覚えています。

　このことは、どちらも、最後にすべてを完成させておけば同じに見えますが、明らかに違っているのが「考える道筋＝論理」です。「先」に何を考えて「後」で何を考えるかは、まるで逆といってもいいでしょう。

　このような発想の違いの経験がヒントになって、『家具から発想する建築計画』を書こうと思い至りました。

　「計画（planning）」という用語と、「設計（design）」という用語は、同じ意味で使われることもあり、また、違う意味で使われることもある、なかなかやっかいな言葉です。

　「計画＝プランニング」の語源は、「プラン（plan）＝平面」からきており、日本の「間取り」に近い言葉と考えていいでしょう。「間取りを考える」、すなわち、毎日の生活や業務などに必要な「平面づくり」を考えたあと、各階の平面を、1階、2階……最上階と重ねていくと、「建築の全体像」が見えてきます。「計画」という言葉は、平面計画、立面計画、断面計画などのように様々な使い方がされますが、この本では、特に「**平面計画＝平面づくり**」を重視して、建築全体の計画にまでもっていくにはどうしたらいいかを扱っています。

　一方、「設計（design）」には、「存在の前に」、あるいは、「まだ現れないものを見る」といった創造的な意味合いが含まれています。日本の創意工夫によって生み出される「意匠」に近い言葉と考えていいでしょう。「**形や空間づくり**」では豊かな発想力は欠かせません。

　「計画と設計」は、別々に考えるのではなく、本来は一緒に考えていくべきものです。両者を一緒に考えていくことを、この本では「**建築づくり**」という言葉で表しています。まとめると、次のようになります。

■計画とは、主に平面づくりを考えること
■設計とは、主に形と空間づくりを考えること
■建築づくりとは、計画と設計を一緒に考えること

　「建築づくり」を開始してよく問題になるのが、「形と空間づくり」のための「イメージスケッチ」は増えていくのに、「平面づくり」のための「平面スケッチ」は一向に増えていかないという事態です。もちろん、この反対の事態に陥ることもよく起こります。学生時代の設計課題や卒業制作で、あるいは、実務での最初のプロジェクトで、このような事態に直面したことを思い出す人は多いかもしれません。

　また、「建築づくり」を始めるといっても、手をつける範囲が広くて「どこから始めていいか分からない」ということはよく起こります。建築づくりの進め方には、大きく分けて２つあります。建築の「全体」から始める方法と「部分」から始める方法です。

　「全体から始める」とは、例えば、建築全体の、容積率、建蔽率、斜線制限などを検討して大枠を決め、コンセプトを決め、それから、各階の平面、室の構成、家具配置へと進めていく方法です。

　「部分から始める」とは、コンセプトを決め、その用途に必要な家具を選び、ゾーンの規模や室の大きさを決め、各階の平面、容積率、建蔽率、斜線制限などを検討しながら、建築全体へとまとめていく方法です。どちらも、建築づくりが終わるまでに、すべての要求条件をクリアしておけば、結果としては同じです。違うのは「どこから考え始めるか」です。

　この本では、『家具から発想する建築計画』というタイトルの通り、家具から考え始めて、建築全体をつくるに至るにはどうしたらいいかを扱っています。さらに、現代建築の傾向となっている「複合建築」についても扱っています。この本で、皆さんにおすすめしたい建築づくりの「順序」は、次の通りです。

■家具→ゾーン→室→平面→建築→複合建築→敷地

　建築づくりには、構造、法規、材料、設備などたくさんの専門的な知識が必要です。設計課題や卒業制作で、あるいは、実務についての最初のプロジェクトで「第１案」をつくり上げるためには「これだけは知っておくべき」とされる「基礎知識」をこの本では扱っています。また、１級、２級建築士の資格を目指している人たちにとっては、「建築計画」に関する分かりやすい解説書となるようまとめました。

第1章 発想は家具から

「建築計画」を考えるときには、平面計画、立面計画、断面計画、さらに、構造計画、材料計画、設備計画、外構計画など、様々な計画を考えていかねばなりません。この本は、その中でも「平面計画」を最も重要と考え、これをどのように進めていったらいいかを扱っています。この本では、平面計画を「平面づくり」と呼んでいますが、では、これをどこから始めたらいいでしょうか。この本では『家具から発想する建築計画』というタイトルの通り、家具から考え始めることをおすすめしています。建築用途には、例えば、オフィスビル、店舗、病院など様々ありますが、どの用途にもその用途ならではの「特徴ある家具」が使われています。さらに、それらの家具をよく見ると、その基本となる機能や寸法は、「住宅家具」の中に発見することができます。まとめると、次のようになります。

- ■ 建築計画では「平面づくり」を重視して考える
- ■ 各用途の「平面づくり」に必要な家具の検討から始める
- ■ これらの家具の基本的な機能や寸法は、住宅の中に発見できる

建築用途の数は、生活や業務、娯楽や集会などの多様化や、時代の変化に伴い、増えていく傾向にあります。また、用途の内容も、複雑化し複合化していく傾向にあります。様々な用途で使われている家具を、それぞれ個別に学ぶのは大変です。そこで、どのような用途の平面づくりにも対応できるように「住宅の家具」から学ぶことを、この本ではおすすめしています。平面づくりに必要な「家具寸法」については、時間のたっぷりある学生時代に、体験的に学んでおくといいでしょう。「泥縄式（泥棒を捕らえてから縄をなうのでは遅い）」という言葉がありますが、世の中に出て、実際のプロジェクトに直面して、家具寸法の勉強から始めるのでは少々遅すぎます。学び方は、ポケットがふくらむことを気にせず巻尺を常に所持し、チャンスがあれば家具に近づき、触り、接しながら、実測をして寸法を覚えておきます。最初は、我が家のキッチン・ダイニング・リビング・個室などの家具から始めるといいでしょう。

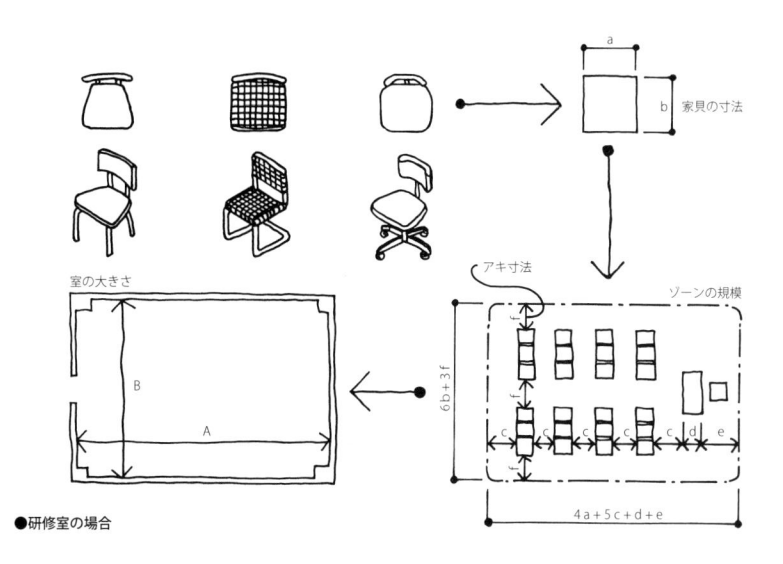

●研修室の場合

第1章　発想は家具から

1 家具のまわりにゾーンは生まれる

1. 住宅には建築の基本がある

1. 住宅の家具から学ぶ

「住宅には建築の基本がある」あるいは「住宅を学んでおけばほかの用途にも応用できる」とよく言われます。では、住宅のどの部分を学んでおけば建築計画に役立つでしょうか。ここでは、「住宅の家具」を学んでおくことで、住宅以外の用途にも応用できると考えています。

2. 家具のまわりにゾーンは生まれる

「家具」は使われることで、そのまわりに「ゾーン」を生み出します。例えば、「ベッド」のまわりは「寝るゾーン」というように。「家具寸法」とそのまわりの「アキ寸法」を学んでおくことで、住宅以外の、例えば、病院の「病室」などに応用できます。

3. ゾーンは複数生まれている

「家具名」を聞いてすぐに思い浮かぶのは、その名前に由来する「主な使い方」です。例えば、「食卓」といえば「食べる」というように。しかし、実際には、食卓は「家族会議用のテーブル」「下校後の子どもの勉強机」「来客時の応接テーブル」「アイロン台」「裁縫台」「パソコン用机」などにも使われます。家具には、「複数のゾーン」が生まれていることを知っておくと、様々な用途の計画に役立ちます。

4. ゾーンは結びついて複合ゾーンになる

「1つの室」の中に「数種類の家具」が置かれていると、家具のまわりの「ゾーン」と「ゾーン」が結びついて、ひとまわり大きな新たな「複合ゾーン」が誕生していきます。例えば、住宅では「ソファセット」「食卓と椅子」「厨房器具」といった3種類の家具まわりには、L（リビング）、D（ダイニング）、K（キッチン）といった3つのゾーンが生まれています。これらが結びついていくと、LDK、LK、DK、LDといった新たな複合ゾーンが誕生していきます。

5. ゾーンの結びつきと間仕切り壁・建具

ゾーンとゾーンを「切り離す」、あるいは、「結びつける」ことに大きな影響を与えるのが「間仕切り壁」と「建具」です。例えば、住宅計画では、「LDKのゾーン」のどこに間仕切り壁や建具を入れるかでよく悩みます。入れ方次第で、それぞれのゾーンを「各室」に分けたり、大きく「複合ゾーンの室」としてまとめることができます。長寿命建築を目指す現代では、将来のリニューアル（改装）やコンバージョン（用途変更）を考えて、新築時には、間仕切り壁や建具の「位置や可変性」をよく考えて計画しておきます。

図表1　家具のまわりに生まれるゾーン（例：住宅）

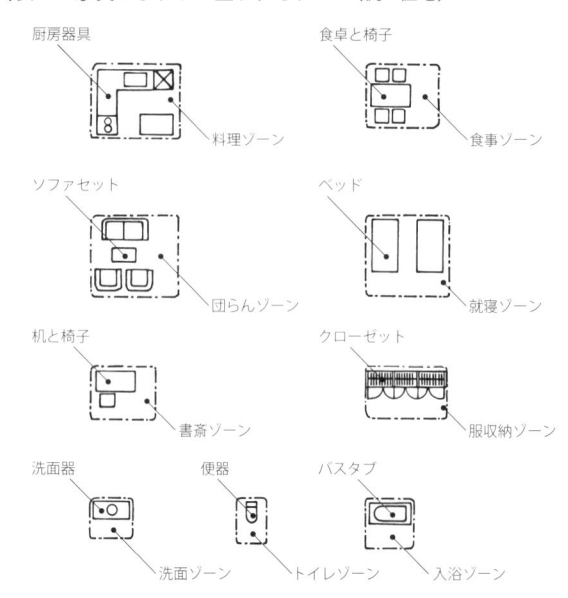

図表2　ゾーンは結びついて複合ゾーンになる（例：高齢者住宅）

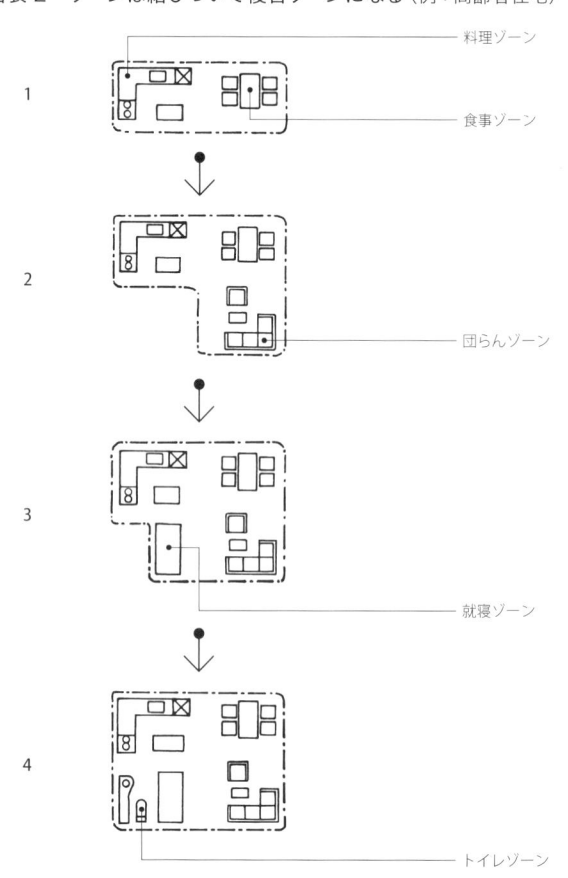

2. ゾーンづくりに必要な寸法

1. 家具寸法

「平面図」は、建築計画を進めていく上で基本となる図面です。その「平面」を決めるためには「室」を、そのためには「ゾーン」を、そのためには「家具」を決めなくてはなりません。「平面づくり」では、家具の3Dの寸法より、「2Dの寸法（平面）」が大切です。

2. アキ寸法

家具は、「人に使用される」ことで「ゾーン」を生み出します。家具がうまく使われるためには、その周囲に「人が身体を動かす」ための「アキ寸法」が必要です。例えば、食卓につくために「椅子を後ろに引く」あるいは「食卓や椅子のそばを通る」ためのアキ寸法が必要です。

3. 通路の幅

たくさんの家具が置かれている公共的な室、例えば、学校の教室、映画館の客席、レストランの客席などでは、家具と家具の間をぬって歩く「通路」が必要です。通路には、廊下と違う性質があります。「通路の幅」は、家具と家具の間の一種の「アキ寸法」と考えていいでしょう。どの幅も、2人がすれ違える「900mm」を最小限必要とします。

3. 実測経験を積む

1. 我が家の家具を実測する

建築計画では、住宅以外の、オフィスビル、ホテル、美術館などの一般建築や公共建築も扱います。しかし、これらに必要な家具寸法をすべて覚えておくのは大変です。そこで、「住宅には建築の基本がある」ということを思い出して、我が家の「家具を実測し」「基本的な寸法」を覚え、他の用途へ「応用」できるようにしておきます。

2. 公共の家具を実測する

とはいえ、住宅にはない「独特な家具」、例えば「映画館の椅子」「ホテルの受付カウンター」などは、実測を公式に申し入れても、その趣旨を理解してもらえず、かえって混乱を招くことがあります。そこで、隅のほうで公共物を傷つけないように、「巻尺」との間に指一本入れ、素早く実測する技術を身につけておきます。持ち歩きには、丸い小型の「裁縫用の巻尺」が適しています（筆者の経験より）。

3. 図面を計測する

計測が困難な場合、例えば「病院のCT撮影機と壁とのアキ寸法」「宴会場のテーブル間のアキ寸法」などでは、家具や器具の描かれている平面図を探し出し、三角スケールで計測します。1/400、1/600といった縮尺では多少誤差はありますが、計画段階では「概略寸法」として使えます。

（参考：遠藤勝勧『見る測る建築』TOTO出版）

図表3　平面づくりに必要な家具寸法

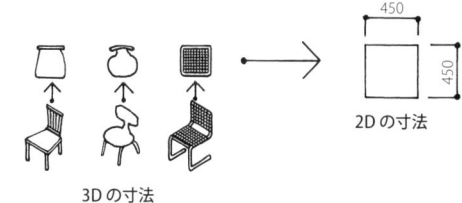

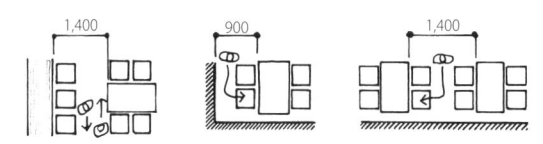

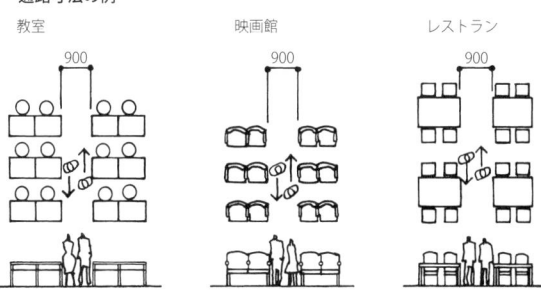

図表4　計測の例

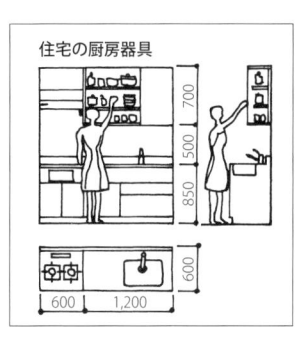

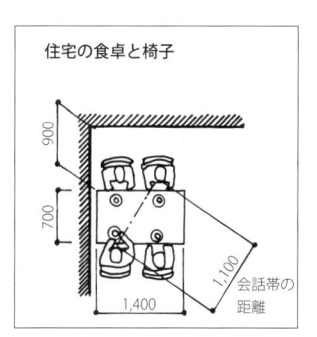

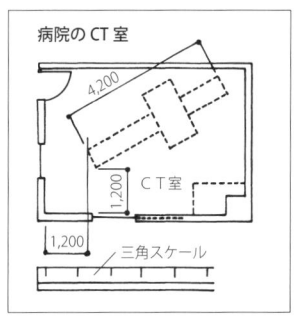

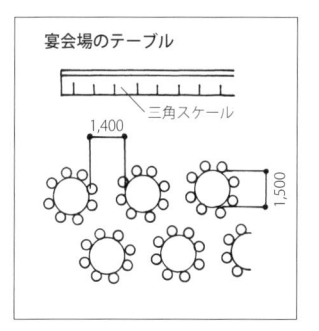

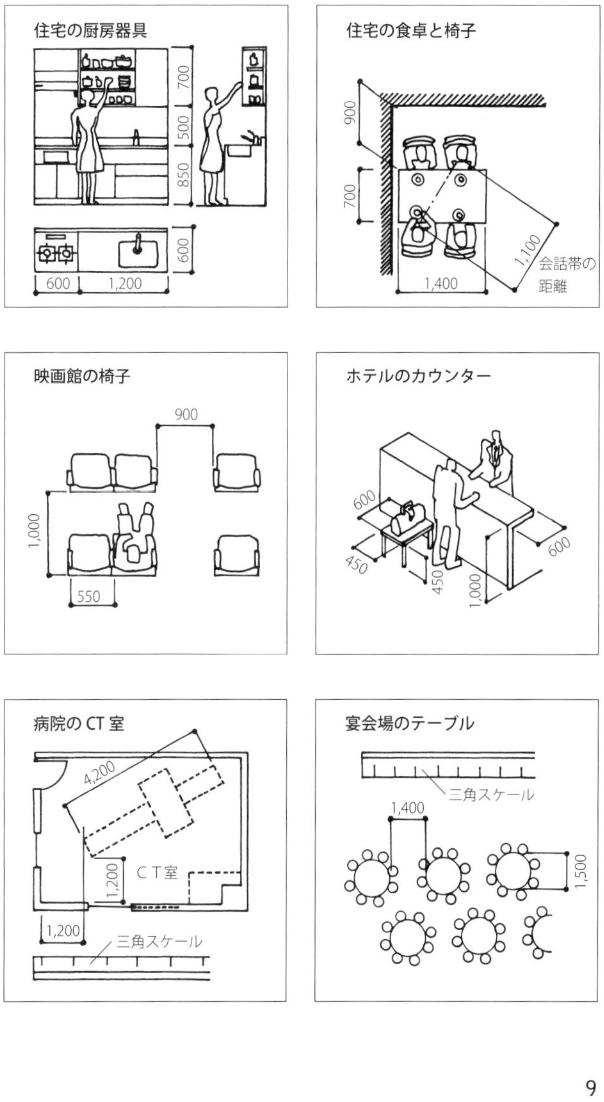

第1章　発想は家具から

2　ゾーンの規模づくり

1. 発想は家具から

1. どのような家具の種類が必要か考える

新築直後の建物に入ると、室の中はガランとしていて、そこでどのような生活や業務が行われるのか予想がつかない場合があります。そこへ「家具」が運び込まれると（例えば、オフィスビルの「事務机と椅子」「ロッカー」などが置かれてくると）、そこは「事務ゾーン」「更衣ゾーン」といったように、どのような「ゾーン」が計画されていたのかが分かってきます。「ゾーニング計画」では、まず、そこに必要な「家具の種類」の選択から考え始めるといいでしょう。

2. 家具の数からゾーンの規模を決める

家具の種類が決まると、次に、そこに必要な「家具の数」を決めます。家具の数は、「ゾーンの規模」と関係しています。例えば、レストランの「椅子の数」は「食事する客の数」に、劇場の「椅子の数」は「鑑賞する客の数」に関係しています。家具の数は、必要な数だけ「足し算」して決めてよい場合と、与えられた面積の範囲内で「割り算」で決めなければならない場合があります。

3. 住宅家具にヒントがある

建物の規模が大きくなると、とかく、「ヒューマンスケール（人間的尺度）」を見失いがちです。そのような場合、「住宅家具」の中にヒントがあることを思い出すといいでしょう。例えば、大学の学生食堂で100席必要な場合、住宅の4人掛けや6人掛けの「椅子と食卓」から始めるといいでしょう。右の図表では、「住宅家具」から出発して、様々な用途の「ゾーンの規模づくり」に応用できる例を挙げてあります。

2. 平面はゾーンの規模づくりから

1. 家具寸法・アキ寸法・通路幅を足し算する

「形や空間づくり」では、思いついたイメージをすぐスケッチできる直観力が必要です。「平面づくり」では、要求条件を着実に積み上げていく忍耐力が必要です。中でも大切な「ゾーンの規模づくり」のためには、「家具寸法」「アキ寸法」「通路幅」を忍耐強く「足し算」して決めていきます。

2. ゾーンの規模と室の大きさは違う

ここまでは「ゾーンの規模づくり」について述べてきました。ここで、気をつけておきたいのは、家具数からゾーンの規模が決まり、そのまわりを壁で囲めば、それがそのまま、室の大きさになると考えがちです。ここに、平面づくりの大きな落とし穴があります。ここでは、「ゾーンの規模」と「室の大きさ」は違う、ということを覚えておいて下さい。

○食事ゾーンの規模づくり

どのような大規模なレストランでも、住宅の食卓と椅子が基本になっています。住宅の2人掛け、4人掛け、6人掛けの食卓は、レストランやカフェに応用可能です。これは、食事は「食べる」だけでなく、「会話」も大切であり、声が届く「会話帯の距離」が基本になっているからです。6人を超えると、一般に、別の会話帯が生まれます。

図表1　食事ゾーンの規模づくり　1/200

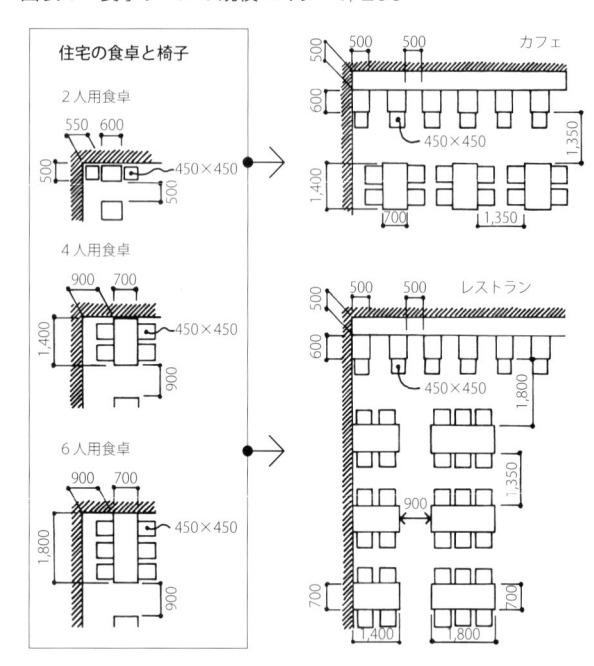

○料理ゾーンの規模づくり

厨房器具の奥行は、住宅用も業務用も、手の届く600mmが基本です。通路幅は、住宅用も業務用も、2人のすれ違える最小限900mm以上必要です。厨房器具は、コンロ・シンク・台などをパーツ化して連結していますが、長さの寸法は150mmの倍数になっています。300、450、600、900、1200、1500mmがよく使われます。

図表2　料理ゾーンの規模づくり　1/200

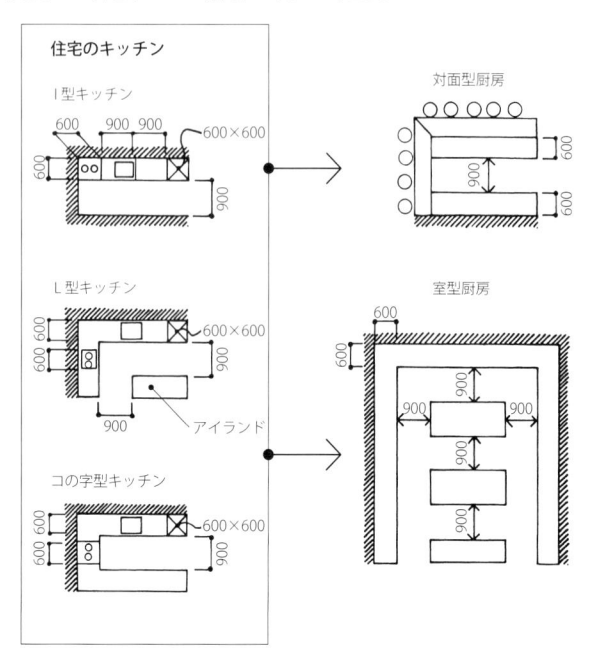

○団らんゾーンの規模づくり

住宅の団らん用の家具は、ソファ（洋家具）とローテーブル（和家具）に大きく分けられます。洋家具のソファの配置は、ホテルのロビーやクラブなどに応用できます。配置は、食卓と同じ「会話帯の距離」が基本になっています。公共の場では、異なる会話帯のグループが、少し離れて散在するように配置するといいでしょう。

図表3　団らんゾーンの規模づくり　1/200

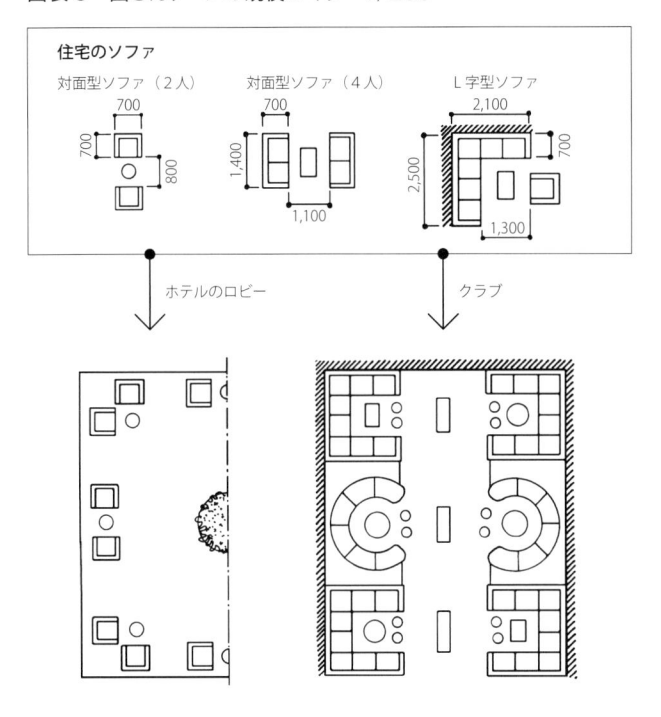

○寝るゾーンの規模づくり

住宅の寝具は、ベッド（洋室）と布団（和室）に、さらに、1人用と2人用に分けられます。計画段階では、1人用のベッド寸法は、ホテルの客室・病院の病室・寮の寮室・高齢者施設の居室のいずれにおいても、最小寸法は約1,000mm×2,000mmとしていいでしょう。用途が違うと、ベッド横のアキ寸法が変わってきます。

図表4　寝るゾーンの規模づくり　1/200

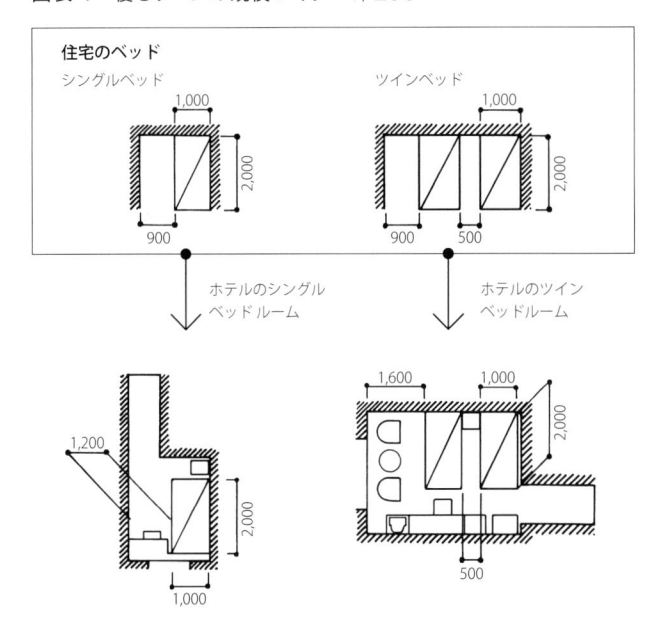

○机仕事ゾーンの規模づくり

住宅の書斎机と椅子は、1人用が基本です。オフィスビルにおいても、1人用の事務机と椅子が基本です。必要な人数分の机と椅子、そして、アキ寸法と通路寸法を足し算することで、事務ゾーンの規模が決まります。事務机の形は、パソコン用と筆記用の机上面の兼ね合いで、I型とL型に大きく分けられます。

図表5　机仕事ゾーンの規模づくり　1/200

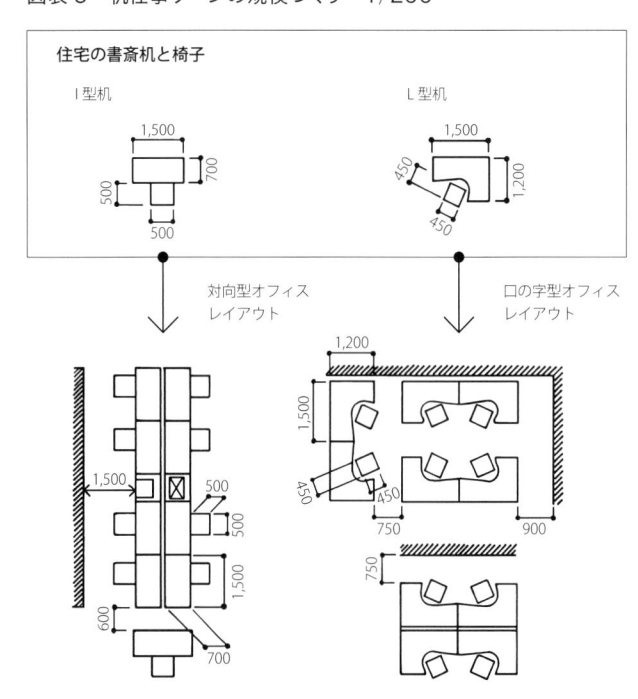

○服収納ゾーンの規模づくり

住宅のクローゼットの奥行は約600mm、クローゼット前で扉を開いたまま着替えるときの後ろのベッドまでは900mm以上必要です。体育館、温泉、スポーツクラブなどのロッカーの奥行は550mm、幅は約300mmです。ロッカー前の着替えをするための幅は、片側配置で900mm以上、両側配置で1,200mm以上必要です。

図表6　服収納ゾーンの規模づくり　1/200

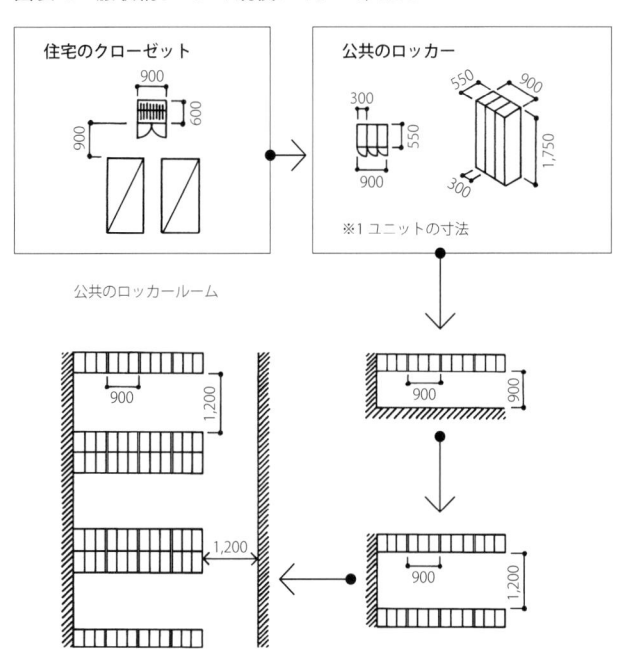

第1章　発想は家具から

3　ゾーンから室へ

1. ゾーンと室の違い

1. ソフトとハードの違い

「ゾーン」は、家具や器具などを使うことによって生まれてくる人間の「活動領域（ソフト）」のこと、「室」は、壁・床・天井・窓・扉などによって囲まれた「物理的空間（ハード）」のこと、とここでは定義しておきます。

2. ゾーンの規模と室の大きさ

「ゾーンの規模」は、「家具寸法・アキ寸法・通路幅」を足し算して決めます。「室の大きさ」は、「ゾーンの規模ギリギリ」で決める場合もありますが、ある程度「余裕のスペースを加えて」決める場合もあります（図表1）。

図表1　「ゾーンの規模」と「室の大きさ」の違い（例：研修室）

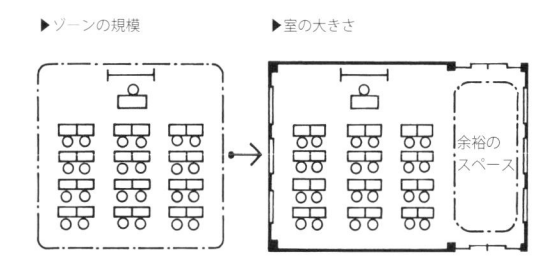

2. 建築基準法による室

1. 居室の定義

建築基準法では、法2条の「用語の定義」で、「居室」を重要な概念として図表2のように定義しています。ポイントは「居住、執務、作業、集会、娯楽」と「継続的に使用する」です。俗に「非居室」と呼ばれている室もあります（図表3）。
＊「法」とは建築基準法、「令」とは建築基準法施行令を指します。

図表3　居室の例（住宅の場合）

		採光	換気
居室	居間、食事室、台所、寝室、子ども室、書斎、和室、洋室、客間	自然採光が必要（開口部が必要）	自然換気が必要（開口部が必要）
非居室	玄関、廊下、階段、浴室、脱衣室、トイレ、押入、収納、機械室	人工照明でもOK	機械換気でもOK

2. 居室の採光と換気

「居室」には、そこでの継続的な使用が可能なように、「採光と換気」のとれる「開口部（窓や扉など）」を外気に面して設けなければなりません。法28条で、さらに、一定以上の「開口面積」が要求されています。

3. 住宅の開口面積の計算例

図表4は、「集合住宅」における「居室の採光と換気」に必要な「有効開口面積」を計算した例です。条件は、独立住宅と集合住宅とでは同じです。違うのは、集合住宅では隣の住戸との間の「界壁」には開口部がとれないことです。

4. 除外規定

法律の「この場合には…を除外する」という除外規定を使うと、条件緩和される場合があります。例えば、図表4では、窓のとれない和室でも、LDK側の「ふすま」でベランダの開口部を採光と換気に利用できます（法28条4項）。

図表2　建築基準法による居室の定義

○居室の定義（法2条）
　居室（とは）居住、執務、作業、集会、娯楽その他これらに類する目的のために継続的に使用する室をいう。
○居室の採光及び換気（法28条）
　住宅、学校、病院、診療所、寄宿舎、下宿その他これらに類する建築物で政令で定めるものの居室（居住のための居室、学校の教室、病院の病室その他これらに類するものとして政令で定めるものに限る）には、採光のための窓その他の開口部を設け、その採光に有効な部分の面積は、その居室の床面積に対して、住宅にあっては7分の1以上、その他の建築物にあっては5分の1以上から10分の1までの間において政令で定める割合以上としなければならない。ただし、地階若しくは地下工作物内に設ける居室その他これらに類する居室又は温湿度調整を必要とする作業を行う作業室その他用途上やむを得ない居室については、この限りではない。
2　居室には換気のための窓その他の開口部を設け、その換気に有効な部分の面積は、その居室の床面積に対して20分の1以上としなければならない。ただし、政令で定める技術的基準に従って換気設備を設けた場合においては、この限りではない。
3　別表第一（い）欄（一）項に掲げる用途に供する特殊建築物の居室又は建築物の調理室、浴室その他の室でかまど、こんろ、その他火を使用する設備若しくは器具を設けたもの（政令で定めるものを除く）には、政令で定める技術的基準に従って、換気設備を設けなければならない。
4　ふすま、障子その他の随時開放することができるもので仕切られた2室は、前三項の規定の適用については1室とみなす。

図表4　採光面積と換気面積の計算例

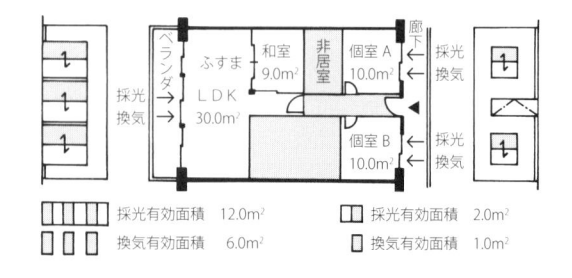

室名	室面積 A	採光 必要面積 $A \times \frac{1}{7}$	有効面積	換気 必要面積 $A \times \frac{1}{20}$	有効面積
LDK＋和室	39.0m²	5.6m²	12.0m² OK	1.95m²	6.0m² OK
個室A、B	10.0m²	1.5m²	2.0m² OK	0.5m²	1.0m² OK

3. 現代の室の概念

1. 近代主義建築の室の特徴

ゾーンが複数結びついてできる「複合ゾーン」の出現は、つい最近のように思えますが、実は、西洋の20世紀初頭の近代主義の建築運動の中で「流れる内部空間」として開発されたものでした。西洋のそれまでの古典主義によるつくり方は、「石やレンガ」を積み重ねてつくる「組積造」であり、構造上「室を細かく区切る」しかありませんでした。近代になって「コンクリート、鉄、ガラス」といった「近代材料」が開発され「独立骨体と皮膜」という新しい構法が考案されました。この構法により、ゾーンとゾーンをつなげてつくる「複合ゾーン」が可能になり、新しい「室づくり」が可能となりました。

2. 日本の室の特徴

日本にも、明治以降の近代化の中で、コンクリート、鉄、ガラスによる「独立骨体と皮膜」と「流れる内部空間」の考え方が入ってきました。日本には、近代以前の古来より続く「木造、ふすま、障子」による「流れる内部空間」の伝統があります。現在では、バリアフリーやユニバーサルデザインに必要な流れる内部空間の考え方が見直されていますが、実は、日本の伝統的な「室づくり」の中に、今でも継承されているものです。

3. 室には室名がある

計画が終わると、いずれ正式な図面にしなくてはなりません。そのとき、平面図、内部仕上げ表、展開図などには「室名」が必要になります。トイレなど「1つのゾーンに限定した室」の室名には苦労しませんが、「複合ゾーンの室」の室名には、主機能を代表させてつけるか、まったく新しい室名をつけるかで苦労します。建設後に建物を使用する人たちのためにも、計画段階から使いやすく分かりやすい「室名」を考えておきます。

図表5 古典主義の室

○パラーディオ著『建築四書』より

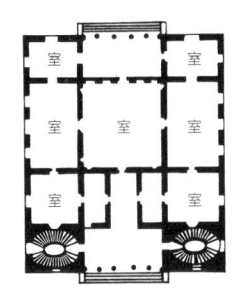

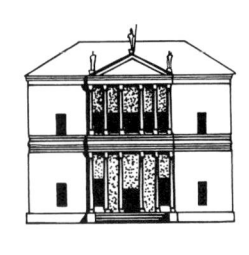

イタリアのバロック時代の建築家・パラーディオにより書かれた『建築四書』の中にある邸宅の図です。この著書は、その後、イギリスやフランスでも普及し、ヨーロッパの古典主義の基本をつくった本として有名です。石造やレンガ造の時代には、「室」を自由につくれず、細かく区切られた室の群として構成されています。

図表6 近代主義の室

○ロビー邸（ライト設計）

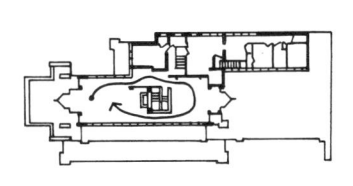

○ファンズワース邸（ミース設計） 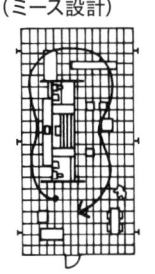　○サヴォア邸（ル・コルビュジエ設計）

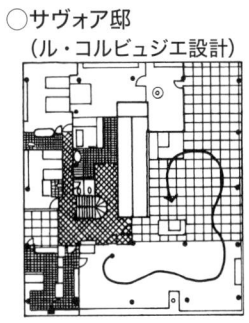

＊共通しているテーマは「流れる内部空間」

図表7 日本の伝統的な室

○醍醐寺三宝院

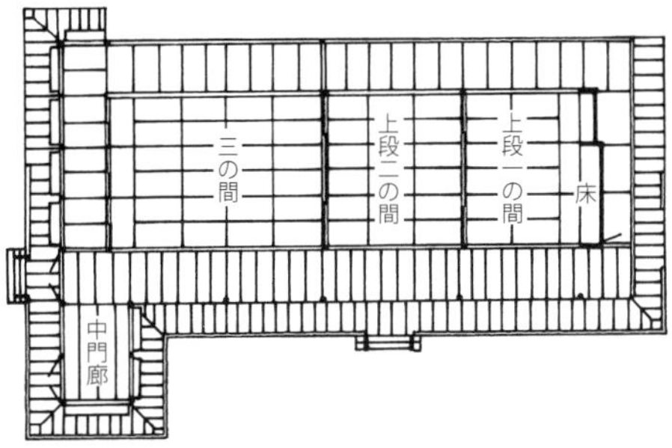

醍醐寺三宝院の書院には、現代のユニバーサルデザイン、あるいは、バリアフリーの空間づくりにも通じる、日本の伝統的な空間要素を発見することができます。歴史的な建築から学ぼうとするとき大切なのは、古建築を、すでに役目を終えたものとして見るのではなく、そこに現代まで受け継がれている本質を見抜くことです。

図表8 日本の戦後を代表する住宅の室

○丹下健三自邸

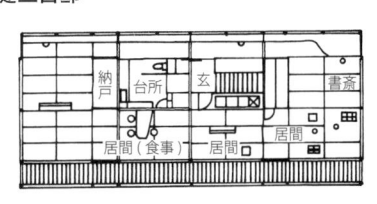

○清家清自邸 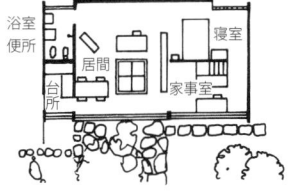　　○菊竹清訓自邸（スカイハウス）

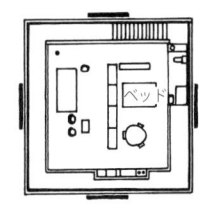

＊共通しているテーマは「流れる内部空間」

第1章　発想は家具から

4　複合ゾーンの室

複合ゾーン化への傾向

1. ゾーンとゾーンが結びついて

20世紀初頭の「流れる内部空間の室づくり」は、現代の「複合ゾーンの室づくり」に受け継がれています。関係するゾーンとゾーンが結びついていって1つの大きな室になるには、一方で、バリアフリーやユニバーサルデザインへの対応が背景としてあったものと考えられます。

2. 玄関や廊下が多機能化して

玄関や廊下は、本来は目的とする室へ行く途中の「動線」の役目を果たすものです。現在は、動線だけでなく、「コミュニケーション」のための場所、室機能を「あふれ出し」させるための場所、「多様な機能」を設置できる場所として、すなわち、「複合ゾーンの室」として考えられています。図表1は、そのような例の幾つかです。

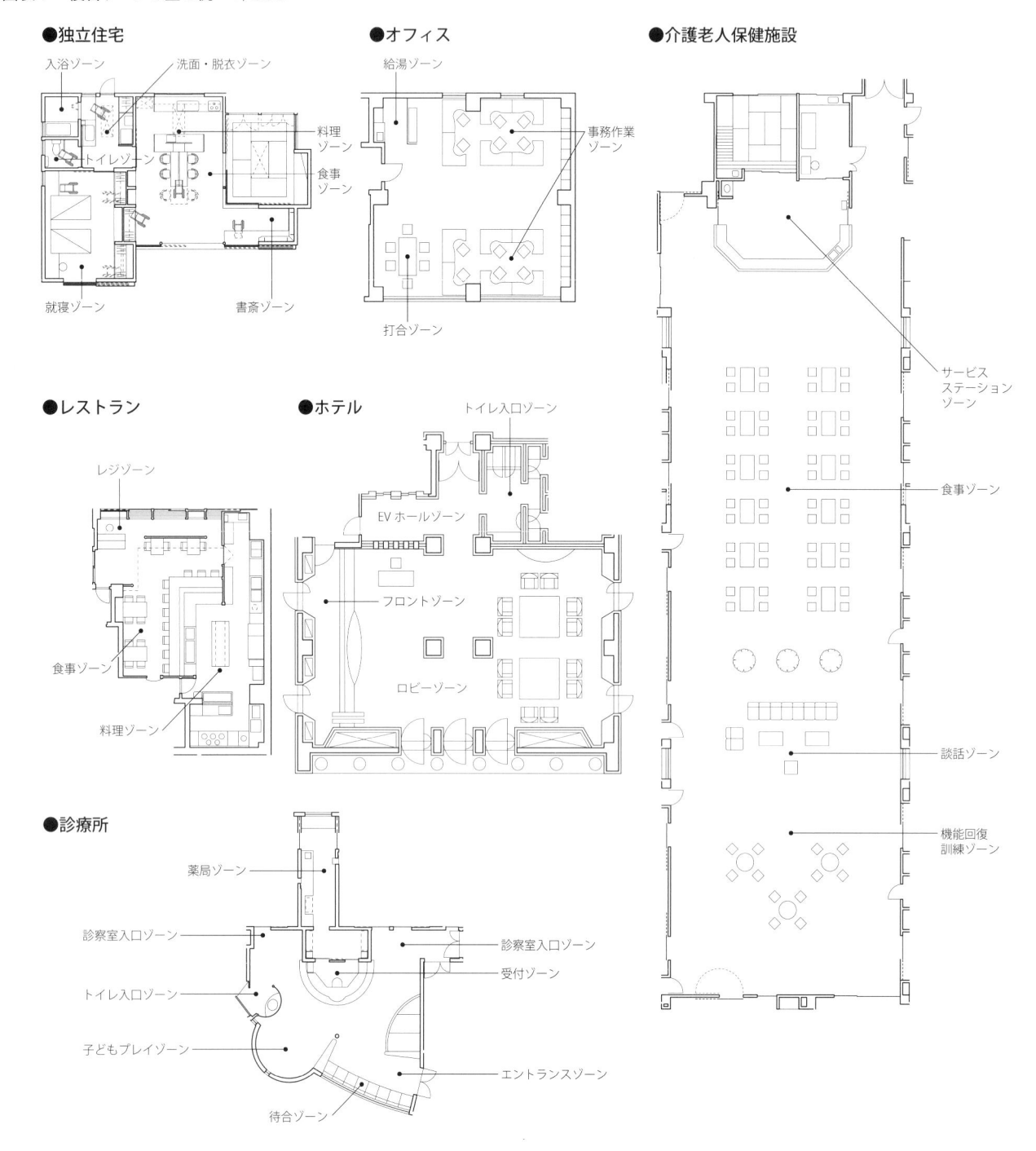

図表1　複合ゾーンの室の例　1/300

●独立住宅
入浴ゾーン／洗面・脱衣ゾーン／トイレゾーン／料理ゾーン／食事ゾーン／就寝ゾーン／書斎ゾーン

●オフィス
給湯ゾーン／事務作業ゾーン／打合ゾーン

●介護老人保健施設
サービスステーションゾーン／食事ゾーン／談話ゾーン／機能回復訓練ゾーン

●レストラン
レジゾーン／食事ゾーン／料理ゾーン

●ホテル
トイレ入口ゾーン／EVホールゾーン／フロントゾーン／ロビーゾーン

●診療所
薬局ゾーン／診察室入口ゾーン／トイレ入口ゾーン／子どもプレイゾーン／待合ゾーン／受付ゾーン／エントランスゾーン／診察室入口ゾーン

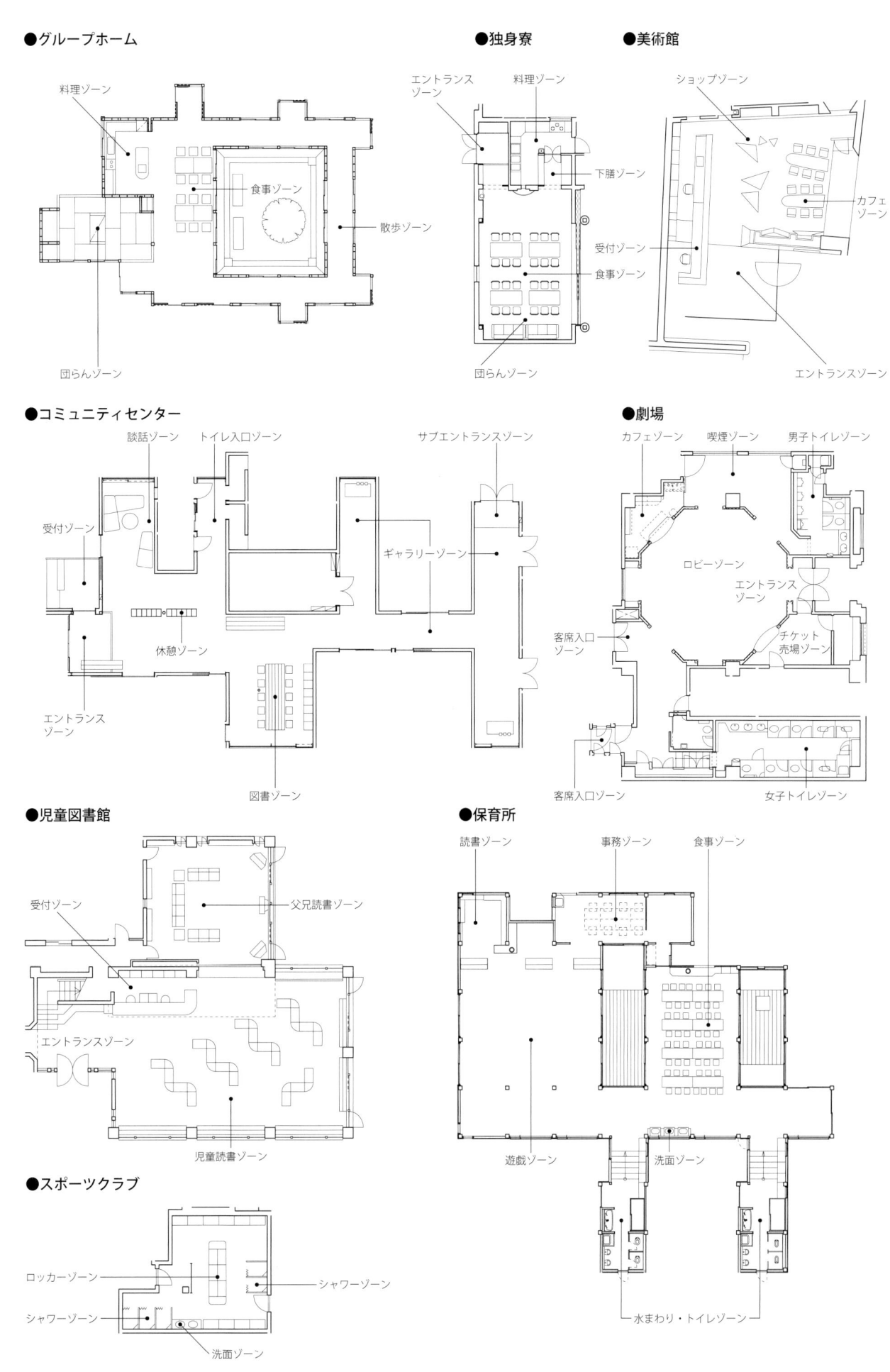

●グループホーム
- 料理ゾーン
- 食事ゾーン
- 散歩ゾーン
- 団らんゾーン

●独身寮
- エントランスゾーン
- 料理ゾーン
- 下膳ゾーン
- 受付ゾーン
- 食事ゾーン
- 団らんゾーン

●美術館
- ショップゾーン
- カフェゾーン
- エントランスゾーン

●コミュニティセンター
- 談話ゾーン
- トイレ入口ゾーン
- サブエントランスゾーン
- 受付ゾーン
- ギャラリーゾーン
- 休憩ゾーン
- エントランスゾーン
- 図書ゾーン

●劇場
- カフェゾーン
- 喫煙ゾーン
- 男子トイレゾーン
- ロビーゾーン
- エントランスゾーン
- 客席入口ゾーン
- チケット売場ゾーン
- 客席入口ゾーン
- 女子トイレゾーン

●児童図書館
- 受付ゾーン
- 父兄読書ゾーン
- エントランスゾーン
- 児童読書ゾーン

●保育所
- 読書ゾーン
- 事務ゾーン
- 食事ゾーン
- 遊戯ゾーン
- 洗面ゾーン
- 水まわり・トイレゾーン

●スポーツクラブ
- ロッカーゾーン
- シャワーゾーン
- シャワーゾーン
- 洗面ゾーン

*ここに集めてある例は、この本の中に掲載されている建築事例から選んであります

第1章 発想は家具から　4 複合ゾーンの室

第1章　発想は家具から

5　室から平面へ

1. 室名をリストアップする

1. 体験的に知っている室

体験的に知っている室といえば、まず、「住宅の室」が挙げられます。その中でも、特によく知っているのは「我が家」の「室」ではないでしょうか。住宅計画では、意識して分析しなくても、我が家をイメージすれば、住宅の「室名リスト」をつくることは簡単です。

2. 調査が必要な室

ところが、建築デザイナーの日常生活とあまり関係ない用途（例：グループホーム）や、大規模で複雑な用途（例：病院）などでは、イメージだけで「室名リスト」はつくれません。このような用途では、一般利用者の「表に見えている室」のほかに「裏に隠れている室」があり、何らかの方法で「調査」する必要があります。

○**事例を探す**　これから計画しようとしている用途に「必要な室」を知りたい場合、まず、第一に挙げられる方法は、参考事例の「平面図」から「室名」を読み取るやり方です。平面図に室名の記入がない場合、例えば、風除室、トイレ、物入、倉庫、前室、機械室、廊下、階段、給湯室、DS、PS、EPS、EVシャフトなどについては、室の周辺状況から室名を読み取る努力をします。

○**室名リストをつくる**　「平面図」から読み取った「室名」は、「リスト」にしておくといいでしょう。リストアップしているうちに、平面づくりに必要な「室名」を覚えるほか、「室と室」はどのような関係にあるか、また、室と室の間の「動線」をどのようにつないだらいいか、なども分かってきます。

2. 各用途の主役の室と脇役の室

1. 主役の室

建築用途は、この本で扱っているだけでも20種類以上あります。各用途の室を比較してみると、その用途ならではの「主役の室＝最も大切な室」があることが分かります。そして、さらによく見ていくと、そのような室の多くは、「住宅の室」にヒントがあることが分かってきます。他の建築の計画の前に、住宅の室について、もう一度、しっかり学んでおくといいでしょう。

2. 脇役の室

「主役の室」があれば、必ず「脇役の室」があります。建築計画を行うときは、主役の室と脇役の室を「同等に扱う」ことが大切です。とはいえ、裏に隠れている脇役の室を、見学などして体験的に学べる機会はそう多くはありません。そこで、「すべての室」を見渡すことができる「平面図」に注目し、そこから可能な限り、脇役の室の「室の情報」を読み取る訓練をしておきます。

図表1　体験的に知っている室（例：住宅）

①平面図

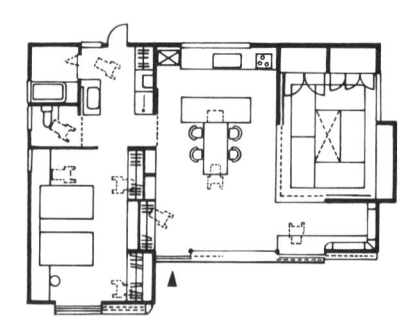

②室名リスト

寝室、便所、洗面所、収納、
浴室、食堂、台所、押入（2ヶ所）、
クローゼット（3ヶ所）

図表2　調査が必要な室（例：グループホーム）

①平面図

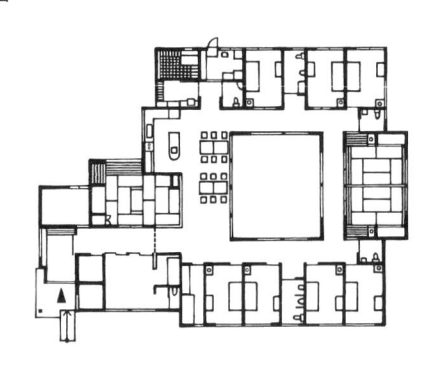

②室名リスト

居室9室（洋室7室、和室2室）、トイレ（5ヶ所）、茶の間、複合ゾーンの室（台所ゾーン、食事ゾーン、回廊ゾーン）、浴室、脱衣室、洗濯室、スタッフルーム（事務ゾーン、就寝ゾーン、洗面ゾーン）、スタッフ用トイレ、用具庫、物置、玄関

図表3　建築用途と主役の室

●建築用途（主役の室）	
独立住宅（居間あるいは寝室）	博物館（展示室）
集合住宅（居間あるいは寝室）	劇場（客席）
オフィスビル（事務室）	図書館（書庫）
店舗（売り場、客席）	クアハウス、温泉（浴室）
ホテル（客室）	体育館、スポーツクラブ（体育室）
病院（病室）	幼稚園、保育所（保育室）
老人ホーム（居室、療養室）	小学校（教室）
グループホーム（居室）	専門学校（実習室）
独身寮（寮室）	斎場（炉室）
コミュニティセンター（集会室）	駐車場（駐車室）

3. 面積表をつくる

1. 体験的に知っている室面積

住宅であれば、「畳の枚数」、例えば「8畳」、あるいは「6畳」と聞くと、これまでの生活体験から、おおよその「室の大きさ」をイメージすることができます。そのイメージをもとに、室を計画することも可能です。

2. 調査が必要な室面積

ところが、住宅と違って、一般建築・公共建築・大規模建築などにおいては、イメージだけで「室面積」を把握することは難しい。また、時代の変化で、ある室の必要とする面積が変化していることもあります。これから計画をしようとしている「用途の建物」については、必要とされる「室面積」を調査する必要があります。

○**室面積の分析**　まず、「計画予定の規模」に近い「参考事例」を探し、その「平面図」をコピーし、「間仕切り壁」の位置から「室」を明確化します。「1つのゾーンに限定した室」の明確化は簡単ですが、「複合ゾーンの室」では室と室の区切りが曖昧で悩むことがあります。このようなときこそ、「室」とは何かをよく考えるべきときです。

○**室面積リストの作成**　室面積の区切りを入れたあとは、「a辺とb辺」を三角スケールで計測し、a×bを計算して各室の面積を出し「室面積リスト」を作成します。参考事例が計画予定の規模に近ければ、そのまま参考にできます。もし、計画予定の規模と大きく違っている場合は、「室面積の比例関係」を計算し、計画規模に見合う新たな「室面積リスト」を作成すればいいでしょう。

4. 平面づくり

1. 室面積の平面図をつくっておく

これから「平面づくり」を開始しようというとき、室面積リストだけでは数値が並んでいるだけで分かりにくいことがあります。例えば、1/500の平面でスケッチを開始しようとしているときは、1/500でそれぞれの室を「バラバラ」にした状態で「室面積の平面図」を作成しておきます。その後の作業はしやすくなるでしょう。

2. 各室をおおよそ配置する

「室の配置」は、室面積の平面図を横目で見ながら「フェルトペン」でスケッチする、また、室面積を紙に描いてハサミで切り「ばらまき」ながら行う、などの方法があります。室面積のチェックは、最初からCADの面積計算ソフトで厳密に行う方法もありますが、最初は、手作業で、室をおおよそ配置しながら行うといいでしょう。

3. ゾーニング計画と動線計画で平面づくり

「平面づくり（平面計画）」では、「ゾーニング計画」と「動線計画」が基本となります。参考事例から、ゾーニングと動線の関係を「学び」ながら、自分なら「こうする」というように進めていく方法があります。平面づくりにおいても、最初からCADを使うより、手描きのスケッチから始める方法があります。

図表4　体験的に知っている室面積（畳の室）

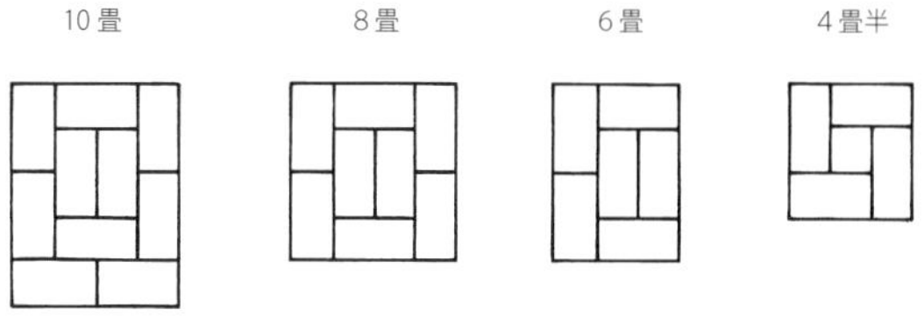

10畳　　8畳　　6畳　　4畳半

図表5　調査が必要な室面積（例：グループホーム）

①室面積の分析　1/500　三角スケールの計測による

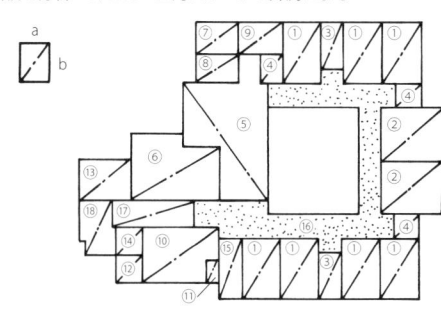

②室面積リストの作成　　　　　　　　　　　　単位　m²

①居室（洋室）	10.94	⑩スタッフ室	17.89
②居室（和室）	15.30	⑪スタッフトイレ	1.35
③トイレ（A型）	4.96	⑫物置	3.24
④トイレ（B型）	2.88	⑬倉庫	9.72
⑤LDK	40.42	⑭用具庫	3.24
⑥和室	25.56	⑮リネン庫	6.69
⑦浴室	6.30	⑯回廊	54.32
⑧脱衣室	5.70	⑰廊下	10.08
⑨洗濯室	6.30	⑱玄関	6.55

図表6　室面積の平面図から平面づくりへ（例：グループホーム）

①室面積の平面図　1/500

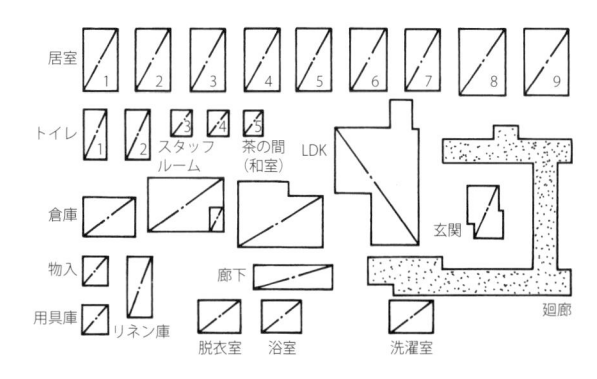

②ゾーニング計画と動線計画で平面づくり　1/500

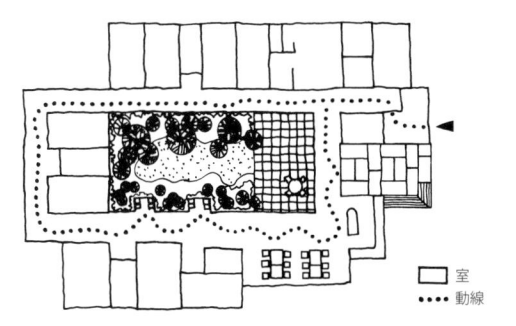

第1章　発想は家具から

6　平面から立体へ

1. 室の平面を立体化する

1. 1つのゾーンに限定した室の立体化

「1つのゾーン」を「1つの室」に限定してつくる例として、トイレ、あるいは、講義専用の研修室などがあります。そのような場合は、たいてい「1種類の家具」か「1組の家具」で構成されています。ここでは、例として「研修室」を挙げ、「1つのゾーンに限定した室」の「立体化」を試みます。まず、①研修者用の「椅子の数」を決めます。②「家具寸法・アキ寸法・通路の幅」を足し算し、研修に最小限必要な「ゾーンの規模」を決めます。③「室の大きさ」は、ゾーンの「規模ぎりぎり」で決める場合と、ゾーンの規模に「余裕のスペース」を加えて決める場合があります。④最後に、天井の「高さと形」を決めて「室の立体化」を行います。

2. 複合ゾーンの室の立体化

「複数のゾーン」が集められて「1つの室」としてつくられた室のことを、ここでは、「複合ゾーンの室」と呼んでいます。身近な例としては、住宅のリビング・ダイニング・キッチンの「3つのゾーン」を集めてつくった「LDKの室」を挙げることができます。ここでは、小学校の「教室」を例に、「複合ゾーンの室」のつくり方を説明しておきます。以前は、「1学級のゾーン」が「1つの教室」としてつくられていました。現在は、「複数の学級ゾーン」と「オープンスペース（多目的スペース）」を半開きの状態でつなげて、全体として、ひとまわり大きな「複合ゾーンの室」としてつくられています。

図表1　ゾーン限定の室の立体化（例：研修室）

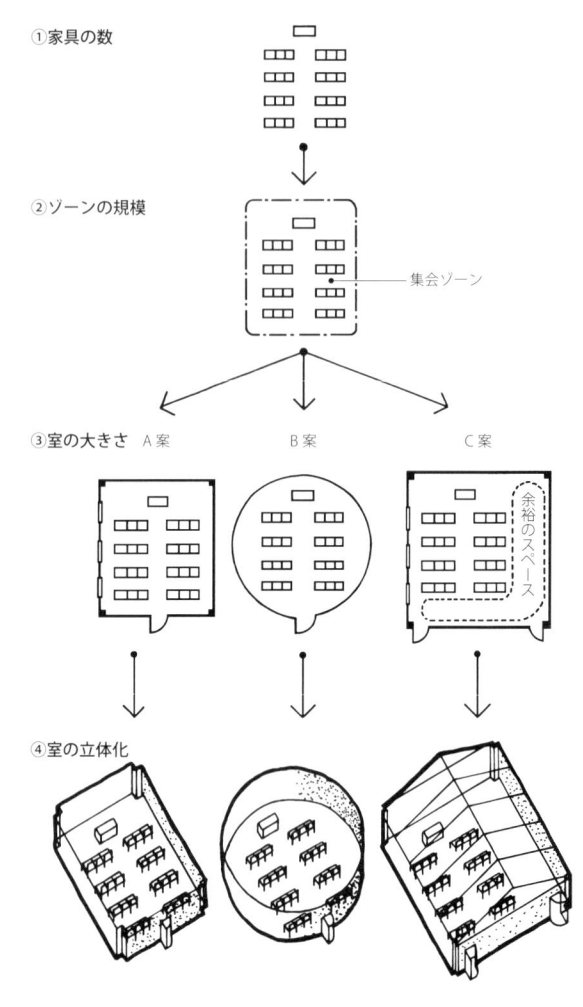

図表2　複合ゾーンの室の立体化（例：小学校の教室）

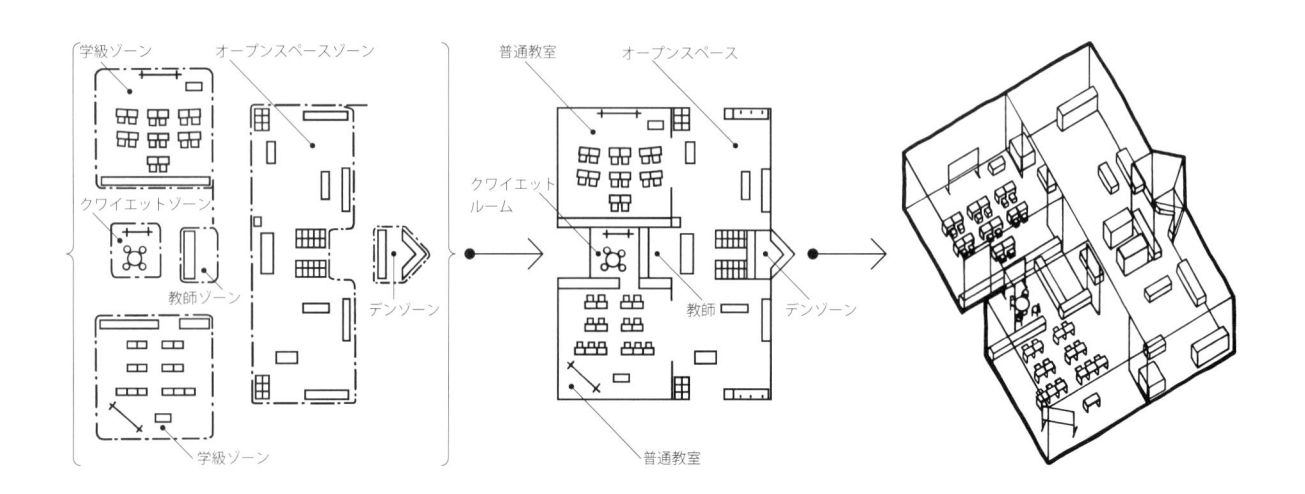

2. 各階の平面を重ねて立体化する

1. 地階・1階・基準階・最上階・塔屋階

建物の基本は、平屋（1階建て）ですが、中高層では「各階の機能配分」が建築づくりの大きなテーマになります。各階は、一般に、「5つの領域」に分けられます（図表3）。特に注目すべきは「基準階」です。基準階には、各用途の「主役の室」が配置されます。例えば、集合住宅では住戸の「居間や寝室」、オフィスビルでは「事務室」、店舗では「売り場」、ホテルでは「客室」、病院では「病室」、高齢者施設では「居室」、独身寮では「寮室」、学校では「教室」などです。「複合建築」は、「1つの建物」の中に、上記のような「用途が複数」配置されている建築のことです。「地階」は、道路下からの水・電気・ガスなどのエネルギー供給と関係しているので機械室が置かれます。「1階」は、前面道路と関連した主玄関やサービス出入口、また、店舗などが置かれます。「最上階」は、基準階と同じ機能が置かれたり、ビル所有者の住居や展望レストランなどが置かれます。「塔屋階」は、エレベーター機械室や給水や空調のための機械室が置かれます。

2. 各階の平面を重ねて立体へ

この本では、「家具から発想する」の考えのもとに、「家具→ゾーン→室→平面→建築」の順で進めることをおすすめしています。各階の平面のスタディが終わり、それらの平面を下階から順に重ねていくと建築の全体像が見えてきます。建築づくりには、必ずクライアントがいて、要求条件として必要な室と面積を出されます。建築づくりの初期段階で「家具の種類、家具の数、ゾーンの規模、室の大きさ」を平面でチェックしておけば、建築デザイナーはその後の「形と空間づくり」に集中できます。

図表3　地階・1階・基準階・最上階・塔屋階

参考例（オフィスビル）

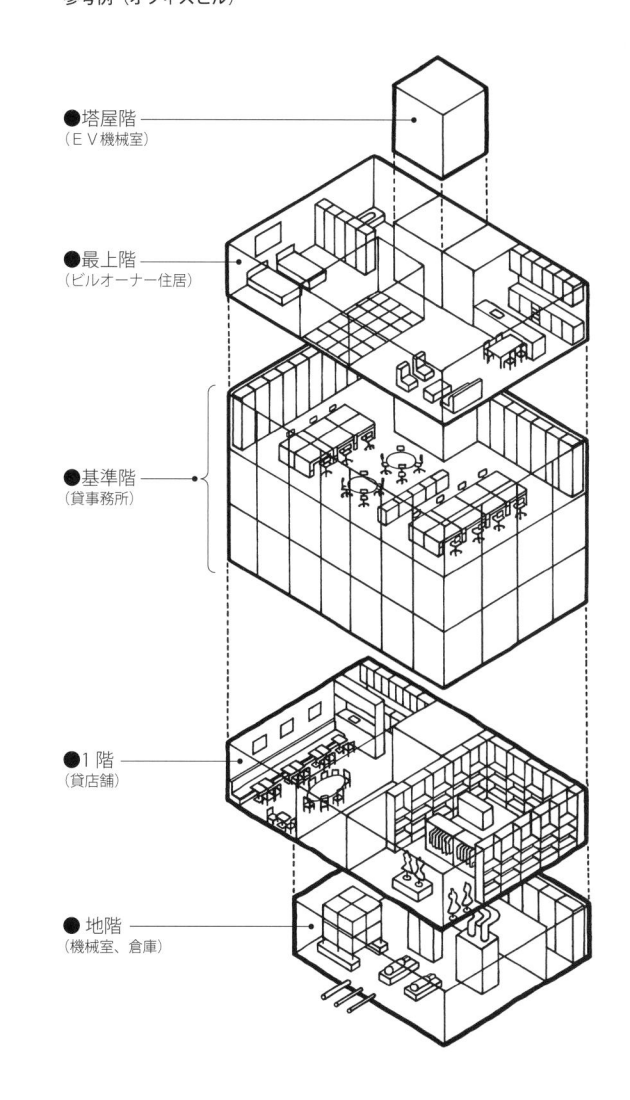

- ●塔屋階（EV機械室）
- ●最上階（ビルオーナー住居）
- ●基準階（貸事務所）
- ●1階（貸店舗）
- ●地階（機械室、倉庫）

図表4　各階の平面を重ねて立体化する例

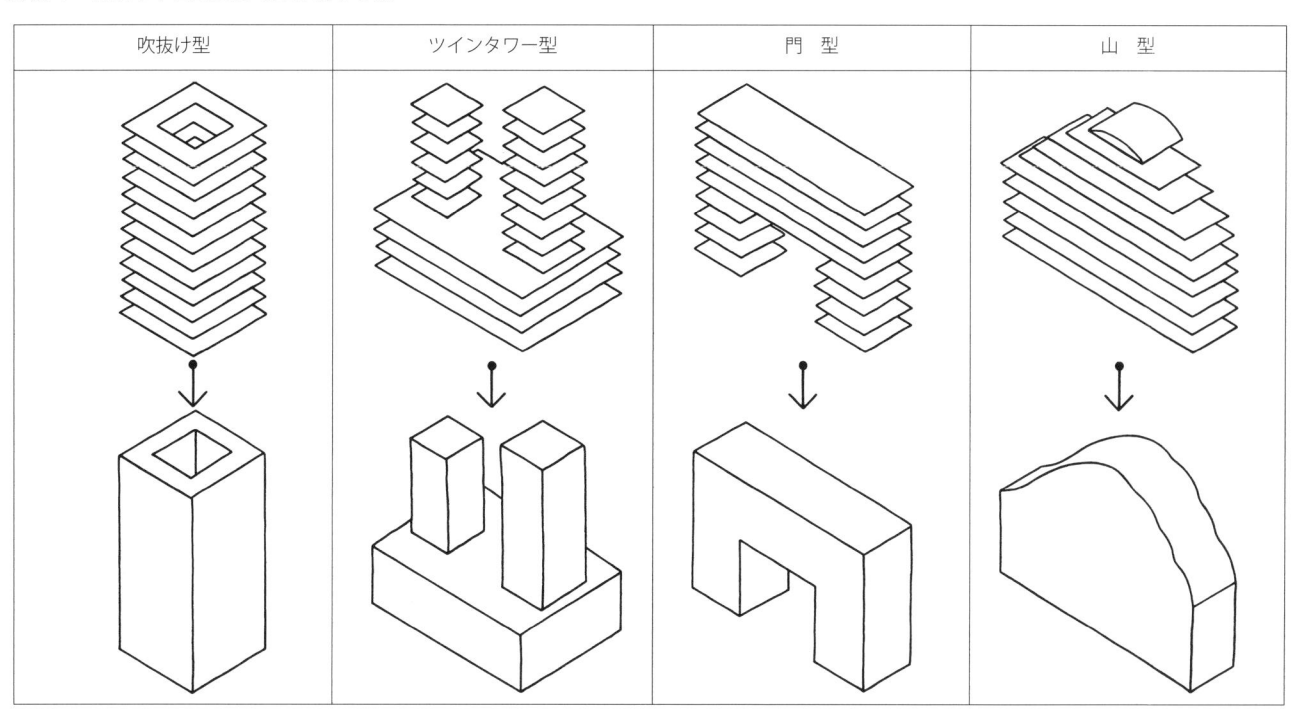

| 吹抜け型 | ツインタワー型 | 門型 | 山型 |

第1章　発想は家具から

7　動線・シークエンス

1. 動線計画

1. 動線計画はゾーニング計画と一緒に行う

建築内部にばらまかれているゾーンや室をうまく使うためには、そこに至るまでの「動線」が必要です。「人の動線」だけでなく、「車の動線（例：百貨店の台車、病院のストレッチャーなど）」も確保しておきます。「動線計画」は、「ゾーニング計画」と一緒に行うことが大切です。

○**水平動線**　「水平動線」を計画するとき、「通路」と「廊下」の違いを知っておくと、使いやすい動線を計画することができます（図表1）。動線計画の初期段階では、建築内部にばらまかれている「ゾーン」と「ゾーン」、あるいは、「室」と「室」を、必ず「つないで」おきます。

○**縦動線**　建物が2階建て以上になると「階段」が必要です。さらに、高層建築や公共建築では、「エレベーター」や「エスカレーター」が必要になります。高層の集合住宅・オフィスビル・ホテル・病院などでは、階段より「エレベーター」が重要です。また、商業建築では、エレベーターより「エスカレーター」が重要になります。

2. 避難動線

「避難動線」は、毎日の生活で重視される玄関から各室に至る「日常動線」とは逆のルートになります。避難計画では、各階に人がいるものとして、そこから避難階（一般には1階か地上階）への避難を計画します。鍵がかけられ埃のたまった避難階段をよく見かけますが、毎日使う日常動線の中に、「避難階段」あるいは「特別避難階段」を組み込んでおくと、いざというとき、スムーズな避難を可能にするでしょう。

図表1　水平動線

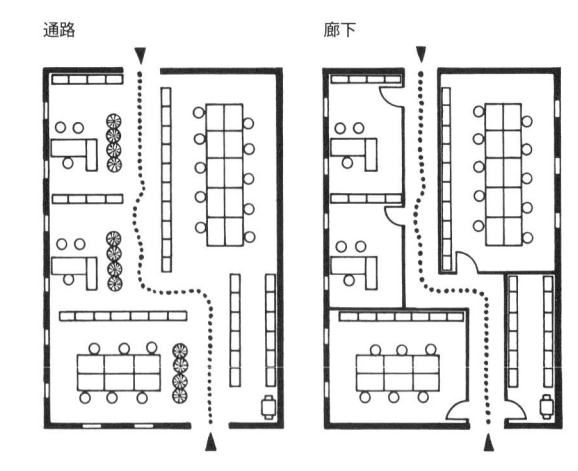

図表2　縦動線

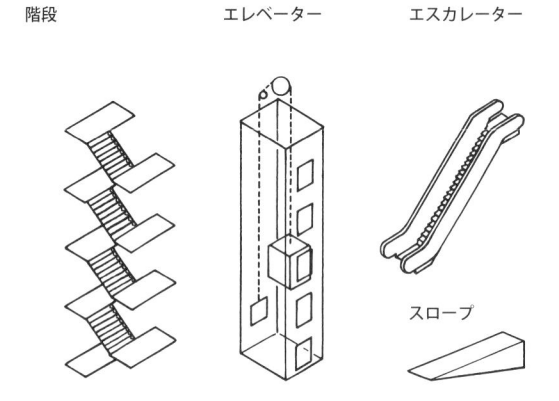

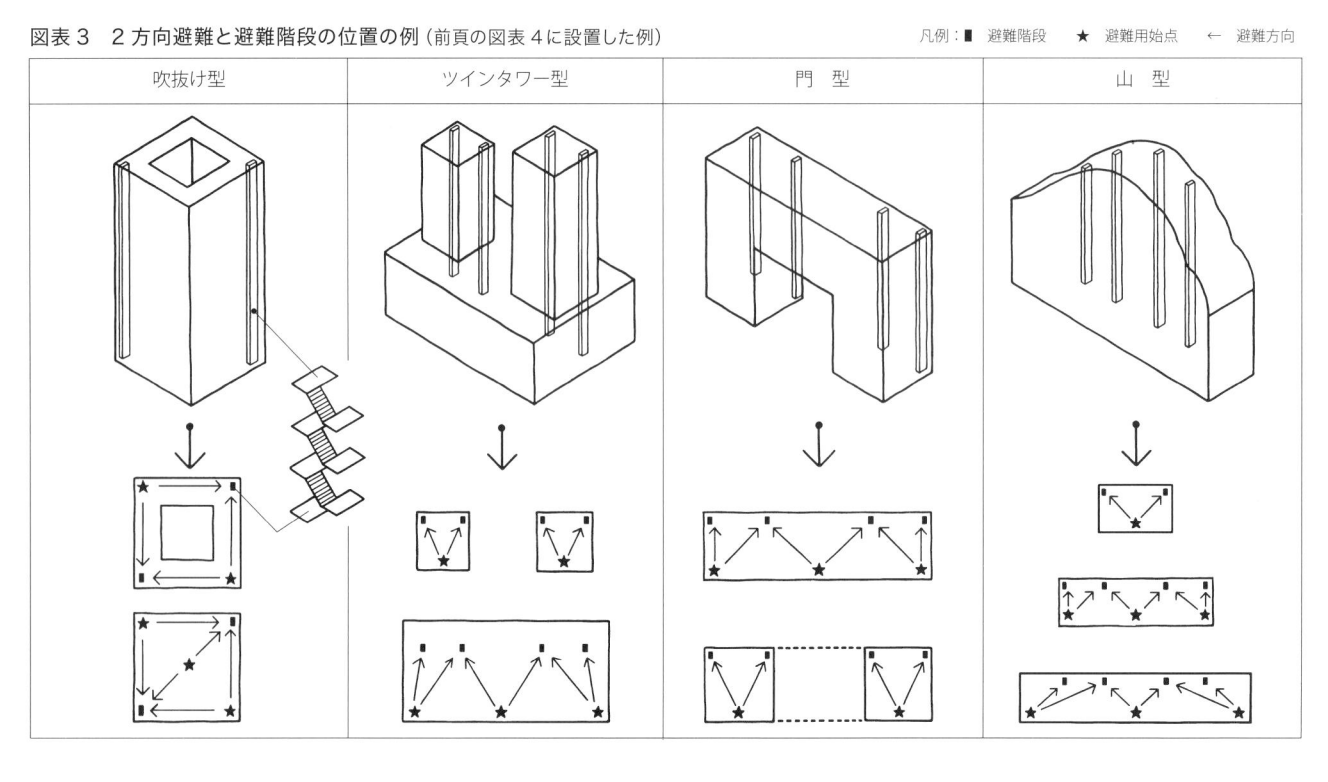

図表3　2方向避難と避難階段の位置の例（前頁の図表4に設置した例）　　凡例：■ 避難階段　★ 避難用始点　← 避難方向

| 吹抜け型 | ツインタワー型 | 門　型 | 山　型 |

2. シークエンス計画

1. シークエンス計画とは

「シークエンス計画」では、動線を踏まえておいて、目指すゾーンや室に向かって「身体」を動かしていくときの「継起連続的な移動性」が主なテーマになります。身体移動には、「足」と「目」が関係しています。

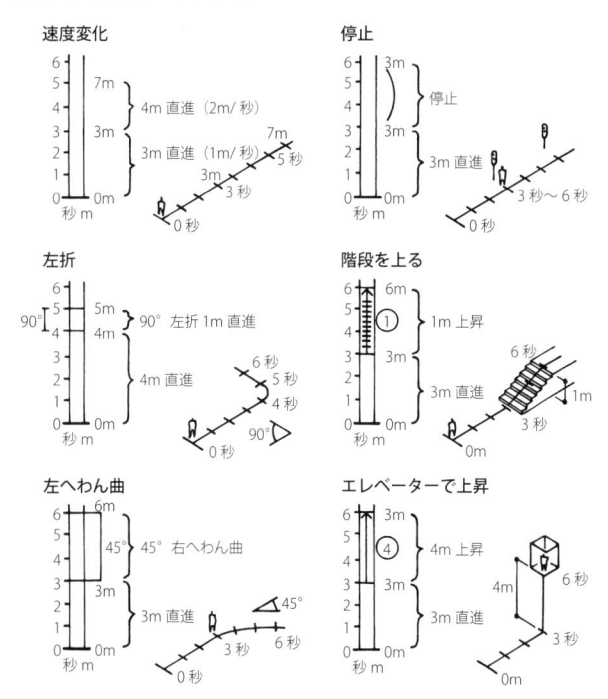

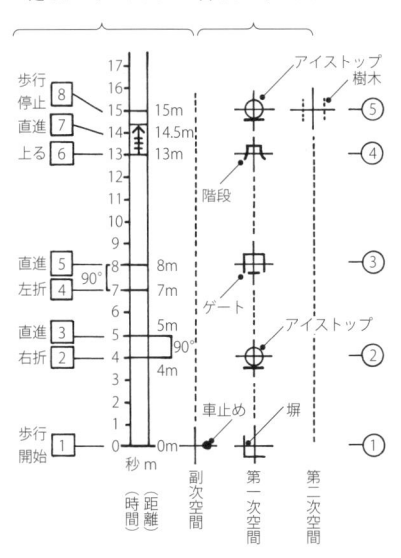

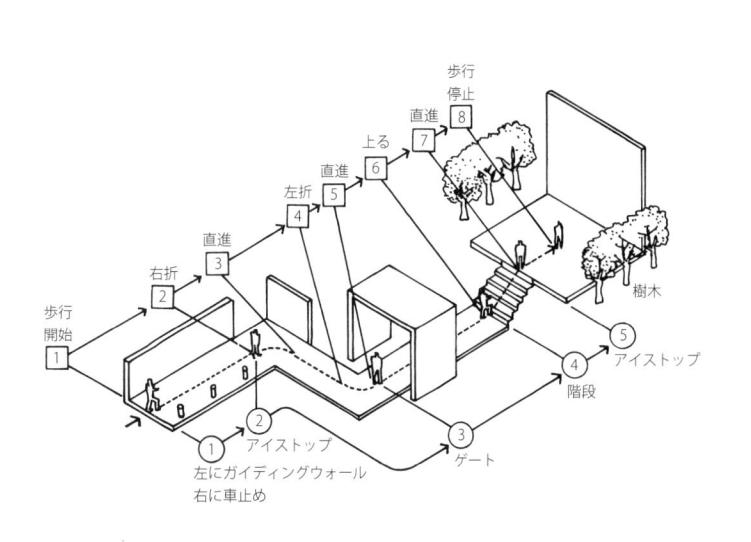

○足のシークエンス計画
「足のシークエンス計画」では、動線がつながっている上で、さらに、「身体移動の容易性」が必要です。特に、高齢者・身体障害者・車椅子・ベビーカー・歩行器を使う高齢者・急病人用のストレッチャー・荷物用台車、などへの配慮が必要です。利用者の移動開始から終わりまでの間の、段差・階段・スロープの有無、廊下・通路の幅や曲がりの変化、などをチェックしておきます。

○目のシークエンス計画
「目のシークエンス計画」では、変化のある「劇的な展開性」や、目指す場所まで安全に導いてくれる「方向確認の容易性」を計画しておきます。目に影響を与える視覚的な「空間設定要素」としては、建物内では、壁・床・天井・建具・家具などが、屋外では、舗装・塀・外壁・樹木・サインなどがあります。

2. 同時並行性

足と目のシークエンスの「同時並行性」は、図面やワンカット写真から学ぶのは難しい。そこで、例えば、変化のある「劇的な展開性」を体験できる京都の寺院の回廊や庭園、また、「方向確認の容易性」や「身体移動の容易性」を体験できるショッピングモールなどを実際に歩いて、そこから学ぶといいでしょう。図表4～6は、フィリップ・シールによって開発された環境経験の記号化の例です。

(参考：Philip Thiel『People, Path and Purpose』University of Washington, 1999)

図表4　足のシークエンス

図表5　目のシークエンス

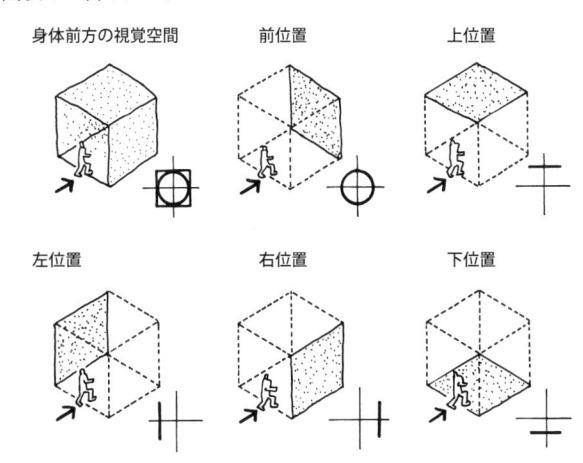

図表6　同時並行性

第1章　発想は家具から

8　廊下・通路・階段・スロープの寸法

1. 廊下の寸法

1. 法律上の廊下幅

「廊下の幅」は、図表1のように規定されています。「両側居室かその他（片側居室）」の場合と、「小・中・高校の児童・生徒用かそれ以外」の場合で違います。法律には、「ここまでは守りなさい」という限度を示す役割があります。法律の限度ギリギリであれば使いやすい建築になるというものではないので、廊下の心理的・行動的な配慮をして「使いやすい廊下の幅」を決めるといいでしょう。

2. 通路幅

巨大な室では、廊下ではなく「通路」が必要です。例えば、百貨店の売り場内の「通路」、劇場の客席内の「通路」、公官庁の広い事務室内の「通路」、規模の大きい厨房内の「通路」、スタジアム客席内の「通路」、学生食堂内の「通路」などです。廊下と違うのは、「幅」を成立させているのは、壁の内法寸法ではなく、椅子・机・什器などの「家具と家具の間のアキ寸法」です。最小限「2人がすれ違える幅」と「荷物用台車などとすれ違える幅」が必要です。

3. 芯寸法と有効寸法

建築の設計で打合せをするとき、言葉で「廊下の幅」といっただけでは間違いを起こすことがあります。その幅は、壁芯と壁芯の間の「芯寸法」なのか、壁の「内法寸法」なのか、分からない場合があります。壁には「厚み」があるので、建設してみると有効寸法が足りないということも起こります。特に、高齢者や身障者用の手すりの内側を「有効寸法」とするときには気をつけます。

4. 実測する

「住宅の廊下幅」は経験的によく知っているので測るまでもありませんが、「初めて手がける用途の廊下幅」は「実際には」どれくらい必要なのか不明な場合があります。一番いいのは、実際に訪ねて「巻尺」で測り、場所の「イメージ」とともに覚えておくことです。実測できない場合は、参考事例の図面の廊下を「三角スケール」で測って調べます。

5. ゆとりのある廊下の幅

廊下の第一の役目は「移動」です。このほかにも、例えば、廊下で出会ったとき「立ち話をする」ための役目、室の機能を廊下へ「あふれ出し」させるための役目などがあります。廊下は「線の空間」としてだけではなく、コミュニケーションや生活のための「広がりのある空間」として考えておき、そのために「ゆとりのある廊下の幅」を考えておきます。

図表1　法律上の廊下の幅（令119条）

廊下の用途・規模	両側に居室がある場合の幅	その他の場合の幅
小・中・高校の児童・生徒用のもの	2.3m以上	1.8m以上
病院の患者用のもの、共同住宅の住戸もしくは住室の床面積の合計>100m^{2}を超える階の共用のもの、または3室以下の専用を除き、地上階の居室の床面積>200m^2（地階の居室>100m^2）のもの	1.6m以上	1.2m以上

*中廊下でも、片側が便所、倉庫など居室以外の場合は、その他の場合の幅でよい。

図表2　廊下と通路の違い（例：百貨店）

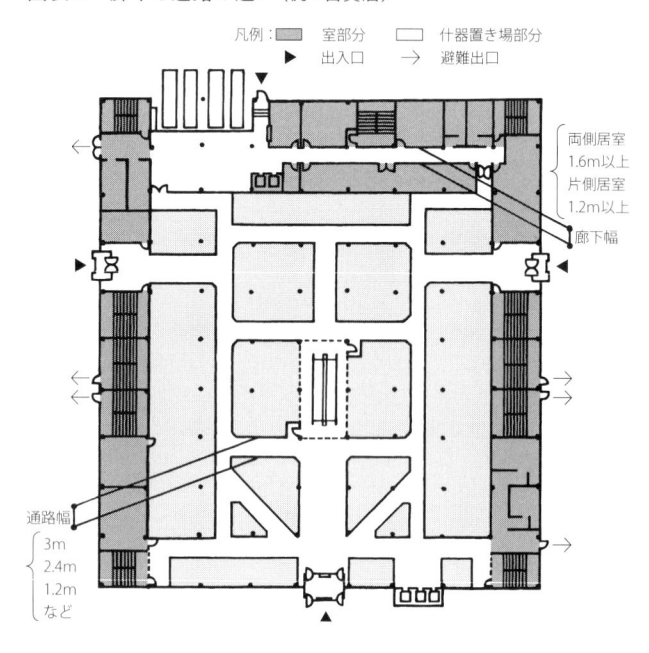

図表3　廊下幅の計測例

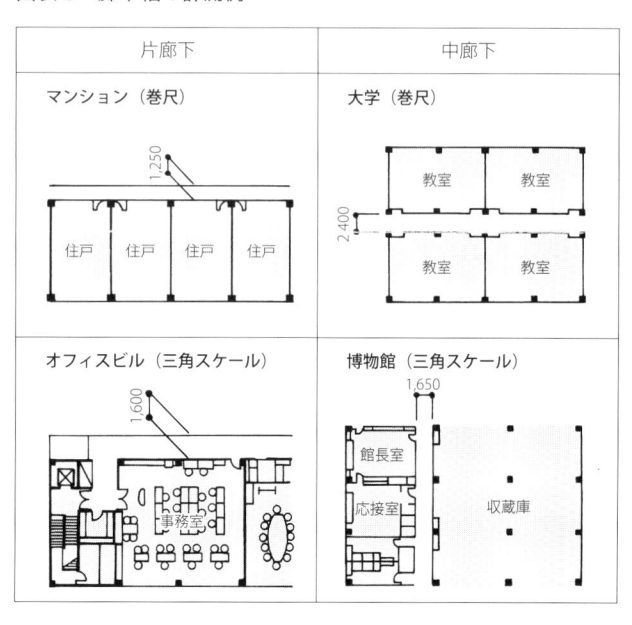

2. 階段の寸法

1. 法律上の階段の寸法

階段各部の寸法は、図表4のように定められています。法律には、「ここまでは守りなさい」という限度を示す役割があります。法律はもちろん順守しなければなりませんが、「使いやすい階段の寸法」を体験的に探しておくことも大切です。

2. 昇降しやすい階段の寸法

法律で決められた寸法のほかに、人間工学的に考え出された「昇降しやすい階段の寸法」を得るための計算式があります。「蹴上げ」と「踏面」の関係を決めるものです。550〜650mmという範囲は、人間の「歩幅」に関係していることをイメージするといいでしょう。

3. 階段に関する幾つかの寸法

一般的な階段のほか、次に述べるような特殊な階段もあります。法的な制約を理解しておきます。

○**回り階段の踏面** 回り階段の踏面の寸法は、令23条で、踏面の狭いほうの端から300mmの位置において測るものとされています。

○**屋外階段の幅** 令120条（直通階段の設置）または令121条（2以上の直通階段の設置）により義務づけられている階段の幅は900mm以上であり、その他の階段の幅は600mm以上です（令第23条）。2階の居室の床面積の合計が200m²以下の共同住宅では、階段の幅は、屋内、屋外を問わず750mm以上必要です。映画館の階段の幅は屋内では1,400mm以上必要ですが、屋外では900mm以上あればよいとされています。

○**中間に手すり** 階段の幅が3,000mmを超える場合は、中間に手すりを設けなければなりません。ただし、蹴上げが150mm以下で、かつ踏面が300mm以上の場合は、中間に手すりを設けなくてもよいとされています。

○**踊り場の位置** 踊り場は、図表4の①と②については高さ3,000mm以内ごとに、その他については4,000mm以内ごとに設けなければなりません。直階段の踊り場で、図表4の①に設けるものについては、その踏幅は階段の幅に関係なく1,200mm以上としなければなりません。

4. スロープの勾配

令26条により、階段に代わる歩行用の傾斜路（スロープ）の勾配は1/8以下にしなければなりません。自動車用の傾斜路は1/6以下とされています。車椅子等に関しては「高齢者、障害者等の移動等の円滑化の促進に関する法律」で1/12以下にしなければなりません。

5. 実測してみる

上下しやすい階段やスロープを見つけたなら、実測しておくといいでしょう。もし、巻尺を持っていない場合には、後日改めて実測に戻るくらいの気持ちをもつことが大切です。学生時代、あるいは、設計の実務に就いた初期段階で、実測経験をしておいて「歩きやすい階段の寸法」を見つけておけば、その寸法は一生使えます。

図表4 法律上の階段の寸法（令23条）

	階段の種類	踊り場の幅	蹴上げ	踏面
①	小学校の児童用のもの	140cm以上	16cm以下	26cm以上
②	中学・高校の生徒用のもの、物品販売店で1,500m²を超えるもの、劇場・映画館・演芸場・観覧場・公会堂・集会場の客用のもの	140cm以上	18cm以下	26cm以上
③	オフィスビルなど直上階の居室で200m²を、または、地階の居室で100m²を超えるもの	120cm以上	20cm以下	24cm以上
④	住宅（共同住宅の共用階段は除く）のもの	75cm以上	23cm以下	15cm以上
⑤	①〜④以外のもの	75cm以上	22cm以下	21cm以上
⑥	昇降機機械室用のもの（令129条の9）	制限なし	23cm以下	15cm以上

図表5 階段とスロープの寸法

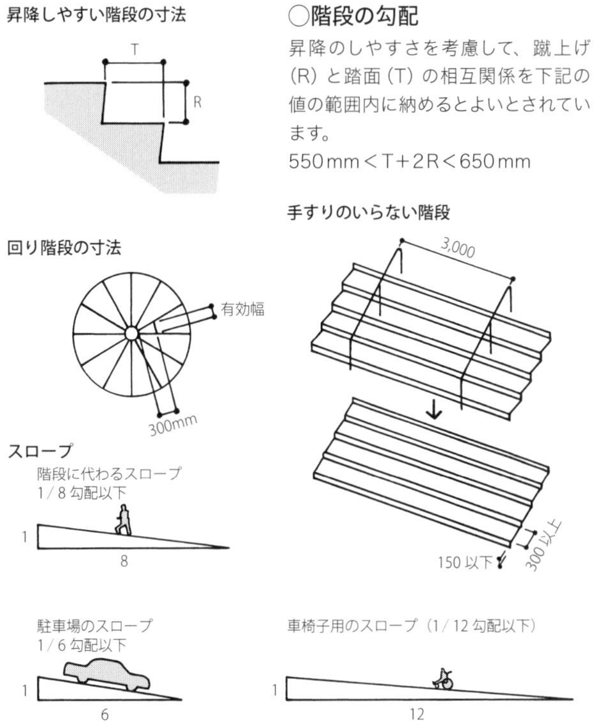

昇降しやすい階段の寸法

○**階段の勾配**

昇降のしやすさを考慮して、蹴上げ（R）と踏面（T）の相互関係を下記の値の範囲内に納めるとよいとされています。

550mm＜T＋2R＜650mm

回り階段の寸法

手すりのいらない階段

スロープ

階段に代わるスロープ 1/8勾配以下

駐車場のスロープ 1/6勾配以下

車椅子用のスロープ（1/12勾配以下）

図表6 階段の計測例

マンション

大学

JR新宿駅プラットホーム（直階段の例）

オフィスビル

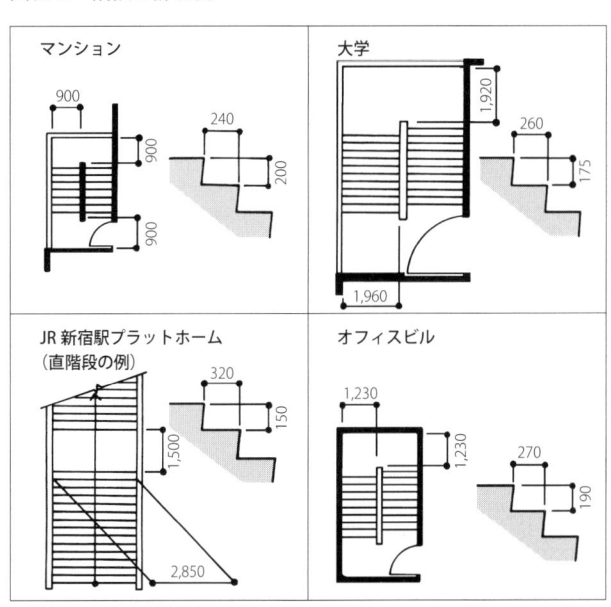

家具やインテリアからの発想に役立つ雑誌・シリーズ

新建築住宅特集
新建築社

国内の新しい住宅建築を紹介している雑誌。毎号、特集住宅として15作品程度の事例が掲載されており、掲載作品数が多いのも魅力。写真と図面のクオリティは高く、図面は比較的詳細なものが掲載されているので、具体的な寸法なども参照しやすい。

住宅建築
建築資料研究社

国内の住宅建築を扱っている雑誌。毎号の特集ではテーマに沿った事例を取り上げ、詳細図面や写真で深く掘り下げた解説が添えられている。新しい住宅の紹介とともに、著名な建築家の住宅作品の特集や再考が多く取り上げられている点も参考になる。

GA HOUSES
A. D. A EDITA Tokyo

国内外の新しい住宅建築を紹介する雑誌。国外の作品も多く含まれることから、多様な建築の形態や、造形的で魅力のある作品、個性的な作品も多く、見ごたえがある。

コンフォルト
建築資料研究社

「インテリア・デザイン・建築」の分野を連動させた情報を発信している雑誌。心地よい空間を生み出すための照明や建具、家具、仕上げ素材などの特集が組まれており、家具やインテリアから空間全体を発想する手がかりになる。

モダンリビング
ハースト婦人画報社

住宅のインテリア空間を中心に、美しく魅力ある空間を紹介・提案している雑誌。住まい手目線の内容になっているので図面等は簡易なものだが、写真はインテリアの色・素材などコーディネートが分かりやすくなっている。

チルチンびと
風土社

気候風土に根づいた住まいの魅力を紹介している雑誌。自然素材の住宅や家具などから、衣食、暮らしの道具など、住まい手が自分でつくり上げる暮らしの魅力にクローズアップしているところが面白い。

AXIS
アクシス

国内外のデザイン全般に関する最新の動向を発信している日英バイリンガルの雑誌。建築・インテリア・プロダクトデザインなどの分野にわたり、特に製作コンセプトや手法など、つくり手の視点での詳細な解説が参考になる。

カーサブルータス
マガジンハウス

建築・デザインを中心とした新しい情報を一般向けに発信している雑誌。建築物からプロダクトデザイン、アート、ファッション、食など、スタイリッシュな生活の魅力を伝える情報が総合的に分かりやすく紹介されている。

第2章 事例から学ぶ

　建築用途は、この本で扱っているだけでも20種類以上あります。現代のような変化の激しい時代では、日本や世界のどこかで、新たな建築用途が生まれつつあるかもしれません。建築デザイナーは、すでによく知られている各用途に関する「建築計画の知識や指標」を学んでおくほか、現在起こりつつある「新たな傾向の建築」についても学んでいかなくてはなりません。では、そのためにはどうすればいいでしょうか。「事例」を分析して「知識や指標」をつくり出していく研究者のように、建築デザイナーも、参考になる「事例」を見つけ出して分析し、自らの計画に役立つ「データづくり」をしていくことが大切です。まとめると、次のようになります。

■ これまでよく使用されてきた建築計画の知識や指標を学んでおく
■ 事例分析の方法を学んでおいて、自らの「建築づくり」に役立つデータをつくる

　事例を探すときに注意することは、「平面づくり」に役立つ事例を探す場合と、「形と空間づくり」に役立つ事例を探す場合は、別々に探すといいということです。「平面づくり」では、「家具→ゾーン→室→平面→建築→複合建築→敷地」の順に着実に作業を積み上げていくための「参考資料」が必要です。「形と空間づくり」では、建物全体を「造形的」にまとめていくためのデザイナーの直観に響く「参考資料」が必要です。「計画」と「設計」の両方に役立つ事例を、1つの事例で間に合わせようとすると、どちらつかずの中途半端なデータしか得られない場合があります。まとめると、次のようになります。

■ 「平面づくり」と「形と空間づくり」に役立つ事例は、別々に探す

　これまでにない新しい創造的な「建築づくり」を行うためには、どのような建築にも影響されないほうがいい。そのためには、これまでの建築を知らないほうがいい、という考え方があります。この本では、逆に、これまでの建築を乗り越えるためには、しっかりと参考になる事例と向き合って分析し、乗り越える……すなわち、「事例分析も計画のうち」という考え方を大切にしています。そのためにも、「分析方法」を学んでおくことが大切です。

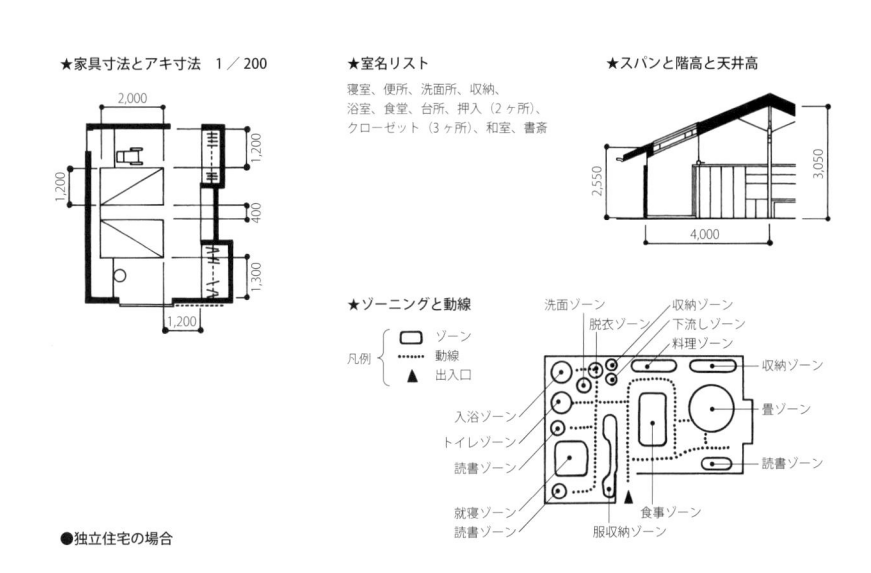

★家具寸法とアキ寸法　1／200

★室名リスト
寝室、便所、洗面所、収納、浴室、食堂、台所、押入（2ヶ所）、クローゼット（3ヶ所）、和室、書斎

★スパンと階高と天井高

★ゾーニングと動線

●独立住宅の場合

＊本章で取り上げた事例の施設内容は、竣工時もしくは雑誌等の初出による。

第2章　事例から学ぶ

1　事例からの学び方

1. 事例の選択と分析

1. 事例分析も計画のうち

この項目では、第2章全体の利用の仕方について述べておきます。「事例の選択と分析」では、すでに知識となっている専門用語から学ぶだけでなく、自ら選んだ具体的な「事例から学ぶ」ことも大切だと述べています。そして、そのための「分析方法」を述べています。建築計画では、「事例分析も計画のうち」という考え方が大切です。

2. 生の資料から分析した資料（データ）へ

建築計画では、特に「平面づくり」が大切です。事例から学ぶためには、まず、「参考事例（サンプル）」を雑誌などから選び「コピー」します。コピーしただけでは「生の資料」のままですから、「分析した資料（データ）」が必要となります。事例は時間とともに古くなり、また、この本の事例には筆者の好みが入っています。この本からは「データのつくり方」だけを学び、「データの内容」については、自ら選んだ「最新事例」からつくるといいでしょう。

3. 家具のある平面図を探す

平面づくりでは、「家具から発想する」という考え方を大切にしています。最近は、週刊誌やファッション誌でも優れた建築作品をフィーチャーしていますが、難点として、平面図に家具が描かれていないことがあります。そのような場合は、建築の専門誌などで、さらに「家具のある平面図」を探すといいでしょう。

4. 少なくとも4項目について分析しておく

「分析した資料（データ）」をつくるためには、「分析項目」をつくっておく必要があります。ここでは、建築計画に最小限必要な「4項目」を挙げておきます。

○**家具寸法とアキ寸法**　縮尺が、例えば、1/400、1/600など小さめの平面図でも、データが欲しいという気持ちがあれば、三角スケールで計測することができます。

○**室名リスト**　室名は平面図から読み取ることができます。室名の記入がない場合（例：トイレ、倉庫、廊下など）も想像をたくましくして読み取る努力をします。

○**スパンと階高と天井高**　縮尺が、例えば、1/400、1/600など小さめの断面図でも、データが欲しいという気持ちがあれば、三角スケールで計測することができます。

○**ゾーニングと動線**　平面図を漠然と眺めているだけでは、理解したようで理解していないことがあります。コピーした平面図に、マーカーや色鉛筆などでゾーンの違いを色分けしながら、また、水平動線や縦動線なども同じく、色分けしながら理解するといいでしょう。

2. 建築計画の知識と進め方

1. 専門用語

各建築用途には、それぞれの用途で使われている独特の「専門用語」があります。例えば、集合住宅の「メゾネット型」、病院の「1看護単位」、博物館の「一筆書きの鑑賞経路」などです。専門用語は、計画前に基本知識として学んでおくことが大切です。そのとき、「具体的な事例」に照らして、実際にはどのような内容なのか、具体的な「イメージ」とともに覚えておきます。

2. 指標

計画するとき、規模を予測するため「指標」をよく使います。例えば、オフィスビルの「一般事務室1人当たりの面積 5.0〜10.0 m^2/人」などです。注意したいのは、「見出し」となっている「1人当たりの面積」に対して「5.0〜10.0 m^2/人」の数値は、時代により変化していたり、研究者によって違う場合があります。数値については、建築デザイナーが自ら選んだ「最新事例」で確かめておくといいでしょう。

3. 型（タイプ）

建築計画では、「型（タイプ）」をよく使います。例えば、集合住宅の「住戸型」、オフィスビルの「平面コア型」、小学校の「教室型」などです。「型」は便利ですが、型にはまると時代遅れになることもあります。建築デザイナーは、最新事例から「現代の動向」を読み取り「未来を予測」して、「新しい型（タイプ）」をつくることへの挑戦も必要です。

4. 表の領域・裏の領域

小規模な建物、例えば、独立住宅の平面づくりでは、日常経験から全体の予測がつきます。ところが、大規模で複雑な用途、例えば、大規模小売店舗・ホテル・病院・博物館・図書館などでは、利用者が自由に動き回れる「表の領域」のほかに、関係者以外は立ち入り禁止の「裏の領域」があります。裏の領域に関する情報は、参考事例の「平面分析」から得るといいでしょう。

5. 部門（ブロック）

規模の小さな用途では「家具→ゾーン→室→平面→建築」の順で進めていきます。しかし、規模が大きく複雑な用途、例えば、ホテル・病院・博物館・小学校などでは、「家具→ゾーン→室」と考えていき、途中で一度、「部門（ブロック）」を入れて考え、さらに「建築全体」へと進めていきます。「関係図（ダイアグラム）」をつくり、全体との関係を理解しながら進めるといいでしょう。

3. 視覚デザインの発想例

1. 自分の五感に響く事例を探す

この本では、「計画」は主に「平面づくり」を考えること、「設計」は主に「形や空間づくり」を考えること、「建築づくり」は「計画と設計」を一緒に考えること、と定義してきました。「形や空間づくり」の世界、すなわち、「デザイン」の世界では「創造」が大きなテーマになります。デザインの中でも「視覚デザイン」に注目して、どのようにしたら「創造に至る」か、2つの方法を述べておきます。まず、自分の作品をつくる前に、これまでにつくられた優れた建築作品を「創造的に理解する」ことから始めるといいでしょう。理解から創造へつなぐ方法として、記号論の「解読」と「解釈」という考え方があることを紹介しておきます。「形や空間づくり」では、まず、「自分の五感に響く事例」を探すことが大切です。

(参考：池上嘉彦著『記号論への招待』岩波書店)

2. 解読型デザイン

デザインの世界では、形や空間をつくるための「約束事＝コード」を学び、そこに「くずし」を入れたり「ひねり」を加えながら創造する方法があります。例えば、華道では「真・副・対」という基本となる「型」を学び、活けるときは「自分の考え」を入れて創造します。作品が発表されると、「鑑賞者（情報受信者）」は、「作者（情報発信者）」が用いたであろう「約束事＝コード」を逆探知しながら「解読」を試みます。ここでは、情報を発信した作者が優位に立つ「コード依存―解読―発信者中心」のコミュニケーションが行われています。建築デザインの世界で、「解読型デザイン」の「コード＝約束事（型、様式、方式など）」にあたるものとして、「独立骨体と皮膜型」と「家型」を紹介しておきます（図表1）。

3. 解釈型デザイン

デザインの世界では、デザイナーが、自分の五感で周辺環境の「コンテクスト（文脈）」を読み取って、その文脈を手がかりに、形や空間を創造するという方法があります。いわば、デザイナー自らが「自分の約束事（コード）」をつくって創造する方法です。このようにしてつくられた作品が発表されると、「作者（情報発信者）」が参照したと思われるコンテクストを、「鑑賞者（情報受信者）」は逆探知しなければなりません。このとき、作者と同じ文脈にたどり着くこともありますが、鑑賞者が独自に解釈した文脈にたどり着くことがあります。ここでは、情報を受信する鑑賞者が優位に立つ「コンテクスト依存―解釈―受信者中心」のコミュニケーションが行われています。この場合、デザイナーと鑑賞者は、それぞれの立場から多義的な意味解釈を行っています（図表2）。

発想は、ゼロの状態からは生まれません。まず五感に響く事例を見つけ、そこから「情報を読み取り活用する力」、すなわち「情報リテラシー」を磨いておくことが大切です。

図表1　解読型デザインの例
「コード依存－解読－発信者中心」

独立骨体と皮膜型

家型

参考：北澤美術館（長野県）
参考：鯖湖湯（福島県）
参考：赤城地区住民センター（群馬県）

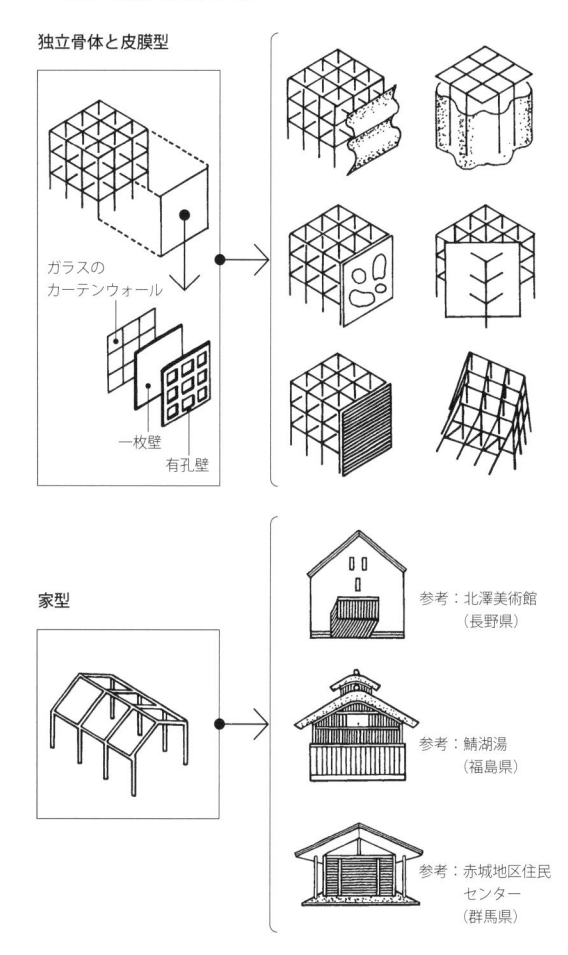

図表2　解釈型デザインの例
「コンテクスト依存－解釈－受信者中心」

重ねもちのイメージ　　奥津温泉花美人の里（岡山県）
岩山のイメージ　　谷村美術館（新潟県）
ヨットのイメージ　　シドニーオペラハウス（オーストラリア）

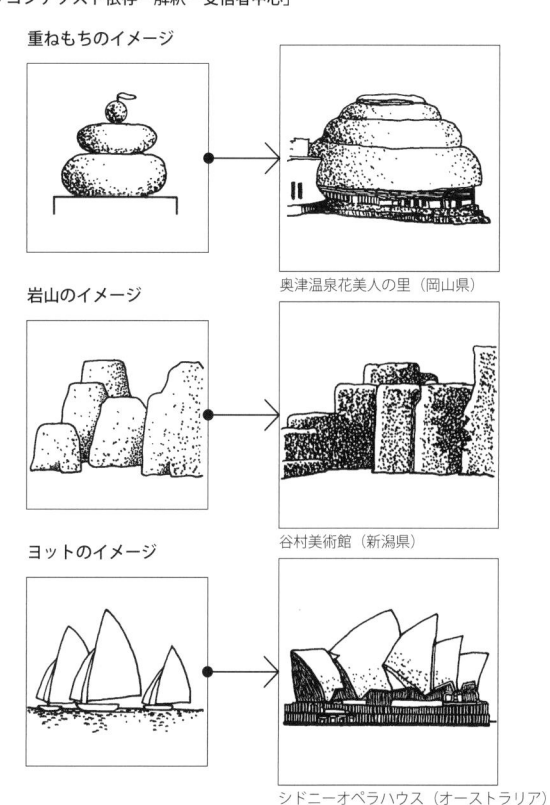

第2章　事例から学ぶ

2　独立住宅・集合住宅—1

1. 事例の選択と分析

生の資料　◇独立住宅（核家族用）

建物名：箱の家—I
（東京都杉並区）
1995竣工
設計：難波和彦＋界工作舎
構造：木造在来工法
規模：地上2階
建築面積：68 m²
延床面積：119 m²

■家族数：
夫婦＋子ども3人

2階平面図
1階平面図　1/200

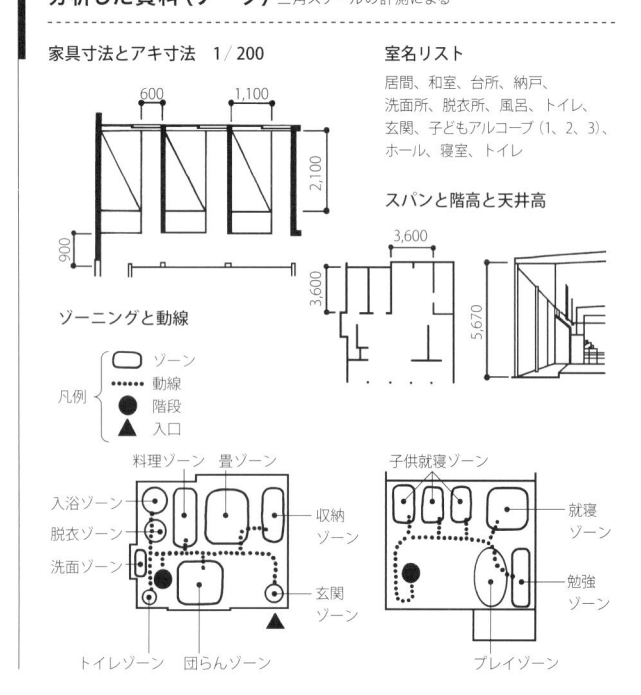

生の資料　◇独立住宅（身障者用）

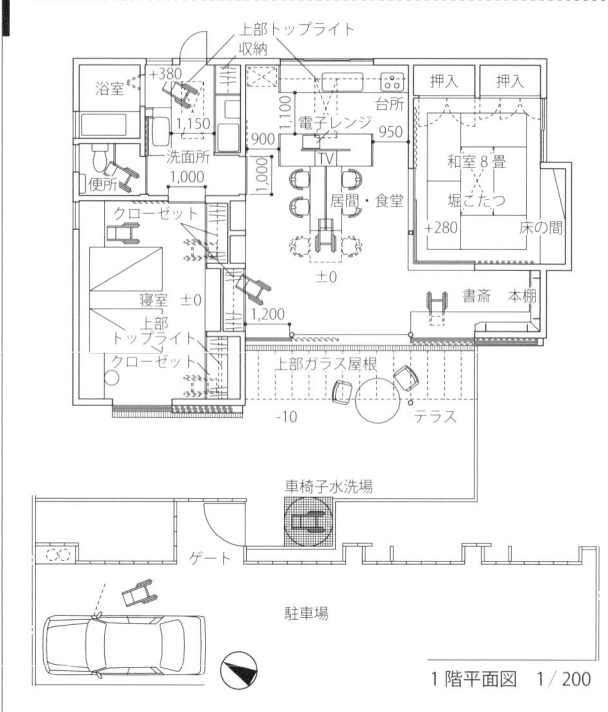

家族数：夫婦2人（夫が車椅子使用）

建物名：東川口の家（埼玉県川口市）
1990竣工
設計：工学院大学谷口研究室・LINK建築工房、構造：木造
規模：平屋、建築面積：125 m²、延床面積：122 m²

1階平面図　1/200

分析した資料（データ）　三角スケールの計測による

家具寸法とアキ寸法　1/200

室名リスト
居間、和室、台所、納戸、
洗面所、脱衣所、風呂、トイレ、
玄関、子どもアルコーブ（1、2、3）、
ホール、寝室、トイレ

スパンと階高と天井高

ゾーニングと動線

凡例　ゾーン／動線／階段／入口

料理ゾーン　畳ゾーン
入浴ゾーン　収納ゾーン
脱衣ゾーン
洗面ゾーン
トイレゾーン　団らんゾーン

子供就寝ゾーン
就寝ゾーン
勉強ゾーン
玄関ゾーン
プレイゾーン

分析した資料（データ）　三角スケールの計測による

家具寸法とアキ寸法　1/200

室名リスト
寝室、便所、洗面所、収納、
浴室、食堂、台所、押入（2ヶ所）、
クローゼット（3ヶ所）、和室、書斎

スパンと階高と天井高

ゾーニングと動線

凡例　ゾーン／動線／出入口

洗面ゾーン　収納ゾーン
脱衣ゾーン　下流しゾーン
料理ゾーン
入浴ゾーン　収納ゾーン
トイレゾーン　畳ゾーン
読書ゾーン
就寝ゾーン　読書ゾーン
読書ゾーン　食事ゾーン
服収納ゾーン

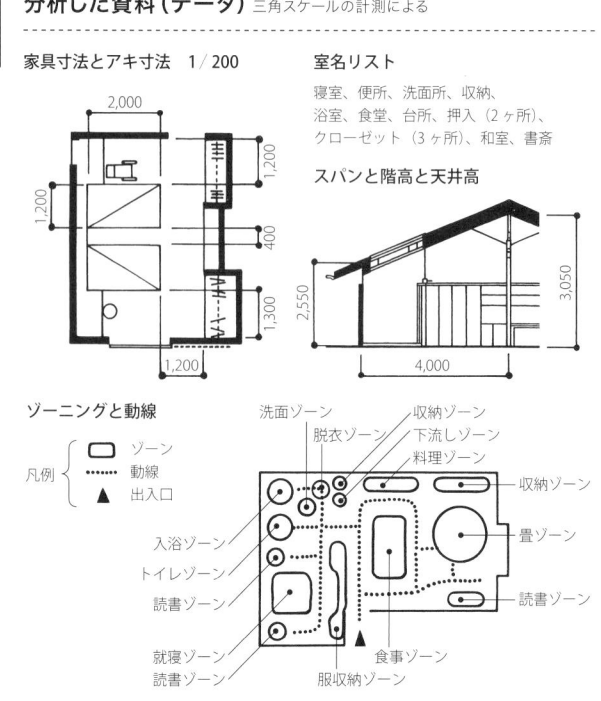

生の資料　◇専用住宅＋集合住宅（低層型）

建物名：森山邸（東京都）
2005 竣工
設計：西沢立衛建築設計事務所
構造：S造、規模：地下1階・地上3階、階高：1,980〜4,620mm
天井高：1,730〜4,350mm、建築面積：130m²、延床面積：263m²

■専用住宅1戸、集合住宅5戸

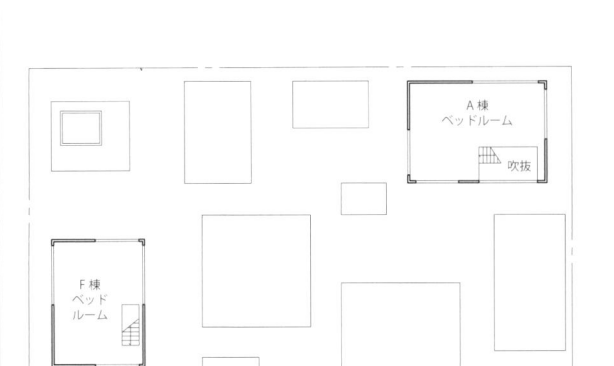

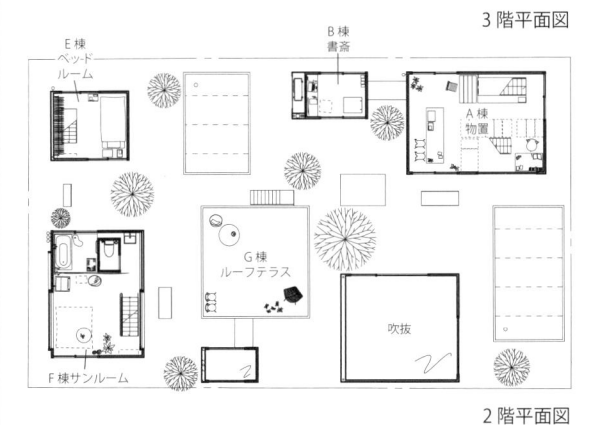

3階平面図

2階平面図

1階平面図

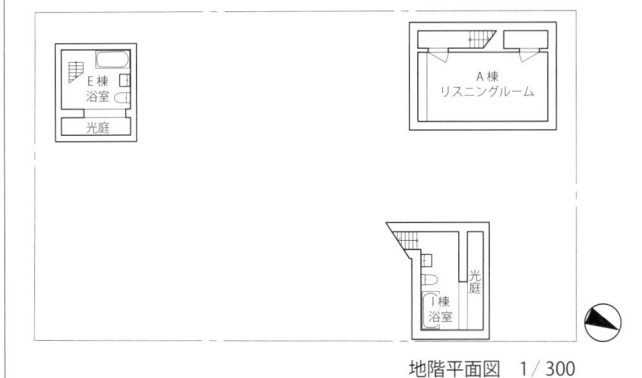

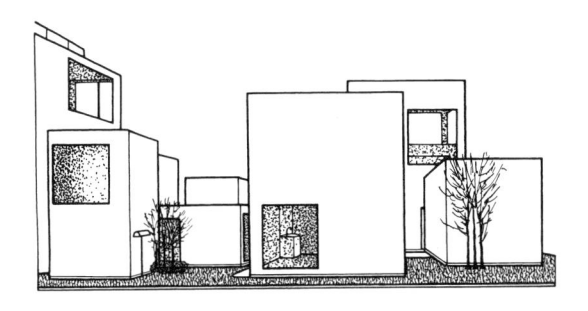

地階平面図　1/300

分析した資料（データ）　三角スケールの計測による

家具寸法とアキ寸法　1/200

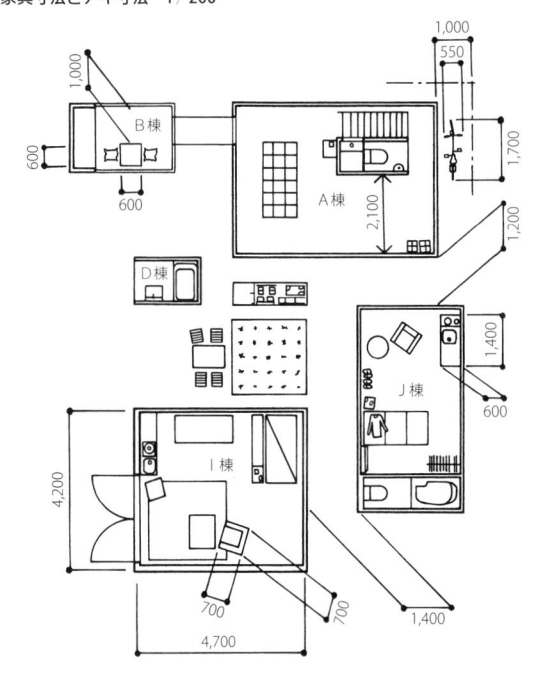

室名リスト

A棟（リビングルーム、トイレ、ベッドルーム）、B棟（ダイニングキッチン）C棟（縁側リビング）、D棟（バスルーム）、E棟（ダイニングキッチン、浴室、寝室）、F棟（リビングダイニング、サンルーム、ベッドルーム）、G棟（リビングルーム）、H棟（浴室）、I棟（リビングルーム）、J棟（リビングルーム）

ゾーニングと動線

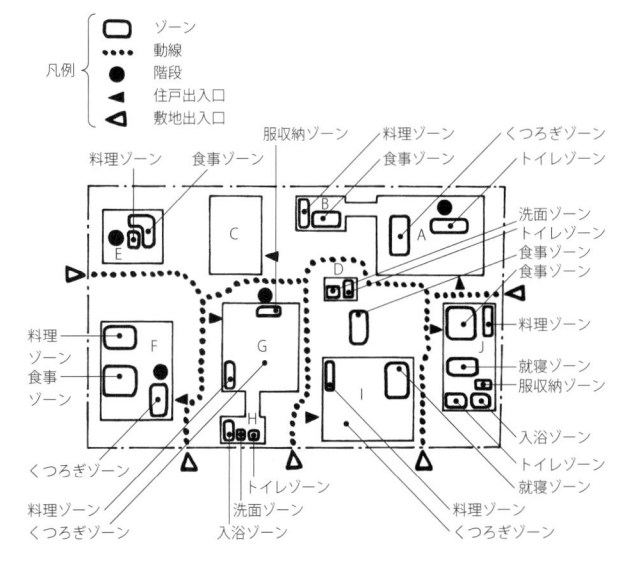

凡例：
- ゾーン
- 動線
- ● 階段
- ▶ 住戸出入口
- △ 敷地出入口

第2章　事例から学ぶ
2　独立住宅・集合住宅ー1

第2章　事例から学ぶ

2　独立住宅・集合住宅—2

生の資料　　　　　　　　　　　　　　　　　　　　　　　　　　　　　　　　　　　　　◇集合住宅（高層型）

建物名：東雲キャナルコート2街区東棟（東京都江東区）
2003 竣工
設計：伊東豊雄建築設計事務所
構造：RC造・一部S造、規模：地下1階・地上14階
延床面積：35,465m²

■住戸数：290戸

1階平面図　1/1,500

A-A'断面図　1/1,500

基準階平面図　1/500

分析した資料（データ）三角スケールの計測による

家具寸法とアキ寸法 1/200

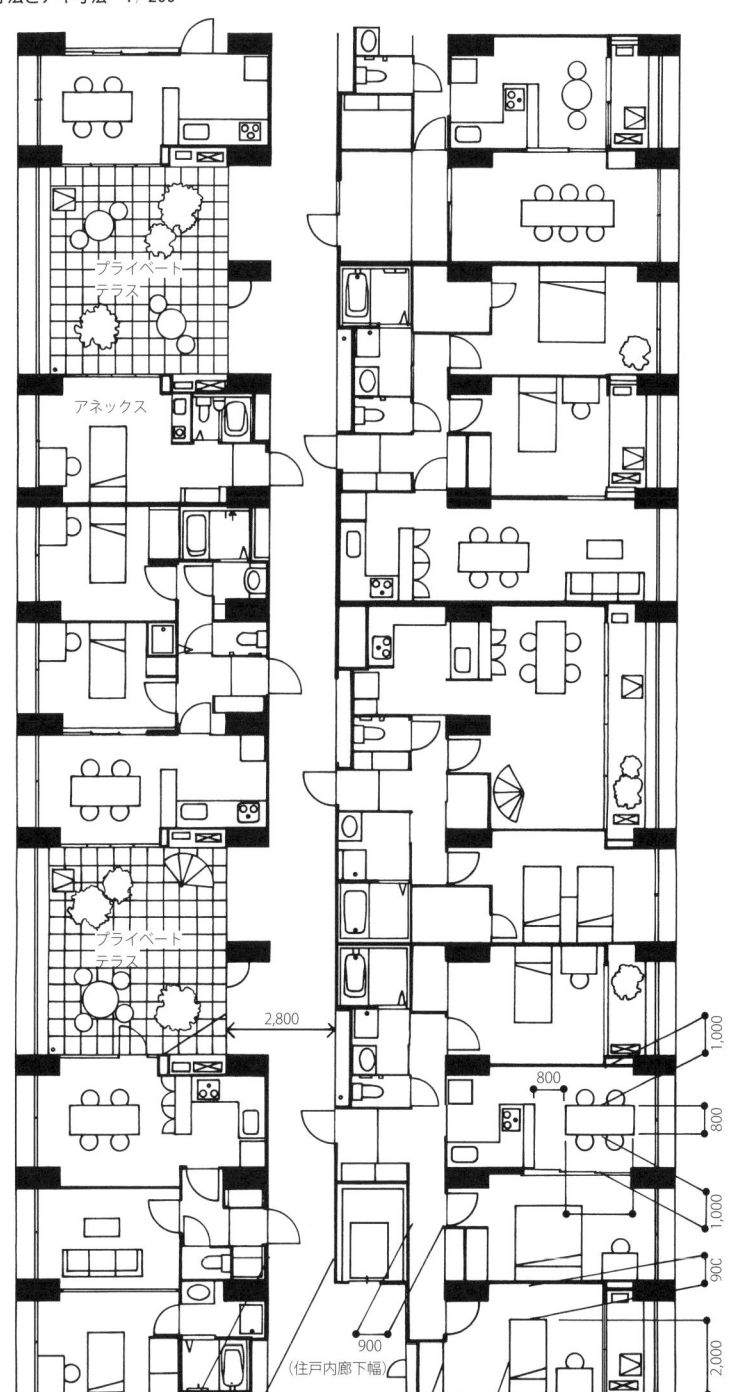

2,800
800
1,000
800
1,000
900
2,000
900（住戸内廊下幅）
1,800（共用廊下幅）
1,800
1,000

室名リスト（家具から室名を推定）

1住戸につき：台所、食事室（兼居間）、個室（3室）、洗面、浴室、トイレ、玄関、廊下

ゾーニングと動線

基準階の分析

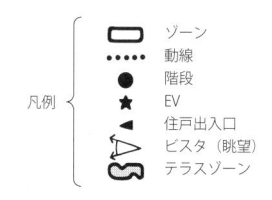

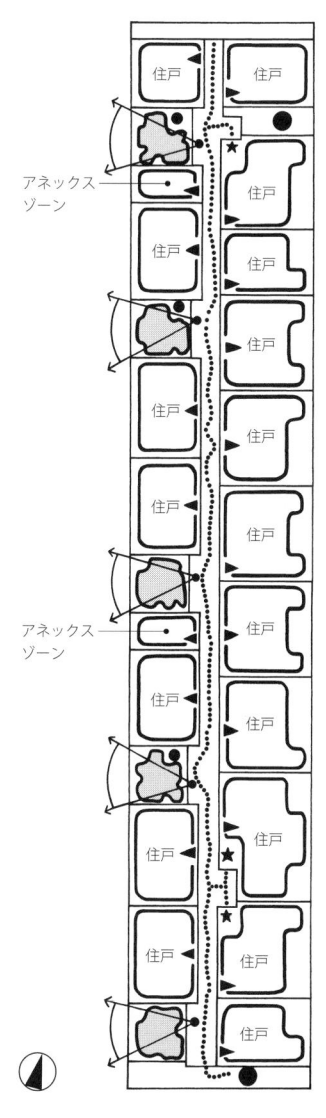

凡例
- ゾーン
- 動線
- 階段
- EV
- 住戸出入口
- ビスタ（眺望）
- テラスゾーン

プライベートテラス
アネックス
アネックスゾーン
住戸

スパンと階高と天井高

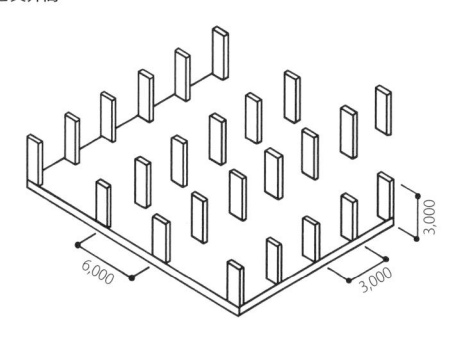

6,000 / 3,000 / 3,000

住戸の分析

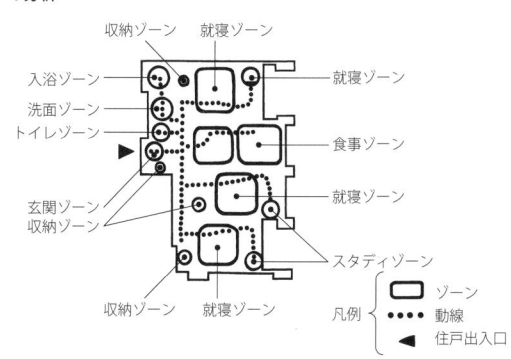

- 収納ゾーン
- 就寝ゾーン
- 入浴ゾーン
- 洗面ゾーン
- トイレゾーン
- 玄関ゾーン
- 収納ゾーン
- 食事ゾーン
- 就寝ゾーン
- スタディゾーン
- 収納ゾーン
- 就寝ゾーン

凡例
- ゾーン
- 動線
- 住戸出入口

第2章 事例から学ぶ　2　独立住宅・集合住宅—2

第2章　事例から学ぶ

2　独立住宅・集合住宅—3

2. 建築計画の知識と進め方

1. 発想は家具から

「住宅」の最も大切な室、すなわち「主役の室」といえば「居間」です。もう1つ、寝殿造りの由来となっている「寝室」も挙げていいでしょう。これらの室で使われている「家具寸法」と「アキ寸法」を考えてから、「ゾーン」そして「室」へと計画を進めていきます。「住宅家具」については、第1章の「住宅には建築の基本がある」で述べているので、省略します。ここでは、「家具の組合せ方」による「ゾーン構成」の様々な可能性を挙げておきます。

図表1　発想は家具から

○食事をつくる
右図は「ワーク机組込み案」です。キッチンの横に、ワーク机（パソコンも使える）を組み込んでおくと、家族共有の仕事場（あるいはミニ書斎）をつくることができます。右下図は「キッチン・スタディ案」です。子どもが小学校から帰ると、子ども室より、親のそばにある食卓で勉強するほうが、成績がよくなると言われています。

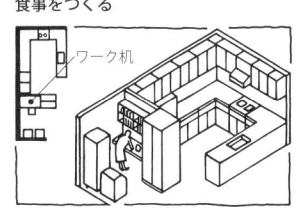

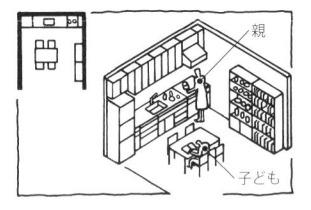

○食べる
右図は「ダイニングキッチン案」です。台所にロングテーブルを置くことで、食事、ホームパーティ、料理教室のほか、子どもの勉強をみることができます。右下図は「リビングダイニング案」です。ビッグテーブルと呼ばれる正方形に近い大きなテーブルは、食事のほか、家族の団らん・子どもの勉強・来客時の接客にも使えます。

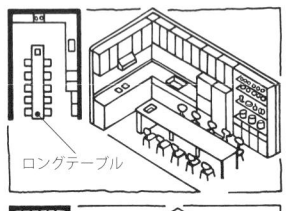

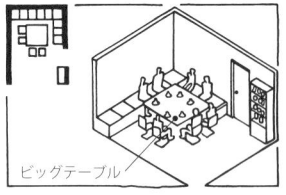

○憩う
右図は「リビングダイニング案」です。先述の案と同じネーミングですが、こちらは、1つの室に2種類の異なる家具（食卓セット・ソファセット）が置かれています。右下図は「ファミリールーム＝家族室案」です。少々雑然としていますが、子どもが玩具で遊んでいるそばで、両親がテレビを見ながら会話を楽しんでいます。

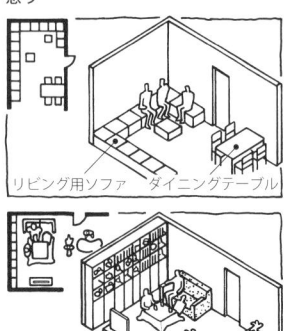

○寝る
右図は「書斎組込み案」です。夫婦のどちらかが寝ていても、書斎の光が漏れないように本棚で区切ってあります。右下図は「老いへの準備案」です。いずれ人は高齢化しますから、新築時に、寝るゾーンに隣接して食事をつくるゾーン・食べるゾーン・憩うゾーンをつくっておく案です。

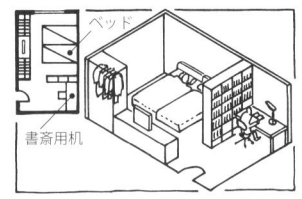

○子どもが育つ
右図は「兄妹で一緒に勉強案」です。子どもが男の子と女の子の場合、寝るところだけは最小限のスペースでプライバシーを守り、勉強机は長くして共同にしておく案です。右下図は「屋根裏部屋探検案」です。建物内のどこかに秘密の室があることは楽しい。ラビリンス（迷路）が子どもの冒険心を養うことに期待します。

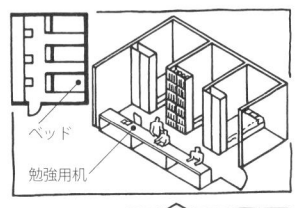

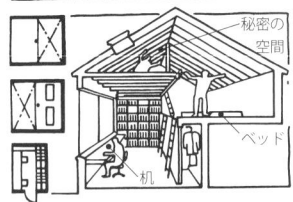

○衛生を保つ
右図は「西欧スタイル案」です。日本では一般に、便所、洗面、風呂の3つのゾーンを3室に分けますが、これは一緒になった案です。湯気が広がらないように風呂と洗面の間に透明ガラスを入れてあります。右下図は、「ちょっと温泉気分案」です。外部に小さな坪庭をつくってあります。

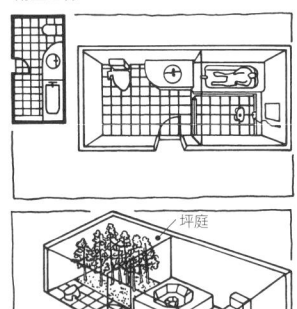

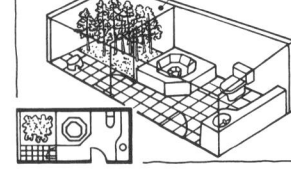

○植物が育つ
右図は「グリーンルーム案」です。日本の住まいは庭とともにあったといってもいいのですが、狭い敷地では庭がとれません。ここでは、ガラス屋根にして、上からの日照で植物を育てます。右下図は農業の栽培ハウスからヒントを得た「巨大グリーンハウス案」です。冬の日も、温室で花や野菜と一緒に生活ができます。

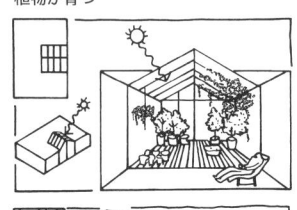

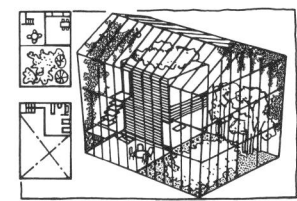

（参考：渡辺秀俊編『インテリア計画の知識』彰国社）

2. 家族形態の多様化

独立住宅においても集合住宅においても、計画時には、どのような「家族形態」でその住居が使用されるかを検討しておかねばなりません。夫婦とその子どものみで構成される家族を、最小単位の家族という意味で「核家族」と呼んでいます。日本では、核家族とその夫婦のどちらかの両親と住む「直系家族」がこれまで多く見られました。現代は、それ以外の家族形態、例えば、「夫婦のみの世帯」「単身者の世帯」「1人親と子どもの世帯」などが見られます。最近では、さらに、複数の核家族が集まって住む「複合家族」の形態も見られます。

3. ライフサイクル・ライフステージ

「ライフサイクル」とは、1つの生命体が出生してから死亡するまでの発達過程のことをいい、人間では「乳児期・幼児期・学童期・青年期・壮年期・老年期」に分けられます。「ライフステージ」とは、結婚後の「新婚期・育児期・教育期・排出期（子ども独立期）・老後期」へと移行していく段階をいいます。住まいづくりでは、このようなライフサイクルやライフステージの各段階に対応できるように「間取りの可変性」を考慮しておきます。

4. 居住面積水準

国民に安全かつ安心な住宅を供給するための住宅政策として、以前の「住宅建設五箇年計画」に代わって、現在は「住生活基本法」があります。以前は大きな目標として建設戸数がありましたが、現在は、住宅の長寿命化、省エネ化、バリアフリー化、ユニバーサルデザイン化などが大きな目標になっています。目指すべき居住面積として、「住生活基本計画（全国計画）」の中で示されている「居住面積水準」を挙げておきます。

図表2　居住面積水準

		世帯人数別の住戸専用面積(m²)			
		単身	2人	3人	4人
誘導居住面積水準	一般型	55	75(75)	100(87.5)	125(112.5)
	都市居住型	40	55(55)	75(65)	95(85)
最低居住面積水準		25	30(30)	40(35)	50(45)

（　）内は、3～5歳児が1名いる場合。

5. 住まいのゾーンと室名

どのような住まいにするか案を練っているとき、意識の中で、「ゾーン」で練るか、あるいは、「室」で練るかで、建築づくりは大きく変わってきます。いずれにしても、計画が終わり、設計段階で正式な図面にするとき、平面図、内部仕上げ表、展開図では、「1つの室」に対して「1つの室名」が必要になります。その後の生活でも「室名」が必要です。「室の命名」では、「1つのゾーンの室の室名」には苦労しませんが、「複合ゾーンの室の室名」には、代表ゾーンの名前でつけるか、新しい室名をつけるかで悩みます。いずれにしても、室には室名が必要です。

6. 住まいの多様化

家族形態・ライフスタイル・ライフサイクルの多様化に対して、独立住宅・集合住宅のいずれにおいても、「住まいの多様化」が起こっています。住戸の型として、これまで使用されてきた「nLDK型」のほか、新しい傾向の住戸型が出現しています。幾つか例を挙げておきます。

○nLDK型
集合住宅の多様化が起こる以前の住戸型の1つです。nは個室の数、Lはリビング、Dはダイニング、Kはキッチンを表しています。

○オープン型
nLDK型では室を細かく区切る傾向にありましたが、オープン型ではスライディングドアや可動家具による開放的な室づくりが目標になります。バス・トイレは、プライバシー確保のため間仕切り壁と扉が必要です。

○フリースペース付き型
住宅としての基本的な機能のほかに、独立性が高く自由に使える「フリースペース」が組み込まれた型です。仕事や趣味に使え、道路から認識できて出入りできるようになっています。

○ディンクス型
新婚時を過ぎても子どものいない共働き夫婦用の住戸のことです。老後の夫婦生活のため、室数を増やすことなく、様々な設備を充実させてつくる型です。

○SOHO型
SOHOとは「スモールオフィス・ホームオフィス」の略です。デザイン事務所など小さな仕事場に使えるスペースを備えた住戸型のことです。

図表3　住戸の型 1/300

2LDKの住戸（例：日本住宅公団〈現・都市再生機構〉の住戸）

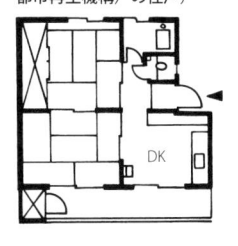

オープン型（例：SQUARE）

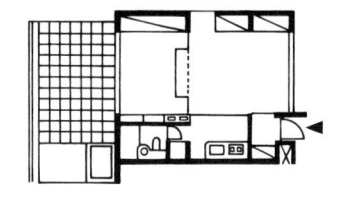

フリースペース付き型（例：プロムナード多摩中央）

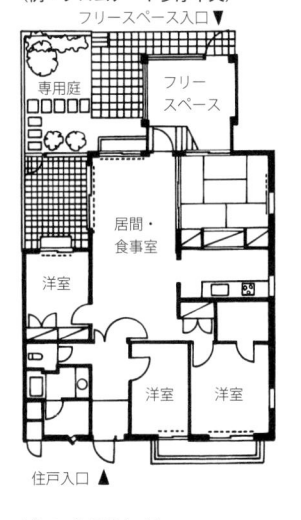

ディンクス型トイレ（例：住宅・都市整備公団〈現・都市再生機構〉の住戸）

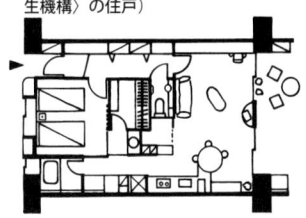

SOHO型（例：都市基盤整備公団〈現・都市再生機構〉コンペ案より）

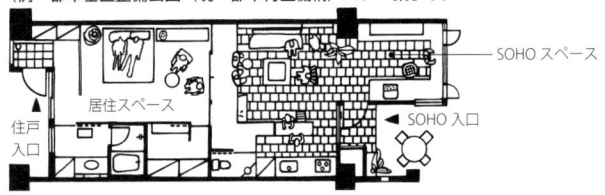

第2章　事例から学ぶ

2　独立住宅・集合住宅—4

7. コミュニケーションを生む仕掛け（内部から）

住宅内部を充実させた住まいづくりも大切ですが、近隣との「コミュニケーション」が生まれる「仕掛け」をつくっておくことも大切です。例えば、「住まい」と「道路や廊下」との間に、固い境界ではなく「柔らかい境界」をつくっておくことで、住宅内部と外部との間に「ふれあい」を誕生させることができます。この方法は、独立住宅・集合住宅のどちらにも応用できます。

○柔らかい壁と建具

江戸の町屋からコミュニティを生む仕掛けを学ぶことができます。町屋の玄関の「引違い戸」を半開きにしておくことで、道との関係を保てます。窓の「すだれ」や「格子」は見え隠れする空間を生み出します。道に面した「表の室」は近所の人が座り込めるようにし、奥の生活空間は「ふすま」で仕切れるようにしておきます。
（参考：小林秀樹「柔らかい障壁と街庭の創造が鍵を握るすまいの境界のあり方」『すまいろん』80号住宅総合研究財団）

図表4　コミュニティを生む仕掛け（住まいの内部から）

柔らかい壁と建具

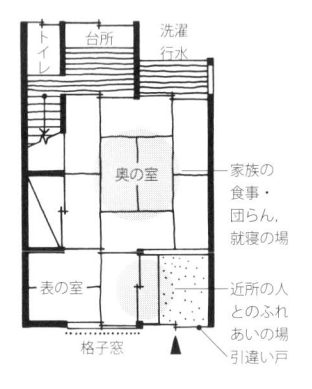

○路地へのあふれ出し

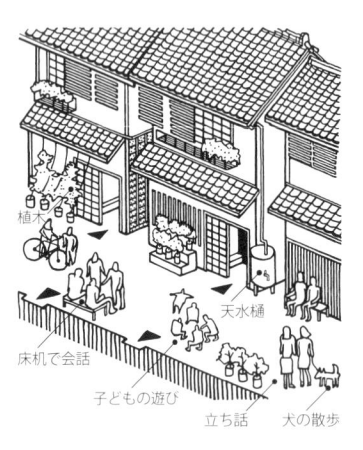

独立住宅や集合住宅の住戸の中から、道路や廊下に内部生活を積極的に「あふれ出し」させることで、生活感覚あふれる「通りの環境」を演出することができます。その演出を媒介に近隣とのコミュニケーションを育てます。江戸の町屋では、路地に植木鉢・洗濯物・床机・天水桶などをあふれ出しさせることでコミュニケーションが行われました。

○固い壁

西洋や中近東のコートハウス（中庭式住宅）は、戦争や侵略から身を守る方法として、また、気候風土と室内を調和させる仕掛けとして生まれました。道路に小さな玄関が開いているのみですが、中庭でコミュニケーションが行われました。日本の風土に合うよう工夫すると使えるかもしれません。

固い壁（例：モロッコの都市）
（参考：ルドルフスキー著『建築家なしの建築』鹿島出版会）

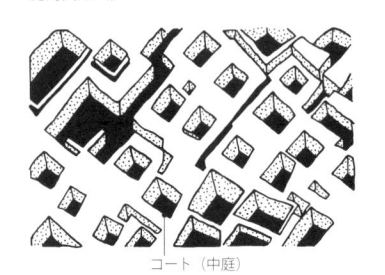

○これまでの住戸（北側廊下・北側玄関・南面居間・南側ベランダ）

以前は、このような住戸型が一般的でした。居間が玄関から遠く、近隣とのコミュニケーションを育てにくい傾向にありました。現代では、改良されて新たな住戸型が生まれています。

これまでの住戸　1/300

○リビングアクセス住戸

「リビング」を、「道路や公共歩廊」に面して配置しておいて、玄関から居間へ直接アクセスする方法です。居間の内部から、外の公共歩廊を通る近隣の人とのコミュニケーションが可能になります。また、奥の子ども室へは、家族のいるリビングを通って行くことになります。

リビングアクセス住戸
（例：相模原市営上九沢団地）

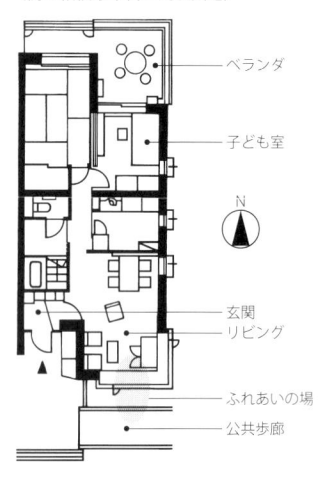

○視覚の段差

集合住宅の「公共歩廊」と「住戸」との間に「床の段差」を約600mm設け、「目の高さ」に段差をつけることで、住戸内のプライバシーを守る方法です。窓から少し身を乗り出すことで、廊下や道路を通る人と話ができます。
（参考：鈴木成文「地域に開く住まい」〈『街並み』Vol. 29、東京都防災・建築まちづくりセンター〉）

視覚の段差　1/300
（例：住宅公団葛西の集合住宅（メゾネット型））

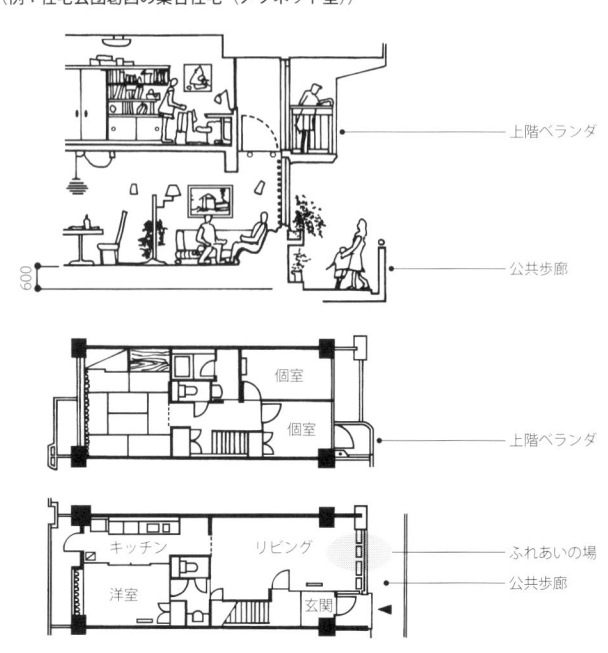

8. コミュニケーションを生む仕掛け（コモン空間）

「コミュニケーションを生む仕掛け」を、住まいの内部からと同時に、毎日我が家にアクセスするときの「コモン空間」の中にさりげなく計画しておくことで、自然に「ふれあい」が育つのを待ちます。コミュニケーションの生まれる仕掛けは、例えば、戸建て住宅団地の「地上レベル」、低層集合住宅の「接地レベル」や「準接地レベル」、中層や高層集合住宅の「空中レベル」などに投入しておくといいでしょう。

○ボンエルフ道路（歩車融合道路）

戸建て集合団地の「地上レベル」に歩車融合道路を計画しておくと、道路上での住民間のふれあいの機会は増えていきます。道路を蛇行形にし、ハンプ（減速用路面突起）、ボラート（駒止め）、駐車スペースなどを配置しておきます。

図表5　コミュニケーションを生む仕掛け（コモン空間の投入）

ボンエルフ道路 1/3,000（例：グリーンテラス城山）

○コモン空間と住戸アクセス

北側玄関のみからの住戸配置では、住民の出会う機会は限られてしまいます。北側棟と南側棟の間にコモン空間を置き、そこから北棟にも南棟にもアクセスできるようにしておけば、「地上レベル」での住民間のふれあう機会は増えていきます。

▶これまでの住棟配置（北側玄関のみ）（全戸北入）

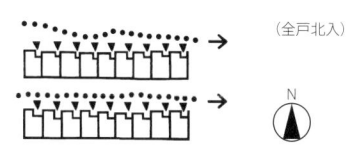

▶コモン空間と住戸アクセス

○低層集合のコートハウス

2～3階の低層集合住宅では、「中庭」を通って各住戸へ行けるようにしておけば、「地上レベル（中庭）」でのふれあいの機会は増えていきます。中庭では、イベントや交流会を開くことができ、住民間の交流が可能になります。

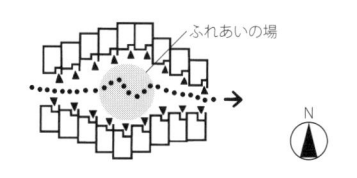

低層集合のコートハウス

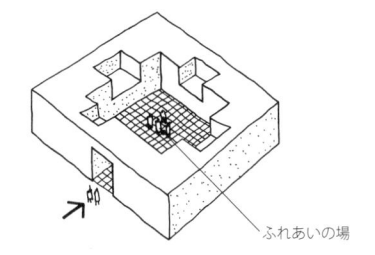

○準接地レベルの階段

2～3階の低層集合住宅では、毎日通る「階段」のまわりに、さりげなくふれあいのできる仕掛けをつくっておきます。準接地レベルに階段があるので、近くにベンチをつくる、日当たりのいい階段の手すりに沿って花壇をつくる、などの方法があります。「共用階段型」の例として、六番池団地（茨城県）があります。上階の住戸へ地上から階段をつける「専用階段型」の例として、ライブタウン浜田山（東京都）があります。

準接地レベルの階段
▶共用階段型（2～3階へ） 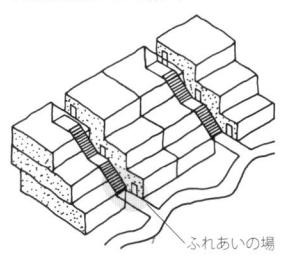
▶専用階段型（2階専用）

○中層集合住宅の空中歩廊

4～6階の中層集合住宅では、中間階のあたりに、「空中歩廊」をつくっておくことで、そこを通るとき、住民の出会いや会話をする機会は増えていきます（参考：茨城県営松代アパートの「上の道」）。

空中歩廊

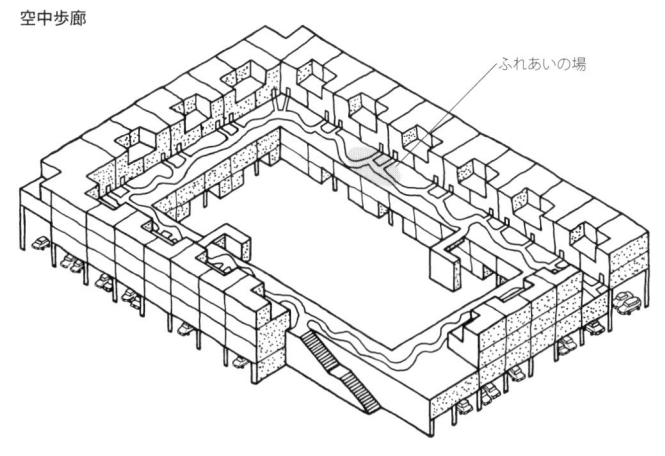

○高層集合住宅の中廊下と空中テラス

中廊下は暗くなりがちです。住戸の1スパン分をあけてテラスにすると、中廊下に採光と換気と眺望を供給できます。明るい場所は、住民同士の会話の場所になります（参考：東雲キャナルコート2街区／東京都）。

空中テラス

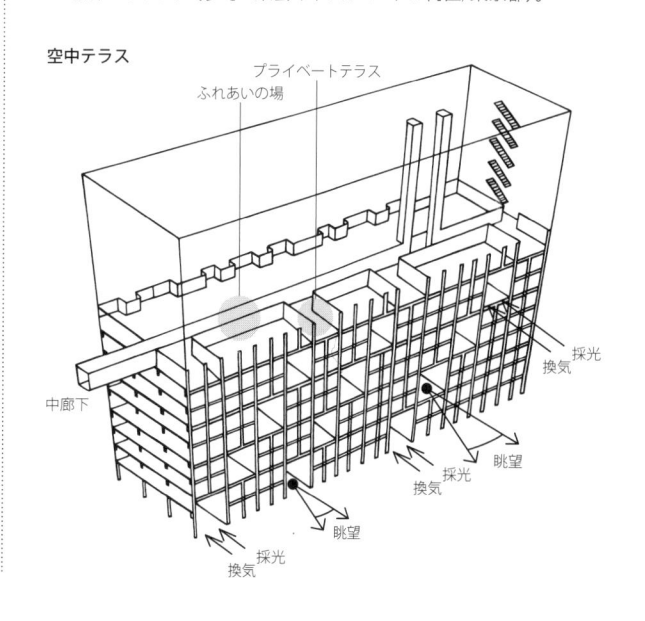

第2章　事例から学ぶ

2　独立住宅・集合住宅—5

9. 住戸の積層型・連結型

住まいが1戸の場合は「独立住宅」ですが、2戸以上では「集合住宅」となります。上下に積層させるか、左右に連結させるか、その両方なのか、集合の型は幾つかあります。まず「基本型」で計画を開始し、その後アイデアを加えながら案を「展開」していくといいでしょう。

図表6　住戸の積層型（基本型）

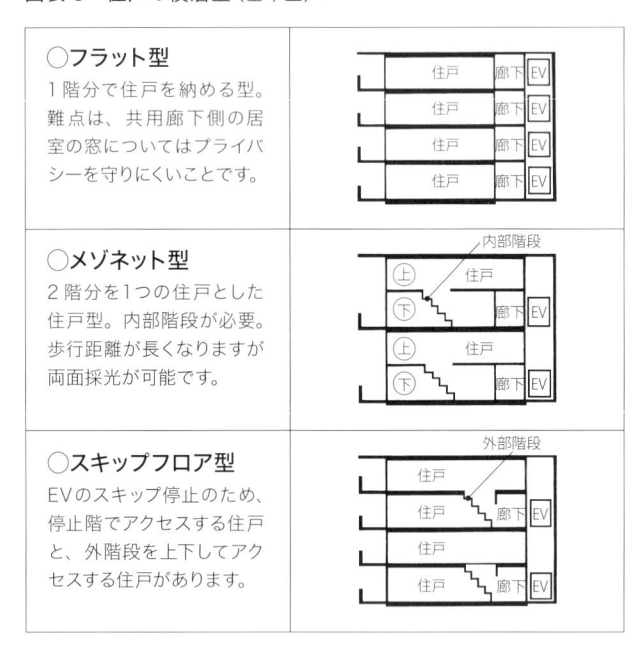

- **○フラット型**
  1階分で住戸を納める型。難点は、共用廊下側の居室の窓についてはプライバシーを守りにくいことです。

- **○メゾネット型**
  2階分を1つの住戸とした住戸型。内部階段が必要。歩行距離が長くなりますが両面採光が可能です。

- **○スキップフロア型**
  EVのスキップ停止のため、停止階でアクセスする住戸と、外階段を上下してアクセスする住戸があります。

図表7　住戸の連結型（基本型）

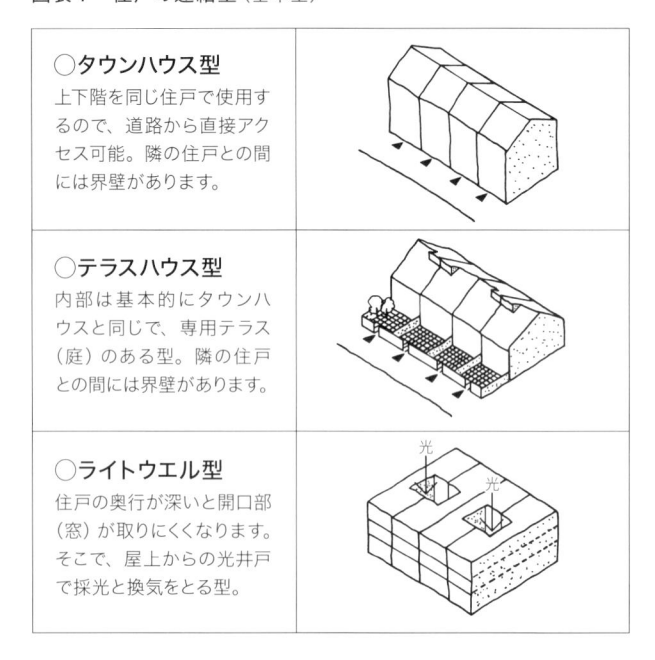

- **○タウンハウス型**
  上下階を同じ住戸で使用するので、道路から直接アクセス可能。隣の住戸との間には界壁があります。

- **○テラスハウス型**
  内部は基本的にタウンハウスと同じで、専用テラス（庭）のある型。隣の住戸との間には界壁があります。

- **○ライトウエル型**
  住戸の奥行が深いと開口部（窓）が取りにくくなります。そこで、屋上からの光井戸で採光と換気をとる型。

○住宅地の人口密度
住宅地の人口密度は、一般に、独立住宅では100～150人/ha、低層集合住宅では150～250人/ha、中層集合住宅では250～450人/ha、高層集合住宅以上では450～1,000人/haです。

10. 開口部と日照・採光・通風・換気

集合住宅では、「日照・採光・通風・換気」と「住戸への出入り」に必要な「開口部（窓・玄関）」を、効率よく設置する「廊下型」として図表8のような型があります。これらを基本型として近隣との「コミュニケーションを生む仕掛け」を加えながら、さらに展開していきます。

○廊下型と方位
集合住宅と同じ廊下型を使う用途に、ホテル・病院・高齢者施設・寮などがあります。違うのは、集合住宅では「日照」を重視するため「方位」が大切です。

図表8　集合住宅の廊下型（基本型）

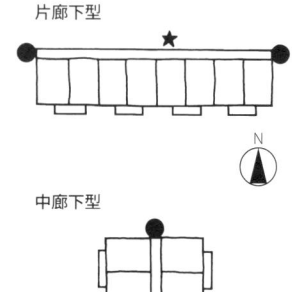

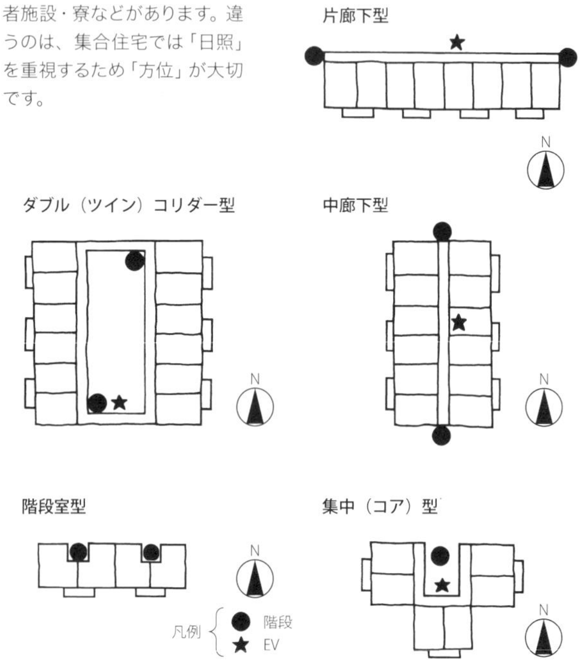

片廊下型

ダブル（ツイン）コリダー型　　中廊下型

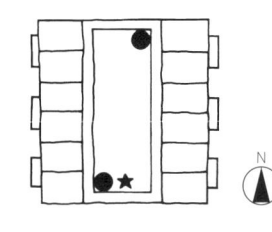

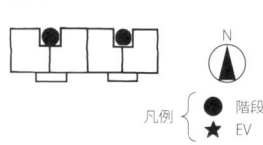

階段室型　　集中（コア）型

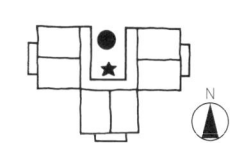

凡例 { ● 階段　★ EV }

＊corridor 廊下、回廊

○採光面積
（法28条）
居室には、採光のための「開口部」が必要です。住宅以外の居室でも、継続的に居住・執務・作業・娯楽・集会を行う室には必要です。住宅との比較で、採光に必要な面積比率を挙げておきます。

図表9　床面積に対する採光面積

住宅の居室	1/7以上
独身寮の居室	1/7以上
病院・診療所の病室	1/7以上
幼稚園・保育所の保育室	1/5以上
小学・中学・高校の教室	1/5以上
学校・病院・福祉施設の主用途の居室（教室、病室、入居室）以外の居室	1/10以上

○収納と窓
収納は非居室のため、外壁に面する窓はいりません。収納は一般には住戸の中央に置き、収納面積は、延床面積の10～20%とっておきます。外壁に面したスペースは、居間や寝室などの居室を優先させます。

図表10　収納面積の例（参考：箱の家I）

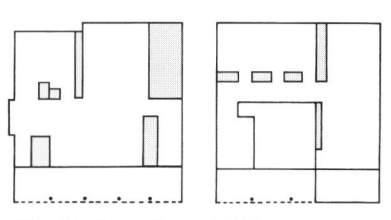

収納面積13%（三角スケールで計測）

36

11. 日本の住まいに庭はつきものだった

日本では、気候・風土などの理由から、どの形式の「住宅」にも「庭」がありました。現在では「住宅史」と「庭園史」は、別々に研究され教育も行われているため、別のものと意識しがちです。また、現代の住宅は、高気密・高断熱、高い防火性能・防水性能による庇のない「箱」への傾向を強めています。一方で「ガーデニング」への関心が高まっています。住まいづくりは、最初から「インテリア」と「庭」の関係を考えておくといいでしょう。

図表11　日本の住宅と庭の関係史

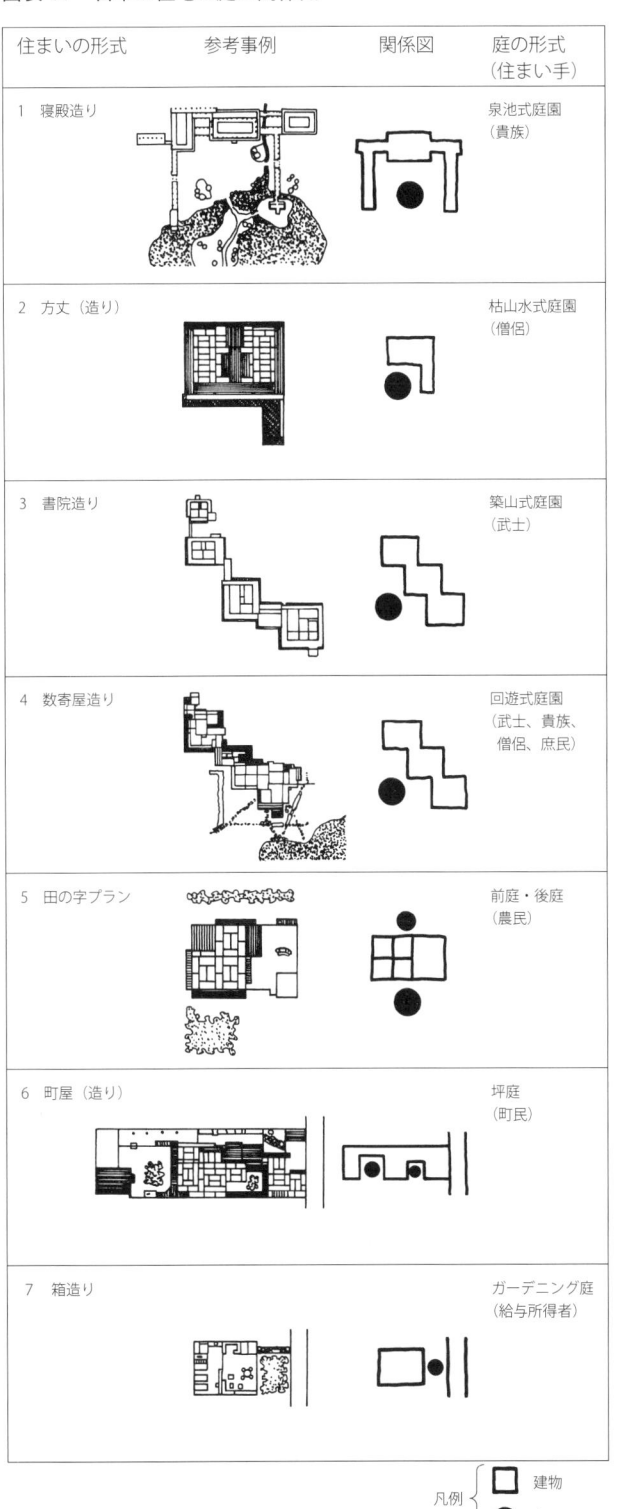

住まいの形式	参考事例	関係図	庭の形式（住まい手）
1　寝殿造り			泉池式庭園（貴族）
2　方丈（造り）			枯山水式庭園（僧侶）
3　書院造り			築山式庭園（武士）
4　数寄屋造り			回遊式庭園（武士、貴族、僧侶、庶民）
5　田の字プラン			前庭・後庭（農民）
6　町屋（造り）			坪庭（町民）
7　箱造り			ガーデニング庭（給与所得者）

凡例　□建物　●庭

○インテリアと庭を一緒に考える

独立・集合のどちらの住宅においても、「インテリア」と「庭」、その間をつなぐ「ベランダ・縁側・テラス」の関係を、計画段階から考えておきます。細かいデザインはあとでゆっくり考えるとして、最初に「庭の位置と面積」を確保しておきます。図表12は、住まいに役立つ3つの庭の例です。

図表12　3つの庭の例

○見る庭
日本の伝統的な枯山水庭園や坪庭は、見る庭の典型といっていいでしょう。現代へどのように応用できるか考えてみます。

○使う庭
床を、タイルや石で舗装し、屋外用の椅子やテーブルを置くと、屋外でのランチや午後の紅茶を楽しむことができます。

○育てる庭
現代の流行ともいえるガーデニングを、家と道路との間で行うことにより、道を通る人との間にコミュニケーションが生まれます。

○ル・コルビュジエの屋上庭園・空中庭園

庭園は、本来「地上レベル」につくるものですが、ル・コルビュジエは、「近代建築の五原則」の1つとして、「屋上庭園」をつくることを提案しています。集合住宅が高層化していくと、住戸は、どうしても地面との関係を薄くしていきます。約100年前につくられた「屋上庭園」や「空中庭園」のアイデアは、現代の日本にこそ必要と考えられます。

図表13　ル・コルビュジエの屋上庭園・空中庭園

ガルシュのヴィラの屋上庭園　　輝く都市の空中庭園

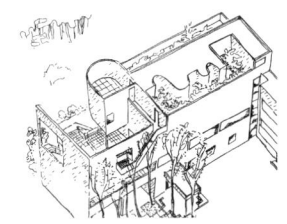

サヴォア邸の屋上庭園

○環境共生住宅

「環境」には様々な意味がありますが、主に「自然との共生」の意味で使われます。例えば、既存樹木の保存、古材の使用、既存の地形の継承、風力発電、井戸の活用、ビオトープ、優良土壌の再利用などの手法があります。例として、世田谷区深沢環境共生住宅があります。

第2章　事例から学ぶ

2　独立住宅・集合住宅—6

12. スケルトン・インフィル

　頭文字をとって「SI住宅」ともいいます。「スケルトン」とは、「躯体」を構成している「界壁・界床・柱・梁・玄関扉・外壁・サッシ」などの共用部分です。「インフィル」とは、居住者がリニューアルなどで自由に手を加えることのできる「間仕切り壁・内部扉・内部仕上げ・住戸内設備（電気・給排水・空調）」などの占有部分です。「自由プランの可能なマンション」として売り出されている集合住宅は、SI集合住宅と考えていいでしょう。

図表14　スケルトンとインフィル

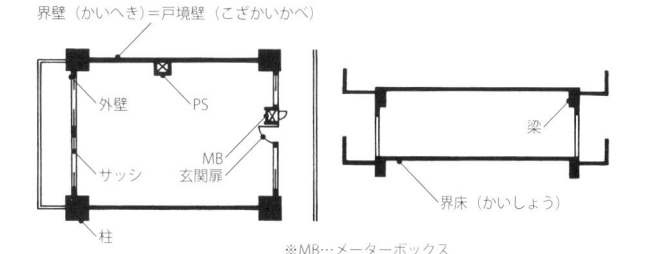

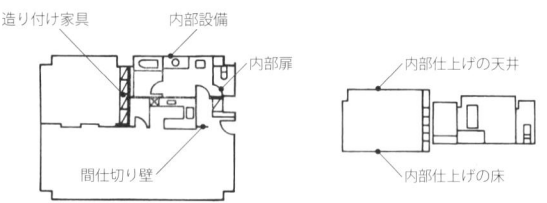

スケルトン部分
界壁（かいへき）＝戸境壁（こざかいかべ）
外壁
PS
MB
玄関扉
サッシ
柱
梁
界床（かいしょう）
※MB…メーターボックス

インフィル部分
造り付け家具
内部設備
内部扉
内部仕上げの天井
間仕切り壁
内部仕上げの床

○2段階供給方式
　第1段階で「スケルトン」を「街並みや地域文化」に配慮して計画しておいて、第2段階で「インフィル」を「住人の好み」で計画する方式のことです。コレクティブ住宅やコーポラティブ住宅でよく使われます。

図表15　2段階供給方式

第1段階：スケルトン（街並みに配慮して外観を計画する）
A住戸　B住戸　C住戸

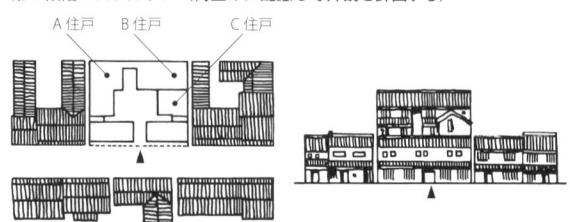

第2段階：インフィル（住民の好みで計画する）
A住戸　B住戸　C住戸

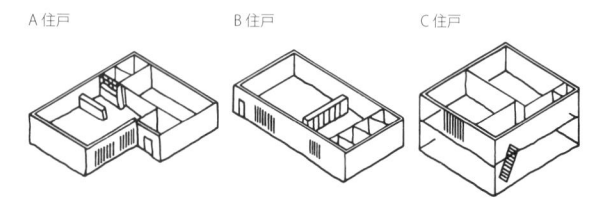

13. 柱梁構造・壁構造

　「柱梁（はしらはり、または、ちゅうりょう）構造」、そして、「壁構造」のどちらを選択するかは、集合住宅ではよく議論になります。「柱梁構造」は、中高層や超高層でよく使われ、RC造（鉄筋コンクリート造）・S造（鉄骨造）・SRC造（鉄骨鉄筋コンクリート造）などの構法が使われます。「壁構造」は、低層で用いられ、RC造・組積造（レンガやブロック）がよく使われます。

○柱梁構造
「柱と梁」を主要構造にした構造で、建設中の姿は、児童公園の「ジャングルジム」に似ています。柱と柱の距離を「スパン」と呼びます。スパンの距離は、内部の「生活と家具配置」から考えていくといいでしょう。

図16　柱梁構造

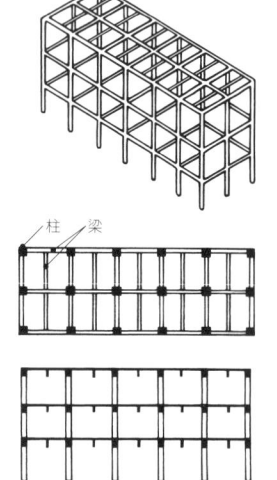

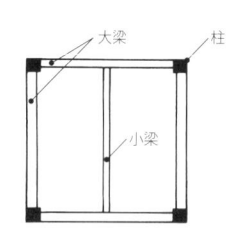

大梁
柱
小梁

柱　梁

○壁構造
「壁」を主要構造にした構造です。構造原理は、ケーキの紙容器によく似ています。壊すとき、角やコーナーにナイフを入れると壊れやすくなります。つまり、「壁と壁」や「壁と床」の接合部を強化しておくと、構造強化を図ることができます。

図表17　壁構造

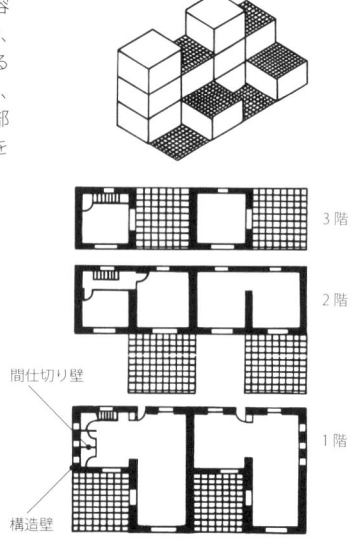

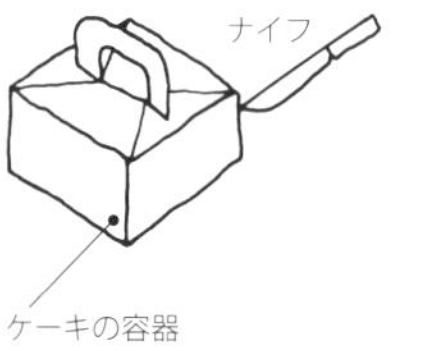

ナイフ
ケーキの容器
間仕切り壁
構造壁

3階
2階
1階

○低層・中層・高層・超高層の階数
　一般に、低層（1〜3階）、中層（3〜6階）、高層（6〜14階）、超高層（15階以上）で区分されます。各区分の境界にある階は重なって扱われる場合もあります。15階以上では特別避難階段が必要です。

14. コレクティブ・コーポラティブ

現代の集合住宅は、一般には、民間や公社・都市再生機構などの企画・設計・建設・販売を経て供給されます。このような供給方式では同じ住戸型の繰り返しが起こることもあります。そこで、そこに住む人たちが土地を入手し、自分たちの手で管理組合をつくり、設計者を決め、それぞれ「違う住戸プラン」をつくり、建設し居住するという新たな方式があります。代表的な2方式として「コレクティブ」と「コーポラティブ」があります。

○コレクティブ住宅
一緒に住むと決めて集まった人々が、設計の専門家を交えて企画から建設まで行う方式です。それぞれの「世帯の住戸」をつくり、さらに、共用の「コモンキッチン」「コモンダイニング」「コモンリビング」「コモンテラス」「コモン菜園場」「育児室」なども事前につくっておきます。単身高齢者や共働き世帯が集まり、共同で子育てや介護をすることも可能です。

図表18 コレクティブ住宅（例：コレクティブハウスかんかん森）
（参考：小谷部育子『コレクティブハウジングで暮らそう』丸善）

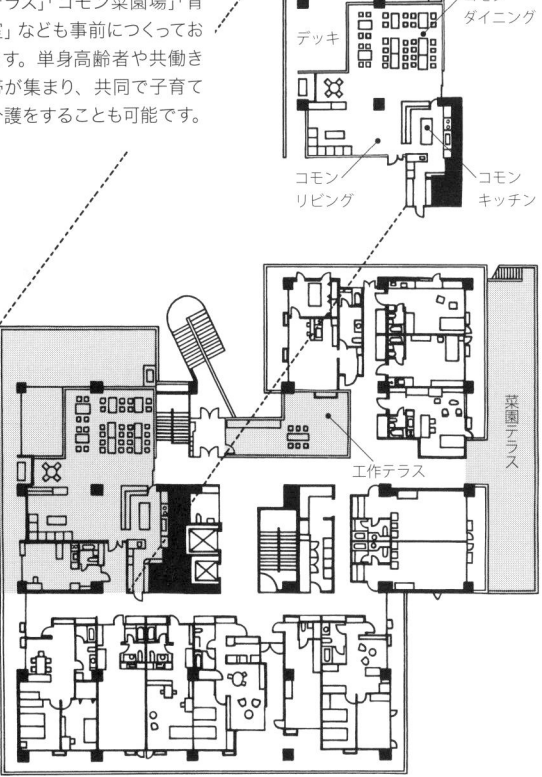

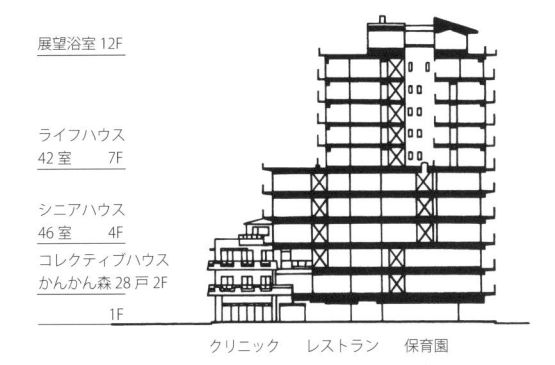

○コーポラティブ住宅
一緒に住むと決めて集まった人々が、設計の専門家を交えて企画から建設までを行うのは、コレクティブハウスと同じです。世帯によって住戸平面が異なるのも同じです。違う点は、コモンリビングなどの共用空間がないことです。ただし、廊下のふくらみや1階のピロティなどを使ってコミュニケーション空間をつくることは可能です（例：Mポート/熊本県）。

15. 集合住宅がつくる景観

「集合住宅」の建設は、結果として、地域の「景観」をつくります。片廊下型や中廊下型の住戸配置だけでなく、「コミュニティを生む仕掛け」や、「住戸内部の開口部・テラス・バルコニーへのアイデア」を加えて、建築デザイナーの「理想とする景観」を目指します。

図表19 集合住宅がつくる景観の例

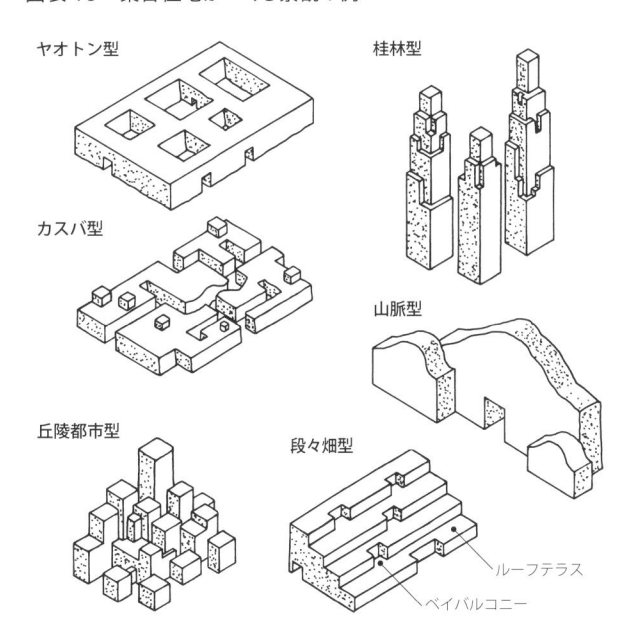

ヤオトン型　桂林型
カスバ型　山脈型
丘陵都市型　段々畑型
ルーフテラス
ベイバルコニー

クリック　住宅計画では設備機器のカタログが必要です。ネットで情報収集して下さい。代表的なメーカーを紹介しておきます。
●厨房器具：クリナップ、サンウエーブ、ナスほか　●衛生器具（トイレ・洗面・バス）：TOTO、INAX、パナソニックほか　●空調設備：パナソニック、三菱、ダイキン、日立、東芝ほか　●照明器具：ヤマギワ、オーデリック、パナソニック、日立、東芝ほか　●給湯機：東京ガス、リンナイほか、総合生活企業：LIXILほか

3. 視覚デザインの発想例

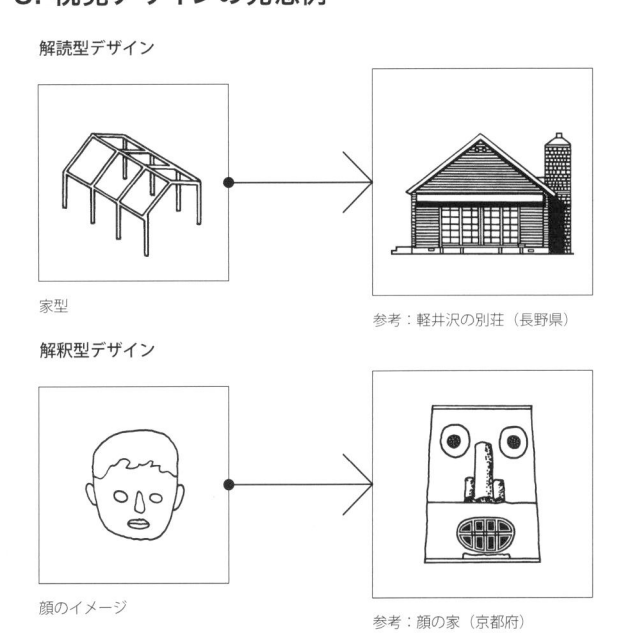

解読型デザイン
家型　参考：軽井沢の別荘（長野県）

解釈型デザイン
顔のイメージ　参考：顔の家（京都府）

第2章　事例から学ぶ

3　オフィスビル—1

1. 事例の選択と分析

生の資料　　　　　　　　　　　◇避難階段が2つのビル

建物名：中国木材名古屋営業所（愛知県弥富市）

2003竣工、設計：福島加津也＋冨永祥子建築設計事務所、構造：木造・一部RC造
規模：地上2階、階高：3,100mm、天井高：2,150〜6,480mm（事務室）
主なスパン：3,000mm×2,850mm、建築面積：1,008m²、延床面積：1,242m²

2階平面図

1階平面図　1/400

断面図　1/400

分析した資料（データ）　三角スケールの計測による

家具寸法とアキ寸法　1/200

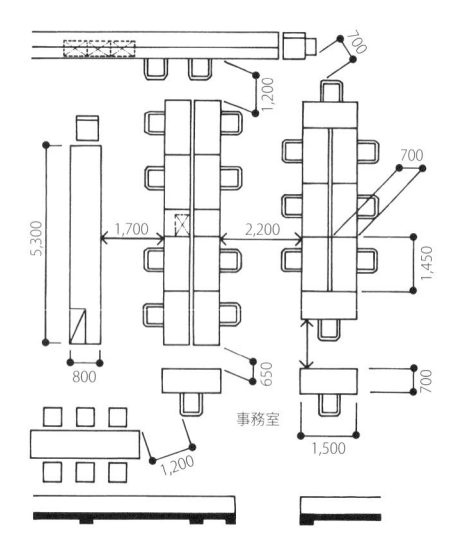

室名リスト

■1階：来客入口、事務室（46席）、応接室（2室）、応接室前室、会議室（2室）、更衣室（男女）、トイレ（男女）、書庫（5室）、倉庫、給湯室（2室）、自販機室、電気室、手洗い場、ダムウェーター、廊下、階段、従業員出入口
■2階：食堂（52席）、厨房、機械室、書庫、トイレ（男女）、談話コーナー、階段、手洗い場、テラス、ダムウェーター

スパンと階高と天井高

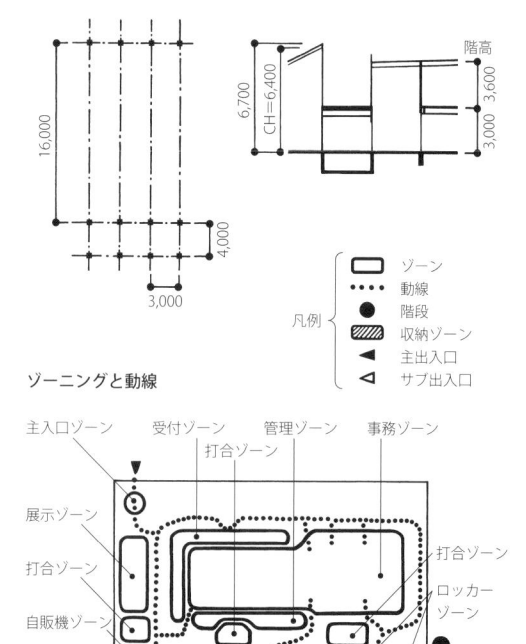

凡例
□ ゾーン
・・・ 動線
● 階段
▨ 収納ゾーン
▶ 主出入口
◁ サブ出入口

ゾーニングと動線

主入口ゾーン　受付ゾーン　管理ゾーン　事務ゾーン
　　　　　　　　　　打合ゾーン
展示ゾーン
　　　　　　　　　　　　　　　　　　　　打合ゾーン
打合ゾーン
　　　　　　　　　　　　　　　　　　　　ロッカーゾーン
自販機ゾーン
トイレゾーン
給湯ゾーン
　　　　　　　　　　　　　　　　　　　　サービス入口ゾーン
　　　　　　　　　　　　　　　　　　　　給湯ゾーン
　　　　　　　　　　　　　　　　　　　　機械ゾーン
応接ゾーン　　会議ゾーン　　研修ゾーン

40

生の資料

◇避難階段が1つのビル

建物名：YP-1（ワイピーワン）（滋賀県近江八幡市）
2005 竣工、設計：戸尾任宏・建築研究所アーキヴィジョン、構造：RC 造、規模：地上 6 階、階高：3,600 mm・3,400 mm、天井高：2,770 mm・2,600 mm
主なスパン：4,975 mm×6,440 mm、建築面積：268 m^2、延床面積：1,332 m^2

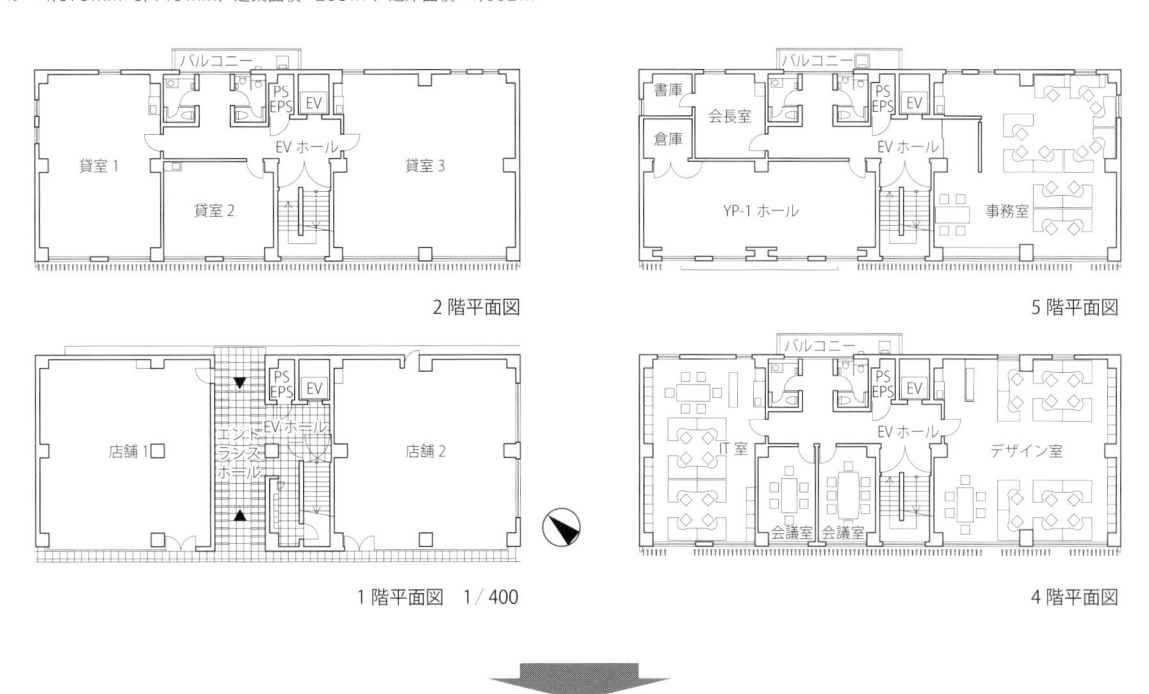

2階平面図

5階平面図

1階平面図　1/400

4階平面図

分析した資料（データ） 三角スケールの計測による

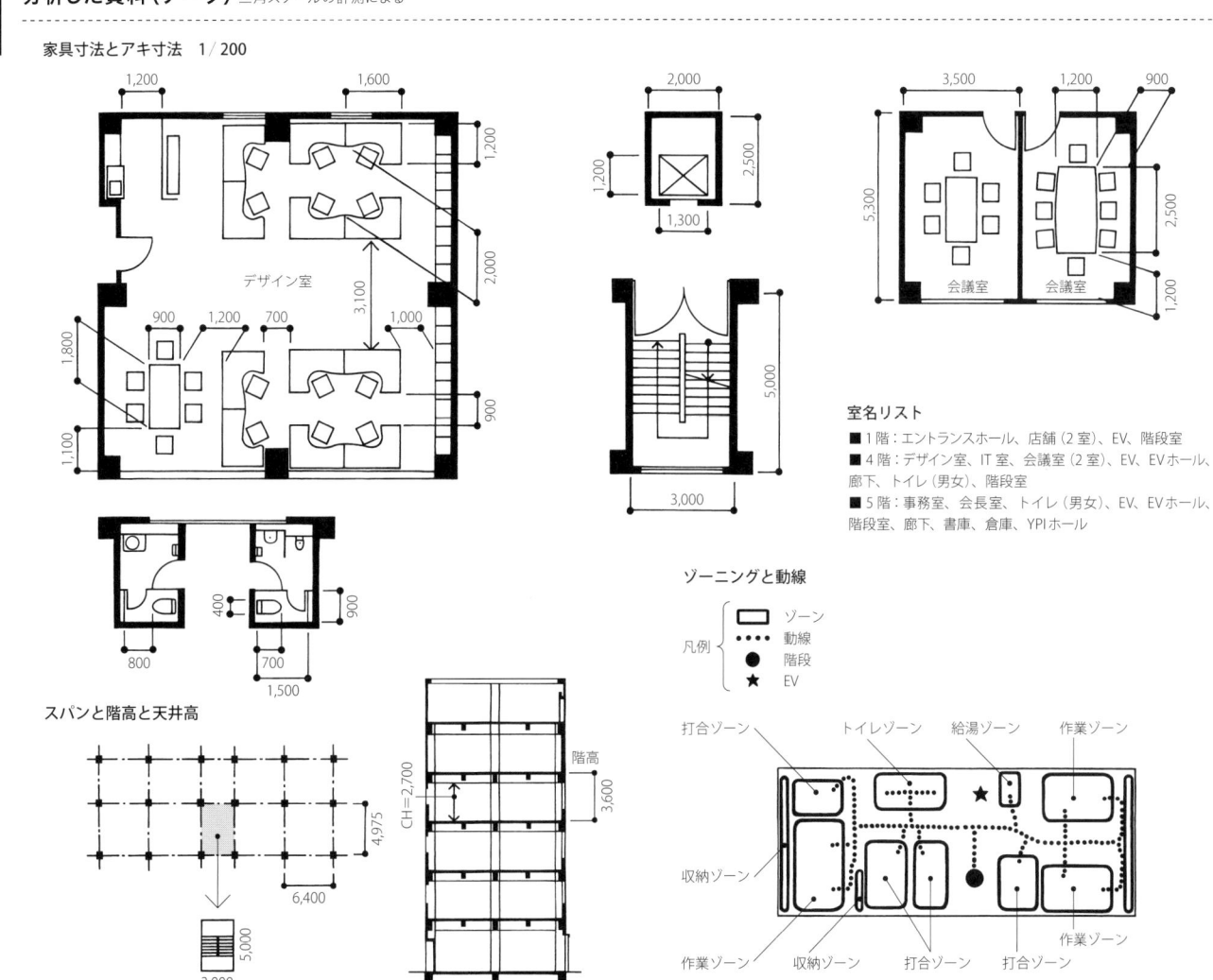

家具寸法とアキ寸法　1/200

室名リスト
- 1階：エントランスホール、店舗（2室）、EV、階段室
- 4階：デザイン室、IT室、会議室（2室）、EV、EVホール、廊下、トイレ（男女）、階段室
- 5階：事務室、会長室、トイレ（男女）、EV、EVホール、階段室、廊下、書庫、倉庫、YP1ホール

ゾーニングと動線

凡例：
- ゾーン
- 動線
- 階段
- EV

スパンと階高と天井高

第2章　事例から学ぶ

3　オフィスビル―1

第2章　事例から学ぶ

3　オフィスビル—2

2. 建築計画の知識と進め方

1. 発想は家具から

「オフィスビル」の「主役の室」といえば「事務室」です。まず、1人用の「事務机と椅子の寸法」と「アキ寸法」を考えてから、「デスクレイアウト」へと進めていきます。最初は「基本型」でレイアウトして「収容人数」を確かめておきます。そして、第2案・第3案へとバリエーションを「展開」していきます。計画段階では、椅子の寸法を450mm×450mmで始めても大丈夫です。

○デスクレイアウトの基本

基本型には、図表1のように、3つの型があります。対向型は、コミュニケーションに有利で面積的にも効率的です。同向型は、事務管理に有利ですが、コミュニケーションには少し不向きです。

図表1　デスクレイアウトの基本型

同向型

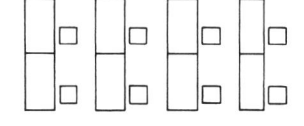

対向型

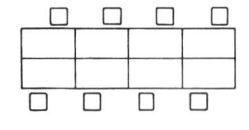

同向対向混合型

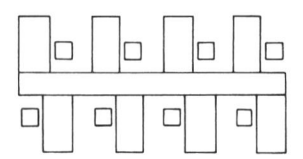

○デスクレイアウトは基本から展開へ

最初は、「同向型」や「対向型」などの「基本型」でレイアウトを行い、少なくともこれだけの椅子は入るという「収容人数」を確認しておきます。次に、例えば、「スタッグ式」や「ベンゼン式」など、あるいは、デザイナーが独自に開発した「デスクレイアウト型」などで「展開」していくといいでしょう。展開案についても「収容人数」を確認しておきます。

図表2　デスクレイアウトの展開例　1/300
（参考：日本建築学会編『第2版コンパクト建築設計資料集成』丸善）

スタッグ式

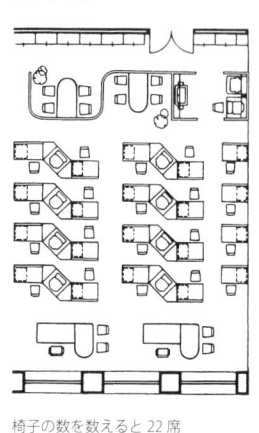

ベンゼン式

椅子の数を数えると22席

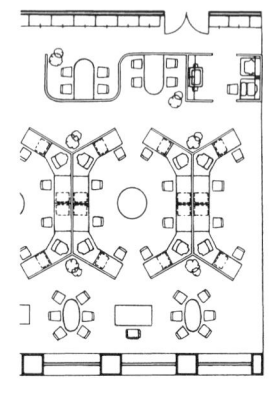

椅子の数を数えると17席

2. オフィスレイアウト

デスクレイアウトの方針が決まると、業務内容・人と情報の流れ・会議・応接・印刷・資料保管・更衣などの条件を加えて、事務室全体の「オフィスレイアウト」へ計画を進めます。「廊下型」は、細かく間仕切った室を廊下でつなぐ方式で、各室には窓が必要です。「セミオープン型」は、広い事務空間の中に、管理職クラスの事務ブースを天井まで部分間仕切りし、一般事務をオープンにした型です。「オープン型」は、間仕切り壁を一切使わず、ローパーティション・収納棚・植物などを使用して、人や情報の流れに対して、適度にプライバシーを守り、相互にコミュニケーションを行えるようにした型です。

図表3　オフィスレイアウトの型

廊下型　　　　　　　　オープン型

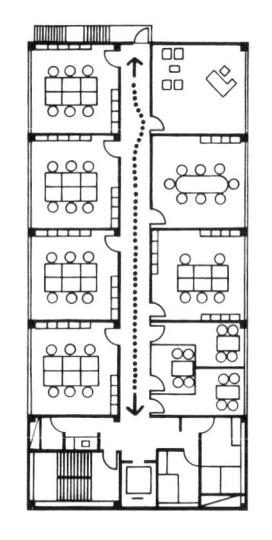

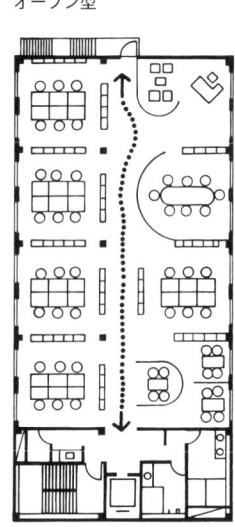

○パーティションの高さによる見え方の違い

① 1,100 mm　座ったままで見通しが利く
② 1,200 mm　座ったときの視点とほぼ等しく、立てば見通しが利く
③ 1,500 mm　立ったときの視点とほぼ等しく、周囲を見通せる
④ 1,600 mm　座位に適した収納棚やディスプレイ面がとれる
⑤ 1,800～2,100 mm　ほかからの視線を意識する必要がなく、プライバシーを保つことができる

図表4　パーティションの高さ　1/100

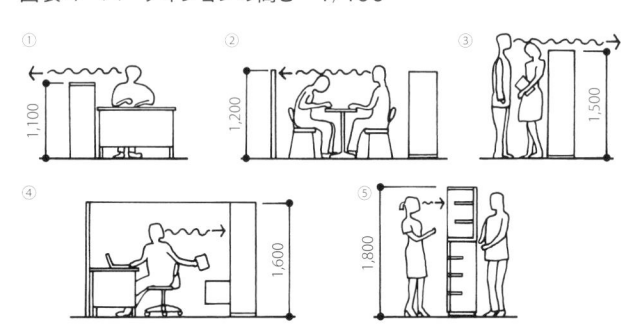

3. オフィスランドスケープ

オープン型をさらに発展させたのが、「オフィスランドスケープ」です。固定間仕切りを使わず、ローパーティション・収納棚・植物などを使って、プライバシーを適度に守り、効率のよい事務空間にしたものです。組織変動に対してきめ細かなレイアウトができるように、照明・通信配線・家具などのシステム化を行います。オフィスランドスケープは、「複合ゾーンの室」として構成されます。レイアウトするときの注意事項として、各事務ゾーンは丸見えにならないこと、関係部門はグループ化され管理者の視野範囲にあること、通路は他のゾーンの迷惑にならないように通過できること、などが挙げられます。

図表5　オフィスランドスケープ（例：青山OM-SQUARE）1/300

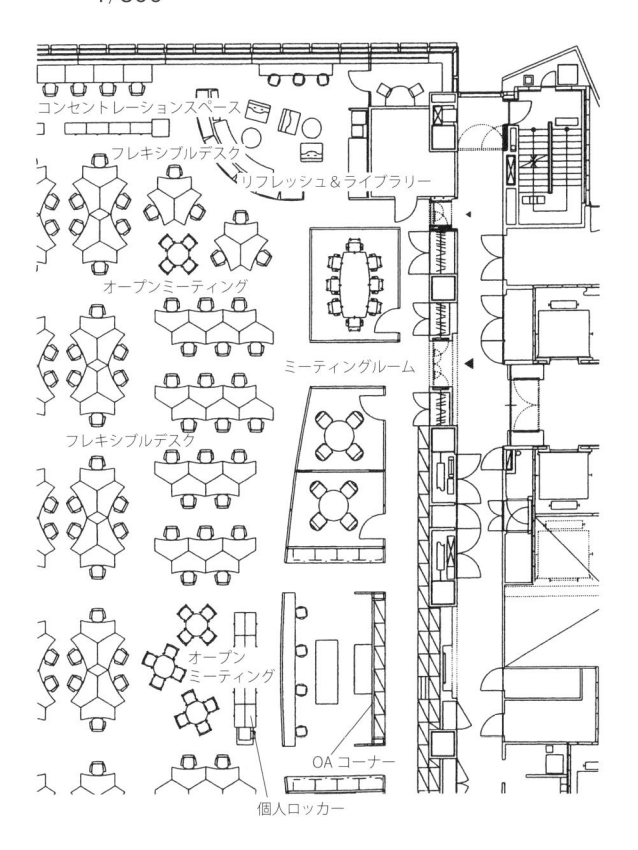

○平面モデュールとシステム天井
スパン割りや家具配置の割付けに用いる平面モデュールは、システム天井の、照明器具・空調の吹出口・吹込口スピーカー・スプリンクラー・火災警報センサーなどの割付けにも用いられます。

○空気汚染物質の許容量等
ビル管理法では、事務室内の浮遊粉塵量 $0.15\,mg/m^3$ 以下、CO濃度10ppm以下、CO_2濃度1,000ppm以下、温度17〜20℃、相対湿度40〜70％、気流0.5m/秒以下です。

○照度と省エネ対策
机上面の照度は300〜750ルクス必要ですが、低めの設定で省エネ対策になります。窓側は自然採光を利用できるため、点滅用センサーと調光設備を備えることでも省エネ対策になります。LED照明の導入で、さらに省エネ対策になります。

○室内の騒音対策
許容騒音レベルは、事務室で45〜55db、会議室で40〜45dbです。騒音対策として、音源を小さくする、音源を室から離す、防音壁や吸音壁の利用、室配置を工夫する、などがあります。

4. 事務室1人当たりの面積

「事務室1人当たりの面積」は、「事務室の面積」を「椅子の数」で割ると出ます。一般事務室のみか、役員室を入れるかで、単位当たりの面積は違ってきます。

図表6　一般事務室1人当たりの面積の例

　　一般事務室1人当たりの面積　　$5.0〜10.0\,m^2/$人

図表7　3,200mmモデュールのオフィスレイアウト　1/200
（出典：日本建築学会編『第2版コンパクト建築設計資料集成』丸善）

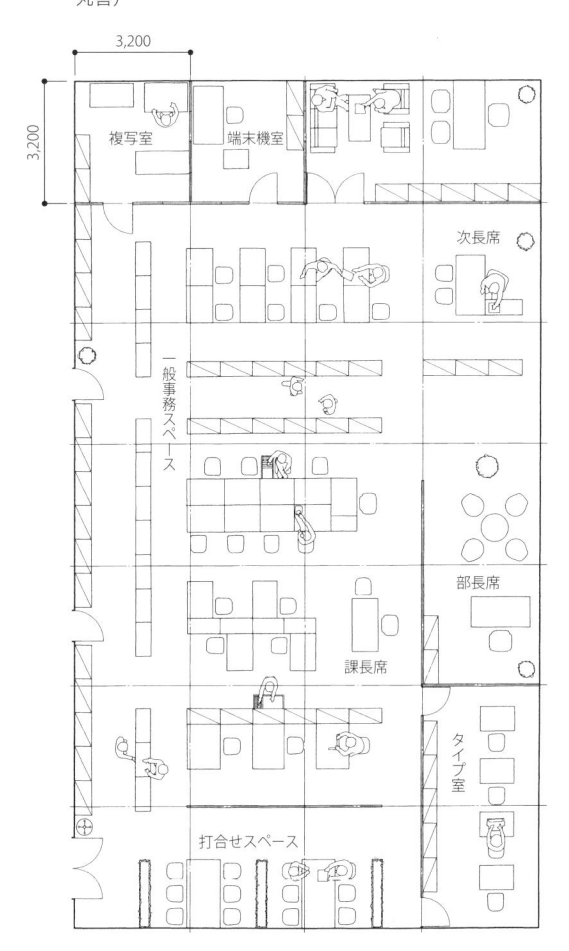

○事務室の1人当たりの面積の計算例
図表7をもとに、図表8のような範囲をとり、椅子の数を数えて「1人当たりの面積」を計算してみました。計算された「数値」と椅子のバラつきの「イメージ」を一緒に覚えておいて、レイアウトの時に役立てます。
①事務室全体　　$3.2m×3.2m×28÷32$人$=8.96\,m^2/$人
②一般事務室　　$3.2m×3.2m×20÷29$人$=7.06\,m^2/$人
③担当役員室　　$3.2m×3.2m×2÷1$人$=20.48\,m^2/$人

図表8　範囲の取り方

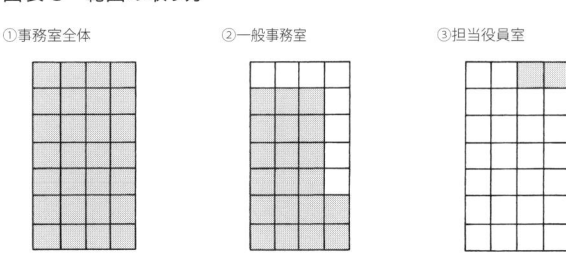

①事務室全体　　②一般事務室　　③担当役員室

第2章　事例から学ぶ

3　オフィスビル―3

5. レンタブル比

オフィスビルの運営方法には、「自社ビル」「賃貸ビル」「区分所有ビル」などがあります。「レンタブル比」は、賃貸ビルの、「全体面積に対する収益部分（事務室・店舗・駐車場・倉庫など）の割合」のことです。レンタブル比は、建物全体の延床面積に対する場合と、基準階の床面積に対する場合では、多少違います。

図表9　レンタブル比の例

延床面積に対する割合	70〜80%
基準階に対する割合	75〜85%

○フロア貸し

賃貸ビルの、1つの階のフロア全部を、1つの組織に貸す場合を「フロア貸し」といいます。各室をつなぐ廊下の面積もテナントの負担となります。ビルのオーナーとしては、効率のよいレンタブル比となります。

図表10　レンタブル比参入部分（白色部分）

フロア貸し（A社）

○室貸し

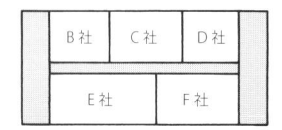

貸ビルの、1つのフロアを何室かに分け、別々の組織に貸す場合を「室貸し」といいます。この場合、各室をつなぐ廊下は、ビル所有者の負担となり、効率の悪いレンタブル比になります。

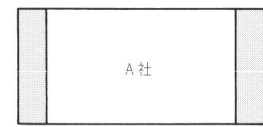

室貸し（B社、C社、D社、E社、F社）

○基準階のレンタブル比の計算例

参考事例として選んだオフィスビルのレンタブル比は、実際にはどれくらいなのか、計算して理解しておきます（三角スケールで計測）。
① 4階の床面積　26.2m×10.0m=262.0m²
② 4階のレンタブル比参入面積
　6.3m×10.0m+6.8m×5.3m+10.4m×10.0m=203.04m²
③ レンタブル比　203.04m²÷262.0m²=77.5%

図表11　基準階のレンタブル比（例：YP-1）

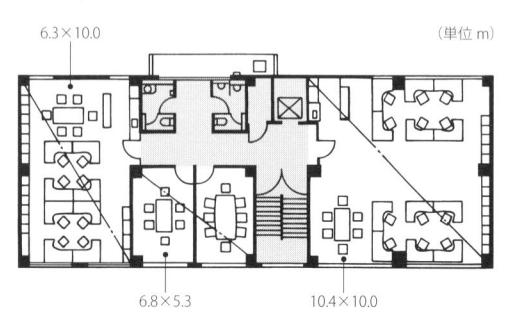

6.3×10.0　（単位 m）
6.8×5.3　　10.4×10.0

6. 基準階の平面コア型

オフィスビルの「コア」は、階段・エレベーターの動線部分と、トイレ・給湯・PSなどの設備部分で構成されます。構造的には壁量が多く耐震壁のとれる部分です。オフィスビルの平面づくりは、基準階から開始しますが、コアと1階の玄関との関連づけを考えておきます。

図表12　基準階の平面コアの型

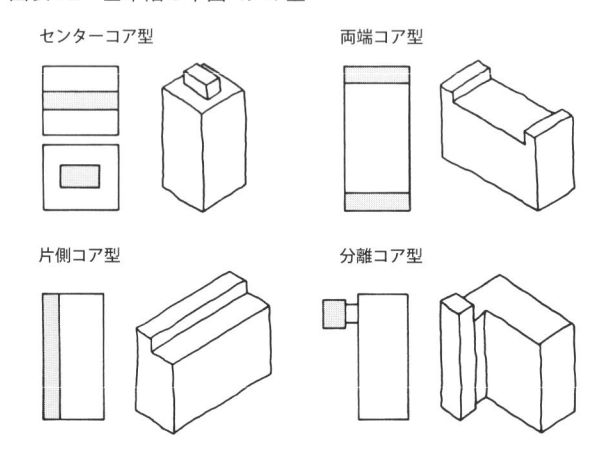

センターコア型　　両端コア型
片側コア型　　分離コア型

図表13　基準階の平面コア型の例　1/700

センターコア型（例：千代田区火災本社ビル）

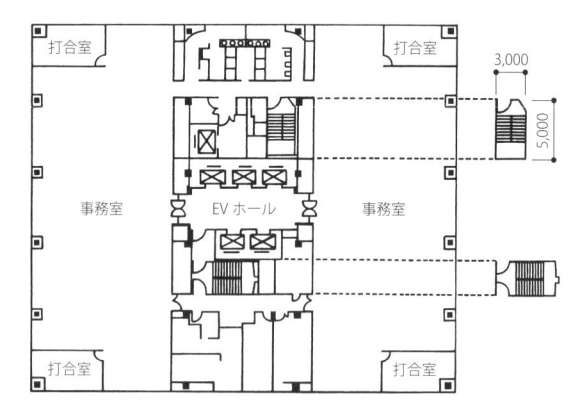

打合室　　　　　　　　　　打合室
　　　　　　　　　　　　　3,000
　　　　　　　　　　　　　5,000
事務室　　EVホール　　事務室

打合室　　　　　　　　　　打合室

片側コア型（例：三宮第一生命ビルディング）

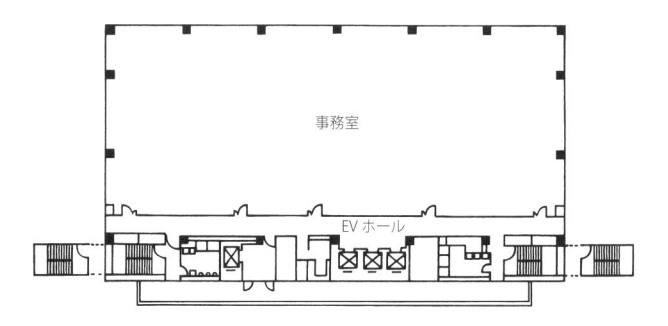

事務室

EVホール

＊階段室の寸法は、2例とも約3m×5mです。（三角スケールで計測）
計画段階では、「階段室の寸法」をこの程度とっておきます。

7. 2以上の直通階段

「直通階段」とは、非常災害時に、避難階（一般には1階か地上階）まで直通で避難できる階段のことです。建物内の居室のどの部分からでも、その階段にたどり着けば、火や煙からの安全な避難ができる構造になっています。直通階段は、用途・面積・階数によって、2つ以上必要な場合と、1つでいい場合があります。オフィスビルに求められる直通階段は、図表14の⑤が該当します。直通階段でない例として、例えば、エントランス階と地階のレストラン街をつなぐ「部分階段」が挙げられます。

図表14　2以上の直通階段を設けなければならない場合（令121条）

2以上の直通階段を設けなければならない場合			直通階段が1カ所でもよい場合
対象階の用途	対象階	対象階の居室面積の合計	
① 物品販売店（1,500m²を超える）の売り場 劇場・映画館などの類の客席	すべての階	面積に関係なくすべて	なし
② カフェ、バーなどの類の客席	6階以上の階	すべて	なし
	5階以下の一般階	すべて	◎
	避難階の直上階・直下階	100m²を超える場合（200m²を超える場合）	100m²を超える場合（200m²を超える場合）
③ 病院・診療所の病室、児童福祉施設等の主たる用途に供する居室	6階以上の階	すべて	なし
	5階以下の階	50m²を超える場合（100m²を超える場合）	50m²以下の場合（100m²以下の場合）
④ ホテル・旅館・共同住宅・寄宿舎等の居室	6階以上の階	すべて	◎
	5階以下の階	100m²を超える場合（200m²を超える場合）	100m²以下の場合（200m²以下の場合）
⑤ その他の居室（オフィスビルなどの居室を含む）	6階以上の階	すべて	◎
	5階以下の一般階	100m²を超える場合（200m²を超える場合）	100m²以下の場合（200m²以下の場合）
	避難階の直上階	200m²を超える場合（400m²を超える場合）	200m²以下の場合（400m²以下の場合）

(　)内は主要構造部が耐火構造、準耐火構造または不燃材料の場合です。◎印は、居室面積が100m²（200m²）以下である場合、避難バルコニーがある場合、1つの直通階段が屋外の避難階段か特別避難階段である場合です。

○避難階段と特別避難階段

「避難階段」と「特別避難階段」の構造の違いは、「附室（あるいは、バルコニー）」があるかないかです。特別避難階段では必要ですが、避難階段では必要ありません。「特別避難階段」は、15階以上か地下3階以下の建物に必要です。5階以上か地下2階以下の建物には、「避難階段か特別避難階段」が必要です。両者とも、法律上の寸法を守ると同時に、体験と実測から得た使いやすい寸法で計画します。

図表15　オフィスビルの階段各部の寸法

法律上の寸法

蹴上げ	200mm以下
踏面	260mm以上
踊り場の幅	1,200mm以上

使いやすい寸法の例

蹴上げ	170mm
踏面	280mm
踊り場の幅	1,200mm

8. 直通階段に至る歩行距離

居室の各部分から、避難階段、または、特別避難階段に至る「歩行距離」は、図表16に示す範囲内で計画します。図表17で選んだ事例の歩行距離を三角スケールで測ると50m以内にあることが分かります。

図表16　居室の各部分から直通階段に至る歩行距離（令120条）

居室の種類	主要構造部を耐火構造、準耐火構造、または、不燃材料とした場合		左欄以外の場合
	15階以上の階	15階未満の階	
① 百貨店・マーケットなどの物品販売店、カフェ・料理店などの飲食店、ダンスホールなどの遊技場、公衆浴場の類の主用途の居室 採光上の無窓の居室	20m以下	30m以下	30m以下
② 病院・診療所、ホテル・旅館、共同住宅・寄宿舎の類の主用途の居室	40m以下	50m以下	30m以下
③ ①と②以外の居室（オフィスビルなどの居室を含む）	40m以下	50m以下	40m以下

図表17　歩行距離の計測例　1/700
（三角スケールの計測による）

千代田火災本社ビルの場合

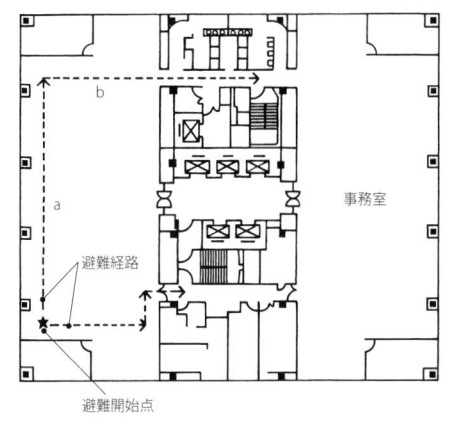

計算例　a+b＝23.8＋21.0＝44.8m＜50m

三宮第一生命ビルディング

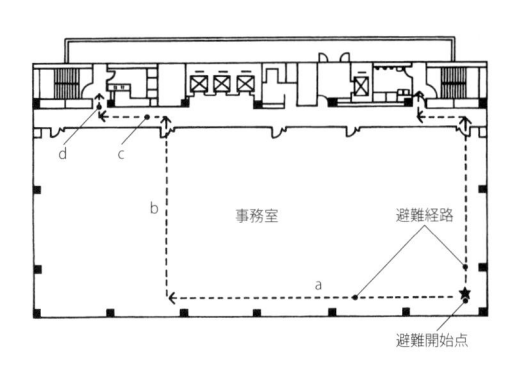

計算例　a+b+c+d＝28.4＋15.2＋5.3＋1.0＝49.9m＜50m

第2章　事例から学ぶ

3　オフィスビル―4

9. ビルの高さ方向の寸法

オフィスビルには「高さ方向の寸法」を決める場合の基本があり、他用途の建物の断面計画にも応用できます。まず、「階高」は、「天井高・フリーアクセスフロア・スラブ厚・天井のふところ」の4つの寸法を足し算して決めます。「軒高」「最高高さ」「最高深さ」は、GL（地盤面）から測ります。「1階の床高（GLから測る）」は、道路と同じ高さが理想的ですが、雨水対策のためGLより少し上げます。「軒高」は、GLから最上階の横架材の上端までの距離です。これらの「名称」と「寸法」を図面に明記しておきます。

図表18　オフィスビルの高さ方向の寸法の決め方

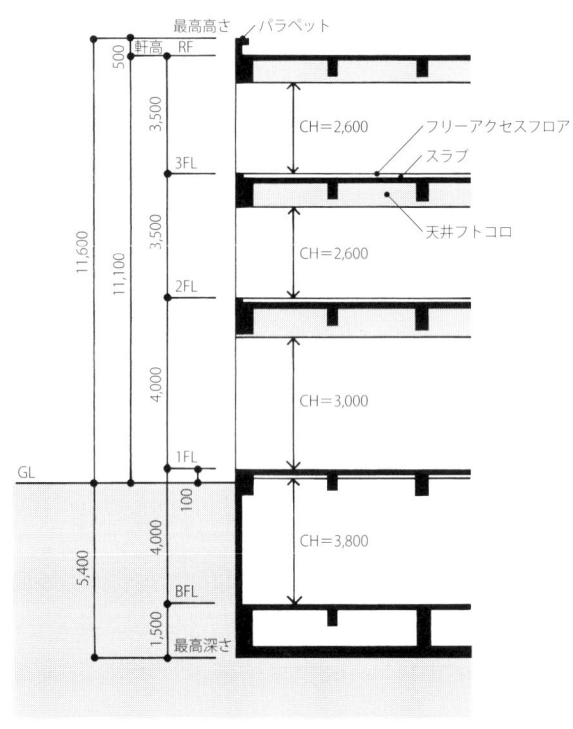

GL（Graund Line）地盤面　　RF（Roof Floor）屋上階
FL（Floor Line）床仕上げ面

○天井高
CHは、シーリングハイト（天井高）の略。床の仕上げ面から天井面までの内法寸法です。事務室では2,600mmを標準として考えておくといいでしょう。法律では2,100mm以上（令21条）必要です。

○天井のふところ
天井裏には、空調ダクト、電気配線、スプリンクラー配管などが走っています。そのための空洞部分を「ふところ」といいます。「チャンバー方式」は、ふところ全体を空調のリターン用に使用したものです。

○フリーアクセスフロア
OA（オフィスオートメーション）化された事務室床は、RC床より70～100mm上げて空気層をつくり、電源やPC用の配線をします。OA用のコンセントの負荷容量は、床面積1m²当たり40AVです。

○スラブ厚
コンクリートスラブは、積載荷重を受ける構造部分であり、火災発生時の防火区画（水平区画）にもなります。計画段階では、厚み150mmで進め、構造専門家が参加した段階で再検討します。

10. エレベーター（EV）

エレベーターの「台数」は、最も混雑する「朝のピーク時5分間」の「利用人数」で決定します。この場合、「利用人数」は、ビル在籍人数の約15%（賃貸ビル）、約25%（自社ビル）を5分間の集中人口と想定し、平均待ち時間30秒（平均運転間隔）を想定して計算します。

図表19　エレベーターの台数計算式

$N = Q/P$

N：台数
Q：朝のラッシュ時の利用人数
P：朝のピーク時5分間の輸送人数

○台数の計算例
例えば、賃貸ビルの在籍人口が1,000人の場合、5分間の利用人数は15%で150人。11人収容可能なかごのEVを用いた場合、待ち時間30秒とすると5分間で10往復可能であり、11人×10＝110人輸送可能です。150人÷110人＝1.36であり、11人用EVが2台必要です。

図表20　EVの寸法

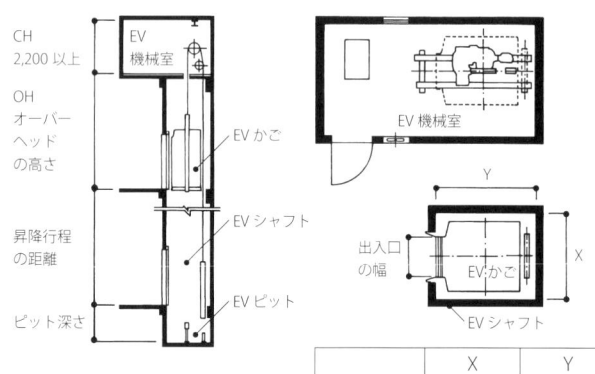

	X	Y
6人乗り	1,800	1,500
11人乗り	1,800	2,000
15人乗り	2,150	2,300

○設置台数の指標
EVは、事務室2,500～3,000m²につき1台以上必要とする指標もあります。例えば、20階でEV利用総事務室面積を10,000m²とすると、10,000m²÷3,000m²＝3.3であり4台必要となります。

○エレベーターホールの大きさ
ホールの向かい合うEV扉の距離は、3,000～4,000mmです。ホールでは、ストレッチャーの回転が必要です。幅はEV4基までが妥当です。ホールの広さは、待ち時間を考えると、0.5～0.8m²/人必要です。

○かごの大きさと速度
かごの大きさは、1人当たり0.18m²程度とし、重量は1人当たり65kg程度とします。速度は、低速用45m/分以下、中速用45～120m/分、高速用120～240m/分の違いがあります。

○コンベンショナルゾーニング方式
超高層ビルのEVを各階停止方式にすると、高層階への到達時間は長くなります。その対応策として、例えば、1区間の停止ゾーンを10階前後とし、ゾーンごとに違うEVを配置する方式です。

11. 非常用エレベーター（非常用EV）

火災時、消防隊は非常用EVで地上から発火階またはその付近の階まで行き、内部から「消火活動」を行います。日常は乗用や人荷用として使えます。高さ31mを超える高層ビルには、非常用EVの設置義務があります。

図表21　非常用エレベーターの位置と構造（例：三宮第一生命ビルディング）1/700

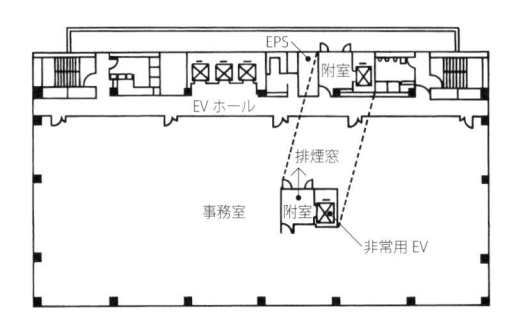

○非常用エレベーターの構造
積載荷重：1,150kg、定員：17人、かごの内法寸法：間口1,800・奥行1,500・高さ2,300、昇降路の最小寸法：間口2,400・奥行2,350、有効出入口：幅1,000・高さ2,100（単位mm）。

○附室を設けること
附室（EVホール）で、消防隊は消火活動の準備をします。面積はEV1基につき防火区画された10m² 以上必要です。特別避難階段にも附室が必要ですが、非常用EV附室と兼用が可能です。

○排煙と外気導入
非常用EV前の附室（EVホール）には、排煙設備と外気導入が必要です。窓を開けて直接排煙するか、排煙ガラリから機械排煙するか、どちらかを選択します。

○すべての階に停止すること
複合建築では、それぞれの階のテナントは、防犯面から各階停止を好みません。しかし、消防隊の消火活動を優先するため、全階停止が原則です。

12. ペリメーターゾーン・インテリアゾーン

事務空間は、外気熱の影響を受けやすい窓や外壁近くの「ペリメーターゾーン」と、内部発熱のみで外気の影響を受けない「インテリアゾーン」に分けられます。

○ゾーンの違いと空調
一般に、ペリメーターゾーンは、各階ファンコイルユニット方式で夏冬の「冷・温水」で冷暖房します。インテリアゾーンは、新鮮空気を導入して「冷・温風」をつくりダクト送風で冷暖房します。

図表22　2つのゾーン

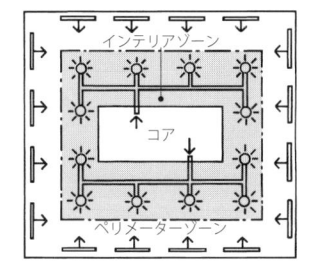

○発熱によるインテリア負荷
照明器具・コンセント接続機器・人体・パソコン・OA機器等からは発熱があるため、インテリア（内部）負荷が増大します。しかし、最近のLED照明化により、負荷は減少傾向になっています。サーバーの発熱に対しては、冬でも冷房を必要とします。

○ミキシングロスへの対応
同一空間内で、サーバーに冷房を、ペリメーターゾーンに暖房を行う場合、冷暖房の混合現象（ミキシングロス）が起こり、エネルギーの無駄になります。サーバーは専用室にするといいでしょう。

13. オフィス環境と機械室

オフィスビルの「機械室の面積」は、延床面積の5～7%必要です。計画段階で建築デザイナーが行っておくべきことは、機械室に「適した場所」に「必要な面積」を確保しておくことです。第1案ができると設備専門家の参加となり、「設備システム」の提案や、電気室・空調機室・給排水設備室等への「面積配分」が行われます。

○空調機室
空調機械室は、熱源をつくるボイラー室や冷凍機室、熱源と新鮮空気を混ぜて送り出す送風機室などで構成されます。外部に屋外機、または冷却塔が必要です。

○電気室
電気室は、高い電圧を下げるための変電室のことです。屋上や地上に「キュービクル（パッケージされた変電設備）」を置くことで延床面積を減らすことも可能です。

○給排水設備室
各階への給水は、受水槽からポンプアップする方法と、高置水槽から重力で送水する方法があります。設備室は、主に、受水槽とポンプの置き場となります。

○マシンハッチ・ドライエリア
水・電気・ガスは道路側から供給されるため、機械室は一般に地階に設置されます。設備修理のため、1階床のマシンハッチやドライエリアから部品交換可能にしておく。

○基準階の便器の数
基準階の事務室の床面積（基準階面積にレンタブル比を掛けた面積）1,000m² に対して、男子小便器は3個以上、男子大便器2個以上、女子便器3個以上が必要です。

○防災センター
防災センターは、避難階か、その直下階に設けます。火災発生時には、消防署より駆けつけた消防隊員の基地となる場所です。スピーカーから避難指示を出したり、エレベーターの制御を行います。

クリック　オフィス計画ではエレベーターのカタログが必要です。ネットで情報収集して下さい。代表的なメーカーを紹介しておきます。
日立エレベーター、三菱エレベーター、オーチスエレベーター、東芝エレベーターほか

3. 視覚デザインの発想例

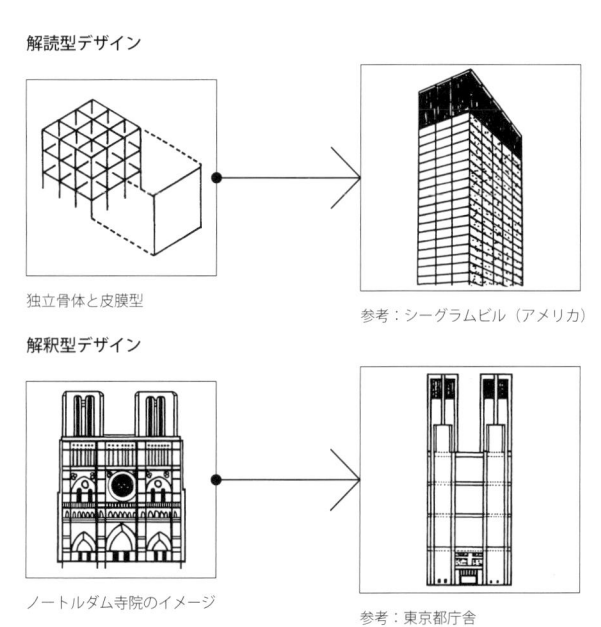

解読型デザイン

独立骨体と皮膜型

参考：シーグラムビル（アメリカ）

解釈型デザイン

ノートルダム寺院のイメージ

参考：東京都庁舎

第2章　事例から学ぶ

4　店舗—1

1. 事例の選択と分析

生の資料　　　　　　　　　　　　　　　　◇物販店

平面図　1/200

店名：UTSUWA（埼玉県和光市）
2005 竣工、設計：藤村龍至建築設計事務所、天井高：2,860mm
床面積：31m²

分析した資料（データ）　三角スケールの計測による

家具寸法とアキ寸法　1/100

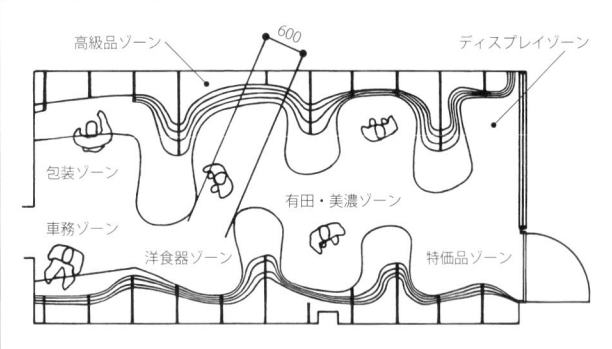

展開図　1/100

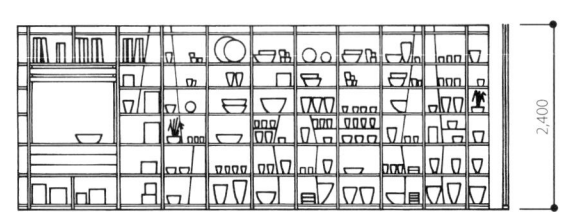

室名リスト

売り場（ディスプレイコーナー、特価品コーナー、有田・美濃コーナー1・2、洋食器コーナー、高級品コーナー、包装コーナー、事務コーナー）

ゾーニングと動線

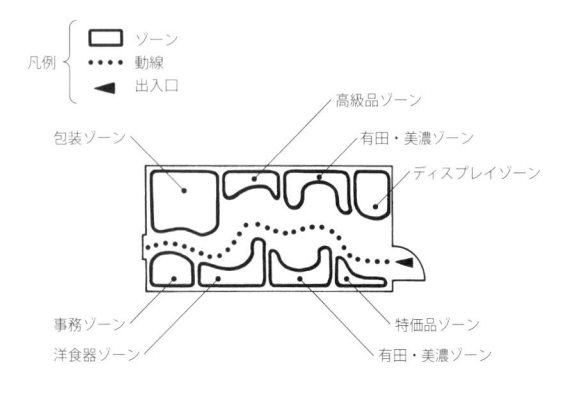

凡例　ゾーン　動線　出入口

生の資料　　　　　　　　　　　　　　　　◇ブティック

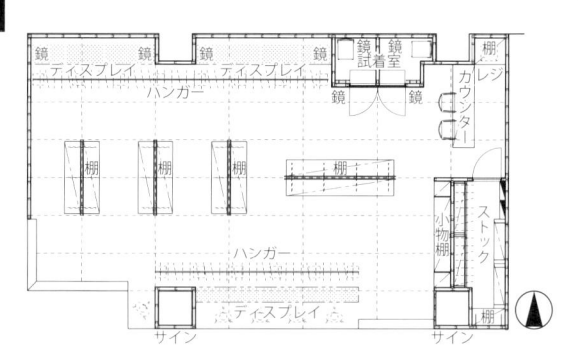

平面図　1/200

店名：ワイズ　ヨウジヤマモト　プリュス　ノアール　吉祥寺パルコ店
（東京都武蔵野市）
2002 竣工、設計：近藤康夫デザイン事務所、床面積：99m²

分析した資料（データ）　三角スケールの計測による

家具寸法とアキ寸法　1/200

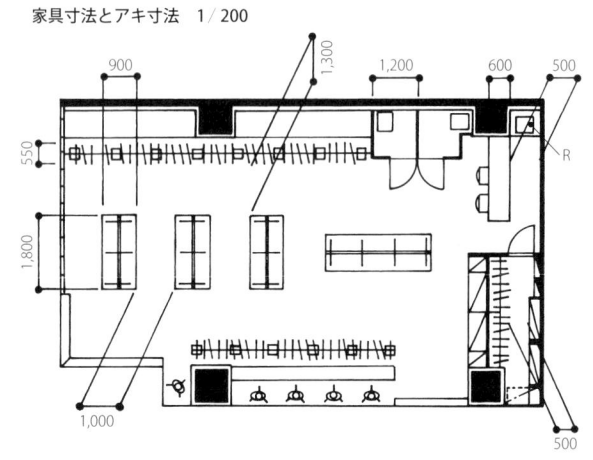

室名リスト

売り場、FR（フィッティングルーム）、ストック、

スパン　7,500 × 6,000

ゾーニングと動線

凡例　ゾーン　動線　出入口

48

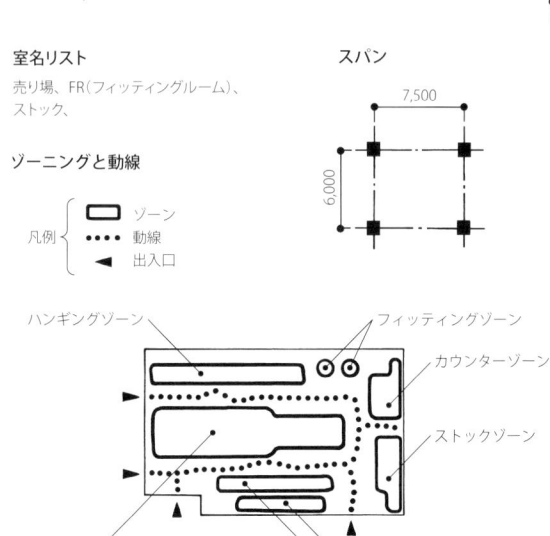

生の資料 ◇ビューティサロン

店名：LOTUS BEAUTY SALON（三重県桑名市）
2005 竣工、設計：中村拓志/NAP 建築設計事務所、構造：S 造・一部 RC 造
規模：地下 1 階・地上 1 階、階高：3,500mm、天井高：2,800〜3,300mm
建築面積：330m²、延床面積：626m²

地階平面図

1 階平面図　1/200

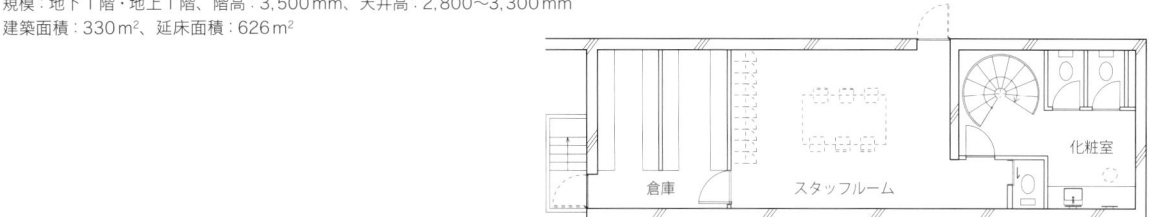

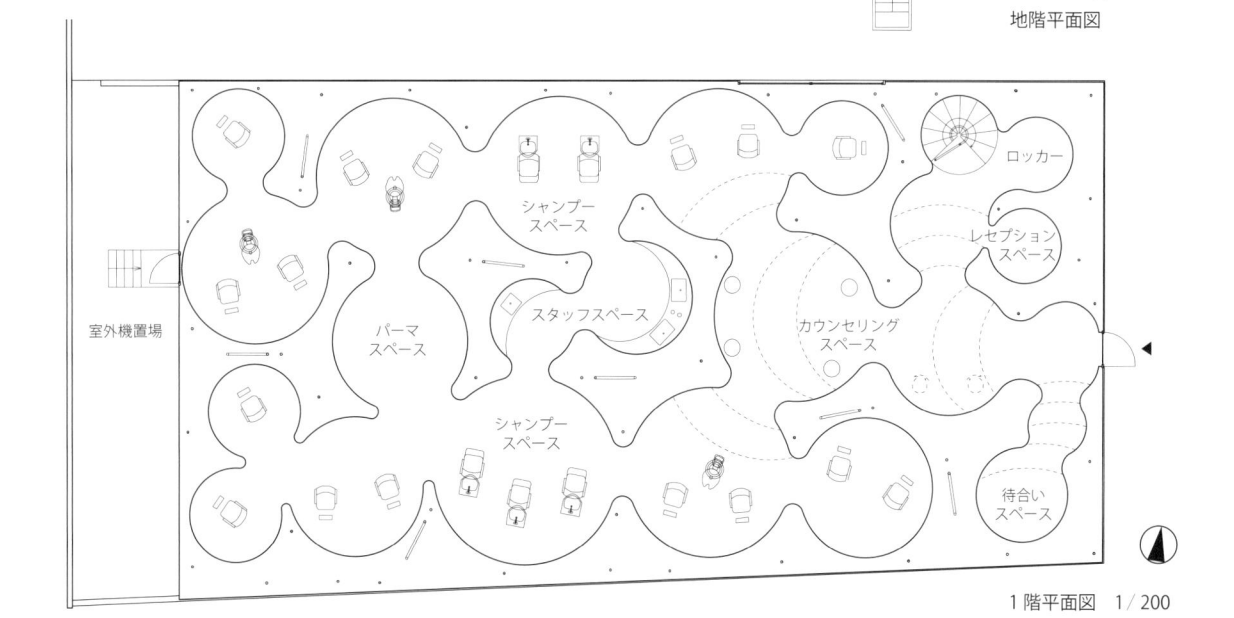

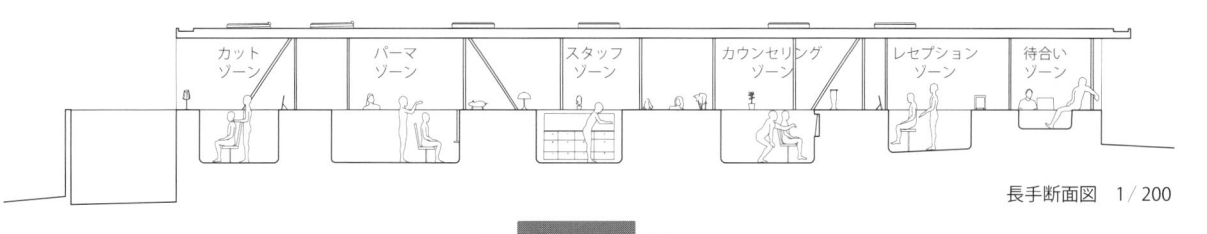

長手断面図　1/200

分析した資料（データ）　三角スケールの計測による

家具寸法とアキ寸法　1/200

室名リスト
- 地階：スタッフルーム、倉庫、化粧室、トイレ（2ケ所）
- 1 階：営業室（エントランス、ロッカー、待合いスペース、カウンセリングスペース、シャンプースペース、店販スペース、パーマスペース、スタッフスペース）

階高と天井高

ゾーニングと動線

凡例
- □ ゾーン
- ⋯ 動線
- ● 階段
- ◀ 出入口

第 2 章　事例から学ぶ
4　店舗 — 1

第2章　事例から学ぶ

4　店舗―2

生の資料　　◇対面販売店

店名：西洋建物 西宮支店（兵庫県西宮市）

2004 竣工、設計：ERO-ERO、床面積：99m²

平面図　1/200

分析した資料（データ）　三角スケールの計測による

家具寸法とアキ寸法　1/200

ゾーニングと動線

凡例
- □　ゾーン
- ••••　動線
- ◀　出入口

室名リスト

オフィス、個室（A、B）、WC、ストックルーム、資料室、設計室

打合ゾーン　打合ゾーン
営業ゾーン
エントランスゾーン
トイレゾーン
ストックゾーン

生の資料　　◇カフェテリア

店名：ナナズグリーンティーイオンモール羽生店（埼玉県羽生市）

2011 竣工、設計：KAMITOPEN 一級建築士事務所、床面積 113m²

RCT：レセプションカウンター

平面図 1/200

分析した資料（データ）　三角スケールの計測による

家具寸法とアキ寸法　1/200

室名リスト

客席、厨房、ドリンクコーナー

スパン

ゾーニングと動線

厨房ゾーン　ドリンクコーナーゾーン
客席ゾーン　客席ゾーン
一人客席ゾーン

凡例
- □　ゾーン
- ••••　客動線
- ○○○○　サービス動線
- ◀　出入口

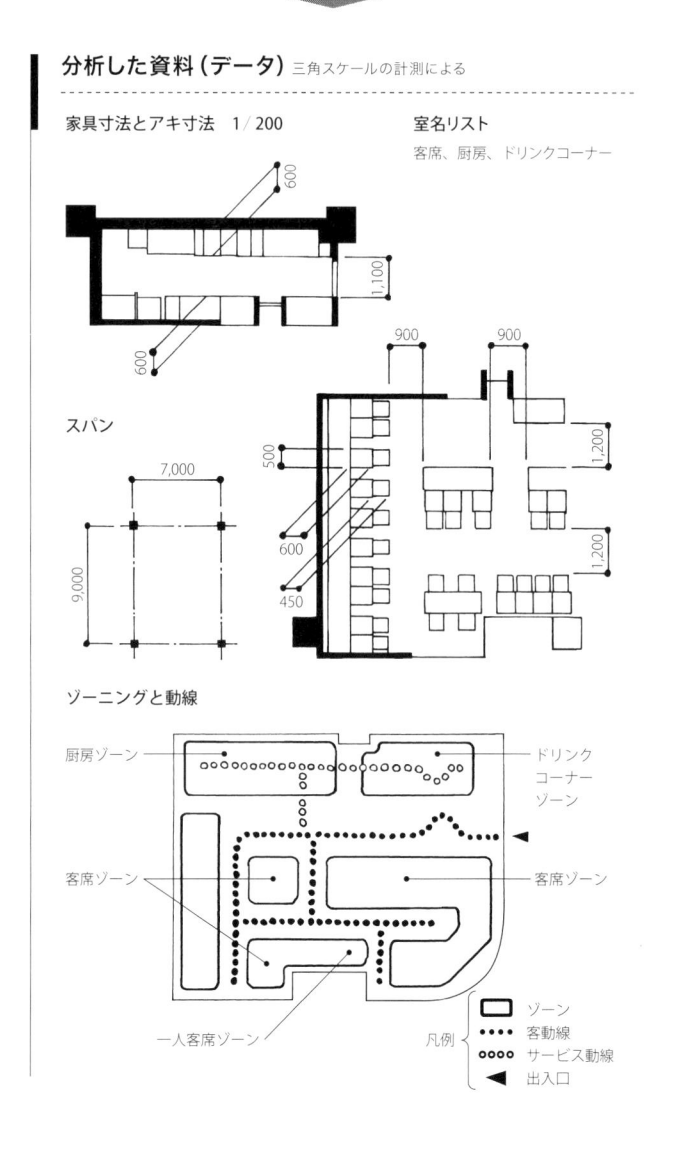

生の資料 ◇韓国料理店

店名：牛魔王 代官山（東京都渋谷区）
2000 竣工、設計：C＆Aアーキテクツ、床面積：163m²（うち厨房27m²）

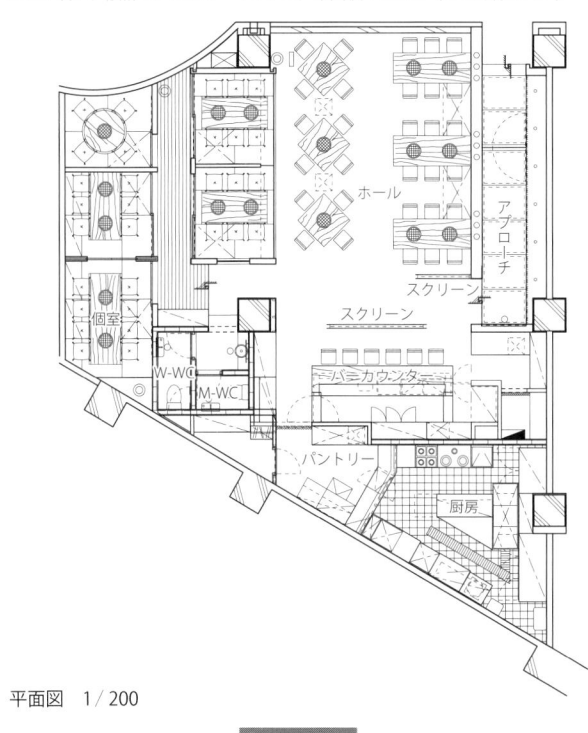

平面図 1/200

分析した資料（データ） 三角スケールの計測による

家具寸法とアキ寸法 1/200

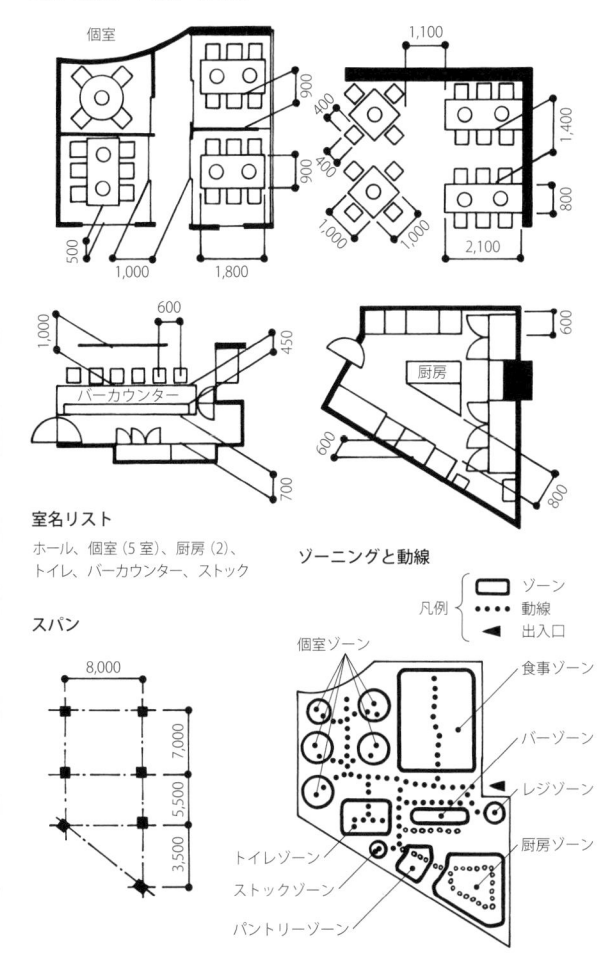

室名リスト
ホール、個室（5室）、厨房（2）、トイレ、バーカウンター、ストック

スパン

ゾーニングと動線

凡例：ゾーン／動線／出入口

個室ゾーン、食事ゾーン、バーゾーン、レジゾーン、厨房ゾーン、トイレゾーン、ストックゾーン、パントリーゾーン

生の資料 ◇日本料理店

店名：三村+巌商会（東京都千代田区）
1987 竣工、設計：ATELIER OAK、階高：3,600mm、天井高：2,400mm
主なスパン：11,200mm×6,100mm、床面積：187m²

■カウンター12席、テーブル12席、座敷24席

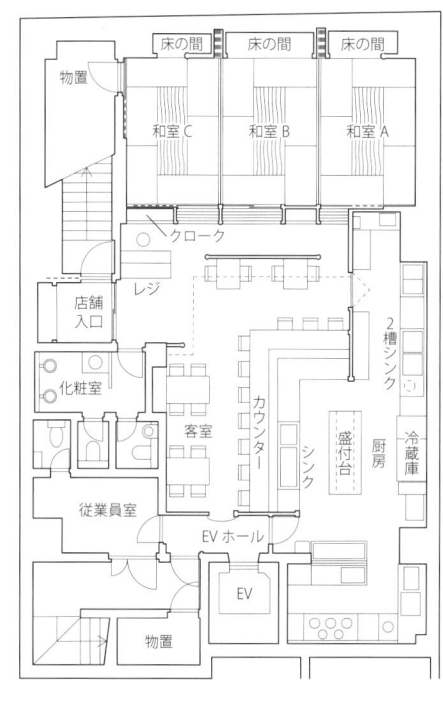

地階平面図（日本料理店） 1/200

分析した資料（データ） 三角スケールの計測による

家具寸法とアキ寸法 1/200

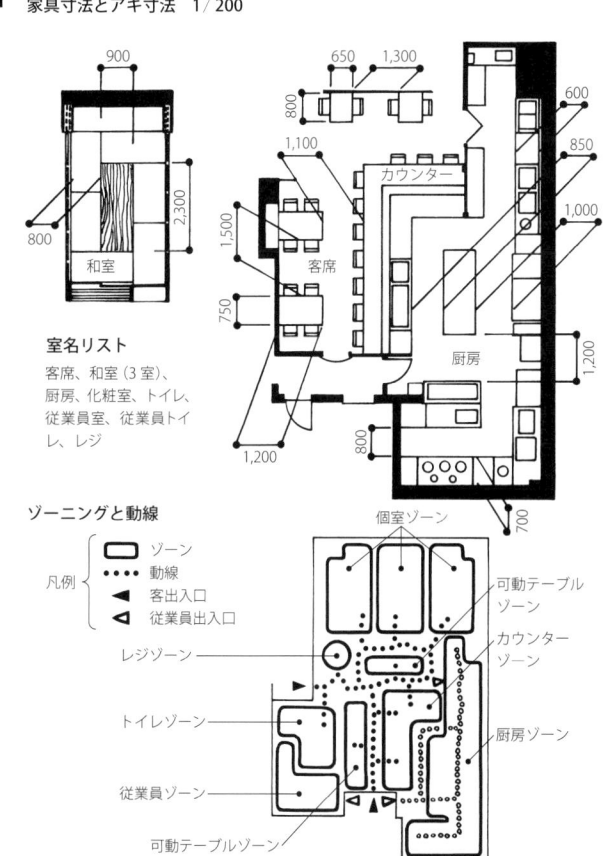

室名リスト
客席、和室（3室）、厨房、化粧室、トイレ、従業員室、従業員トイレ、レジ

ゾーニングと動線

凡例：ゾーン／動線／客出入口／従業員出入口

個室ゾーン、可動テーブルゾーン、カウンターゾーン、レジゾーン、厨房ゾーン、トイレゾーン、従業員ゾーン、可動テーブルゾーン

第2章 事例から学ぶ

4 店舗—2

第 2 章　事例から学ぶ

4　店舗―3

生の資料　　　　　　　　　　　　　　　　　　　　　　　　　　　　　◇ショッピングセンター

2 階平面図

3 階平面図

店名：たまプラーザ テラス（神奈川県横浜市）
2010 竣工
設計：東急設計コンサルタント
構造：S 造・一部 RC 造
規模：地下 2 階・地上 4 階・塔屋 1 階（北敷地）
建築面積：30,969 m²
延床面積：87,872 m²

1 階平面図　1/2,500

A-A' 断面図　1/1,500

52

分析した資料（データ） 三角スケールの計測による

誤差はいくらかあっても、概略寸法として参考になります。

○家具寸法とアキ寸法（省略）

大規模な店舗からはスパン割りや階高などの大きな寸法を学び、家具寸法とアキ寸法は小規模な店舗から学ぶといいでしょう。

★スパンと階高

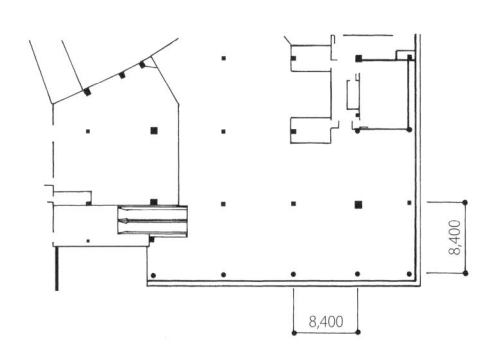

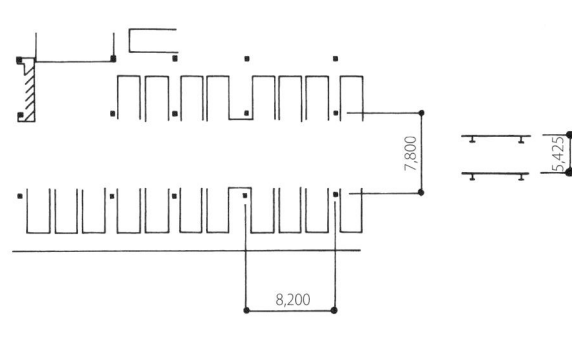

○スパンの実測例

まず柱と柱の間の床タイルの枚数を数える。1枚のタイルの寸法を測り、掛け算する。
600mm×14枚＝8,400mm

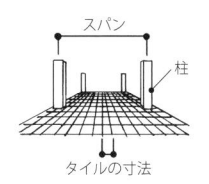

○階高の実測例

階段の1段の蹴上の寸法を測る。1階分の段数を数え、蹴上の寸法と段数を掛け算する。
175mm×31段＝5,425mm

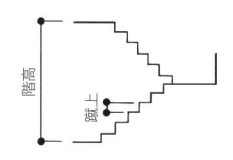

○室名リスト

大規模ショッピングセンターからは、個々の室名を読み取ることよりも、ゾーンをおおまかに読み取ることが大切です。

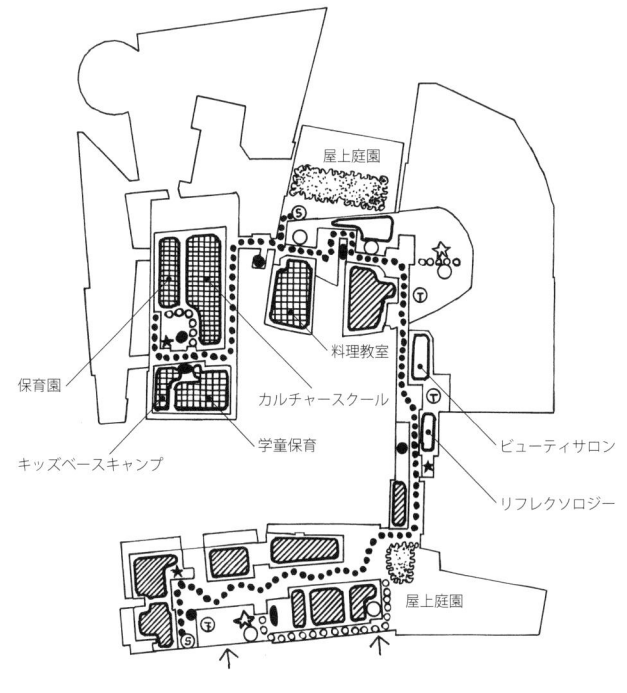

○ゾーニングと動線

この大規模なショッピングセンターのおおまかなゾーンとしては、3つ、すなわち、物販・飲食などの「売り場ゾーン」、従業員の働く「後方ゾーン」、この地域コミュニティに貢献している「地域関連ゾーン」が挙げられます。その他、客用トイレ・駐車場・赤ちゃん休憩室・ATMなどの付属的な施設が適所に配置されています。動線は、迷路を探検するような楽しさで、通路や広場が各店舗をつないでいきます。

3階

凡例
- 地域コミュニティ関連ゾーン
- 物販ゾーン
- 飲食ゾーン
- •••• 客動線
- ○○○○ サービス動線
- ● 客用階段
- ○ サービス階段
- ★ 客用EV
- ☆ サービスEV
- ES
- ▽ 屋内出入口
- △ 駅改札口
- Ⓣ トイレ
- Ⓢ 喫煙室
- Ⓑ 赤ちゃん休憩室
- Ⓐ ATM
- Ⓚ 交番
- Ⓕ FM放送スタジオ
- Ⓛ 図書館返却BOX
- ← 消防隊進入口
- 〜〜 駐車場

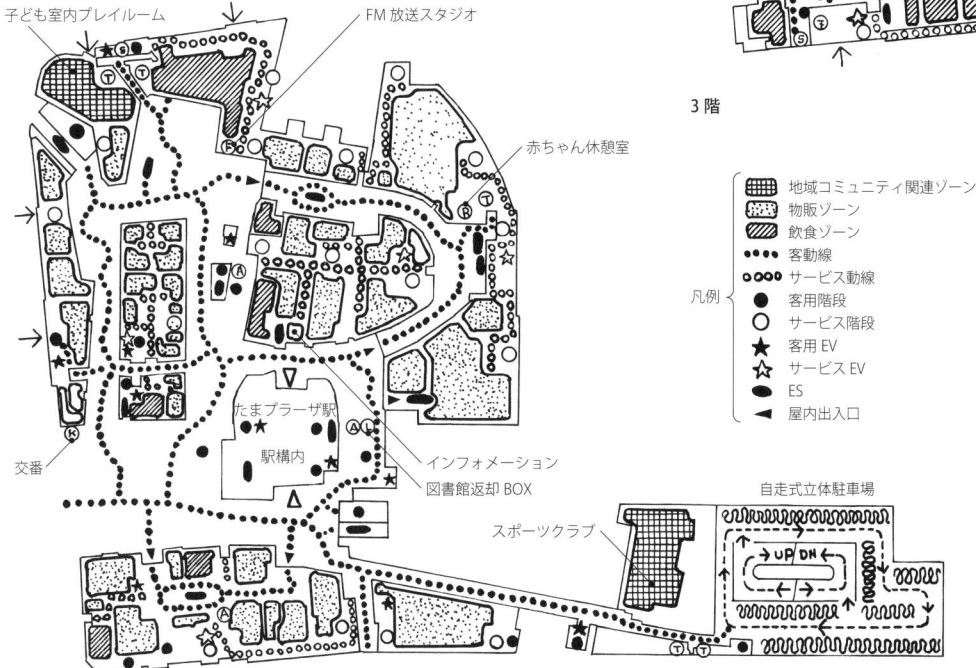

1階

○消防隊進入口

建物の外部から消防隊が進入し、消防や救助活動にあたるための開口部（建築基準法施行令126条の6）

第2章　事例から学ぶ

4　店舗—4

2. 建築計画の知識と進め方

1. 発想は家具から

「店舗」の「主役の室」といえば、「売り場（物販）」と「客席（飲食）」です。物販や飲食に必要な「家具・什器の寸法」とそのまわりの「アキ寸法」を考えておいて、店舗全体へと計画を進めていきます。

○物販系の売り場家具
商品販売には、その商品に適した家具・什器が必要です。中央の「床置き型」と壁側の「壁付け型」に分けられます。家具間の通路幅は2人がすれ違える900mmを最小限確保しておきます。大規模小売店舗の通路幅は1,800、2,400、3,000mmがよく使われます。

○飲食系の客席家具
レストランでは、住宅の2人掛け、4人掛け、6人掛け用の食卓がよく使われます。食事では、声の届く「会話帯」の距離が大切だからです。客席の通路幅は2人がすれ違える900mmを最小限確保しておきます。

○飲食系の厨房器具
レストランの厨房器具の奥行は、住宅と同じ、手の届く600mmが一般的です。厨房器具の長さの寸法は、150mmの倍数、300、450、600、900、1,200、1,500mmがよく使われます。通路幅は、食材や容器を持って2人がすれ違える900mm幅が最小限必要です。計画段階では、②の寸法をまず確保しておきます。

○ビューティサロンの家具
カット用の椅子、シャンプー用の椅子、パーマ用の椅子、待合用の椅子などが必要です。特殊なシャンプー用の椅子の寸法は、美容院で実測させてもらうほか、三角スケールで図面を計測して情報を得ます。

図表1　店舗の家具

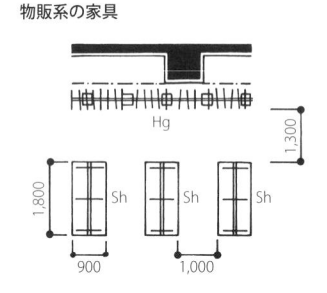

物販系の家具

飲食系の客席家具

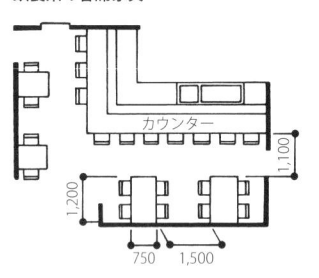

厨房の器具

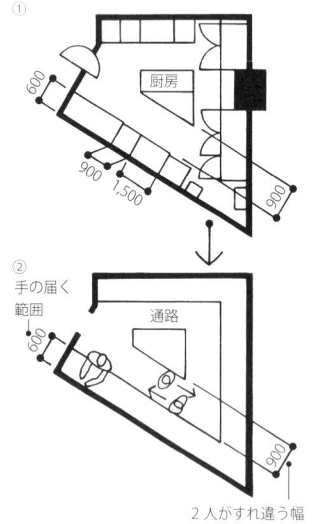

ビューティサロンの家具

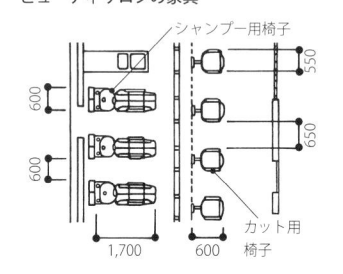

2. ビジュアルマーチャンダイジング（VMD）

店舗は、何といっても「商品」が売れることが大切です。ソフトとしての「品ぞろえ・人員配置・サービス」とともに、ハードとしての「売り場構成（フロア構成・階構成・展示構成）」を含めて、計画段階から「VMD（視覚環境を課題とした販売促進）」を行っておきます。

○売り場の構成
商店街の店舗の「売り場」と大規模小売店舗の「売り場単位」は近いスケールにあると考えられます。売り場は、道路や通路に対して、「閉鎖型（高級店）」と「開放型（量販店）」があります。壁付け型の棚は、手の届くコンタクトゾーン、上方のテーマゾーン、足元の収納ゾーンの3つに分かれます。中央には、可動の床置き型の什器を置きます。

図表2　売り場単位の構成

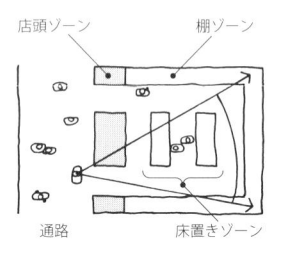

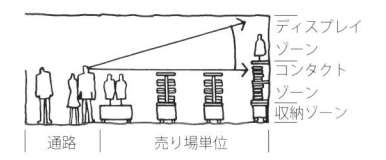

○フロア構成
「売り場単位」は、各階の「回遊動線」に沿って配置します。各階の回遊動線は、階段・エスカレーター・エレベーターとつないでおきます。

図表3　フロア構成（例：WAVE 六本木 西武）　1/500

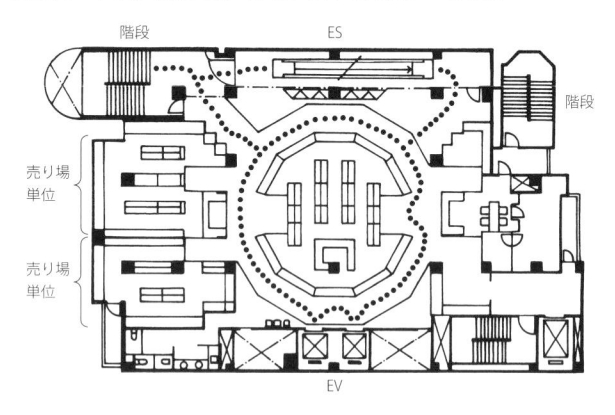

○階構成
「各階の売り場」は、地下の食品売り場のように長年変化しないところもあれば、1階のように昔は紳士物、今は婦人物と変化しているところもあります。「階構成」には、時代を読む力が必要です。

図表4　階構成（例：プラッツ大泉）

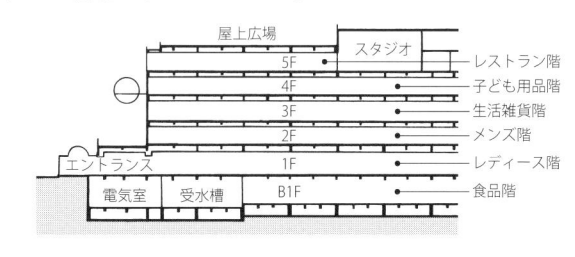

54

3. 回遊動線

　店舗全体の「回遊動線」は、1階分で完結する「ワンフロア型(例：スーパーマーケット・コンビニ)」と「多層型(例：百貨店・ショッピングセンター)」があります。店舗側は客を広く歩かせたい、客側は目的の場所に迷いなく行きたい、という希望があります。客には、健常者以外の、杖をつく高齢者・車椅子使用者・ベビーカーを押す親なども含まれています。回遊動線の計画は、客側と店舗側の両方の希望を満足させながら行います。

○ワンフロア型の回遊動線
ワンフロア型は、「水平動線」のみで構成されます。スーパーなどの売り場は、客は玄関から入ると壁付け棚に沿って「反時計まわり」に回遊する傾向があり、途中から中央の床置き棚を通り、最後にレジで支払いをします。出口近くにフラワー部門があるとよく売れると言われています。

図表5　スーパーマーケットの回遊動線(例：紀伊国屋吉祥寺店)1/500

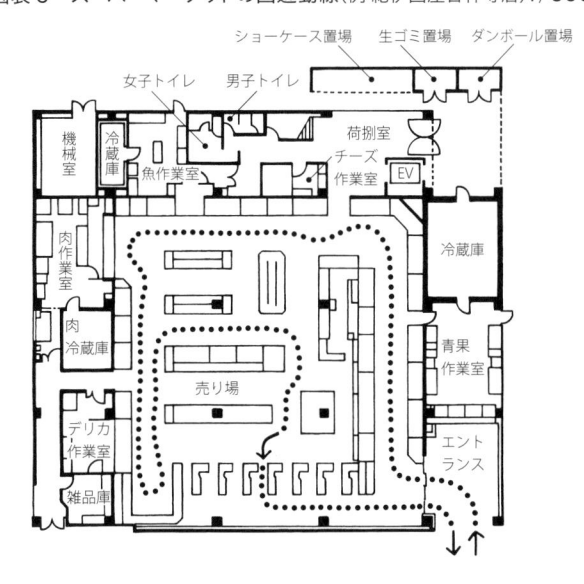

○多層型の回遊動線
多層型の店舗では、エスカレーター約80%、エレベーター約20%の利用率といわれています。EVは、以前は、客に広く売り場を歩かせたいため一番奥に設置されました。現在は、玄関近くに設置され、展望EV化され分かりやすくなっています。ESは、以前は、客に広く売り場を歩かせたいため玄関の反対側に乗り口が置かれました。現在は、玄関からすぐ乗り込める位置に配置され利用しやすくなっています。

図表6　多層型の回遊動線

以前：できるだけ歩かせる

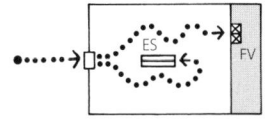

今：目的階へ直行させる

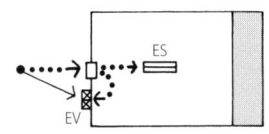

縦動線の視覚化

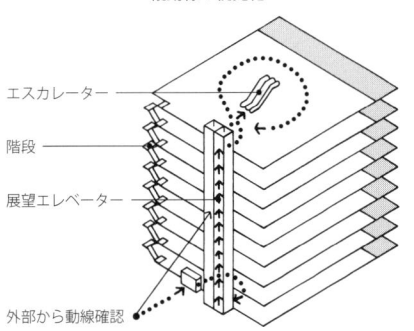

4. 客のシークエンス

　客は、自らの「目」と「足」を使って、身体を移動させて買い物をします。大規模小売店舗では、「目」で分かりやすい「方向確認の容易性」と、楽しさのある「劇的な展開性」が必要です。「足」にとっては、「身体移動の容易性」が確保されていなくてはなりません。「動線計画」で売り場内のゾーンとゾーンをつなぎ、さらに、「シークエンス計画」で客の移動時の「目と足」に対する継起連続的な動きへのアイデアを組み込んでおきます。

○ショッピングモールの体験
事例のモールを歩いてみると、45°と90°で曲がり、途中で頭上に大きな吹抜のアトリウムを経験します。方向確認が容易で、変化のある空間展開があり、足に疲労感を感じないシークエンスです。

図表7　ショッピングモールの体験(例：ニッケコルトンプラザ、千葉県)

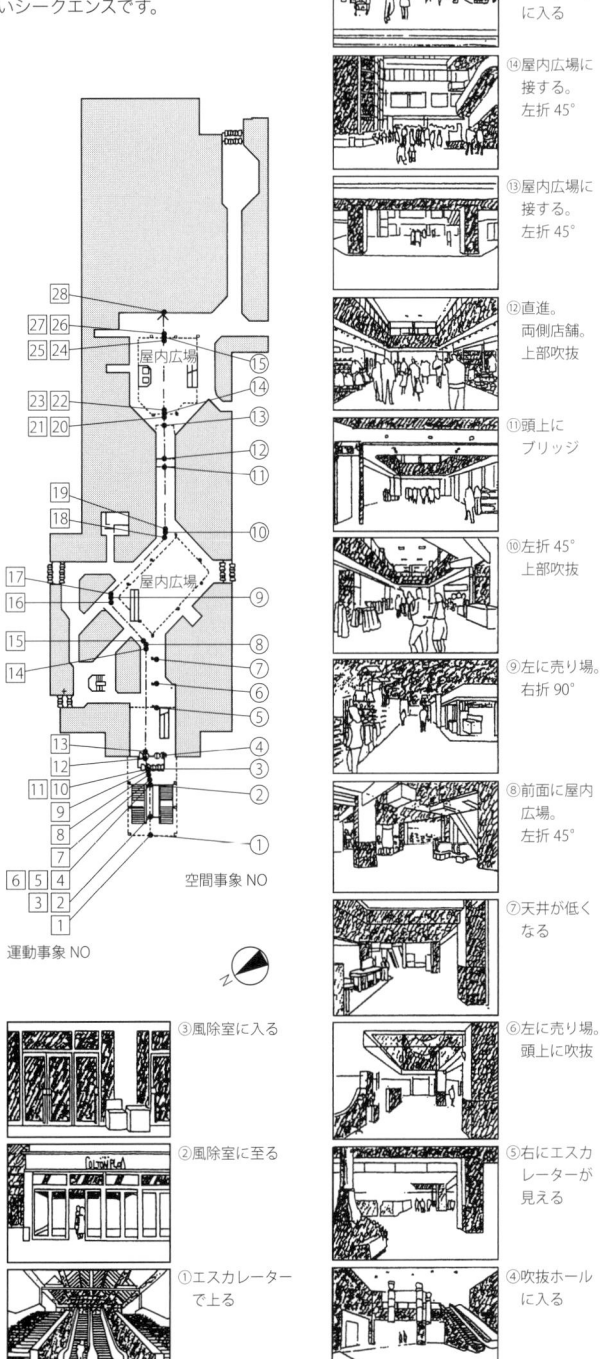

⑮直進。スーパーマーケットに入る
⑭屋内広場に接する。左折45°
⑬屋内広場に接する。左折45°
⑫直進。両側店舗。上部吹抜
⑪頭上にブリッジ
⑩左折45°上部吹抜
⑨左に売り場。右折90°
⑧前面に屋内広場。左折45°
⑦天井が低くなる
⑥左に売り場。頭上に吹抜
⑤右にエスカレーターが見える
④吹抜ホールに入る
③風除室に入る
②風除室に至る
①エスカレーターで上る

第 2 章　事例から学ぶ

4　店舗—5

5. 後方（裏の領域）

　大規模小売店舗では、客が自由に歩ける「表の領域（売り場・客用トイレ）」のほか、従業員の働く「裏の領域（トラックヤード・荷捌室・ゴミ置き場・商品管理事務室・事務室・社員食堂・従業員トイレ・休憩室・ロッカー室・倉庫・サービス階段・サービスEV・防災センター・機械室）」があります。表と裏の領域を同等に扱って計画します。

図表8　大規模小売店舗の後方（例：西友新福岡店）

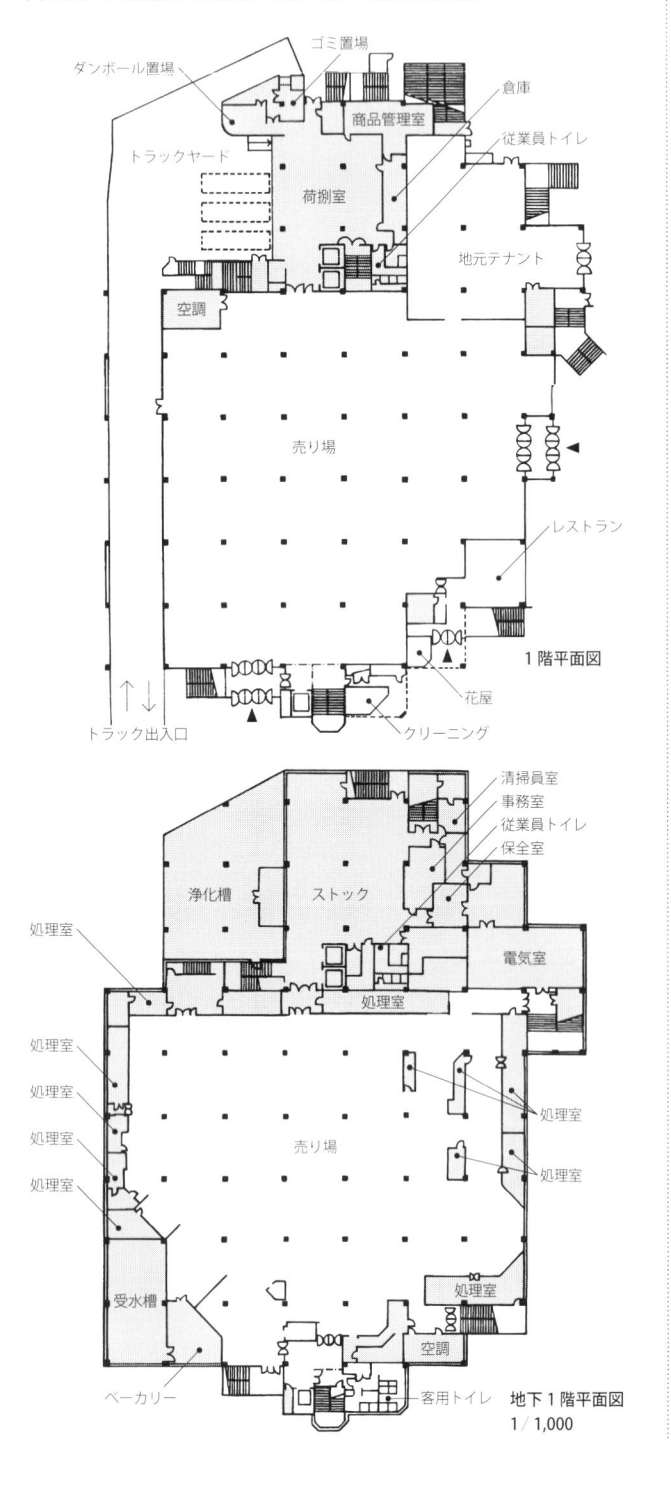

6. トラックヤードと荷捌室

　大規模小売店舗の「後方」として、面積的に大きく道路との関係を要求されるのが、「トラックヤード」と「荷捌室」です。この関係を理解する方法として、参考事例の「平面図を分析」して理解するほか、もう1つ、実際に営業している大規模小売店舗のトラックヤードに行き、トラックから荷降ろしをしている状態を、「道路から見学」して理解する方法があります。トラックヤードと荷捌室の間は、約850mmの段差が必要です。上下のフロアをつなぐカート用の「スロープ（1/6以下）」や歩行用の「階段」が必要です。トラックヤードの「平面的な寸法関係」は、トラックの描かれている大規模小売店舗の平面図を入手し、「トラック寸法」「アキ寸法」「車路幅」を三角スケールで計測して理解するといいでしょう。

図表9　大規模小売店舗のトラックヤード（例：西友新福岡店）
　　　　1/600（三角スケールの計測による）

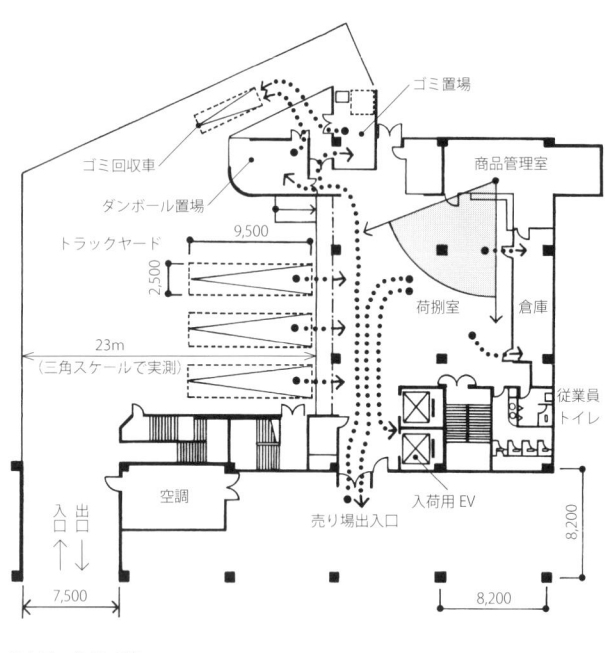

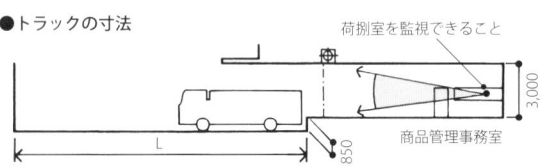

●トラックの寸法

	車両寸法	L
2TONロング車	5,800mm×2,000mm	10.0m以上
4TONロング車	8,000mm×2,200mm	15.5m以上
8TONロング車	11,000mm×2,500mm	19.0m以上
11TONロング車	12,000mm×2,500mm	23.0m以上

○**大規模小売店舗**　1つの建物であって、その建物の店舗面積（飲食店舗を除き、物品加工修理業は含むものとする）の合計が、基準面積1,000m²を超えるものをいう（大規模小売店舗立地法）。

7. スパン割り

大規模小売店舗では、計画の初期段階で、「スパン（柱と柱の間隔）」を決めなくてはなりません。難しいのは、地階か最上階に駐車場がある場合です。「売り場」のスパン割りと、「駐車場」のスパン割りは、両者にちょうどいい「寸法」を見つけ出さなくてはなりません。

図表10　大規模小売店舗でよく使われるスパン割りの例

スパン	スパン
7,000 mm × 7,000 mm	9,000 mm × 9,000 mm

図表11　大規模小売店舗の断面図

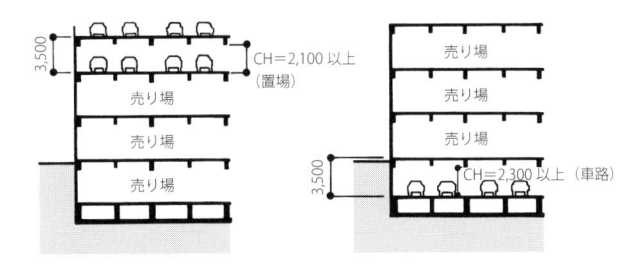

○スパン7,000mmの場合

柱間に、乗用車2台駐車可能です。600角の柱を想定すると、7,000−600＝6,400 mmの有効幅がとれます。
2台のパーキング幅は2,500×2＝5,000 mm必要であり、十分駐車可能です。

図表12　スパン7,000mmの場合

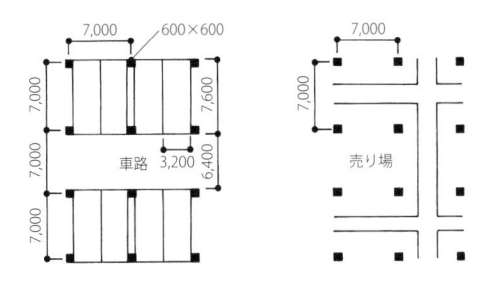

○スパン9,000mmの場合

柱間に、乗用車3台駐車可能です。600角の柱を想定すると、9,000−600＝8,400 mmの有効幅がとれます。
3台のパーキング幅は2,500×3＝7,500 mm必要であり、十分駐車可能です。

図表13　スパン9,000mmの場合

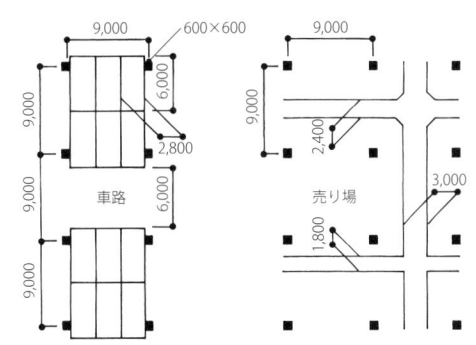

○スパン割りと柱の寸法の決定

「スパン割り」は計画段階でデザイナーが行い、「柱の寸法」は第1案決定後に構造設計者と打ち合わせて決めます。

8. 階段の幅・屋外への出口の幅

物品販売業を営む店舗の各階における避難階段または特別避難階段の幅の合計は、その直上階以上の階（地階では当該階以下の階）で床面積が最大の階の床面積100 m²につき0.6 mの割合で必要です（令124条）。避難階（一般には1階か地上階）での屋外への出口の幅の合計も同じ割合で必要です（令125条）。階段各部の寸法は、法律ぎりぎりではなく、使いやすく余裕のある計算をしておきます。具体的な計算例を紹介しておきます。

図表14　物品販売業を営む店舗で使われる階段の計算例

法律上の寸法（23頁参照）

蹴上げ	180 mm以下
踏面	260 mm以上
踊り場の幅	1,400 mm以上

使いやすい寸法の例

蹴上げ	170 mm
踏面	280 mm
踊り場の幅	1,400 mm

○階段室の数

例えば、最大階の面積を2,058 m²とすると、必要な階段幅は2,058÷100×0.6＝12.35 mとなります。1つの階段の幅を1.86 mとすると、12.35÷1.86＝6.64となり、階段は7ケ所以上必要です。比較図は、オフィスビル（2方向避難が必要）の場合です。

図表15　階段室の数（スパン7 m、階高4 mの場合）

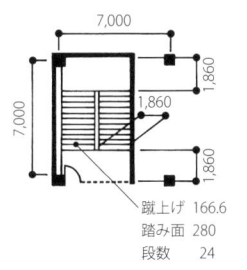

階段室の寸法
蹴上げ 166.6
踏み面 280
段数 24

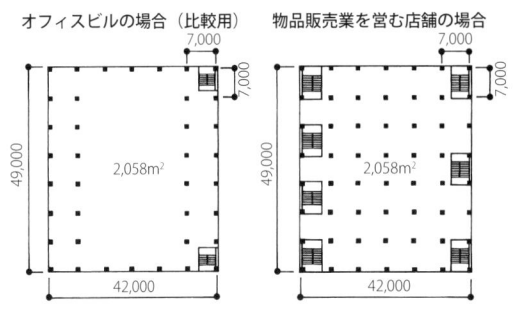

○避難階の出入口の幅

最大階の面積を2,058 m²とすると、必要な出入口幅は2,058÷100×0.6＝12.35 mとなります。扉幅を0.9 mとすると、12.35÷0.9＝13.73となり、14枚以上必要です。客用の扉幅のほか、後方の従業員用の扉幅も有効です。

図表16　出入口の数

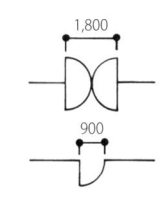

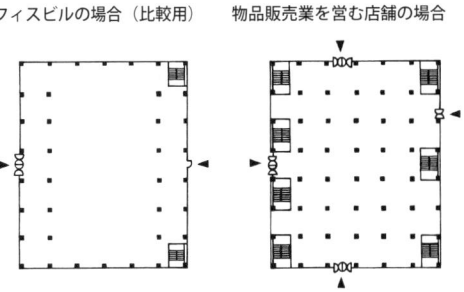

扉の幅

第 2 章　事例から学ぶ

4　店舗—6

9.「売り場・後方」と「客席・厨房」の面積配分

　店舗計画では、物販・飲食を問わず、計画段階で、「表の領域」と「裏の領域」のおおよその「面積配分」をしておきます。同時に、「客出入口」と「サービス出入口」のおおよその位置を周囲道路や店内通路との関連で決めておきます。店舗の種類により、後方や厨房の面積は、全床面積の半分近くになることもあります。

図表 17　売り場と後方の面積配分
（参考：売り場面積比率『建築計画・設計シリーズ 24　商業施設 I』市ヶ谷出版）

スーパーマーケット
売り場 65%
後方 35%

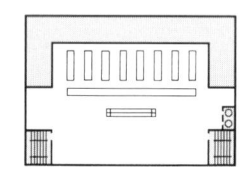

百貨店
売り場 55%
後方 45%

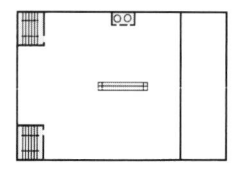

集合専門店
売り場 50%
後方 50%

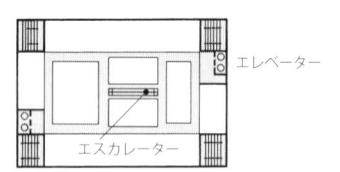

○飲食店の面積配分

客席と厨房の面積比は、一般のレストランと小規模なカフェでは違ってきます。調理には、水・電気・ガスなどの供給と排水・排気を必要とします。厨房は、一種のミニ工場と考えていいでしょう。

図表 18　飲食店の面積比

レストランの場合
厨房面積：全床面積の 30%～40%

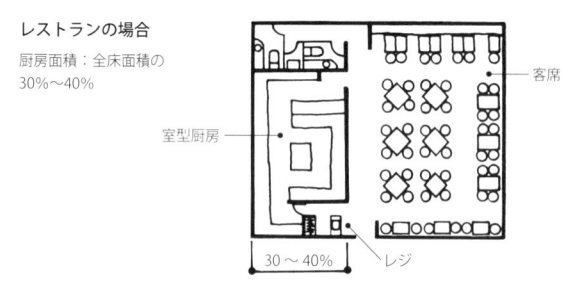

小規模なカフェの場合
厨房面積：全床面積の約 15%

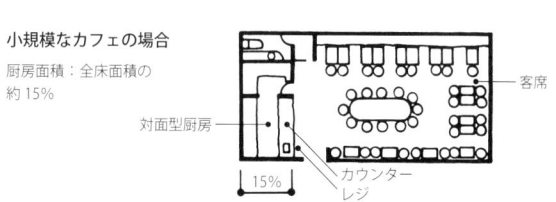

10. 階高と天井高

　店舗の天井高は、3,000 mm 以上は欲しいところです。店舗の天井裏には、空調された空気を大量に運ぶダクトが走っています。ダクトを収納するための天井のふところの高さは 1,000～1,500 mm 必要です。足し算すると、階高は 4,000～4,500 mm を必要とします。

○天井を張った場合
一般の店舗では、天井を張って、天井裏に、空調ダクト・排煙ダクト・電気配線・スプリンクラー配管などを隠します。隠すことが分かっているので、配管・配線工事は割合ラフに行われます。

○スケルトンの場合
天井を張らない設備丸見えのデザインを「スケルトン＝躯体あらわし」といいます。天井は高くなります。この場合、配管・配線・ダクトは見えてもいいように、きれいな仕上げや色彩にしておきます。

図表 19　店舗の天井の状態（階高 4,500 mm の場合）

天井を張った場合　　　スケルトンの場合

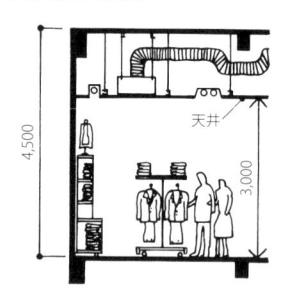

○高さに関する他用途との比較

「店舗」の「高さ寸法」を、「集合住宅」「オフィスビル」の標準寸法と比較しておくと覚えやすいでしょう。寸法決めは、計画段階では、図表 20 のように、「きりのいい寸法」で始め、途中で、斜線制限などの条件で変更を余儀なくされた場合に「くずして」いくといいでしょう。

図表 20　階高と天井高の比較（標準寸法）

集合住宅　階高 3,000　CH=2,400
オフィスビル　階高 3,500　CH=2,600　フリーアクセスフロア
店舗　階高 4,500　CH=3,000

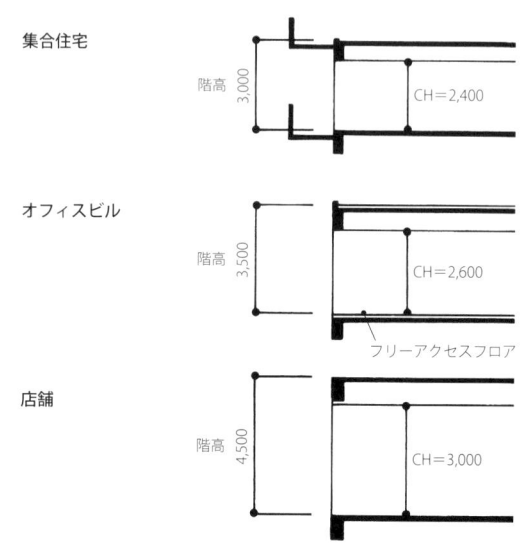

※ CH＝Ceieling Hight（天井高）

11. エスカレーター(ES)

店舗では、エレベーターよりも「エスカレーター」の利用率が高くなります。ESは、一般に、大規模の店舗では売り場の「中央」に、中小規模の店舗では「壁際、あるいは、窓際」に置かれます。歩行の延長として使われるESは、水平動線と関係させながら計画します。エレベーターの寸法関係については、オフィスビル（46頁）での解説を参考にして下さい。

○エスカレーターの寸法

角度は30°です。階高（A）が分かると、水平方向の長さ（B）が分かります。各部の寸法は、使用するESメーカーのカタログで決めます。

$A:B:C = 1:\sqrt{3}:2$

図表21　エスカレーターの寸法
角度・高さ・水平距離の関係

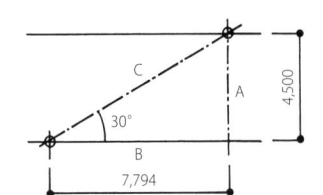

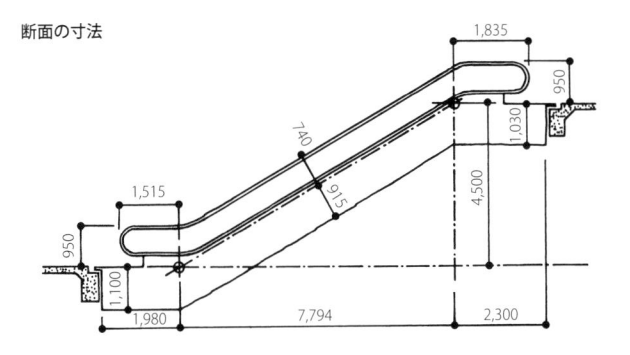

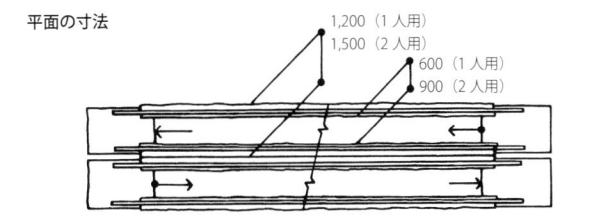

断面の寸法

平面の寸法

○エスカレーターの幅と輸送量

ESの幅は、600mm（1人用）と900mm（2人用）の2種類あります。600mm幅の輸送量は約4,000人/時、900mm幅の輸送量は約6,000人/時です。

○エスカレーターの設置台数

ESは、売り場面積約3,000m²につき、上下各1基ずつ設置します。ESの上り下りの方向変換は、設置後に、スイッチで変更することができます。

○エスカレーターと避難

ESは、一見して階段に見えますが、避難階段ではありません。非常火災発生時には、エスカレーターから降りて、各階の一番近い避難階段まで歩き、避難階（1階か地上階）へと避難します。

○エスカレーターと防火区画

ES部分は、竪穴になっているので、火災発生時には「煙突効果」で一気に火や煙が上昇します。各階に「防火シャッター」と「防火戸」を設置して「防火区画（竪穴区画）」にしておきます。

クリック　店舗計画ではエスカレーターのカタログが必要です。ネットで情報収集して下さい。代表的なメーカーを紹介しておきます。
日立エスカレーター、三菱エスカレーター、東芝エスカレーターなど

12. 店舗環境と機械室

大規模小売店舗の「機械室の面積」は、延床面積の6〜8％必要です。計画段階では、機械室に「適した場所」に「必要面積」を確保しておきます。第1案ができると設備専門家の参加となり、「設備システム」の提案や、電気室・空調機室・給排水室等への「面積配分」が行われます。

○風除室の遮蔽効果
売り場への外部温熱影響を避けるため、出入口には風除室を設け、環境の保持と客誘導の第一関門とします。風除室内には、エアカーテンや冷暖房を設けます。

○空調機室
空調機は、熱交換の原理から、屋内機と屋外機が必要です。両者をつなぐ循環パイプは短いほうがよく、店舗では、各階方式かゾーンユニット方式が有効です。

○電気室
送電線の電圧は、勢いを落とさないために、建物の必要電圧より高圧です。どの建物も「変圧器」が必要です。電気室は、変電室でも間違いではありません。

○発電気室
自家発電は、火災停電時の、非常用EV・消火設備・排煙設備に必要です。また、食品売り場の冷凍・冷蔵庫や、宝石売り場の盗難防止にも必要です。

○空調計画
売り場の、発熱によるインテリア負荷が高くなるところでは、1年を通して冷房が運転されます。冬季は外気冷房が有効です。吹出口と吸込口は天井が適しています。

○照明計画
基本照明となる「アンビエント域の照明」、そして、ディスプレイなどの「タスク域の照明」をうまく組み合わせて計画します。売り場によっては演色性への配慮が必要です。

○給排水設備室
住宅では、道路下の水道本管から直結してその水圧を利用しますが、大規模小売店舗では、使用水が多いため、受水槽に一度ため、ポンプアップして送水します。

○排煙機室
火事では、火より「煙」の人的被害が大きくなります。天井の煙感知器で感知されると排煙区画（500m²）内の排煙口から排煙されます。

3. 視覚デザインの発想例

解読型デザイン

独立骨体と皮膜型

参考：髙島屋（新宿店）

解釈型デザイン

欅並木のイメージ

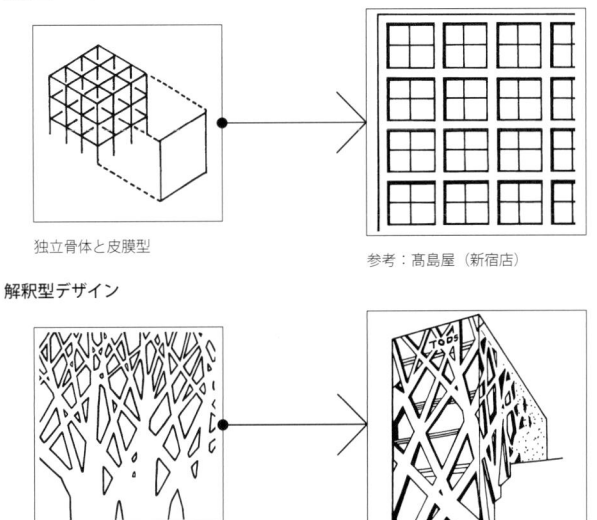

参考：TOD'S表参道ビル

第 2 章　事例から学ぶ

5　ホテル・旅館—1

1. 事例の選択と分析

生の資料　　　　　　　　　　　　　　　　　　　　　　　　　　　◇シティホテル

建物名：ホテル・イル・パラッツォ（福岡市）
1989竣工
基本設計：アルド・ロッシ、実施設計：弾設計
構造：SRC 造・RC 造
規模：地下 1 階、地上 8 階
階高：3,000mm（基準階）
天井高：2,580mm（客室）
主なスパン：5,000mm×6,840mm
建築面積：1,424m²、延床面積：6,015m²

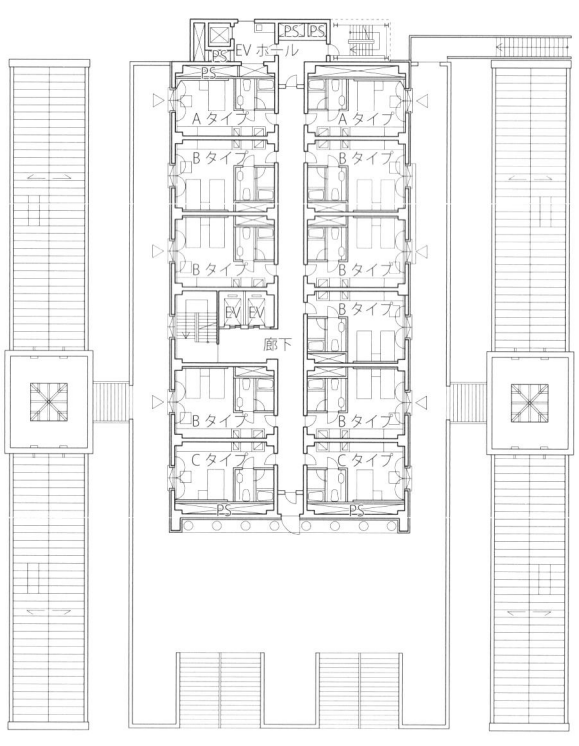

3〜6 階平面図

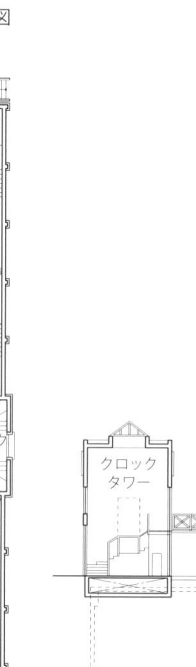

2 階平面図　1/500

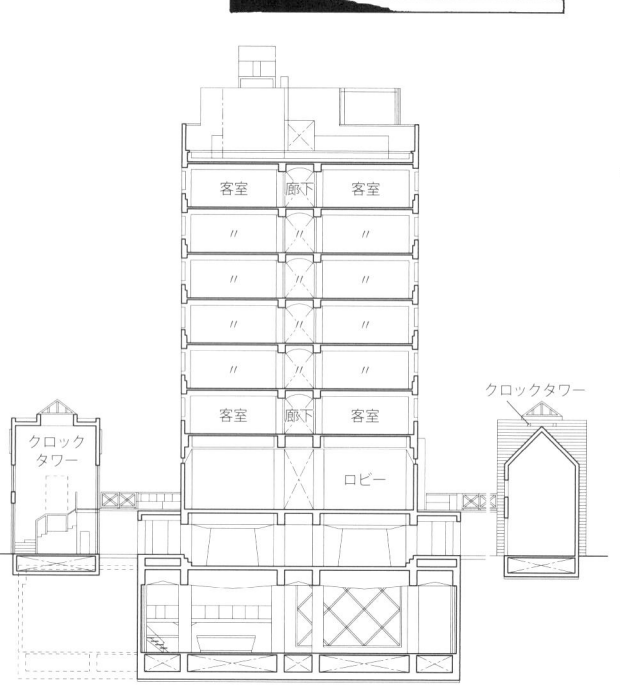

断面図　1/500

60

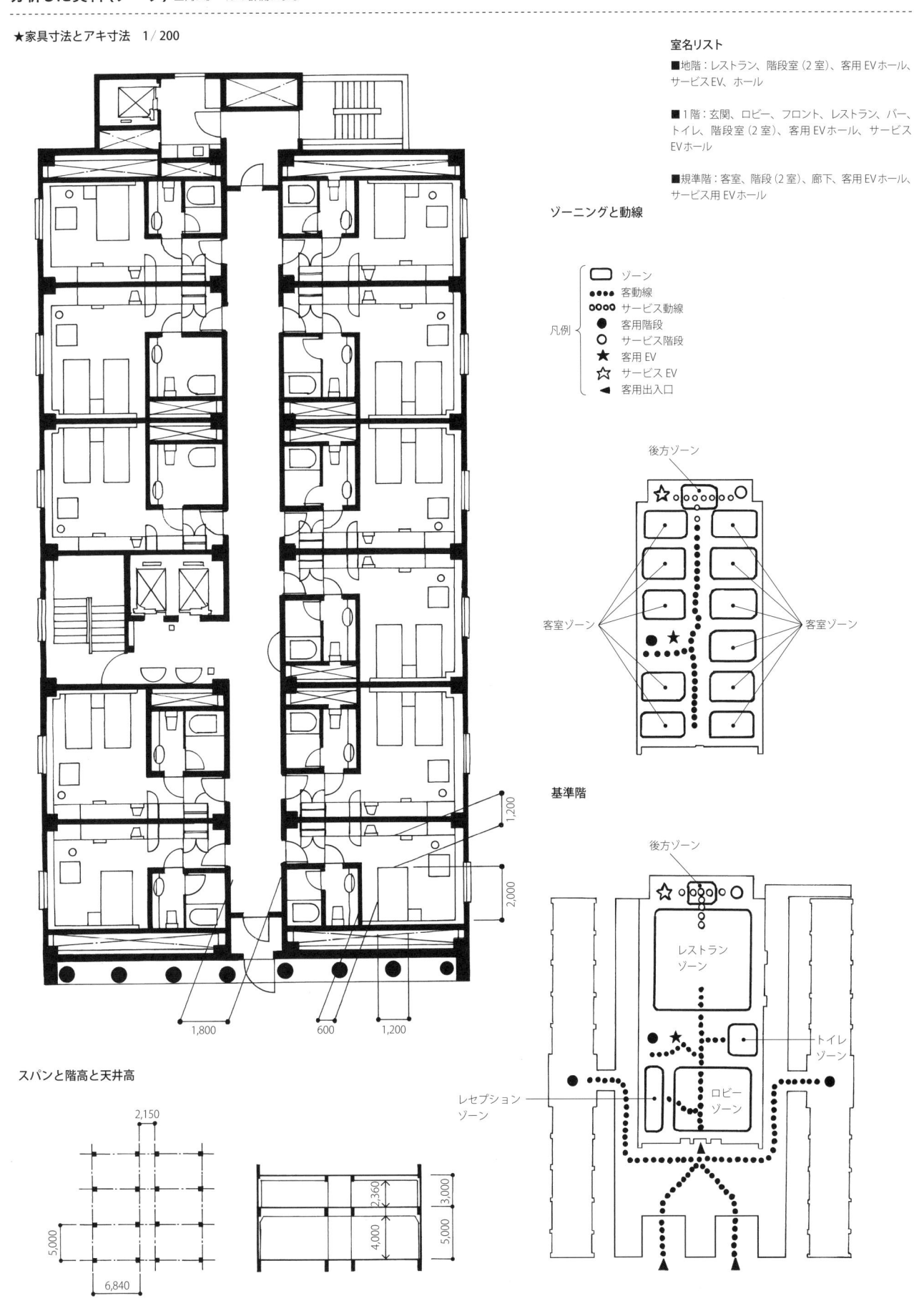

分析した資料（データ）三角スケールの計測による

★家具寸法とアキ寸法　1/200

室名リスト

■地階：レストラン、階段室（2室）、客用EVホール、サービスEV、ホール

■1階：玄関、ロビー、フロント、レストラン、バー、トイレ、階段室（2室）、客用EVホール、サービスEVホール

■規準階：客室、階段（2室）、廊下、客用EVホール、サービス用EVホール

ゾーニングと動線

凡例
- □ ゾーン
- •••• 客動線
- ○○○○ サービス動線
- ● 客用階段
- ○ サービス階段
- ★ 客用EV
- ☆ サービスEV
- ▲ 客用出入口

基準階

2階（ロビー階）

後方ゾーン
客室ゾーン
レストランゾーン
トイレゾーン
レセプションゾーン
ロビーゾーン

スパンと階高と天井高

第2章 事例から学ぶ

5 ホテル・旅館－1

第2章　事例から学ぶ

5　ホテル・旅館—2

生の資料

◇アーバンホテル

建物名：ハイアット・リージェンシー・福岡（福岡市）
1993 竣工
設計：マイケル・グレイヴス
構造：RC 造・SRC 造・一部 S 造
規模：地下 1 階・地上 13 階・塔屋 1 階、
階高（客室階）：3,000 mm
天井高（客室階）：2,600 mm
天井高（宴会場）：12,400 mm
主なスパン：5,630 mm×6,310 mm
建築面積：4,503 m²
延床面積：34,053 m²

■客室：
シングル（22～24 m²）131 室
ツイン/ダブル（29～43 m²）89 室
リージェンシークラブ（29～43 m²）26 室
ジュニアスイート（53 m²）1 室
エグゼクティブスイート（81 m²）1 室

■宴会場：
大宴会場（420 m²）正餐時 280 席
中宴会場（205 m²）正餐時 120 席
小宴会場（65 m²）立食 60 席

3 階平面図

2 階平面図

1 階平面図

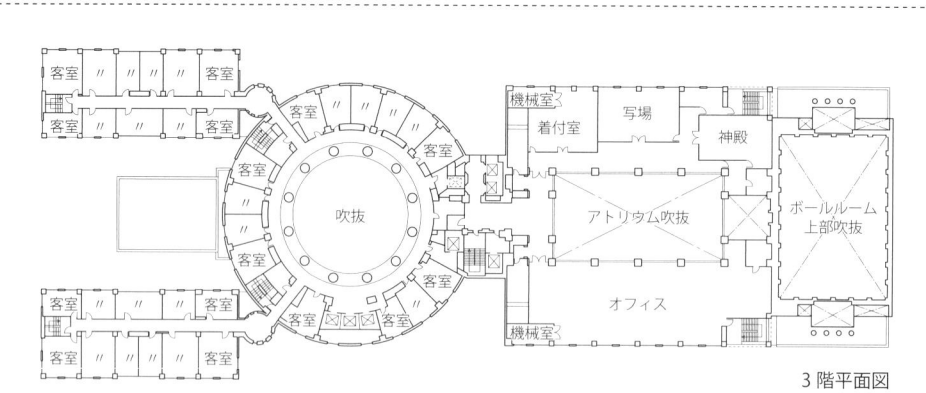

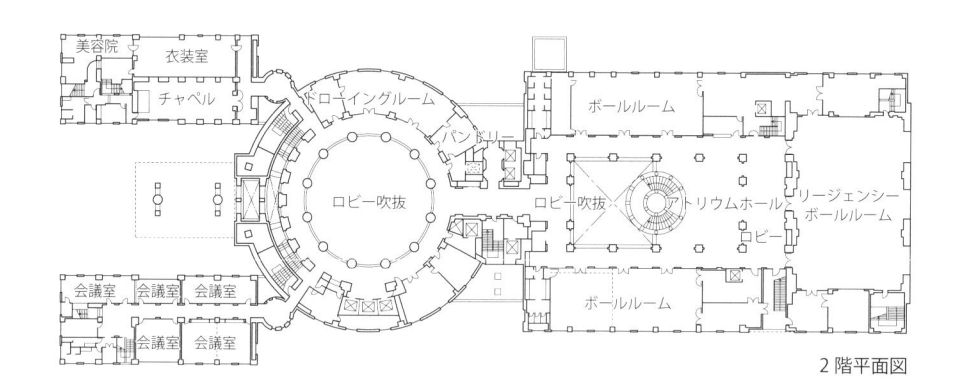

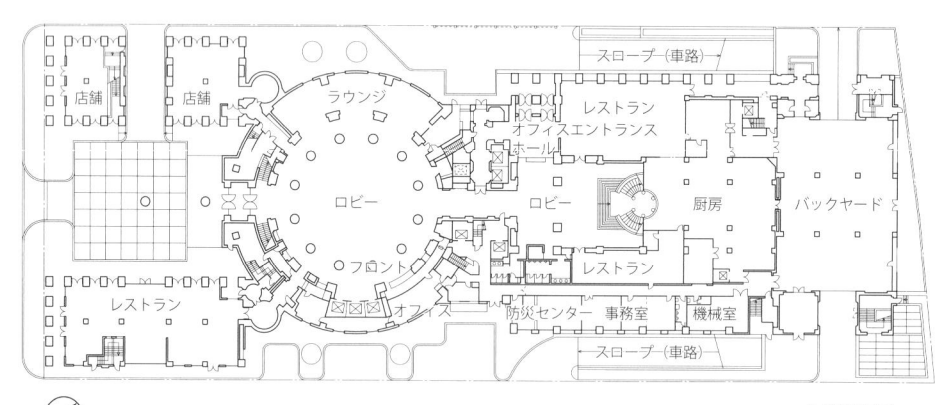

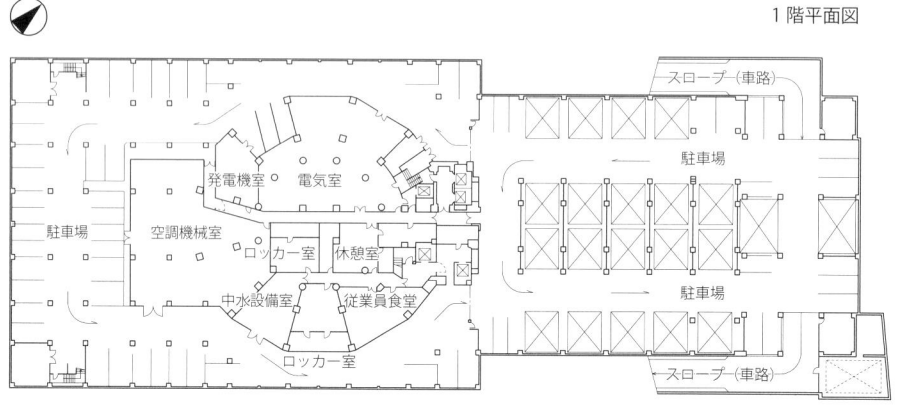

地下 1 階平面図　1/1,100

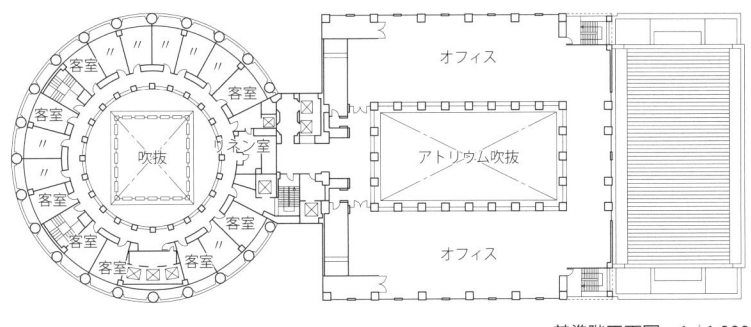

基準階平面図　1/1,000

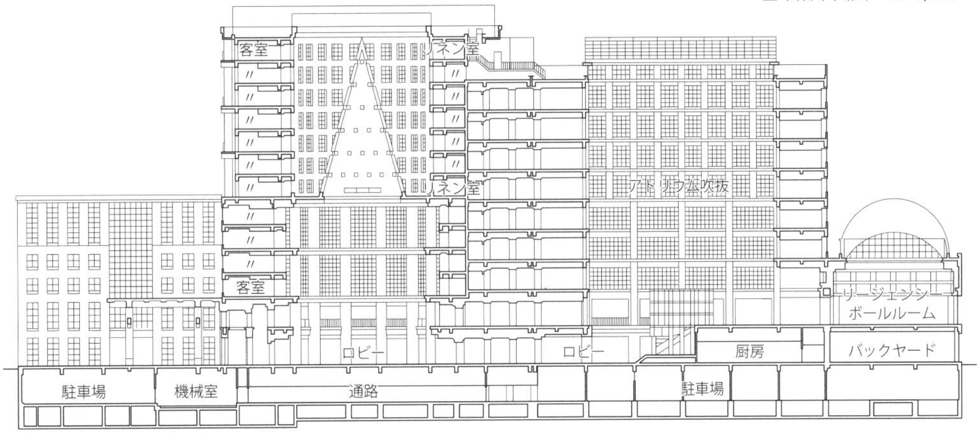

断面図　1/1,000

分析した資料（データ）　三角スケールの計測による

家具寸法とアキ寸法　1/200

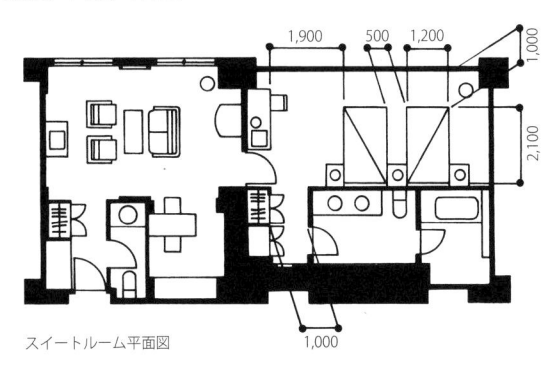

スイートルーム平面図

スパンと階高と天井高

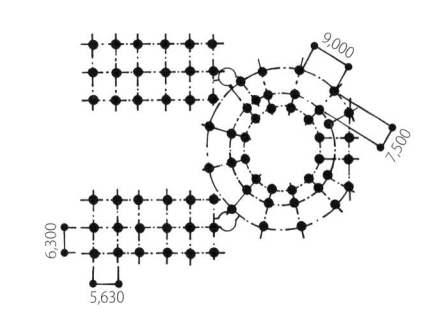

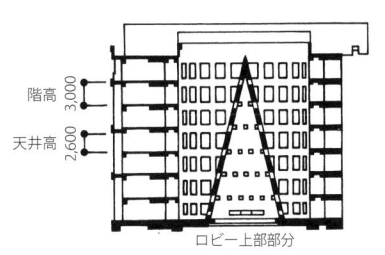

ロビー上部部分

ゾーニングと動線

凡例
- ▢ ゾーン
- ‥‥ 客用動線
- ● 客用階段
- ★ 客用EV
- ☆ サービスEV

客室ゾーン
リネン庫ゾーン
客室ゾーン
客室ゾーン

室名リスト

■地下1階：駐車場、スロープ（2ケ所）、空調機械室、電気室、発電機室、中水設備室、ロッカー室（男女）、休憩室、従業員食堂、非常用EV、非常用EVホール、リネンサービスEV、サービスEV、オフィス客用EV（2台）

■1階：ホテルロビー、ラウンジ、フロント、オフィス、ホテル客用EV（3台）、防災センター、事務室、店舗（2店）、厨房、レストラン（3ケ所）、店舗ロビー、オフィスエントランス、オフィス用EV（2台）、リネンEV、非常用EV、サービスEV、機械室、階段（11ケ所）、客用トイレ（男女）、ダムウエーター、スロープ（2ケ所）

■2階：チャペル、衣装室、美容院、ドローイングルーム、控室、パントリー、会議室（5室）、廊下、客用EV（3台）、非常用EV、リネン用EV、サービスEV、オフィス用EV（2台）、EVホール（2ケ所）、ボールルーム（2室）、アトリウムホール・ロビー、リージェンシーボールルーム、客用トイレ（男女）、階段（14ケ所）

■3階：客室（36室）、階段（7ケ所）、ホテル客用EV（3台）、EVホール（2ケ所）、リネンEV、リネン庫、着付室、写場、神殿、機械室（2室）、オフィス

■基準階：客室（16室）、リネン庫、リネン用EV、サービスEV、客用EV（3台）、階段（5ケ所）、オフィス用EV（2台）、EVホール（2ケ所）、オフィス、非常用EV、非常用EV附室

第2章　事例から学ぶ

5　ホテル・旅館―2

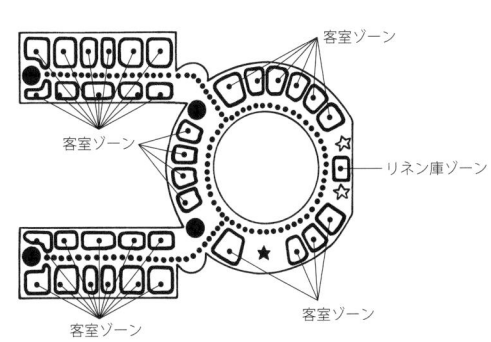

第2章　事例から学ぶ

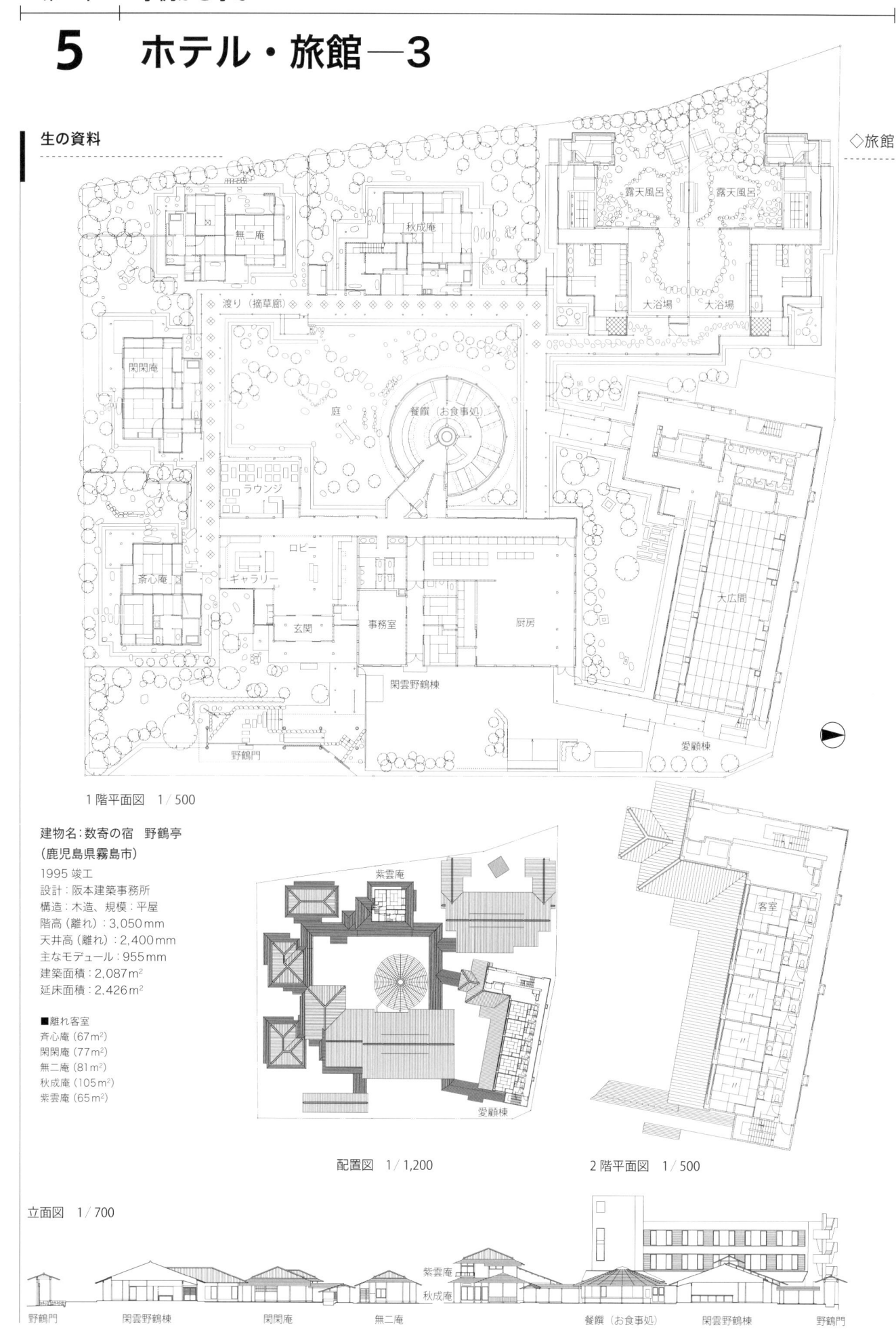

5　ホテル・旅館—3

生の資料

◇旅館

1階平面図　1/500

建物名：数寄の宿　野鶴亭
（鹿児島県霧島市）
1995 竣工
設計：阪本建築事務所
構造：木造、規模：平屋
階高（離れ）：3,050mm
天井高（離れ）：2,400mm
主なモデュール：955mm
建築面積：2,087m²
延床面積：2,426m²

■離れ客室
斉心庵（67m²）
閑閑庵（77m²）
無二庵（81m²）
秋成庵（105m²）
紫雲庵（65m²）

配置図　1/1,200　　　　2階平面図　1/500

立面図　1/700

分析した資料（データ） 三角スケールの計測による

家具寸法とアキ寸法　1/200

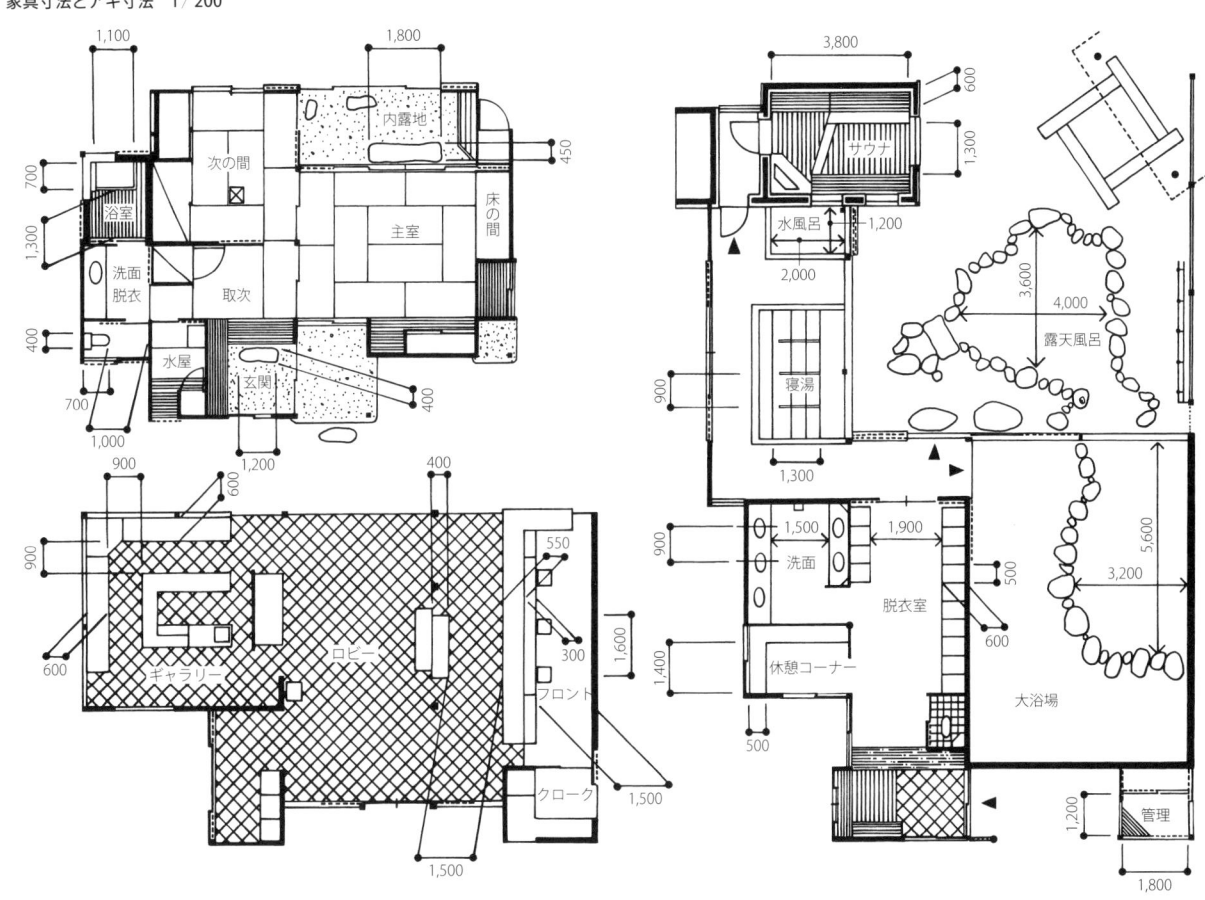

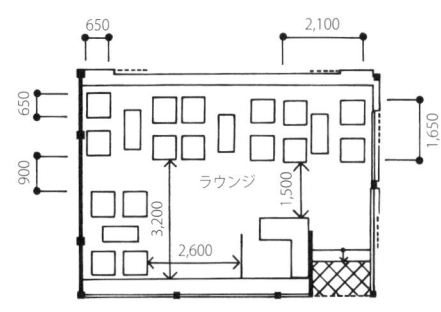

スパンと階高と天井高

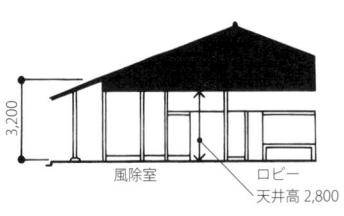

室名リスト

■1階：玄関、ロビー、フロント、事務室、ギャラリー、ラウンジ、客用トイレ、食事処、厨房、食品庫、従業員トイレ、従業員休憩室、廊下、渡り廊下、客室（4室）、大広間、広間トイレ（男女）、客用EV、サービスEV、階段（2室）、温泉（男女）、脱衣・洗面室（男女）、脱衣室内トイレ（男女）

■基準階：客室（5室）、客用廊下、客用EV、サービス用EV、サービスステーション、階段（2ケ所）

ゾーニングと動線

凡例
- ゾーン
- ●●●● 客用動線
- ○○○○ サービス動線
- ● 客用階段
- ○ サービス階段
- ★ 客用EV
- ☆ サービスEV
- ▲ 客用出入口
- △ サービス用出入口

5　ホテル・旅館——3

第2章　事例から学ぶ

第2章　事例から学ぶ

5　ホテル・旅館—4

2. 建築計画の知識と進め方

1. 発想は家具から

「ホテル」あるいは「旅館」の「主役の室」といえば、「客室」です。まず、「ベッド（あるいは布団）寸法」とそのまわりの「アキ寸法」を考えておいて、客室の計画を開始します。そして、ホテル全体へ、あるいは、旅館全体へと計画を進めていきます。

○シングルルーム型
1人用ベッド（1,000mm×2,000mm）が1つの客室型です。バスルーム、クローゼット、机と椅子、テレビ、ナイトテーブルが必要です。

○ツインルーム型
1人用ベッドが2つの客室型です。シングルルームの家具に加え、2人で会話を交わすための椅子2脚とテーブルが必要です。

○ダブルベッドルーム型
ベッドの幅が、シングルベッドの幅の約2倍（1,800mm幅）のベッドが1つある客室型です。セミダブルベッドの幅は約1,300mmです。

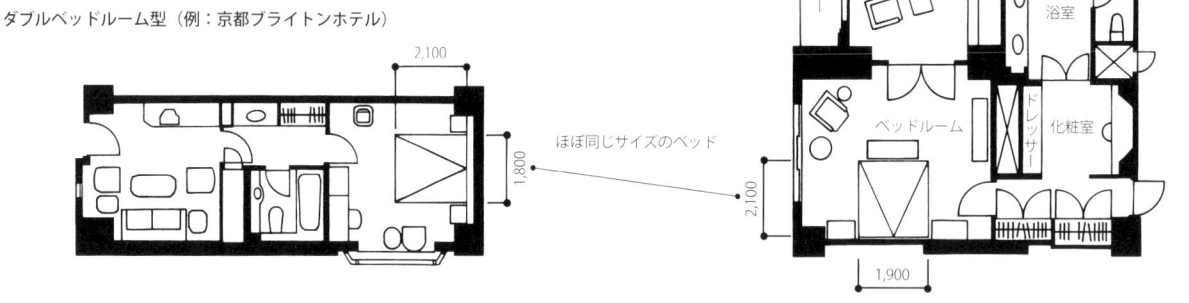

図表1　客室型　1/200

シングルルーム型（例：ホテルとざん）

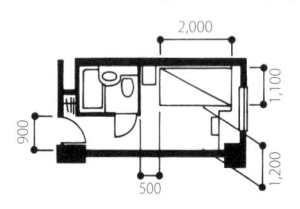

ツインルーム型（例：ホテルメトロポリタン）

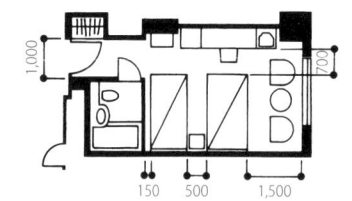

ダブルベッドルーム型（例：京都ブライトンホテル）

○スイートルーム型
スイートは、英語のsweet（甘い）ではなくsuite（組の室）です。「寝室」のほか、くつろぎや訪問客のための「居間兼食事室」、その他「キッチン」など、2以上の室で構成された客室のことです。ロイヤル、あるいは、デラックスがつくと、標準以上の面積と豪華なしつらいが整っています。

ロイヤルスイートルーム型（例：第一ホテル東京ベイ）

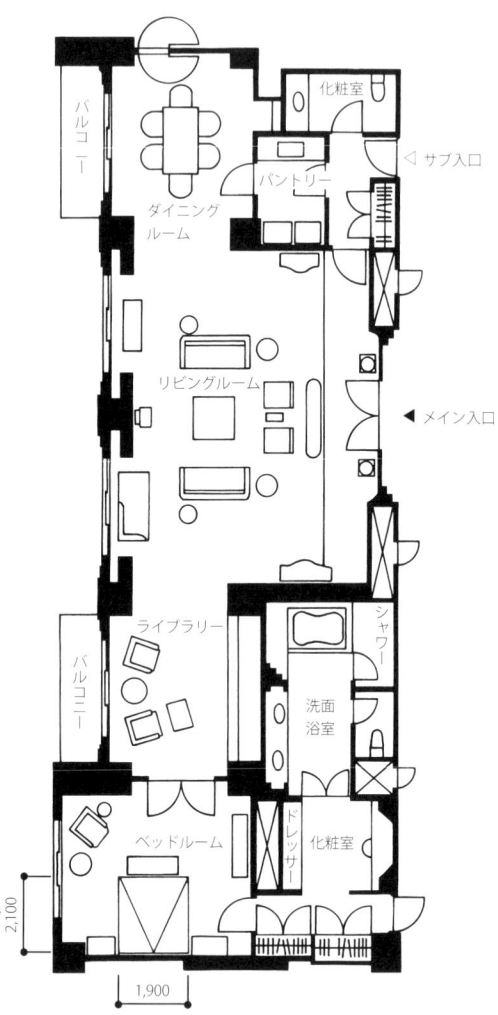

○ホテルのスパン割り
ホテルの構造計画は、客室階のスパン割りを決め、柱の位置を決めてから、柱を下階へ下げていき、1階や地階の柱の位置を決めます。客室階の柱の入れ方は、客室の4隅に入れる方法、2つの客室を囲むように入れる方法などがあります。宴会室など広いスパンを必要とする場合はEJ（エキスパンション・ジョイント）でつなぎ、別棟にする方法もあります。

図表2　ホテルのスパン割りの例

○バンガロー型
（海辺リゾートタイプ）

タヒチのような波の穏やかなラグーンでは、バンガロー型の客室が可能です。長期滞在用に、バスルームのほかに、リビング・ダイニング・ベランダなどを充実させます。主な客層はカップルが多く、ダブルベッドが一般的です。

海辺リゾートタイプ

○バンガロー型
（山小屋タイプ）

高原のレジャーホテルでは、山小屋風のバンガロー型の客室が可能です。管理棟とは別棟にして、散策路でつなぎます。ダイニング、リビング・キッチンのほか、ベランダを設置しておきます。ダブルベッドかツインベッドかどちらかを選びます。

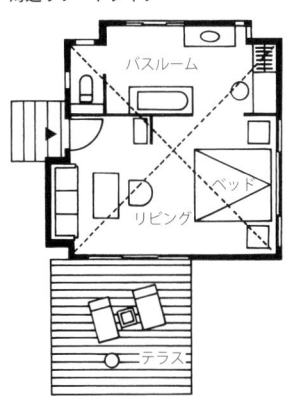

山小屋タイプ

○カップルズホテルの客室

大都市の都心部などに建てられる、いわゆるカップルズホテルでは、ダブルベッドが一般的です。バスルームのほか、カラオケ、ビデオ鑑賞、バーカウンターなどを充実させたホテルもあります。

カップルズホテルの客室

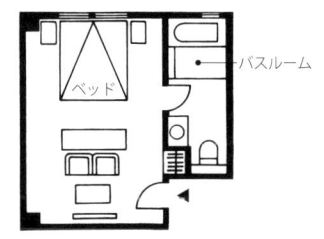

○和風旅館の客室型

和風旅館といっても、全館木造の純和風で平屋建てのものから、RC造だが外装やインテリアが和風デザインのものまで、幾つか種類があります。間取りは、例えば、8畳1間だけのものから、グループ泊のできる数間続きで専用露天風呂のついているものまであります。

露天風呂付きの和室客室（例：亀の井別荘）

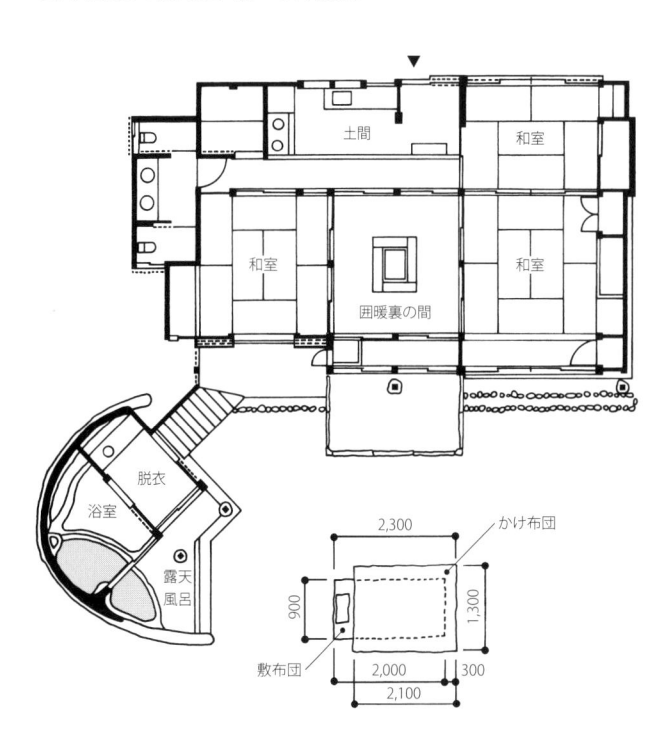

○1室当たりの客室面積

指標としての「1室当たりの客室面積」を覚えておくほか、自分の選んだ事例を分析して得た「面積」と平面の「イメージ」を覚えておいて、計画に役立てます。

図表3　面積の計算例 1/200

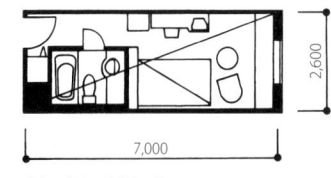

$7.0 \times 2.6 = 18.2 m^2$

図表4　1室当たりの標準客室面積の例

シングルルーム	ツインルーム
15 m²	20 m²

○和風旅館のスパン割り

和風旅館の平面づくりでは、木造のモデュールである900mm（あるいは910mm）をよく使います。この寸法は、純和風の木造旅館でも、RC造の和風旅館でも使われます。スパンは、5,400mm、6,300mmなどがよく使われます。畳の数をかぞえることで、宿泊人数を予測できます。

図表5　和風旅館のスパン割りの例

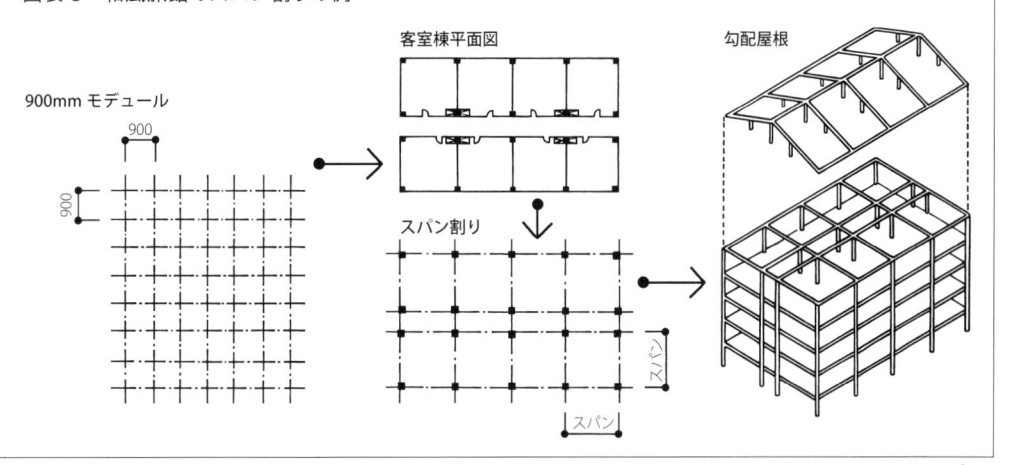

第2章 事例から学ぶ

5 ホテル・旅館—4

第 2 章　事例から学ぶ

5　ホテル・旅館—5

2. ホテルと旅館の多様化

「ホテル」と「旅館」は、図表 6 のように分類されます。しかし、実際には、大いに複雑な方向に進んでいます。例えば、本来の旅館は、主玄関で靴を脱ぎますが、ホテルのように「客室まで履物」で行く傾向にあります。本来の旅館は、客室で料理を楽しみますが、ホテルのように「レストランで食べる」傾向にあります。旅館の醍醐味といえば「露天風呂」ですが、ホテルの屋上に設けられる場合もあります。また、ホテルや旅館の本来の機能は「宿泊と食事」の提供ですが、「宴会・レストラン・スポーツ・店舗・地域コミュニティの場」などへの部門強化の傾向があります。また、シティホテルの中に「リゾート機能」を入れたり、リゾートホテルの中に「アーバン機能」を入れたりする傾向も生まれています。

図表 6　ホテルと旅館の種類

ホテル	旅館
ビジネスホテル シティホテル アーバンホテル リゾートホテル レジデンシャルホテル テーマパークホテル モーテル カップルズホテル	宿泊旅館 観光旅館 温泉旅館 料理旅館

3. 部門（ブロック）と室

ホテルの主機能は「客室部門」であり、「飲食・宴会・結婚式場などの部門」は、客室あっての副機能といえます。ところが、「面積と売り上げ」の関係では、逆転現象が起こる場合もあります。例えば、中規模以上のホテルでは、「客室面積」が延床面積の 60％でも「宿泊の売り上げ」は総売り上げの 40％という場合があります。つまり、「パブリック部門の面積」は延床面積の 40％でも「売り上げ」は総売り上げの 60％になる場合もあるということです。図表 7 は、中規模以上のホテルが備えている「部門と室」の関係を表しています。

図表 7　部門（ブロック）と室

部門（ブロック）	室
客室部門	客室、客室廊下、リネン庫
飲食部門	レストラン、バー、グリル、カフェ、厨房
宴会部門	宴会室、宴会ロビー、厨房、パントリー、宴会用トイレ
結婚式場部門	結婚式場、新郎新婦控室、着替室、写場、相談室
その他	スポーツクラブ、店舗、貸事務室、展示場、コンベンションホール、研修室、ギャラリー、温泉

4. 平面型と外観型

ホテルや旅館の客室棟の「平面型」には、集合住宅と同じ「片廊下型」と「中廊下型」があります。ただし、ホテルや旅館の廊下には、「客動線」に加えて、リネン室からの「サービス動線」が加わる点で集合住宅と異なります。ホテルや旅館の客室は、集合住宅の居間などと同じ「居室」なので「採光と換気」が必要です。「日照」は集合住宅ほど重視されません。ホテルや旅館で重視されるのは「眺望」です。ホテルや旅館では、客室部門に加えて、パブリック部門の「ポディアム（宴会場やホールなどの大空間）」が加わると、集合住宅とは異なる「外観型」が可能です。

＊ポディアム　podium 指揮台、表彰台などの台をいう。

図表 8　平面型の例

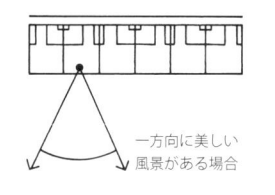

片廊下型　　　　　　　中廊下型

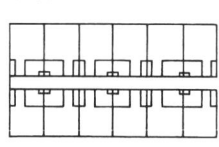

一方向に美しい風景がある場合

図表 9　外観型の例

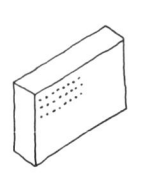

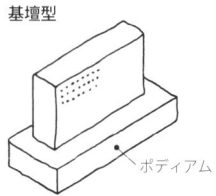

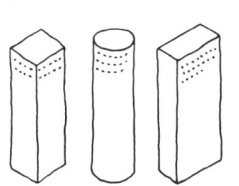

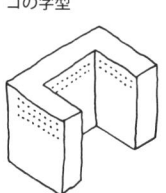

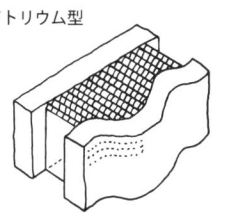

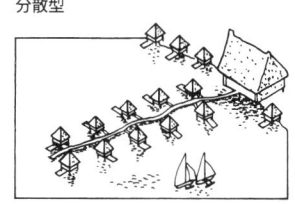

板状型　　　　　　　基壇型

　　　　　　　　　　　　　　ポディアム

塔状型　　　　　　　コの字型

アトリウム型　　　　分散型

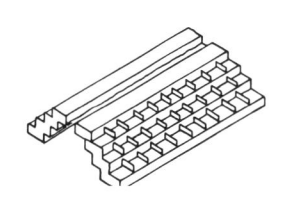

段状型　　　　　　　インナーガーデン型

5. ロビーまわり（表の領域）

　ホテルや旅館の「表の領域」として、また、客への「もてなし」の第一関門として「ロビー」があります。ロビーは、「動線的」に「ホテル出入口」とつながっていると同時に、「客用エレベーター・客用トイレ・客用廊下・客室・レストラン・宴会場・結婚式場」へとつながっていなくてはなりません。さらに、玄関からロビーへ至る過程で、目と足による「シークエンス的」な配慮、すなわち、「劇的な展開性」「方向確認の容易性」「身体移動の容易性」への配慮が必要です。「ロビーまわり」は、フロント・ラウンジ・カフェ・ショップなどのゾーンが顔を出す「複合ゾーンの室」として構成されます。

○シティホテルのロビー

右図の事例では、シティホテルとして最小限必要な「フロント、ロビー」を備えています。ホテル出入口からロビーをまっすぐ抜けると「EVホール・客用トイレ」のある次のホールへ、さらに進むと突き当たりが「レストラン」となっています。

図表10　ロビーまわり

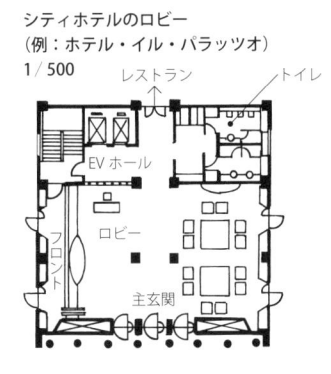

シティホテルのロビー
（例：ホテル・イル・パラッツォ）
1/500

○アーバンホテルのロビー

下図の事例では、玄関から円形ロビーに入ると、「フロント・ラウンジ・客用EVホール・客用トイレ」への「方向確認の容易性」を確認できます。さらに、ホテル出入口から続く軸線に沿って奥のロビーへ行くと「身体移動の容易性」が確保されています。上階の「レストラン、ボールルーム」へ行くためには階段が必要ですが、バロック的な大階段が「劇的な展開性」を演出しています。

アーバンホテルのロビー（例：ハイアット・リージェンシー・福岡）1/1,100

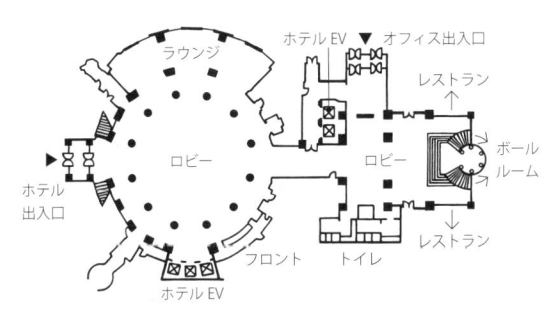

○旅館のロビー

下図の事例では、「出入口・フロント・ロビー・ラウンジ・売店」のほか、前方の「庭園」が一体となって「おもてなしの空間」を構成しています。

旅館のロビー（例：野鶴亭）1/600

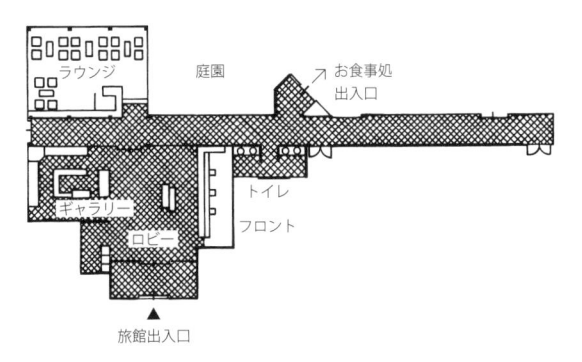

6. 後方（裏の領域）

　ホテルや旅館では、利用客が自由に動き回れる「表の領域」のほかに、一般客は立ち入り禁止の「裏の領域」があります。これら「後方」の室は、従業員の働く「事務室・従業員更衣室・リネン室・厨房・休憩室・倉庫・機械室・駐車場」などで構成されています。さらに、客用の「表の玄関」が必要なように、食料品搬入・ゴミ搬出・リネンサービスなどのための「裏のサービス出入口」が必要です。平面づくりは、両領域を関連づけながら計画することが大切です。しかしながら、建築デザイナーは、裏の領域を見学できる機会は多くありません。そこで、参考事例の「平面分析」を行い、そこから学びます。

○シティホテルの後方

下図の事例では、シティホテルの基準階の後方が示されています。「サービス階段とサービスEV」の間にはさまれて「リネン室」が設置されています。

図表11　裏の領域

シティホテルの後方（例：ホテル・イル・パラッツォ）1/500

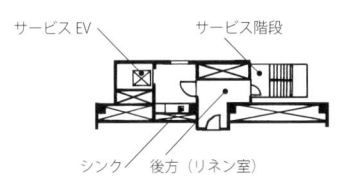

○アーバンホテルの後方

下図の事例では、後方は、従業員用の「人の領域」と、設備機器が置いてある「設備の領域」に大きく分けられます。従業員用の休憩室や食堂は、人が使っているため居室に見えますが、法2条の「居室」の必要とする条件に当たらず、窓のない地下室でもOKです。

アーバンホテル（例：ハイアット・リージェンシー・福岡）1/1,100

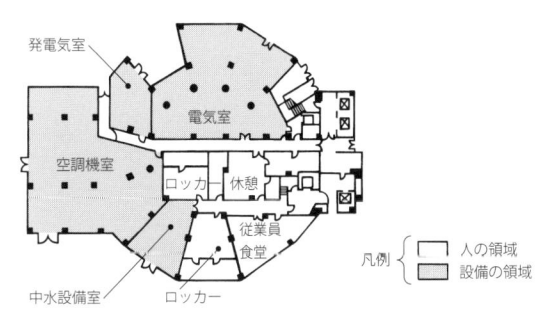

○旅館の後方

下図の事例では、旅館の後方として、客への対応が必要な「フロント・事務室」と、料理づくりに必要な「厨房・従業員休憩室・トイレ」があり、その中間をサービス廊下と従業員出入口が効率的につないでいます。

旅館（例：野鶴亭）1/500

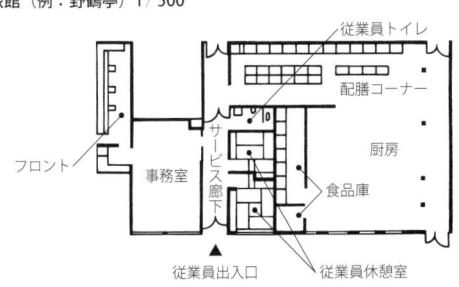

第 2 章　事例から学ぶ

5　ホテル・旅館—6

7. 結婚式場・宴会場

　結婚式場と宴会場は、「ホテルに複合」される場合と、「1つの建物」としてつくられる場合があります。どの場合でも、1つの完結した結婚式の「式場機能」として「家具→ゾーン→室→平面→建築」の順で「平面づくり」をできるようにしておきます。親戚や友人の結婚式の時がチャンスですから、新郎新婦の控室を見学しておくほか、宴会場からパントリーをさっと覗き、巻尺を持参して「テーブル寸法」と「アキ寸法」を実測しておきます。

○結婚式・宴会場のシークエンス
①結婚式当日の新郎新婦のシークエンスは、「新郎新婦の控え室→結婚式場→写場→宴会場」です。②招待客のシークエンスは、「ロビー→宴会場」です。③料理のシークエンスは、「厨房→パントリー→宴会場」です。この流れに沿って各室を配置します。

図表12　結婚式場・宴会場のシークエンス

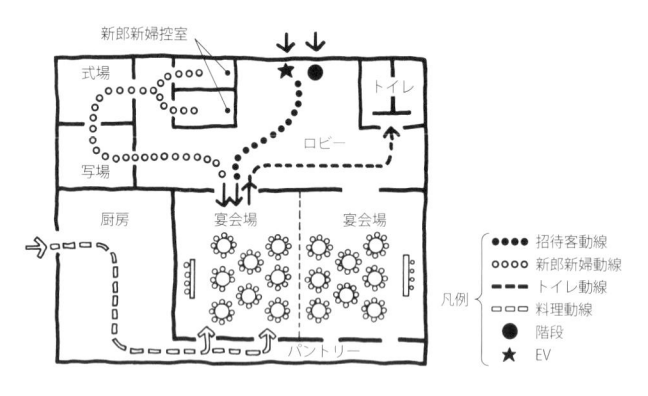

図表13　式場の寸法
（参考：『建築設計資料集成4　単位空間II』日本建築学会編、丸善）

神前結婚式場

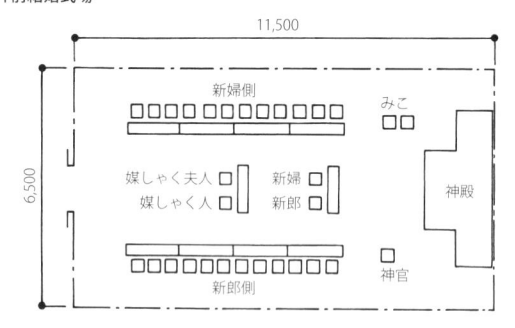

キリスト教結婚式場（11.5m×6.5m）

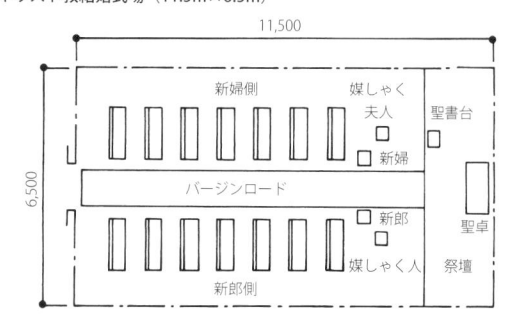

○宴会場・ロビー・厨房
宴会の開始前と終了後は、会場内と同じ人数の招待客がロビーにあふれますから、ロビー面積は、宴会場とほぼ同じ面積が必要です。厨房面積は、調理作業に必要な面積のほか、前日からつくっておいた料理を保管したり、配膳するためのパントリー面積が必要です。

*パントリー　pantry 食品、食器、調理器具などの保管庫のこと。

図表14　宴会場と厨房が上下階に分かれている例 (例：境港ホテル)

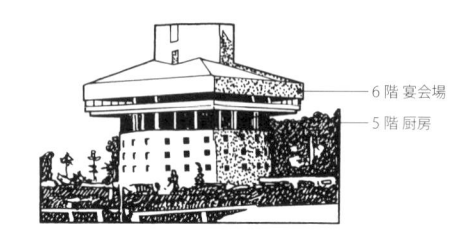

6階平面図

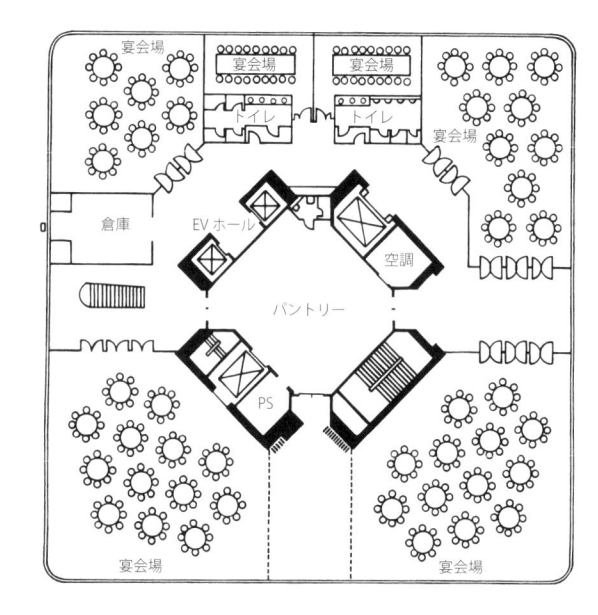

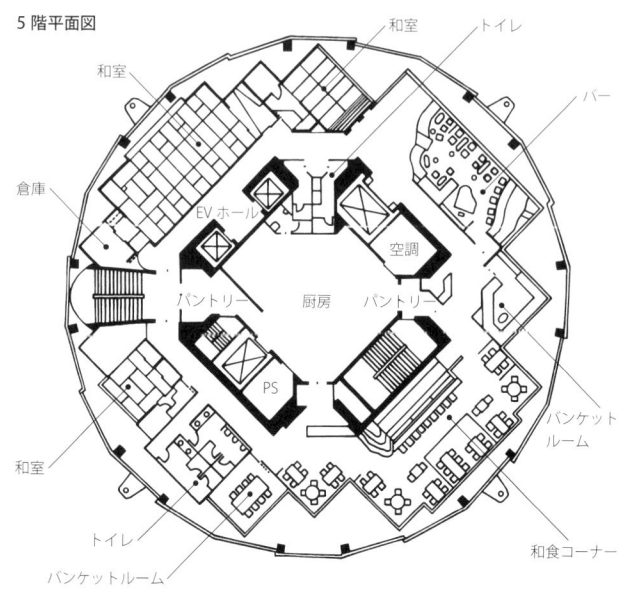

5階平面図

8. ホテルと旅館に関する法律

ホテルや旅館を計画するときは、建築基準法や消防法以外に、次のような、ホテルや旅館に関する法律を参考にするといいでしょう。

国際観光ホテル整備法およびその施行規則（要約）

■ホテル
- この法律は、ホテルその他の、外客（外国人の客）の宿泊施設について、これらの施設の整備を図るとともに、外客に対する接遇を充実し、もって、国際観光の振興に寄与することを目的とする。
- この法律で「ホテル」とは、外客の宿泊に適するようにつくられた施設であって、洋式の構造および設備を備えてつくられたもの。
- ホテルの基準客室は、通常1人で使用する客室は9m²以上、その他は13m²以上であること。適当な採光のできる開口部があること。浴室またはシャワー室および便所があること。冷水および温水を出すことのできる洗面設備があること。入口に施錠できること。電話があること。
- 基準客室は15室以上あり、かつ、客室総数の1/2以上あること。
- 洋式の朝食を提供できること。

■旅館
- この法律で「旅館」とは、外客の宿泊に適するようにつくられた施設であって、ホテル以外のものをいう。
- 旅館の基準客室は、日本間として調和がとれていること。
- 客室は、畳敷きの室があり、その室の面積が、通常1人で使用する客室については7m²以上、その他の客室は9.3m²以上であること。適当な採光のできる開口部があること。入口に施錠できること。電話があること。浴室またはシャワー室および便所のある客室が2室以上あること。
- 基準客室は、10室以上あり、かつ、客室総数の1/3以上あること。
- 共同用の浴室またはシャワー室があること。ただし、すべての基準客室に浴室またはシャワー室がある場合はこの限りではない。

■共通
- 客が安全に宿泊でき、かつ、環境が良好であること。
- 客室等の配置が適正であり、建物の意匠、使用材料、施工等が良好であること。
- 客の応接や宿泊者名簿の記入等のためのフロントがあること。
- 冷暖房設備があること。ただし、季節的に営業するため、当該敷地でその必要がないと認められる場合にはこの限りではない。
- 4階以上の階に客室がある場合は、昇降機を付けること。
- 次にかかげる標示（サイン）は、外客に分かりやすいこと。館内の主な施設、玄関、ロビー、フロント、客室名または番号、会計場所、避難設備、消火器の位置など。客室には、非常の際の安全を確保するため、日本語および外国語で記載された案内書を備えておくこと。

旅館業法（要約）

- この法律は、旅館業の業務の適正な運営と健全な発達を図るとともに、利用者の高度で多様な需要へのサービスを提供し、もって、公衆衛生上、および、国民生活の向上に寄与することを目的とする。
- この法律で「旅館業」とは、ホテル営業、旅館営業、簡易宿泊所営業、下宿営業をいう。「宿泊」とは、寝具を用いてこれらの施設を利用することをいう。
- 営業者は、営業する施設の、換気、採光、照明、防湿、清潔、その他宿泊者の衛生に必要な措置を講じなければならない。
- 宿泊者の氏名、住所、職業を記載する宿泊者名簿を備えること。
- 都道府県知事は、施設の構造や設備が政令で定める基準に適合しない場合、あるいは、設置場所が公衆衛生上不適当な場合、営業許可を与えないことができる。
- 旅館業法に関わる施設の申請については、次に掲げる施設の敷地の周囲からおおむね100mの区域内にある場合は、許可を与えないことができる。学校教育法に定める学校、児童福祉施設、社会教育法に規定する社会教育に関する施設。

9. 2方向避難と歩行距離

ホテルと旅館においては、どの客室からも「2方向避難」できなくてはなりません。そして、どの客室からも直通階段に至る「歩行距離」は、令120条（45頁参照）で定められた範囲内でおさめます。歩行距離は、建物の「用途・階数・耐火構造など」により違います。下に2例挙げて、具体的な理解の仕方を示してあります。まず、①客室棟の2つの避難階段と、そこから一番遠い客室を探します。②客室と階段の間に線を引き、2方向避難のうち長い距離を三角スケールで測ります。2例とも歩行距離は50m以下の範囲内にあることが分かります。

図表15　2方向避難と歩行距離（三角スケールの計測による）

アーバンホテル（例：ホテル・イル・パラッツォ）1/1,000

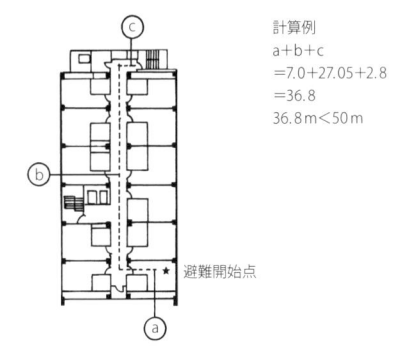

計算例
a+b+c
=7.0+27.05+2.8
=36.8
36.8m<50m

シティホテル（例：ハイアット・リージェンシー・福岡）1：1,000

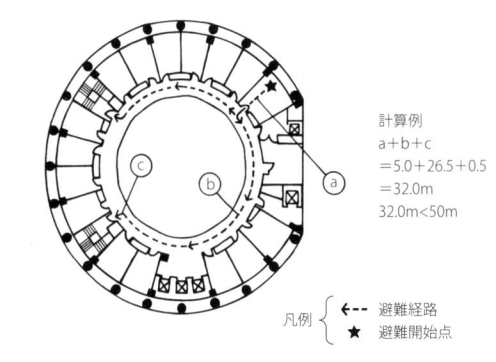

計算例
a+b+c
=5.0+26.5+0.5
=32.0
32.0m<50m

凡例　--→ 避難経路　★ 避難開始点

3. 視覚デザインの発想例

解読型デザイン

独立骨体と皮膜型

参考：ワシントンホテル新宿

解釈型デザイン

土着的住居のイメージ

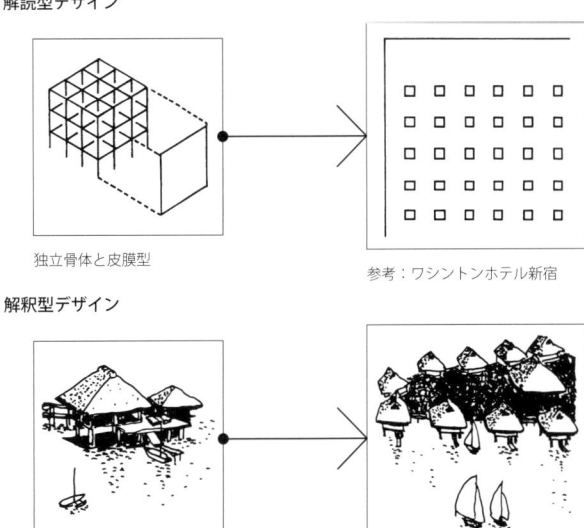

参考：タヒチのホテル

第2章　事例から学ぶ

6　病院・診療所―1

1. 事例の選択と分析

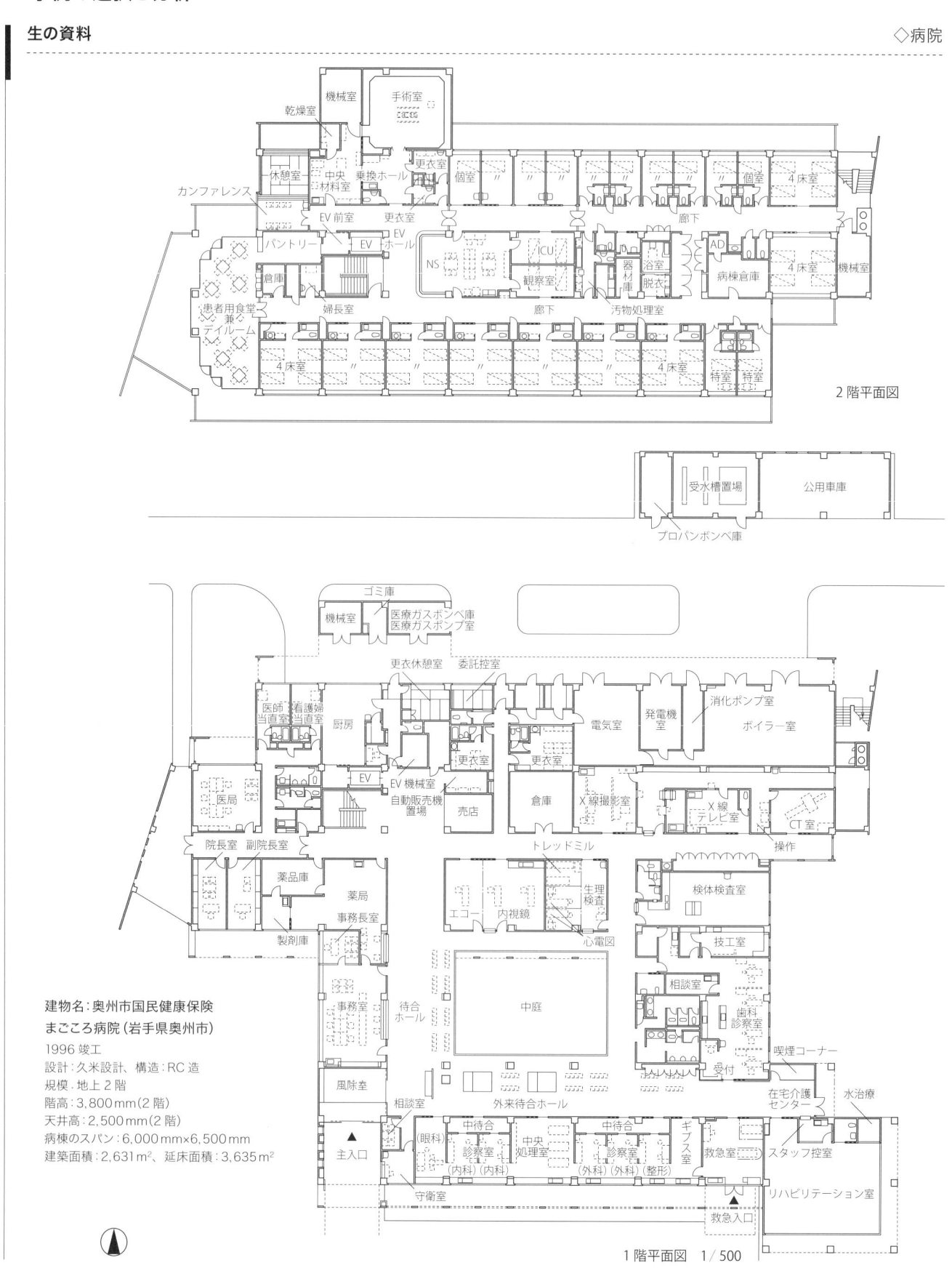

生の資料　　　　　　　　　　　　　　　　　　　　　　　　　　　　　　　　　　◇病院

2階平面図

**建物名：奥州市国民健康保険
まごころ病院（岩手県奥州市）**
1996 竣工
設計：久米設計、構造：RC造
規模：地上2階
階高：3,800 mm（2階）
天井高：2,500 mm（2階）
病棟のスパン：6,000 mm×6,500 mm
建築面積：2,631 m²、延床面積：3,635 m²

1階平面図　1/500

■施設内容 (1998年現在)
診療科目：内科、小児科、
外科、整形外科、歯科、
外来患者数：179人/日、
手術数：0.3件/日、
病床数：48床 (一般病棟)
リネン洗濯：外注

■職員数
常勤医師：8人、
非常勤医師：6人、
正看護師：21人、准看護師：2人、
療法士：1人、
検査技師：2人、X線技師：2人、
薬剤師：2人、
管理事務および保守関係：5人、
厨房関係：1人、歯科衛生士：2人、
歯科技工士：1人、歯科助手：1人、
総計：常勤48人、非常勤6人

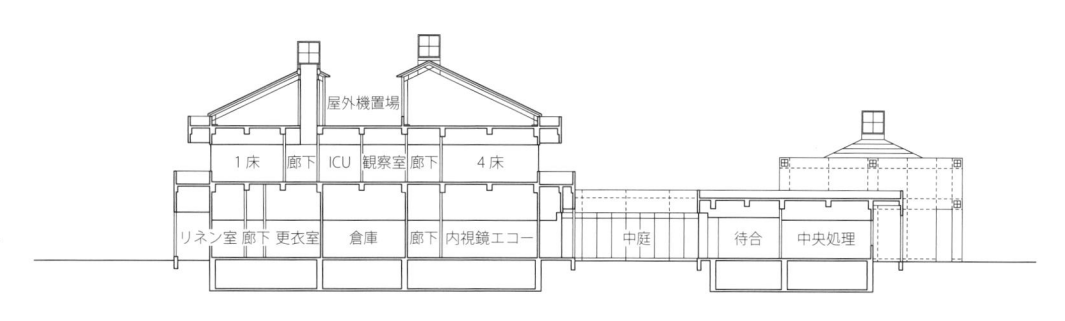

南北断面図 1/500

分析した資料（データ） 三角スケールの計測による

家具寸法とアキ寸法 1/200

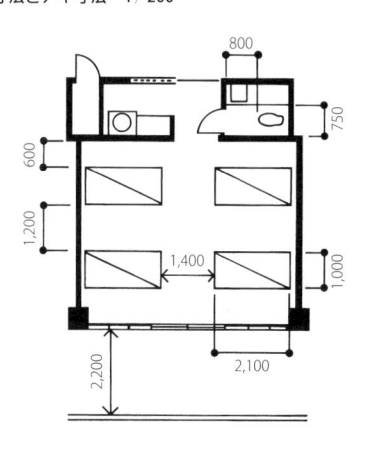

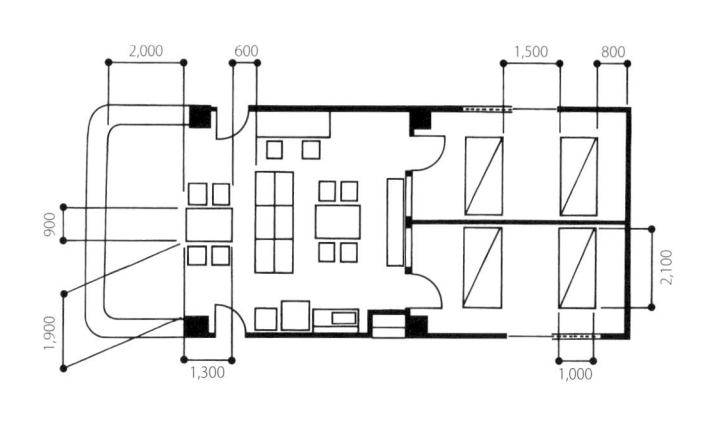

室名リスト

■1階：風除室、守衛室、相談室、待合ホール、外来待合ホール、事務室、薬局、薬品庫、製剤室、外来診察室（眼科、内科、外科、整形、歯科）、中央処置室、救急室、ギプス室、リハビリテーション室、リハビリスタッフ控室、喫煙コーナー、外来トイレ（男女）、技工室、歯科相談室、在宅介護センター、EV機械室、売店、自販機置き場、更衣室（2室）、職員トイレ（6ヶ所）、更衣休憩室、厨房、医師当直室、看護師当直室、倉庫、医局、院長室、副院長室、内視鏡室、生理検査（トレッドミル、心電図）、検体検査室、X線撮影室、X線テレビ室、CT室、操作室、放射線用スタッフ廊下、電気室、発電機室、消火ポンプ室、ボイラー室、機械室、ゴミ庫、医療ガスボンベ庫、医療ガスポンプ室、階段室（2室）、EV、EVホール、廊下、サービス玄関

■2階：ナースステーション、観察室、ICU、病室（48床）、カンファレンス室、患者用食堂兼デイルーム、パントリー、EV、EVホール、EV前室、手術室、乗換ホール、手術室更衣室（男女）、中央材料室、機械室、汚物処理室、器材庫、浴室、脱衣室、病棟倉庫、トイレ（男女）、婦長室、倉庫

スパンと階高と天井高

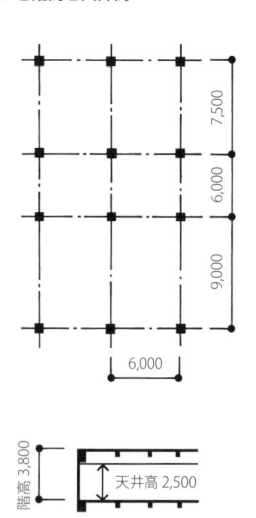

ゾーニングと動線

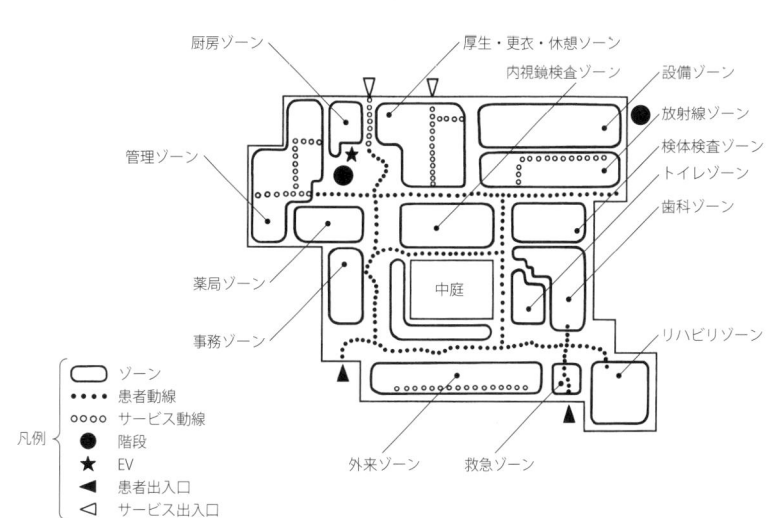

凡例
- ゾーン
- •••• 患者動線
- ○○○○ サービス動線
- ● 階段
- ★ EV
- ▲ 患者出入口
- ▽ サービス出入口

第2章 事例から学ぶ

6 病院・診療所―1

第 2 章　事例から学ぶ

6　病院・診療所 — 2

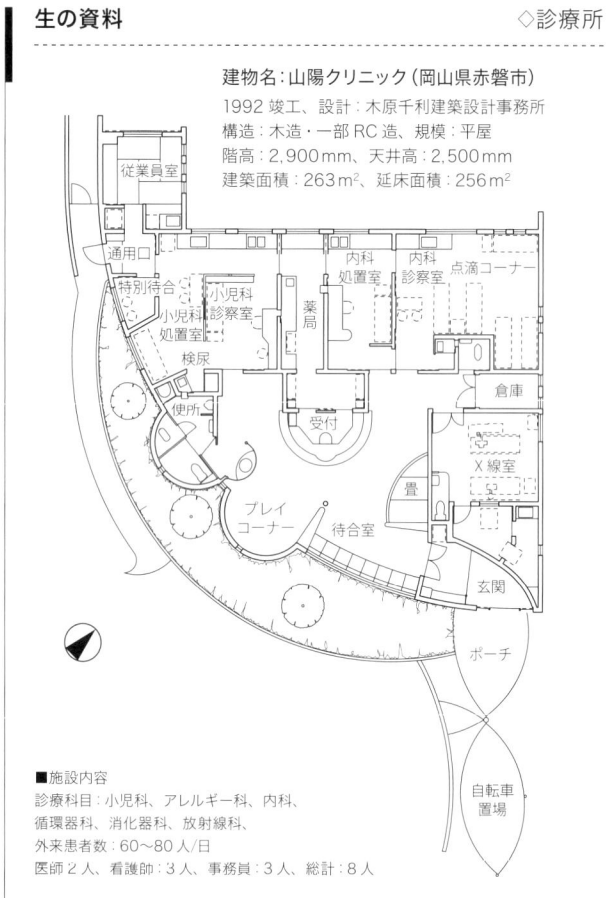

生の資料　◇診療所

建物名：山陽クリニック（岡山県赤磐市）
1992 竣工、設計：木原千利建築設計事務所
構造：木造・一部 RC 造、規模：平屋
階高：2,900mm、天井高：2,500mm
建築面積：263m²、延床面積：256m²

1 階平面図　1/300

■施設内容
診療科目：小児科、アレルギー科、内科、循環器科、消化器科、放射線科、
外来患者数：60〜80人/日
医師2人、看護師：3人、事務員：3人、総計：8人

分析した資料（データ）三角スケールの計測による

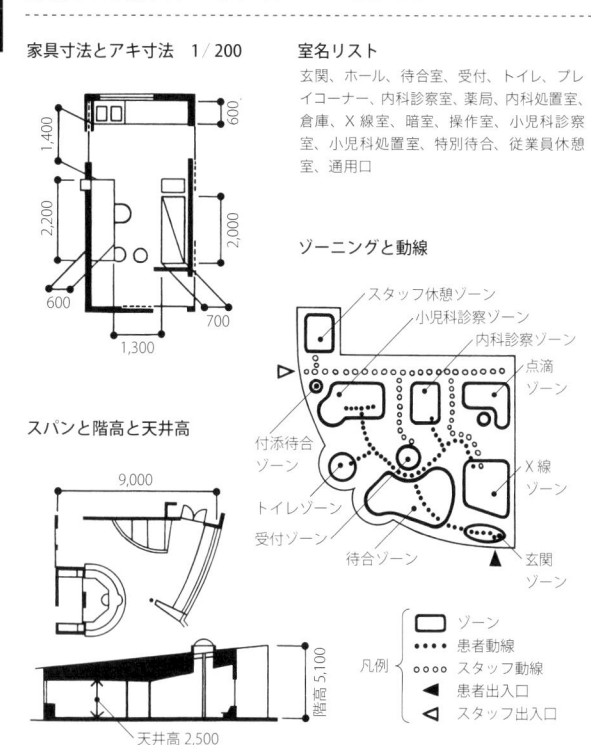

家具寸法とアキ寸法　1/200

室名リスト
玄関、ホール、待合室、受付、トイレ、プレイコーナー、内科診察室、薬局、内科処置室、倉庫、X線室、暗室、操作室、小児科診察室、小児科処置室、特別待合、従業員休憩室、通用口

ゾーニングと動線

凡例
□ ゾーン
・・・ 患者動線
—— スタッフ動線
▲ 患者出入口
△ スタッフ出入口

スパンと階高と天井高

2. 建築計画の知識と進め方

1. 発想は家具から

「病院・診療所」の「主役の室」といえば「病室」です。まず、「ベッド寸法」とそのまわりの「アキ寸法」を考えて病室へ、そして、病棟へ、さらに、病院全体へと計画を進めていきます。医療法（第1条の5）により、「病院」と「診療所」は、「ベッド数」で区別されています。

図表1　ベッド数による病院と診療所の区別

診療所	病院	総合病院
19床以下	20床以上	100床以上

2. 部門（ブロック）と室

病院のように、規模が大きく複雑な用途では、「家具→ゾーン→室」と考え、次に「部門（ブロック）」でまとめて、さらに「病院全体」へと計画を進めていきます。

図表2　部門（ブロック）と室

部門（ブロック）		室
病棟部門		病室・ナースステーション・ICU（集中看護治療室）・汚物処理室・浴室・トイレ・洗面室・デイルーム・倉庫
外来部門		診察室（内科・外科・整形外科・耳鼻咽喉科・眼科・歯科など）・処置室・外来待合ホール・救急室
中央診療部門	検査	検体検査室・生理検査室・心電図室・内視鏡検査室
	放射線	X線撮影室・X線テレビ室・CT室・スタッフ廊下
	手術	手術室・更衣室・乗換ホール・空調機室
	中央材料	中央材料室・乾燥室
	リハビリ	理学療法室・言語療法室・作業療法室・スタッフ室
管理部門		事務室・薬局・院長室・医局・宿直室・更衣室・食堂
サービス部門		電気室・ボイラー室・空調機室・給排水設備室・医療器材廃棄処理室・SPD部門・発電機室

3. 病院の廊下

外来や中央診療の「待合のある廊下」は、単なる廊下ではなく「複合ゾーンの室」として構成されています。

図表3　複合ゾーンの室としての病院の廊下（例：まごころ病院）

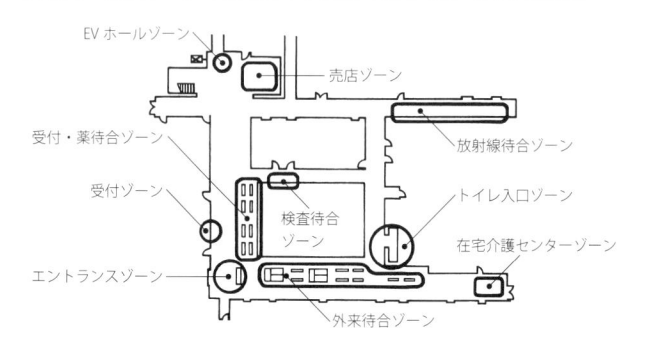

4. 病棟部門

病棟は、病床（ベッド）のある建物のことです。種類として、一般病棟（急性期医療）と療養病棟（長期療養）に大きく分けられ、そのほか、結核病棟・精神病棟・感染症病棟、そして、緩和ケア病棟や回復期リハビリテーション病棟などがあります。病棟は、1看護単位に適したベッド数や、使いやすいナースステーション（NS）・病室・デイルーム・汚物処理室・収納棚・倉庫などの検討から始めていきます。

図表4　1看護単位当たりのベッド数の例

一般病棟（内科・外科）	産婦人科・小児科・重症看護などの病棟
40〜50床	30床

○**病室の面積**

病院の病室、および、診療所の療養病床に関わる病室では、患者1人当たり6.4m² 以上必要です（医療法施行規則第16条）。

○**病室の環境**

病室の温度 20±2℃、湿度 50±10%、気流 0.5m/秒以下です。JIS 推奨照度は100ルクスですが、実質は窓からの自然採光を加味して昼間300〜750ルクス、夜間約50ルクスとします。騒音50dB以下（昼）、40dB以下（夜）、採光面積は床面積の1/7以上、病室の扉は引き戸にし、幅はストレッチャーの出入りのため1,200mm以上必要です。

○**ナースステーション**

病棟に設置され、常駐の看護師がいる場所。1看護単位につき、ナースステーション（NS）1つが必要です。

○**ICU**

集中看護治療室を、ICU（intensive care unit）といいます。NSに隣接して設置し、手術後や重症の患者に対し、継続的で密度の高い治療を行います。

○**デイルーム**

入院患者が、昼間の生活を送る場所です。家族・友人・見舞客との面会の場所としても使われます。

○**トイレ・入浴・汚物処理**

病棟は、入院患者の毎日の生活の場でもあり、トイレ・入浴・洗面・汚物処理などの設備、収納用の棚や倉庫が必要です。

図表5　病棟の室（例：まごころ病院）

病室（個室）1/300

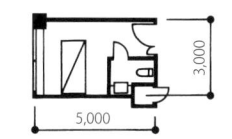

3m×5m=15m²（1人当たりの面積）

病室（4人室）1/300

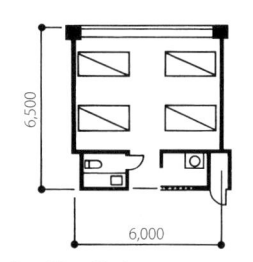

6m×6.5m=39m²
39m²÷4=9.75m²（1人当たりの面積）

ナースステーションとICU　1/400

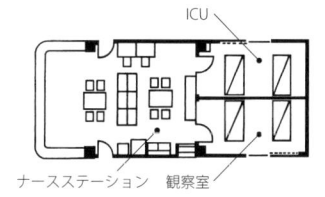

デイルーム　1/400

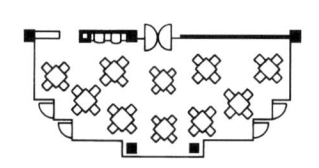

トイレ・汚物処理室　1/400

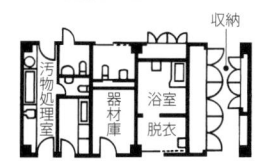

○**病棟の平面型**

病棟の典型的な平面型として、窓を必要としない汚物処理室・浴室・トイレ・収納などを「中央」に置き、窓を必要とする病室を「周囲」に配した「中廊下2本型」があります。この型は、集合住宅やホテルで使われる「片廊下型」と「中廊下型」とは違う、病院に独特の平面型です。

図表6　病棟の平面型の例

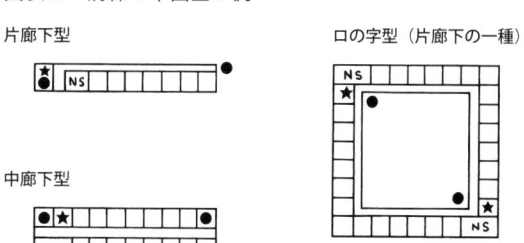

片廊下型

中廊下型

中廊下2本型
（ツインコリダー型の一種）

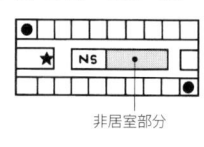

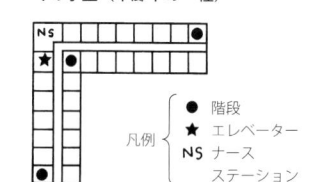

ロの字型（片廊下の一種）

くの字型（中廊下の一種）

凡例
● 階段
★ エレベーター
NS ナースステーション

○**病院の外観型**

病院のブロックは、「窓を必要」とする「病棟の部分」と、X線室など「窓を必要としない」室が混じった「中央診療・外来・管理の部分」の組合せで、「外観型」には幾つかの種類があります。

図表7　病院の外観型の例

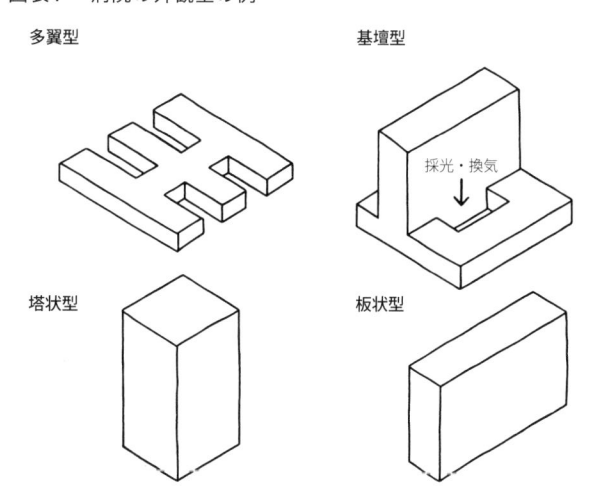

多翼型　基壇型　塔状型　板状型

○**病棟の2方向避難とベランダへの避難**

病室からの避難計画では、廊下に出て2つの直通階段へ至る「2方向避難（令121条）」をまず確保します。さらに、病室の窓側にベランダをつくっておけば、窓から「外部へ避難」が可能となります。

図表8　病棟の2方向避難とベランダへの避難（例：まごころ病院）

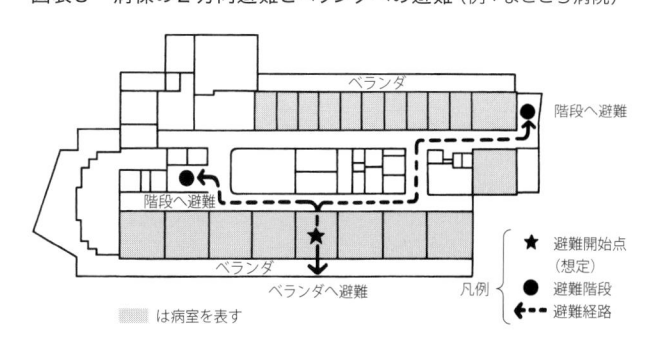

凡例
★ 避難開始点（想定）
● 避難階段
◀-- 避難経路
▨ は病室を表す

第 2 章　事例から学ぶ

6　病院・診療所—3

5. 中央診療部門

中央診療部は、「検査・放射線・手術・中央材料・輸血・麻酔・リハビリテーション」から成り立っています。利用者のアクセスは、「外来部の診察室」からと「病棟部の病室」から行われます。中央診療部へは、長い廊下を何度も曲がるのではなく、複合ゾーンの室としての「廊下」を「1度曲がり」の範囲内で行えるのが理想的です。

○検査部

・人の検査―内視鏡や心電図の検査では、「患者の身体」が直接の検査対象になります。内視鏡の検査には、機器の洗浄・滅菌・保管などのスペースが必要です。

・物の検査―血液・尿・体液・細胞など、身体から取り出された「検体」を直接の検査対象としています。検査後の洗浄・乾燥・保管・蒸留水の製造のスペースが必要です。尿採取には、トイレが必要です。

図表 9　人と物の検査 (例：まごころ病院) 1/400

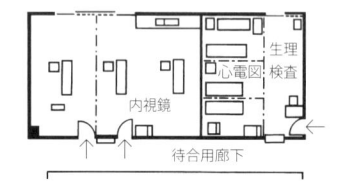

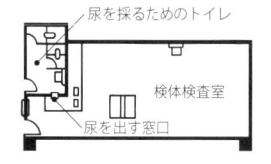

○放射線部

放射線部は、「診断・治療・RI (radio isotope) 検査」の3つに大きく分けられます。患者用の「待合廊下」と「スタッフ廊下」の間に「検査室」を挟み、どちらからもアクセス可能にしておきます。

図表 10　放射線部の動線 (例：まごころ病院) 1/400

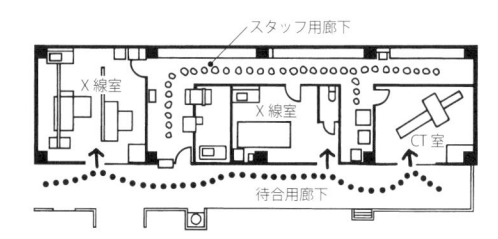

○CTスキャナーの寸法

特殊な「医療用機器寸法とアキ寸法」は、事例の平面図を三角スケールで測り読み取ります。計画が進み、担当医師の参加となった段階で、医師指定の機器の打合せをします。

図表 11　CT室 (例：まごころ病院) 1/200

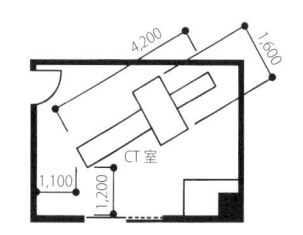

○手術部

手術の順序は次の通りです。①病室で手術服に着替える。②ストレッチャーに乗せられ手術室前室まで運ばれる。③車輪についた細菌やゴミを手術室に入れないため前室で手術用の台に移し換えられる。④医師と看護師は廊下から更衣室に入り無菌の衣服と履物に着替える。手術室を無菌室にするため、隣接する単独の空調機室から、直接、清潔で少し気圧の高い空気（温度約25℃、湿度約55%）を送り出す。床は、耐水性・非帯電性の材料を使用する。照度は1,000ルクス必要です。手術室には、中央材料から手術機材を、直接、搬入する動線が必要です。手術室の面積は30〜40m² 必要です。天井高は、照明器具を吊るすため3,000mm以上必要です。

○中央材料 (サプライセンター)

手術や治療で使う、はさみやピンセットなどの医療器材の洗浄・洗濯・組立・滅菌・既滅菌材やディスポの保管、回収や供給などの作業を行う場所です。滅菌材の約70%は手術室で使用するため、手術室に隣接されます。廊下側には、病棟や外来診療用の窓口が必要です。

図表 12　手術室と中央材料 (例：まごころ病院) 1/400

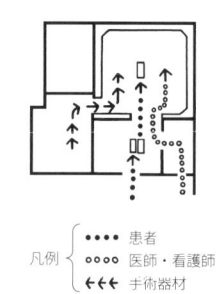

○リハビリテーション部

病院で行われるリハビリテーションには、①理学療法（運動療法・水治療法・物理療法・マッサージ）、②言語療法、③作業療法の3種類があります。どの程度の設備を整えるかは病院の方針で異なってきます。ADL (Activity of Day Living) は作業療法の1つで、住宅内部の模型をつくり、布団の上げ下げなどの生活訓練を行います。

図表 13　リハビリ室と器具　1/200

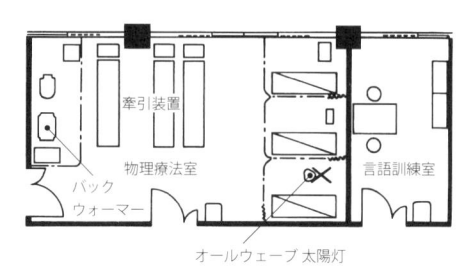

○分娩部

産科病棟内に配置します。異常分娩に対処できるように手術部近くに配置する場合もあります。NSの隣に、新生児室と調乳室を配置します。

図表 14　分娩室 1/600

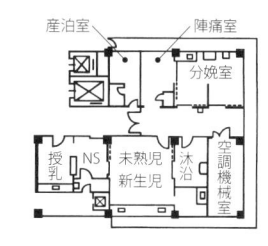

6. 外来部門

外来部には、「内科・外科・整形外科・産婦人科・皮膚科・泌尿器科・眼科・小児科・耳鼻咽喉科・歯科」などがあります。「診察室と処置室」の「家具寸法とアキ寸法」を考えてから「患者動線とスタッフ動線」を考えます。外来部は、外来患者の利用しやすい1階が適しています。

○診察室
病院と診療所の「診察室」を比較するとほぼ同じ大きさです。診察用ベッド・医師用机・医師と患者用の2つの椅子・窓際のカウンターと通路などの寸法も、病院と診療所はほぼ同じです。

○診察室の位置
内科や外科など患者数の多い科は、受付近くに配置します。精神科・泌尿器科・産婦人科などは、プライバシーへの配慮が必要です。耳鼻咽喉科は、待合ホール奥の静かな場所に配置します。

○待合のフローと溜まり
外来部の「待合ホール」は、診察室窓口を探しながら歩くときの「フローのゾーン」と、診察を待つための椅子の置かれた「溜まりのゾーン」との関係が大切です。

図表15　診察室の比較　1/400

凡例 {・・・患者の動線　○○○スタッフの動線}

病院（例：まごころ病院）
　内科診察室
　内科処置室

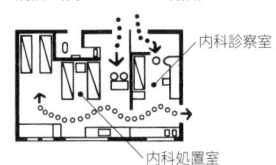

診療所（例：山陽クリニック）
　外来待合
　眼科　中央処置室
　内科診察室

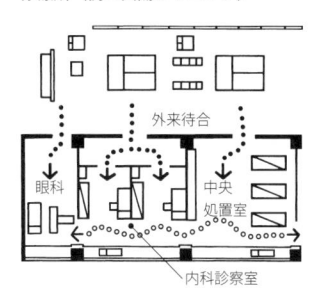

待合いのフローと溜まり
①広間型　②凹型

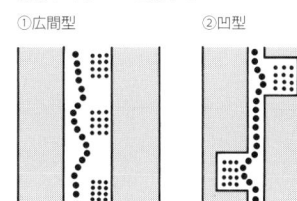

7. 管理部門

病院の管理部門は、患者や付添人が接する「表の領域（受付・事務室・薬局・救急室・守衛室）」と、医師や看護師が事務や休憩などに使用する「裏の領域（医局・院長室・会議室・トイレなど）」と、技術者や一般職員の使用する「裏の領域（休憩室・ロッカー室・事務室・食事室・厨房・トイレなど）」に分けられます。

8. サービス部門

病院には、どの建物にもある、電気設備・空調設備・給排水設備などの「一般的な設備」のほか、例えば、病原菌を含む医療機材廃棄処理の設備・停電時の発電設備・SPD部門など、特別な「サービス部門」が必要です。

○SPD部門
Supply Processing Distribution
「物流管理部門」のこと。病院の医療消耗品・医療衛生機材などの煩雑な流通管理やコスト管理を、医療従事者の業務とは別に一括して行う管理部門のこと。

○サービス用の出入口
病院と同じ、規模が大きく複雑な用途（例：大規模小売店舗・ホテル・博物館・劇場）では、表玄関のほかに裏のサービス出入口と、救急受付が必要です。両者とも周辺道路に配慮して計画します。

9. 病院の室内環境と設備

病院では、一般のオフィスビルの室内環境基準を上回る清浄度が必要です。そのため、病原菌等の院内拡散を防ぐ特別な設備システムが必要です。病院では、他の公共施設と違い、非常時や災害時に、生命維持に問題がないように設備的なバックアップ対策をとっておきます。

○院内感染の防止
病院は、患者や通院の人に院内感染がないように、動線上の室配置、空調系統の細分化、汚染区域から清浄区域へのエアフィルター（空気ろ過器）の設置とエアバランスなど、対策をしておきます。

○ゾーンの違いと空調系統
大規模病院では、病棟・外来・中央診療・手術・管理など部門やゾーンの違いに対して、空調系統を分けます。小規模病院では、特殊部門を除き、ビルマルチ方式の空調で対応します。

○設備のバックアップ
災害時・故障時・手術時に、設備的な問題が起こった場合を想定して、設備機器や医療機器に対するバックアップを計画しておきます。特にライフラインの維持とエネルギー供給は欠かせません。電力については、自家発電機とオイルタンクを設置しておきます。

○院内通信と情報管理
患者の病状管理に対する電子カルテの使用、ナースコールに対する院内PHSの使用など、近年、病院内での情報管理や通信方法には、めざましい発達があります。これらへの設備的な対応と同時に、将来、進歩した技術と交換できるようにしておきます。

○病院のエネルギー源
病院のエネルギー源は、電力と燃料が主となります。空調の熱源には、単独熱源の冷凍機やボイラーのほかコ・ジェネレーション・蓄熱があり、地域冷暖房熱源を利用可能な場合もあります。

○廃棄物処理
大規模病院では、一般生活排出物のほか、細菌や放射線を含む医療廃棄物、有害な試薬の排水があり、これらに対する独自の処理施設が必要です。小規模病院では、一般に、専門処理業者に依頼して院外搬出を行い、外部で処理を行います。

3. 視覚デザインの発想例

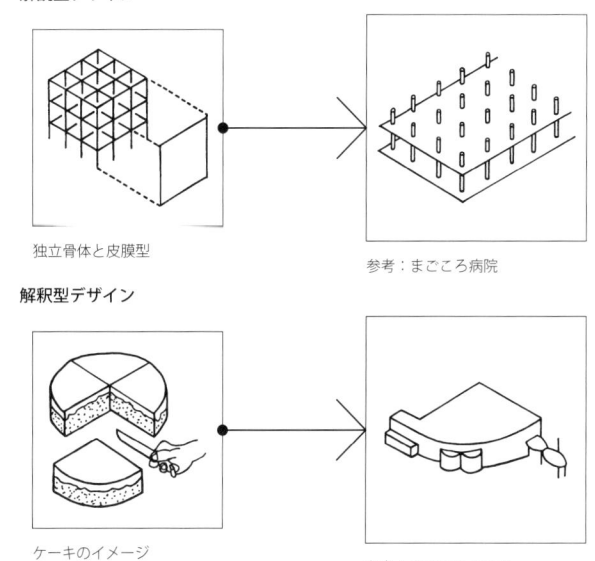

解読型デザイン
　独立骨体と皮膜型　→　参考：まごころ病院

解釈型デザイン
　ケーキのイメージ　→　参考：山陽クリニック

第 2 章　事例から学ぶ

7　高齢者施設—1

1. 事例の選択と分析

生の資料

◇特別養護老人ホーム

建物名：鹿嶋市ウェルポート鹿嶋の郷（茨城県鹿嶋市）、
1998 竣工
企画：外山義京都大学大学院教授
設計：公共施設研究所
構造：RC 造・一部 S 造、規模：地上 2 階・塔屋 1 階
階高：3,900 mm、天井高：居室 2,500 mm、多目的室 4,500〜8,500 mm
主なスパン：3,000 mm×4,500 mm、建築面積：3,975 m²、延床面積：4,017 m²

■職員数
施設長 1 人、医師（1 人）、看護師 2 人、介助員 1 人、
社会福祉士 1 人、事務員 1 人、介護福祉士 2 人、
栄養士 1 人、介護職員 13 人（2 人）、調理員 4 人、
総計 26 人（3 人）　（　）内は非常勤

■入居者数（1998 年現在）
特養ホーム 50 人、ショートステイ 10 人

■併設機能
デイサービスセンター
在宅介護支援センター
ホームヘルプセンター

1 階平面図　1/600

居室断面図　1/300

分析した資料（データ） 三角スケールの計測による

家具寸法とアキ寸法　1/200

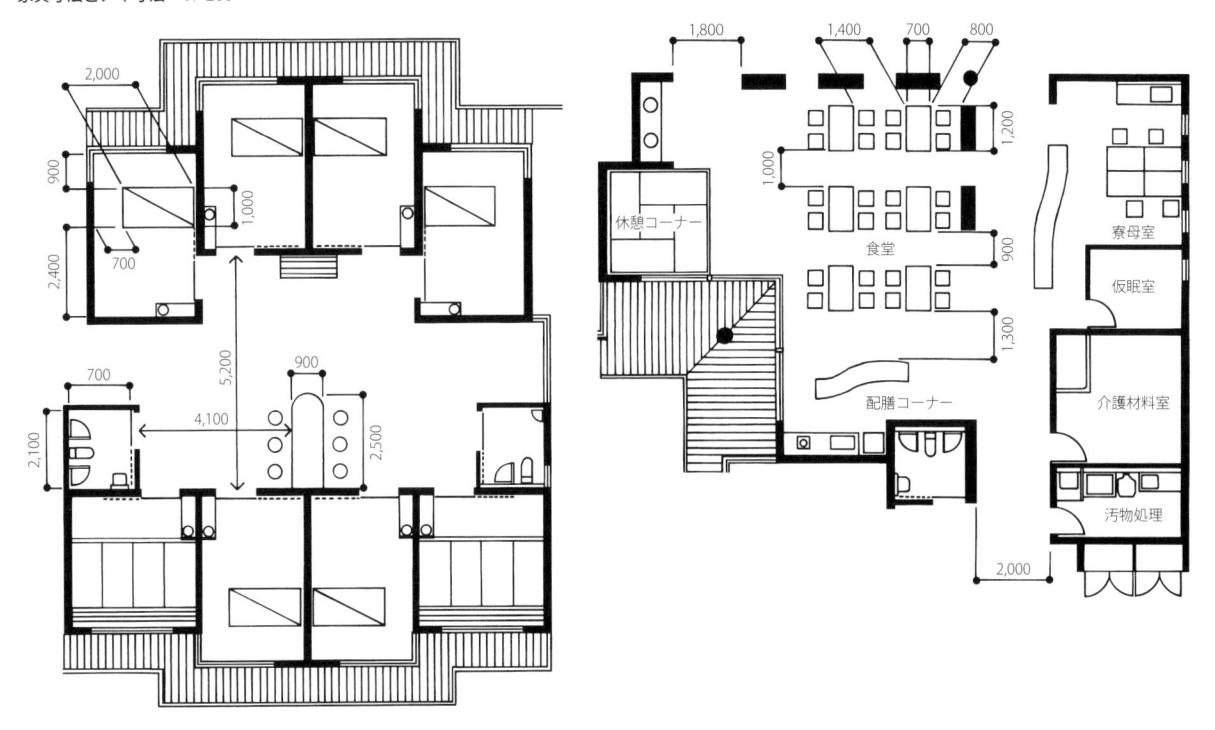

室名リスト

■ 1階：●特別養護老人ホーム：居室（59室、個室）、談話コーナー（12ヶ所）、食堂（3ヶ所）、配膳コーナー（3ヶ所）、トイレ（19室）、洗面コーナー（2ヶ所）、休憩コーナー（2ヶ所）、寮母室（2室）、仮眠休憩室、介護材料室（2室）、汚物処理室（2室）、家族宿泊室（2室）、機能訓練室、一般浴室、機械浴室、脱衣室、シャワー室、小浴室、ろ過機械室、医務室兼看護師室、喫煙コーナー、静養室、●デイサービスセンター：デイルーム・食堂、汚物処理室、トイレ（2室）、浴室、機械浴室、脱衣室、家族介護教室、喫茶室、自販機コーナー●在宅介護支援センター：相談室（2室）、訪問介護ステーション、ボランティアセンター　社会福祉協議会と倉庫、更衣室（男女）、厨房、パン庫、厨房休憩室、厨房事務室、食品庫、洗い場、EV、車椅子トイレ、倉庫、霊安室、洗濯室、機械室、スプリクラーポンプ室、オイルポンプ室、プロパン庫、ゴミ置き場、階段室、玄関風除室、入所者玄関

■ 2階：会議室、ラウンジ、職員休憩室、応接・面接室、倉庫、階段室、EV、トイレ（男女）

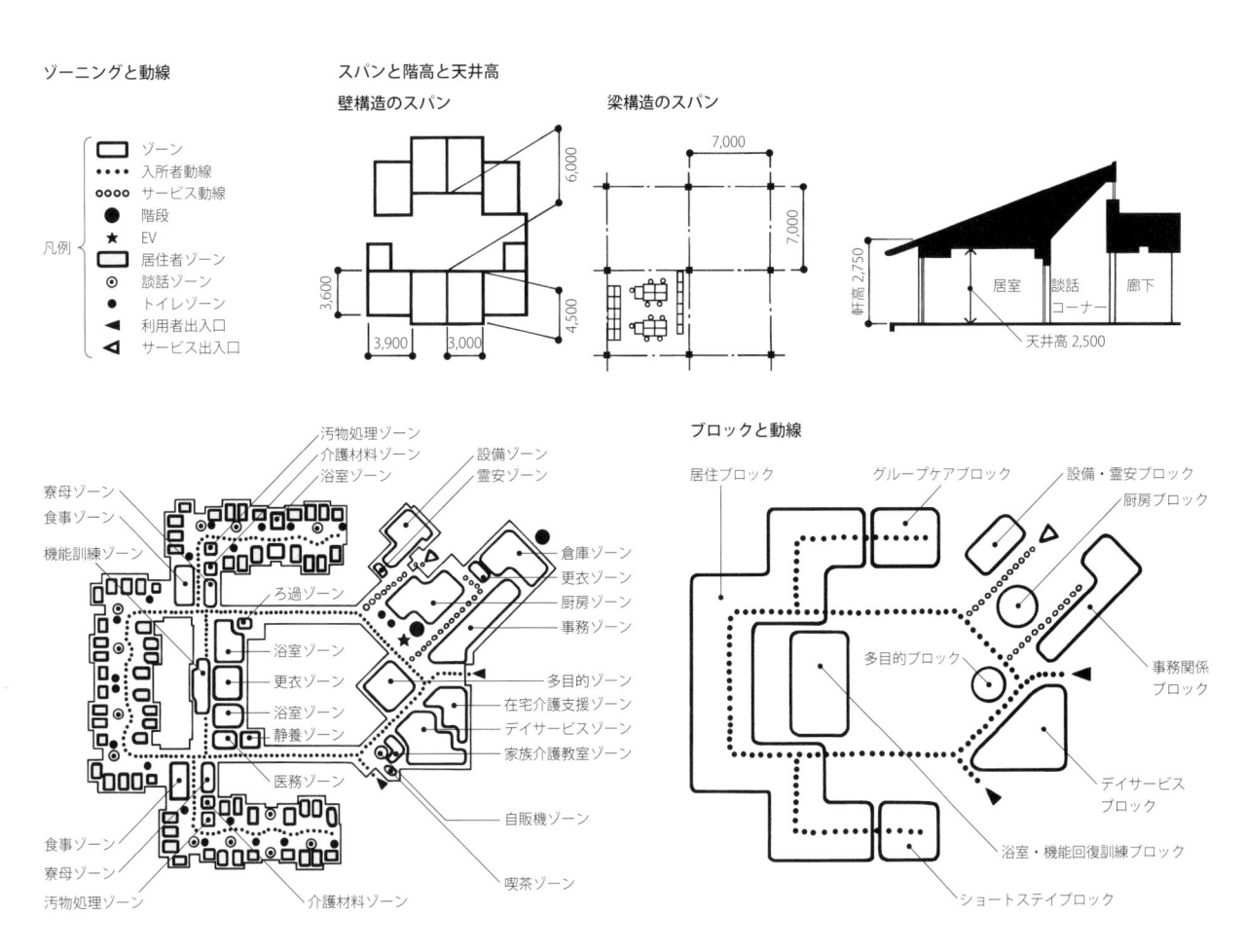

ゾーニングと動線

凡例
- ゾーン
- 入所者動線
- サービス動線
- 階段
- ★ EV
- 居住者ゾーン
- 談話ゾーン
- トイレゾーン
- ▲ 利用者出入口
- △ サービス出入口

スパンと階高と天井高

壁構造のスパン

梁構造のスパン

ブロックと動線

第2章　事例から学ぶ

7　高齢者施設—1

第2章　事例から学ぶ

7　高齢者施設—2

◇養護老人ホーム

生の資料

建物名：聖園（みその）ヨゼフ老人ホーム（栃木県那須烏山市）

1977竣工、設計：河本建築設計事務所、構造：RC造、規模：地上2階、階高（基準階）：3,000mm、天井高：2,400mm（居室）
主なスパン（居室部分）：4,050mm×3,600mm、柱梁構造部分：5,100mm、建築面積：1,402m²、延床面積：1,512m²

■職員数
施設長　1人
生活指導員　2人
　　　　　（うち1人兼任）
寮母　5人
看護師　1人
栄養士　1人
事務員　1人
調理員　4人
その他　1人
職員数（計16人）ほか

■入居者数（1983年現在）
男：6人
女：40人
（夫婦なし）
60代：10人
70代：19人
80代：17人

■他運営施設
養護老人ホーム
養護施設
乳児院
保育所

1階平面図　1/400

2階平面図

断面図　1/400

分析した資料（データ）三角スケールの計測による

家具寸法とアキ寸法　1/200

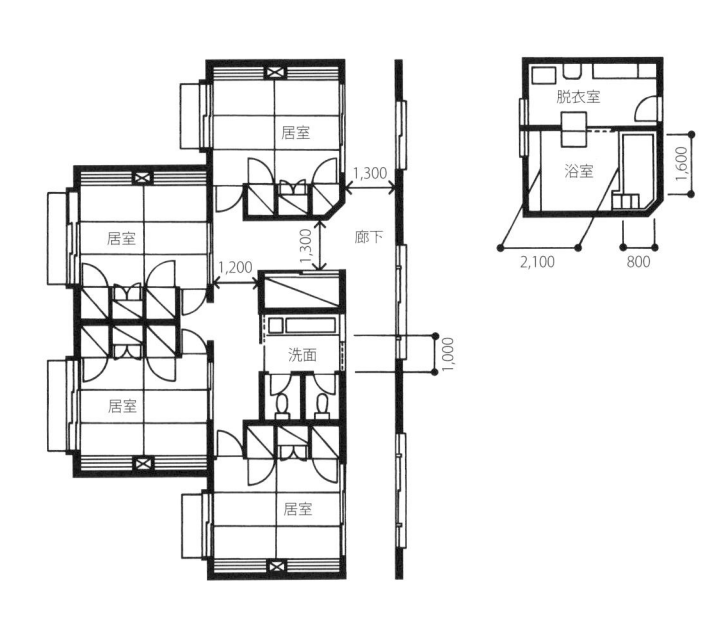

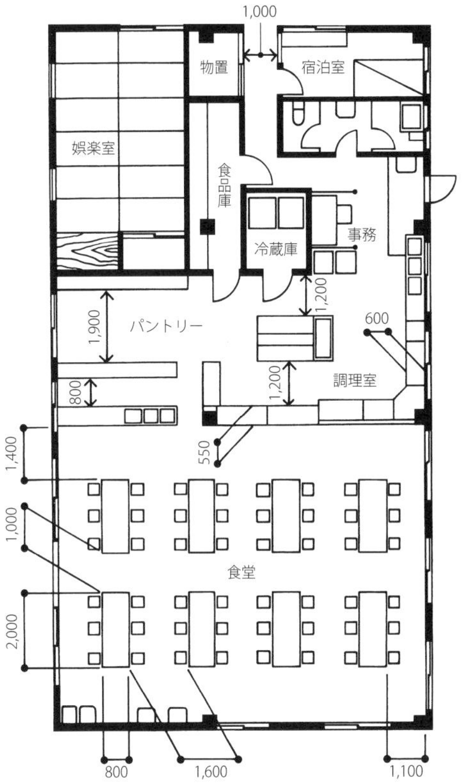

室名リスト
■1階：居室（25室、2人部屋）、居室用の洗面・トイレ（6ヶ所）、居室用の脱衣室・浴室（2ヶ所）、娯楽室、食堂、調理室、調理事務コーナー、食品庫、調理室用トイレ・洗面・浴室、宿直室、職員控室、静養室（3室）、特別浴室、洗濯室、医務室、看護師室、内玄関、事務室、事務近くのトイレ、応接室、面接室、園長室、図書室、書庫、集会室、霊安室、準備室、玄関、廊下、階段室

■2階：保母個室（3室）、保母用食堂、トイレ、洗面、浴室、予備室、物入、階段室

スパンと階高と天井高

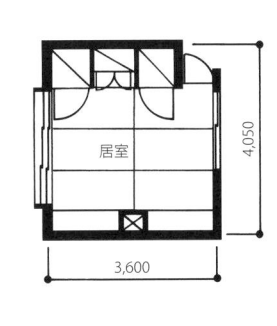

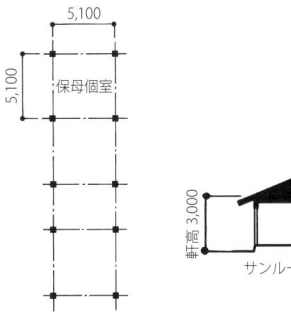

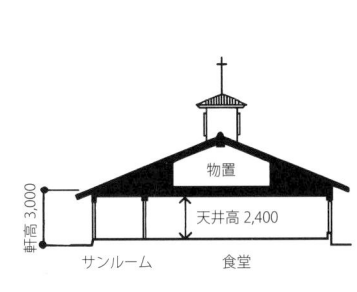

ゾーニングと動線

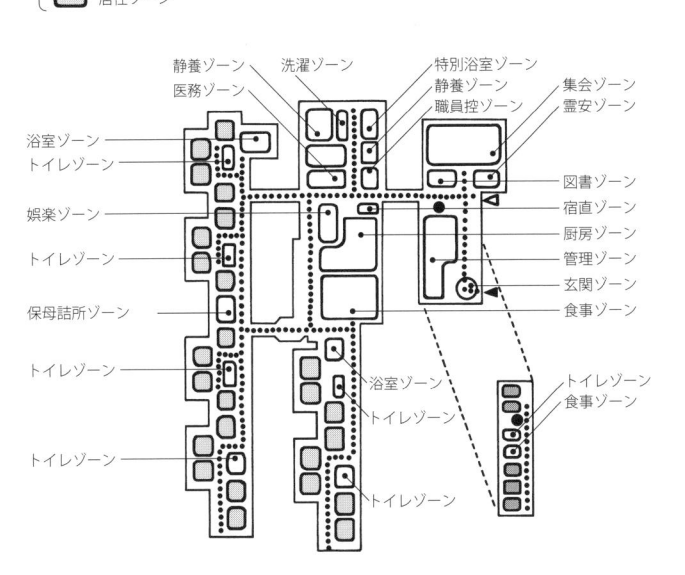

凡例
- ゾーン
- 動線
- 階段
- 居住ゾーン
- 保母個室ゾーン
- 主出入口
- サービス出入口

ブロックと動線

第2章　事例から学ぶ

7　高齢者施設—2

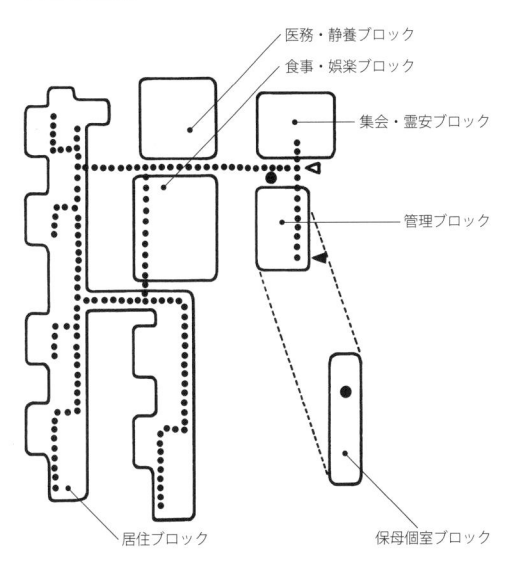

第2章　事例から学ぶ

7　高齢者施設—3

生の資料　　　　　　　　　　　　　　　　◇介護老人保険施設

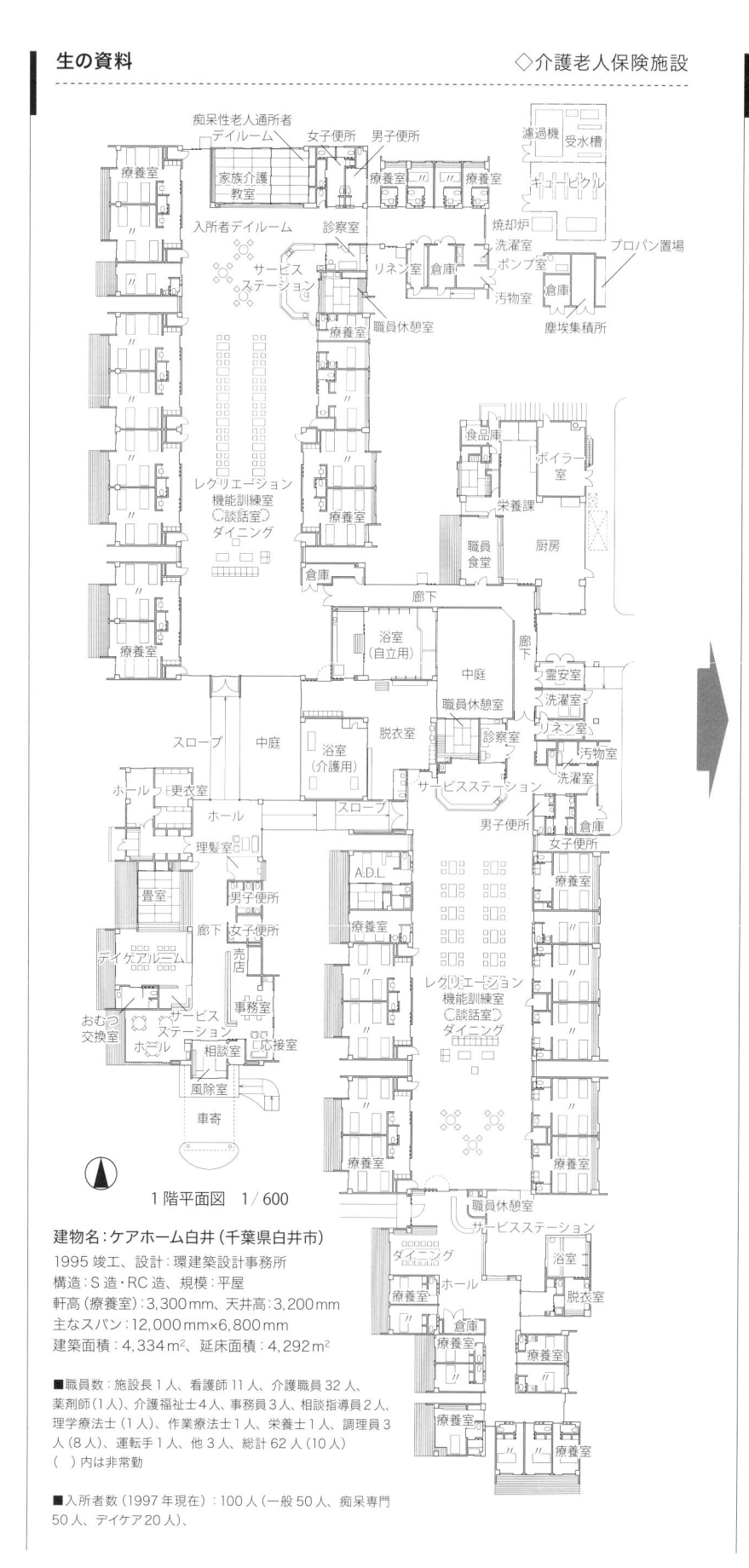

1階平面図　1/600

建物名：ケアホーム白井（千葉県白井市）
1995 竣工、設計：環建築設計事務所
構造：S造・RC造、規模：平屋
軒高（療養室）：3,300mm、天井高：3,200mm
主なスパン：12,000mm×6,800mm
建築面積：4,334m²、延床面積：4,292m²

■職員：施設長1人、看護師11人、介護職員32人、薬剤師(1人)、介護福祉士4人、事務員3人、相談指導員2人、理学療法士(1人)、作業療法士1人、栄養士1人、調理員3人(8人)、運転手1人、他3人、総計62人(10人)
( )内は非常勤

■入所者数（1997年現在）：100人（一般50人、痴呆専門50人、デイケア20人）、

分析した資料（データ）　三角スケールの計測による

家具寸法とアキ寸法　1/200

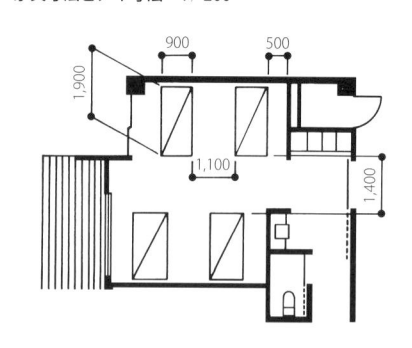

室名リスト

療養室（40室、100人）、レクリエーション・機能訓練室・談話室・ダイニング・入所者デイルーム（2室）、サービスステーション（3ヶ所）、職員休憩室（3ヶ所）、診察室（2ヶ所）、リネン庫（2室）、洗濯室（2室）、汚物室（2室）、家族介護教室、痴呆性老人通所者デイルーム、トイレ（男女、3ヶ所）、倉庫（3室）、ポンプ室、プロパン庫、塵芥集積所、厨房、食品庫、栄養課室、調理人休憩室、職員食堂、ボイラー室、廊下、浴室（自立用）、浴室（介護用）、脱衣室、ダイニング、ホール（3ヶ所）、デイケアルーム、おむつ交換室、サービスステーション、事務室、理髪室、更衣室（男女）、玄関風除室

スパンと階高と天井高

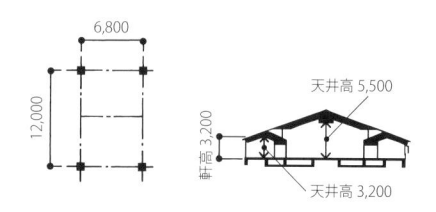

ブロックと動線

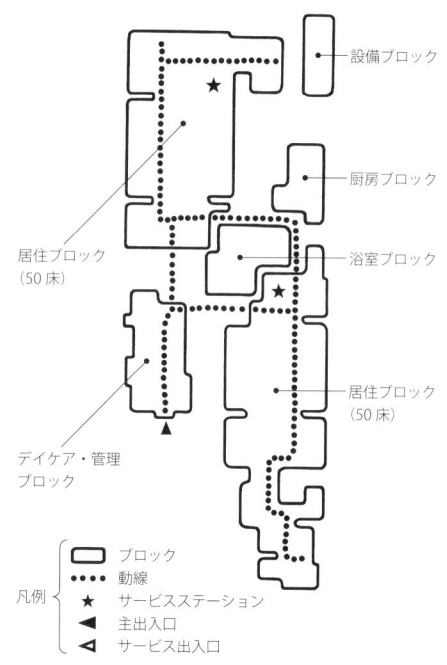

凡例
□　ブロック
‥‥　動線
★　サービスステーション
◀　主出入口
◁　サービス出入口

生の資料　◇ケアハウス

建物名：ケアハウス栗の実
（宮城県栗原市）

2002竣工
設計：針生承一建築研究所
構造：壁式RC造・一部S造、規模：平屋
軒高：4,870mm
天井高：2,700mm（居室）
主なスパン：3,240mm×6,750mm
建築面積：1,136m²
延床面積：961m²

■職員数
施設長：1人、
介護職員1人＋非常勤1人、
生活相談員1人、
栄養士1人（非常勤）、
総計3人＋非常勤2人、
（調理は委託）

■入居者数（2004年現在）
（定員：20人）
男5人、
女11人、
合計16人

60代：2人
70代：5人
80代：5人
90代：4人
合計16人

自立：11人
要支援：3人
要介護度1：2人
合計16人

1階平面図　1/400

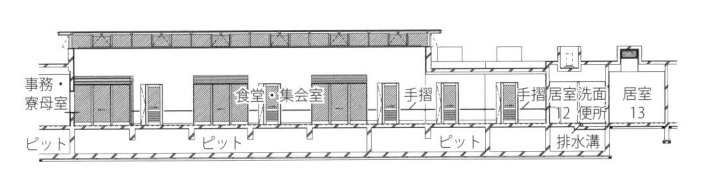

断面図　1/400

分析した資料（データ）三角スケールの計測による

家具寸法とアキ寸法　1/200

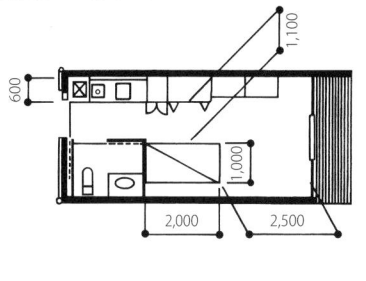

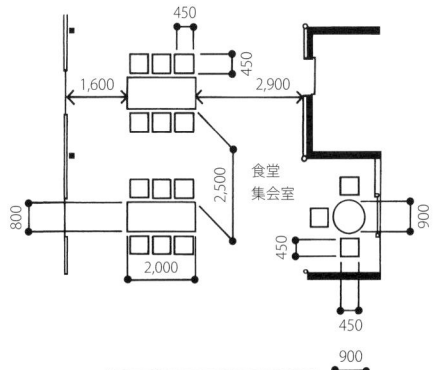

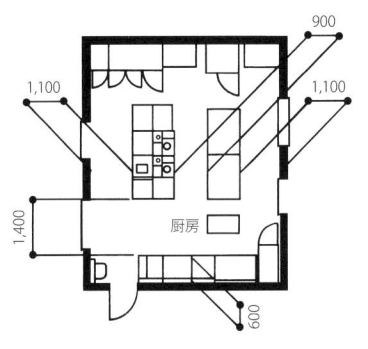

室名リスト

居室（20室）、食堂・集会室、談話コーナー（4ヶ所）、配膳スペース、厨房、休憩室、厨房用トイレ、厨房玄関、サービスコート、玄関風除室、事務・寮母室、仮眠室、相談室、ボランティア室、洗濯室、洗濯干し場、トイレ

スパンと階高と天井高　　ブロックと動線

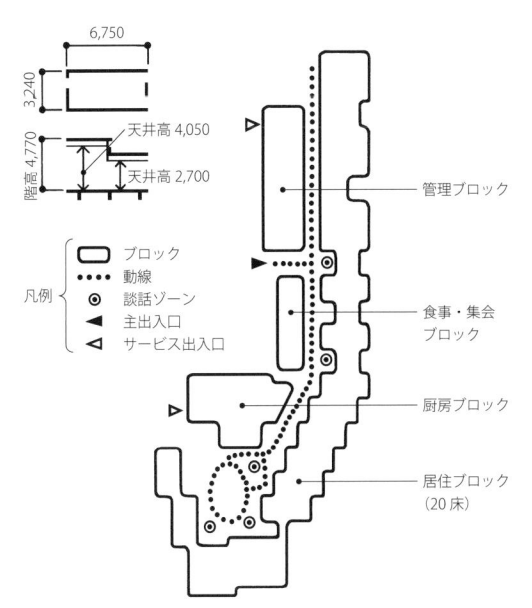

凡例
□ ブロック
⋯⋯ 動線
◎ 談話ゾーン
▲ 主出入口
△ サービス出入口

管理ブロック
食事・集会ブロック
厨房ブロック
居住ブロック（20床）

第2章　事例から学ぶ

7　高齢者施設—3

第2章　事例から学ぶ

7　高齢者施設—4

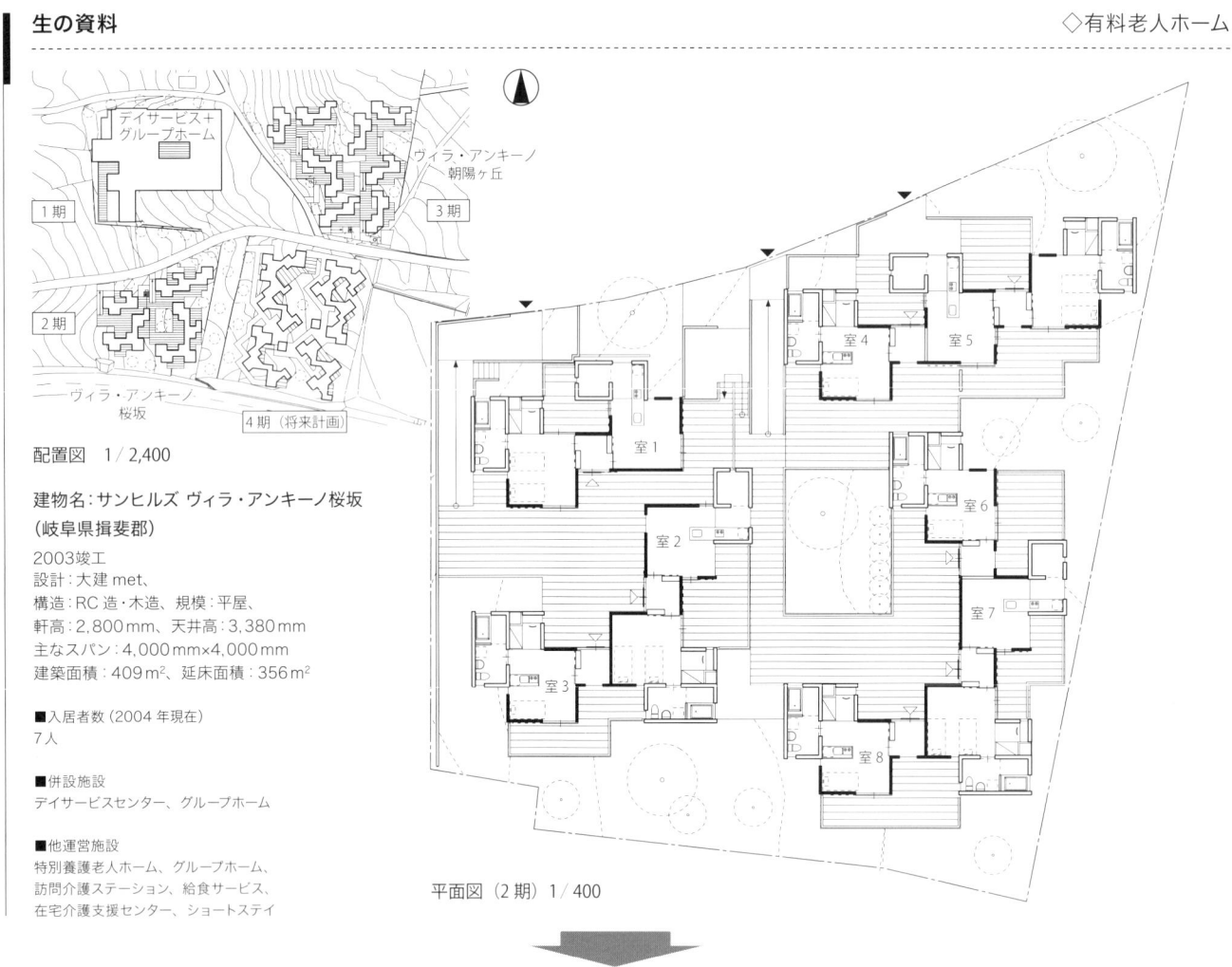

生の資料　　　　　　　　　　　　　　　　　　　　　　　　　　　　　　　　　　◇有料老人ホーム

配置図　1/2,400

建物名：サンヒルズ ヴィラ・アンキーノ桜坂
（岐阜県揖斐郡）

2003竣工
設計：大建met、
構造：RC造・木造、規模：平屋、
軒高：2,800mm、天井高：3,380mm
主なスパン：4,000mm×4,000mm
建築面積：409m²、延床面積：356m²

■入居者数（2004年現在）
7人

■併設施設
デイサービスセンター、グループホーム

■他運営施設
特別養護老人ホーム、グループホーム、訪問介護ステーション、給食サービス、在宅介護支援センター、ショートステイ

平面図（2期）1/400

分析した資料（データ）　三角スケールの計測による

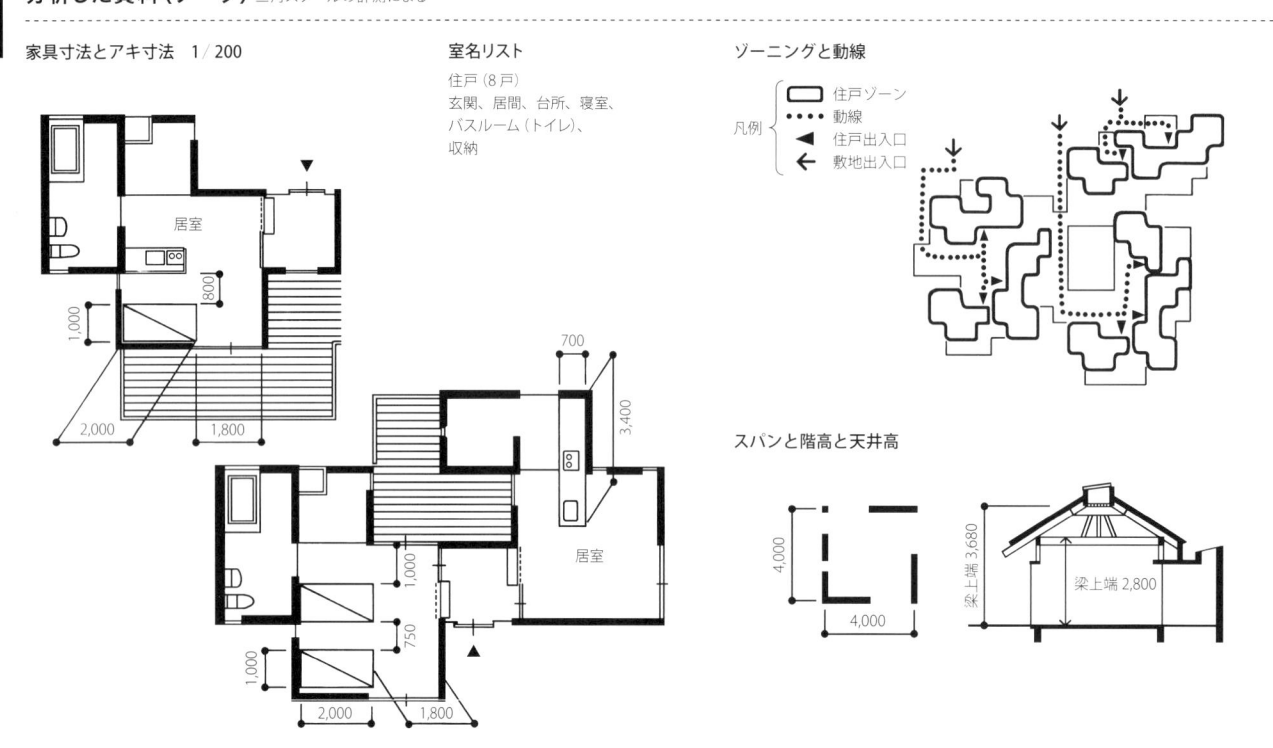

家具寸法とアキ寸法　1/200

室名リスト

住戸（8戸）
玄関、居間、台所、寝室、
バスルーム（トイレ）、
収納

ゾーニングと動線

凡例
- 住戸ゾーン
- 動線
- ◀ 住戸出入口
- ← 敷地出入口

スパンと階高と天井高

2. 建築計画の知識と進め方

1. 発想は家具から

「高齢者施設」の「主役の室」といえば、「居室」あるいは「療養室」です。まず、「ベッド（あるいは布団）寸法」と、そのまわりの「アキ寸法」を考えて居室の計画を開始し、高齢者施設全体へと計画を進めていきます。施設が「終の住処（ついのすみか）」になるにしても、「短期のステイ」になるにしても、高齢者の毎日の「生活の場」であることには変わりありません。居室は、「夜の寝るゾーン」とともに「昼の生活ゾーン」も考えておきます。「衣類用のタンス」のほか、「思い出の品々を飾るゾーン」も必要です。最近は「個室」が主につくられますが、「同居用居室」のよさも考えてみます。

○特養の居室

特養とは「特別養護老人ホーム（ナーシングホーム）」の略です。ナーシングという用語があるように、介護福祉士のほか、看護師がつきます。個室のほか、2人・3人・4人用の室があります。トイレは、居室内か入口近くに共用を置きます。

図表1　特養の居室　1/300

個室（例：ウェルポート鹿嶋の郷）

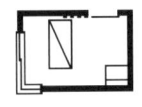

2人用居室（例：かごぼうの里）

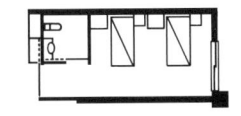

4人用居室（例：すずうらホーム）

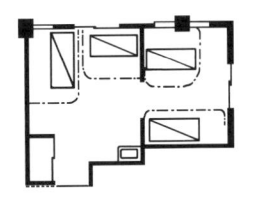

4人用居室（例：ぽぷらの樹）

○養護の居室

養護とは「養護老人ホーム」の略です。老人福祉法以前の生活保護法による「老人ホーム」を受け継いだ施設です。居室では、ベッドか布団を使用しますが、このことは、布団を敷く軽い作業のできる高齢者の入所を意味しています。トイレは、居室内か廊下に共用を置きます。

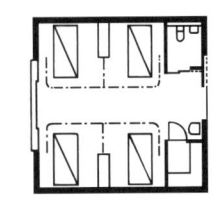

図表2　養護の居室　1/300

2人用居室（和室）（例：恵泉園）

2人用居室（洋室）（例：江東園）

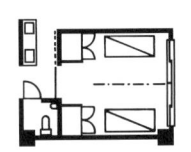

○措置施設と契約施設

- 「措置施設」は、役所の人道的な判断で、措置として、身寄りのない高齢者などの入所が対象となります。特別養護老人ホームと養護老人ホームがあります。
- 「契約施設」は、入所者の意思で選択でき、施設側との契約で入所します。公的施設として、介護老人保健施設や軽費老人ホームがあります。民間施設では、有料老人ホームがあります。

○老健の療養室

老健とは「介護老人保健施設」の略です。ここでは、居室ではなく「療養室」と呼んでいます。ある程度健康な高齢者が、リハビリを受けて機能回復したあと、3ケ月をメドに帰宅を目標にした施設です。トイレは、療養室の入口近くか、廊下に共用を置きます。

図3　老健の療養室　1/300

2人用療養室（例：ケアホーム白井）

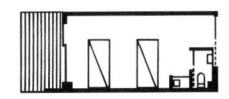

3人用療養室（例：緑寿荘）

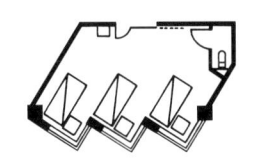

4人用療養室（例：たいよう）

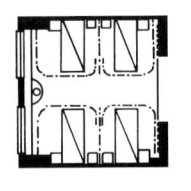

4人用療養室（例：涼風園）

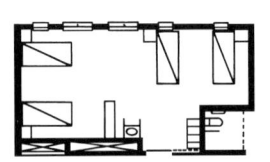

○ケアハウスの居室

以前建てられていた「軽費老人ホーム（A型、B型）」は、現在も建物が存続している場合は使用が継続されますが、新しく建てるときは、「ケアハウス」がつくられます。居室に自炊用のキッチンがある場合と、ない場合があります。ない場合は、食堂が必要です。浴室は、共用となります。居室は、1DKの住戸に近く、1人用と2人用（夫婦用）があります。

図表4　ケアハウスの居室　1/300

1人用居室（例：辰巳彩風苑）

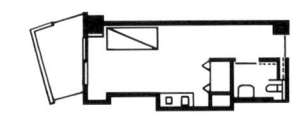

2人用居室（例：ふねひき福寿荘）

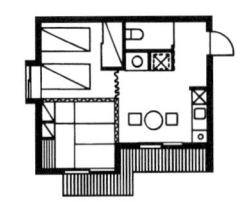

○有料の住戸

有料とは「有料老人ホーム」の略です。民間による契約施設。マンションに近い施設。入所といわず「入居」といいます。居室ではなく「住戸」といいます。バス・トイレ・キッチンのほかダイニング・リビングがあり、ベランダがあるのが一般的です。レストランや趣味の室などがある場合もあります。

図表5　有料の住戸　1/300

夫婦用住戸（例：ジュリオ朝霧）

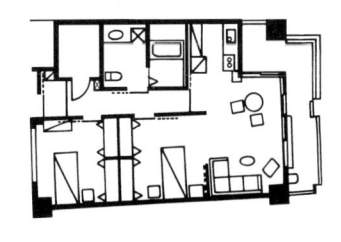

○居室1人当たりの面積

ホテルや病院の1人当たりの面積を事例で確かめたように、高齢者施設においても、事例を三角スケールで測り、確かめておくといいでしょう。

図表6　居室1人当たりの面積

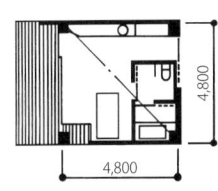

$4.8 × 4.8 = 23.04 m^2$
（個室の1人当たりの面積）

4,800

7 高齢者施設—5

2. 老人福祉施設・介護保険施設

「高齢者施設」には、「老人福祉法」による施設と「介護保険法」による施設があります。老人福祉法で位置づけられているのが、「特別養護老人ホーム、養護老人ホーム、軽費老人ホーム、ケアハウス、有料老人ホーム」、そのほかに、「老人デイサービスセンター、老人短期入所施設、老人福祉センター、老人介護支援センター」があります。介護保険法で位置づけられているのは、「介護老人保健施設」です。介護保険法が生まれた背景として、老人福祉法の財政面での破綻や、社会的入院（入院本来の目的は治療ですが、治療の必要がないのに長期入院を続けること）の増加などが挙げられます。図表7は、高齢者用の入所系施設を分類してまとめたものです。

3. 入所系・在宅サービス系

「高齢者施設」は、大きく「入所系施設」と「在宅サービス系施設」に分けられます。

入所系とは、前述の「老人福祉施設と介護保険施設」のことです。入所する施設の種類は、入所者の身体的・精神的・環境的・経済的理由によって違ってきます。入所者が自由に選べる契約施設と、役所の判断で決められる措置施設があります。

在宅サービス系は、大きく2種類に分けられます。施設の送迎車か家族の運転する車で自宅から通所してサービスを受ける「老人デイサービスセンター」、そして、被介護者の自宅まで出向いてサービスを提供する介護要員の基地となる「老人介護支援センター」です。

図表7　高齢者施設の種類と基準

種類		施設の特徴	所用室 居室	所用室 共通の室	所用室 特徴的な室	居室1人当たりの目標面積	関係する法律
特別養護老人ホーム		65歳以上で、身体精神上著しい障害があり、常時介護が必要だが、居宅介護を受けることが困難な者を養護する施設。地方公共団体または社会福祉法人により運営され、行政による措置施設のほか契約施設があります。	居室	食堂（リビングを兼ねる場合もある）調理室 介護職員室 看護職員室 医務室 サービスステーション 機能訓練室 浴室 洗面室 トイレ 汚物処理室 介護材料室 洗濯室 事務室 面談室 宿直室 玄関 廊下 階段 エレベーター室 倉庫など	霊安室 医務室	10.65m²以上	特別養護老人ホームの設備および運営に関する基準
養護老人ホーム		65歳以上で、身体精神上・環境上・経済上、居宅で養護を受けることが困難な者を養護する施設。地方公共団体または社会福祉法人により運営され、行政による措置施設で、利用者は自由に選択できない。	居室		霊安室 医務室	10.65m²以上	養護老人ホームの設備および運営に関する基準
介護老人保健施設		65歳以上で、要介護高齢者で、病状が安定期にあり、病院に入院するほどの治療を必要としない者で、医療ケア・リハビリ・生活サービスを一定期間受けたあとは、家庭復帰を対象としています。治療（病院）と福祉（老人ホーム）の中間施設であり、施設と個人の契約施設です。	療養室		機能訓練室、医務室	8.00m²以上	介護保険施設の人員、施設および設備ならびに運営に関する基準
軽費老人ホーム	ホームA型軽費老人	60歳以上で、身寄りがなく家庭の事情で同居できない者を養護する施設。生活費は自己負担。事務費は能力に応じて負担。当事者の契約による契約施設。現在では、ケアハウスがこの型の後を受け継いでいます。	居室		居室にキッチンがないので食堂が必要	21.6m²以上	軽費老人ホームの設備および運営に関する基準
	ホームB型軽費老人	60歳以上で、家庭や住宅上の理由で、居宅で生活が困難な者を養護する施設。費用は原則としてすべて自己負担。当事者によって利用が決定される契約施設。A型と違うのは居室で自炊可能なことです。現在では、ケアハウスがこの型の後を受け継いでいます。	居室		居室に自炊用のキッチンが必要	21.6m²以上	
	ケアハウス	60歳以上（夫婦の場合どちらかが60歳以上）で、身体機能の低下があり、高齢等で独立生活に不安があり、家族の援助が困難な者が、自立生活ができるように工夫された低料金の新しい軽費老人ホーム。契約施設。	居室		居室にキッチン型と食堂型の2種類あり	21.6m²以上	
有料老人ホーム		上述のような、公的援助のある施設への入所を望まないが、本人の意思で入居する個人または団体の経営する契約施設。常時10人以上を入居させ、食事提供その他の日常生活に必要な便宜の供与を目的とする施設。全額自己負担。	住戸		談話室、娯楽室、スポーツ施設、趣味の室	自由	老人福祉法

4. 要介護認定

「要介護認定」は、介護保険法による「保険給付」と「介護サービス」に関するもので、施設としての建物には直接関係ありませんが、入所している高齢者の身体上・精神上の「介護の度合い」を理解する上で参考になるので説明しておきます。「認定審査」は、65歳になれば、自宅にいても高齢者施設にいても受けられます。申請を受けた保険者（市町村など）によって被保険者の審査が行われます。健康保険では、保険証を持参するだけで医療機関を受診可能ですが、介護保険では、保険給付や介護サービスを受けるためには、事前に「要介護（5段階）」か、あるいは「要支援（2段階）」の認定を受けなければなりません。両者の違いは、食事・排泄・入浴などの日常生活において、寝たきりや認知症により常時介護を必要とする状態（要介護）かどうかとその度合い、あるいは、家事や身支度などの日常生活への見守りや支援そして介護予防サービスが効果的な状態（要支援）にあるかどうかとその度合い、にあります。

5. 多床室型・個室ユニット型

特養や老健においては、以前は、「多床型」の居室（4人部屋など）が一般的でした。施設の中央に「食堂（あるいはリビング）」を置いて、その周囲に50床程度の多床室の居室を配置するものでした。現在は、「個室ユニット型」が一般となっています。10人程度の個室を、中央の「食堂（あるいはリビング）」の周囲に置き、小規模な生活単位で家庭に近い雰囲気の中で生活できるようになっています。50人であれば、ユニットを5つに分けて分散配置し、5つのリビングの間をつないでおくことでユニット間の交流が可能になります。以前の多床室型では、事業者にとっては介護や看護をまとめて管理できる利点がありますが、入所者にとっては介護や看護が一律になるという難点があります。現在では、多床室型を「従来型」と呼んで区別しています。

6. 特徴的な室

高齢者施設の種類の違いは、「特徴的な室」を見ることで分かります。「特養と養護」には「霊安室」がありますが、死期を迎えるまで滞在する人がいることを示しています。それとは違い、「老健」では、「機能訓練室」が重要です。ここでは、病状が安定期にある高齢者が入居し、医療ケアやリハビリを受けて健康が回復すれば3ヶ月を目処に帰宅します。食事に関して特徴的なのは、「軽費老人ホームＢ型」では、居室に「キッチン」が備えてあり自炊可能なことです。「Ａ型やその他の特養・養護・老健・ケアハウス」では、皆で集まって食べるための「食堂・調理室」が必要です。「有料」はマンションに近いため、住戸に「台所」があり、レストランにも「厨房」があります。どの施設でも、入所前に必ず本人と家族を交えての相談員との面談があるので、プライバシーを保護した「面談室」が必要です。「特養・養護・老健」では、医師が専任であれ兼任であれ、「医務室」が必要です。

7. おつき合いの生まれる「複合ゾーンの室」

「居室」が個室化する一方、施設のほぼ中央にある「食堂、あるいは、リビング（と一般に呼称されている室）」は、皆が集まって「食事をする」「話をする」「軽い運動をする」「軽作業をする」「カラオケで歌う」「テレビを見る」「ゲームをする」「家族と面会する」など、「複合ゾーン化」しています。複合ゾーン化は、「廊下」でも起こっており、「散歩する」のほかに、椅子が置いてあると「仲良しとおしゃべりをする」「介護士に愚痴をこぼす」「家族と内輪話をする」などの役目を果たしています。このような「複合ゾーンの室」は、古き良き時代の「西洋の広場」や「日本の道」からヒントを得ることができます。

○西洋の広場
西洋の古代や中世では、都市の中央に「広場」が置かれ、政治・商業・宗教などに必要なコミュニケーションが行われました。

○広場型の複合ゾーンの室
「食事」「談話」「機能訓練」などのゾーンを分散するのではなく「複合ゾーンの室」にすることで、生活に多様性を与えられます。

図表8　ローマの地図（ノッリの地図）

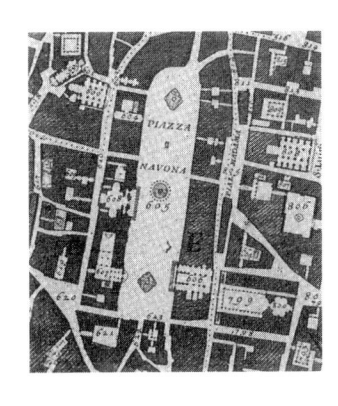

図表9　広場型の複合ゾーンの室（例：ケアホーム白井）

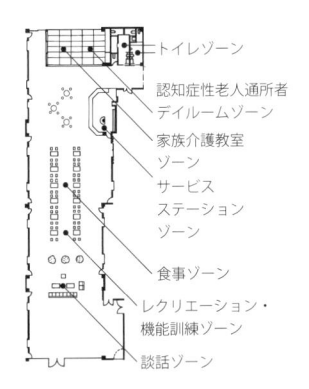

○日本の道
西洋の広場に対して、日本では「道」でコミュニケーションが行われました。路地での生活やコミュニケーションは、今でも京都や東京・佃島の町屋で見られます。

○道型の複合ゾーンの室
「廊下」を、単なる動線の空間と考えないで、廊下ならではのおしゃべりの場と考えてみます。廊下に椅子やテーブルを置くことで様々な交流を生み出せます。

図表10　日本の道の例
折れ曲がった道

道に開いた店（品川）

図表11　道型の複合ゾーンの例（例：ウェルポート鹿嶋の郷）

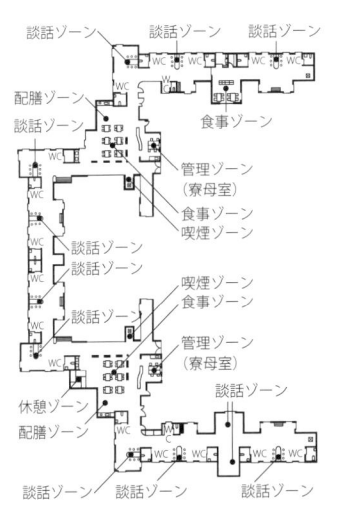

第2章　事例から学ぶ

7　高齢者施設—6

8. 食卓寸法とアキ寸法

食事は、健常者と同じように入所者の楽しみの1つです。高齢者施設の「食卓寸法」は、レストランとほぼ同じです。明らかに違うのが、食卓まわりの「アキ寸法」です。車椅子を回転させての離着席や、介護要員の介助を受けての食事には、食卓まわりに広めの空間が必要です。また、高齢者施設の食卓は、食事以外の、リハビリ・ゲーム・軽作業など様々な使われ方がされます。

図表12　食事室のアキ寸法　1/300（三角スケールの計測による）

介護老人保健施設（例：ケアホーム白井）　3,100

料理店の例／比較用（例：三村＋巌商会）　1,400

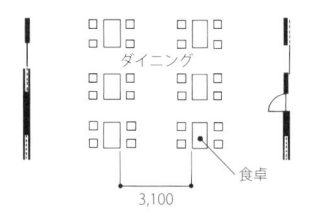

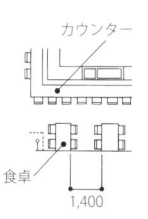

9. 食事室と厨房の面積

まず、「入所者数」から「椅子の数」を決め、「食卓寸法」と「アキ寸法」を決め、「食事ゾーンの規模」を決めます。食事と厨房の「ゾーン面積」は、レストランの厨房比率・全体の30〜40％を参考にするといいでしょう。食事ゾーンの規模をそのまま「食事室の大きさ」にするか、機能訓練などの面積を加えて「複合ゾーンの室」にするかは、選択肢となります。椅子の数は、鹿嶋の森・聖園ヨゼフ・白井（略称）の椅子を数えてみると、各1ユニット50人に対し50席が確保されています。

○**食事室と厨房の面積比率を計算してみる**

事例をもとに、実際の「面積比率」を調べてみます。この事例では、全体100％に対して、厨房は47％になっています。厨房には、調理台・コンロ・シンクのほか、冷凍・冷蔵庫、食品庫、そして、厨房用トイレ・帳簿用の机・休憩室があります。少し広めのパントリーと下げ膳コーナーがあります。

図表13　食事室と厨房の面積（例：聖園ヨゼフ老人ホーム）（三角スケールの計測による）

厨房（47％）　食事室（53％）

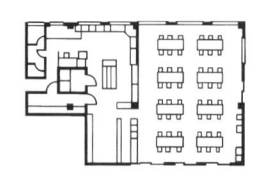

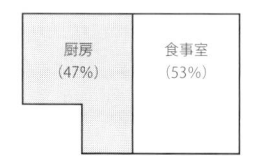

10. 高齢者施設のサービスステーション

「高齢者施設のサービスステーション」は、「病院のナースステーション」とよく似ていますが、違う点があります。高齢者施設のステーションでは「仮眠・休憩室」がそばにありますが、病院のナースステーションでは「集中看護治療室」がそばにあります。高齢者施設では「介護」が主として行われますが、病院では「看護」が主として行われます。受付カウンターがあるのは一緒です。

図表14　ステーションの違い　1/300

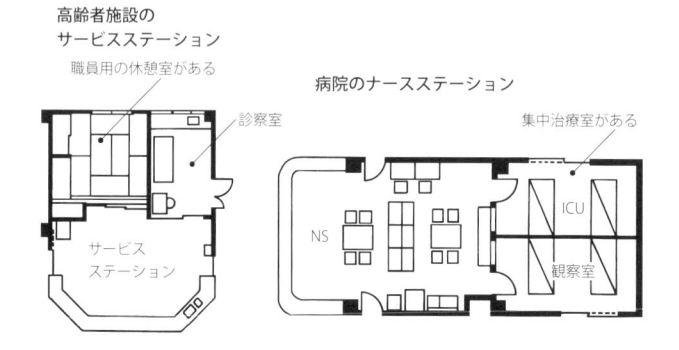

高齢者施設のサービスステーション
職員用の休憩室がある／診察室／サービスステーション

病院のナースステーション
集中治療室がある／NS／ICU／観察室

11. 介護材料室・車椅子用トイレ・汚物処理室

高齢者施設では、皆の集まるダイニングやリビングの近くに、そして、サービスステーションの近くに、おむつ・ティッシュペーパー・トイレットペーパー・タオル・古新聞紙などを収納しておく「介護材料室」、自分でトイレに行けない入所者のために介護要員と2人で入れる「車椅子トイレ」、汚れたおむつを一時保管したり汚れ物を処理するシンクのある「汚物処理室」が必要です。

図表15　介護材料室・車椅子トイレ・汚物処理室（例：ウェルポート鹿嶋の郷）1/300

休憩コーナー／食堂／配膳コーナー／車椅子トイレ／寮母室／仮眠室／介護材料室／汚物処理室

88

12. 高齢者・身障者・車椅子使用者に関する寸法

加齢で身体の衰弱した人・ハンディキャップを負った人・車椅子使用者などは、健常者とは違う寸法を必要とします。考慮すべき寸法の幾つかを次に挙げておきます。

図表16　車椅子の基本寸法

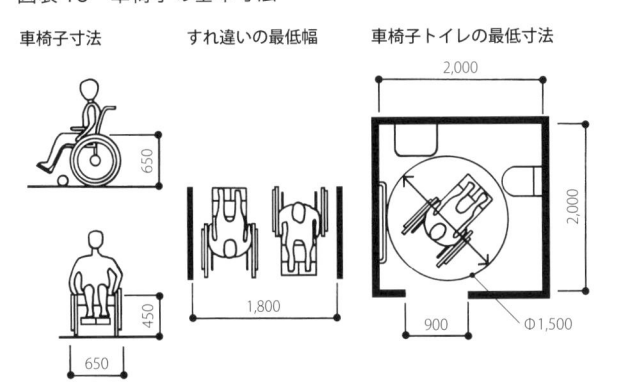

図表17　スロープの寸法

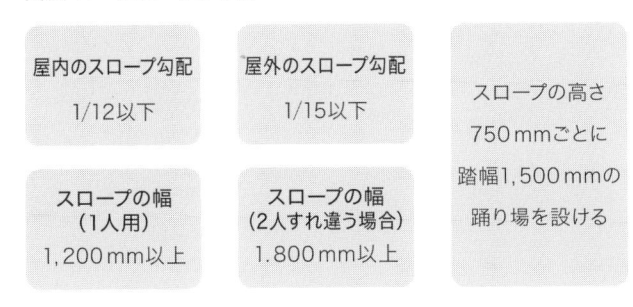

屋内のスロープ勾配 1/12以下	屋外のスロープ勾配 1/15以下	スロープの高さ750mmごとに踏幅1,500mmの踊り場を設ける
スロープの幅（1人用）1,200mm以上	スロープの幅（2人すれ違う場合）1,800mm以上	

図表18　スロープの図解

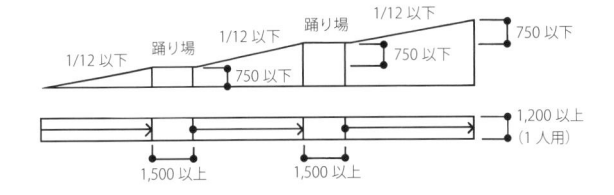

13. 高齢者施設の室内環境

体力が落ち、目が弱り、温湿度や病原菌に対して抵抗力をなくした、弱者としての高齢者が居住する施設では、次のような室内環境への対策が必要です。

○**空調計画と高めの温度**
温度の目安は、夏は26℃、冬は22℃です。高齢者施設の暖房は、一般より少し高めにします。居室から廊下やトイレへ行くときの急激な温度変化を避け、空調は昼夜とも行います。

○**照度と視力の低下**
高齢化で衰えた視力のため、若年時より約2倍の照度が必要になる場合があります。一般住宅の居間の照度は150～300ルクスですが、高齢者施設では600ルクス必要なことも起こります。

○**居室の安全確保と監視**
居室内の入居者の安全確保には、まず、ナースコールが必要です。生存確認には、人感センサーが有効です。また、水道・電気・照明などの消費状態の感知で監視する方法もあります。

○**レジオネラ属菌と給湯対策**
共同浴室では、湯を循環させますが、感染死亡例のあるレジオネラ属菌対策として循環ろ過装置が必要です。人の入浴温度は約42℃ですが、レジオネラ属菌は約60℃で死滅します。

14. 在宅サービス系施設

「在宅サービス系施設」は、「独立した建物」として建てられる場合（例：吉祥寺本町在宅介護支援センター）と、「特別養護老人ホームなどに併設」される場合（例：ウェルポート鹿嶋の郷）があります。

図表19　独立した建物としての在宅サービス系施設（例：吉祥寺本町在宅介護支援センター）1/600

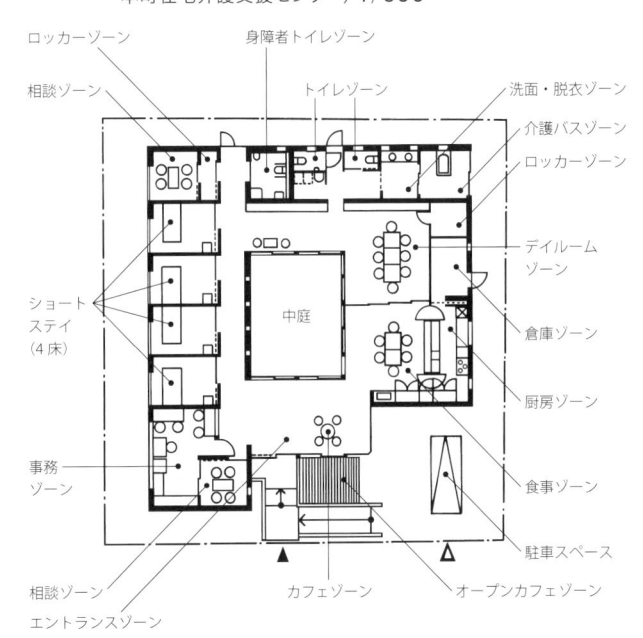

○**老人デイサービスセンター**
利用者は、施設の送迎車か家族が運転する車で施設まで行き、食事・入浴・リハビリなどのサービスを受け、夕方には帰ります。その間に、家族は、買い物や娯楽などを自由にできます。

○**老人介護支援センター**
利用者は、自宅にいて、支援センターから来た介護要員により、食事・洗濯・掃除・入浴・買い物など身のまわりの世話を受けます。家族がいる場合は、その間の家族の負担を軽減できます。

3. 視覚デザインの発想例

解読型デザイン

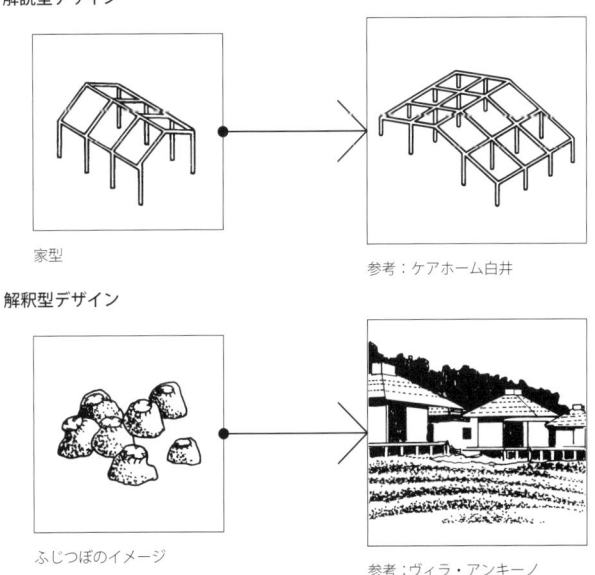

家型　　　　　　参考：ケアホーム白井

解釈型デザイン

ふじつぼのイメージ　　参考：ヴィラ・アンキーノ

第2章　事例から学ぶ

8　グループホーム

1. 事例の選択と分析

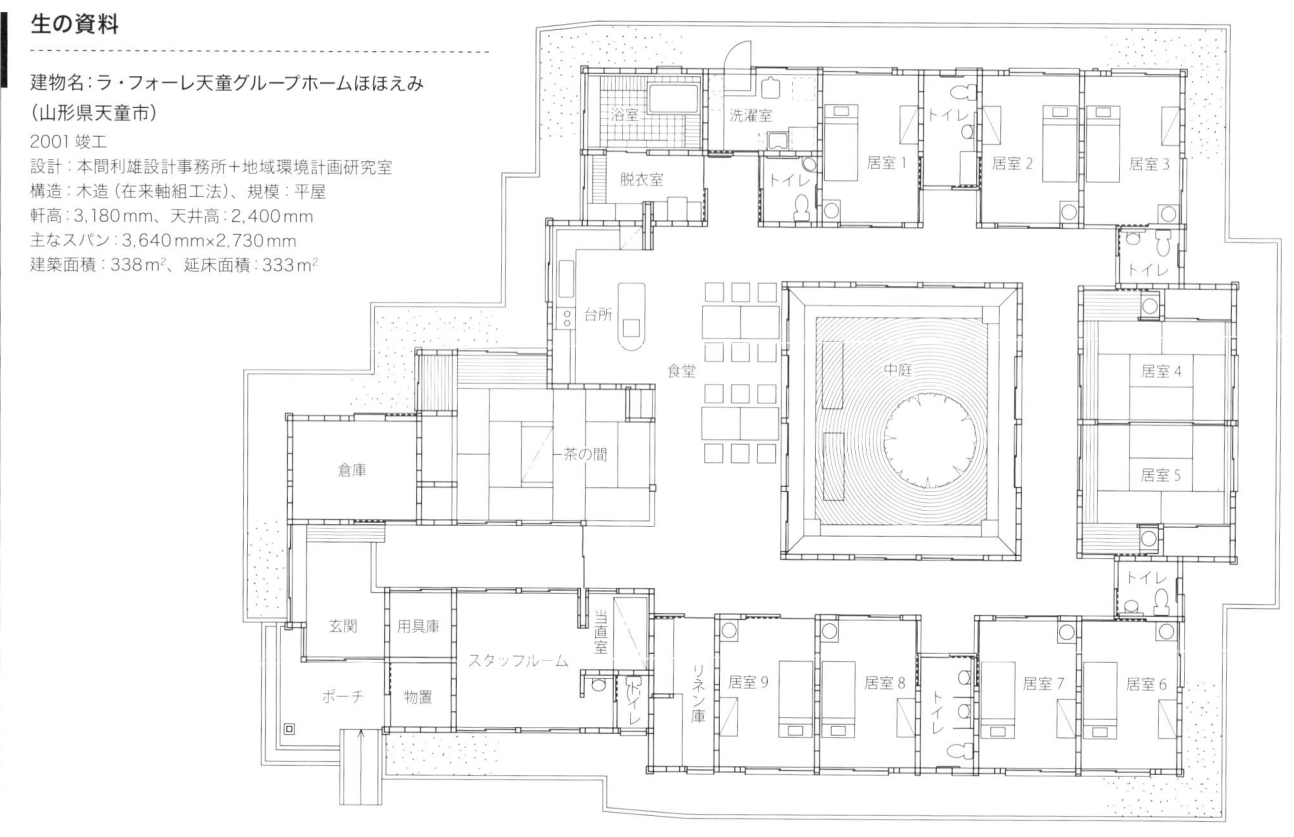

生の資料

建物名：ラ・フォーレ天童グループホームほほえみ
（山形県天童市）
2001 竣工
設計：本間利雄設計事務所＋地域環境計画研究室
構造：木造（在来軸組工法）、規模：平屋
軒高：3,180mm、天井高：2,400mm
主なスパン：3,640mm×2,730mm
建築面積：338m²、延床面積：333m²

1階平面図　1/200

■入居者数(2003年現在)：9人　■スタッフ：1人、生活指導員1人、介護職員5人(合計7人)　■併設施設：ケアハウス、介護老人保健施設（老人訪問看護ステーション、在宅介護支援センター）
■関連施設：病院

分析した資料（データ）　三角スケールの計測による

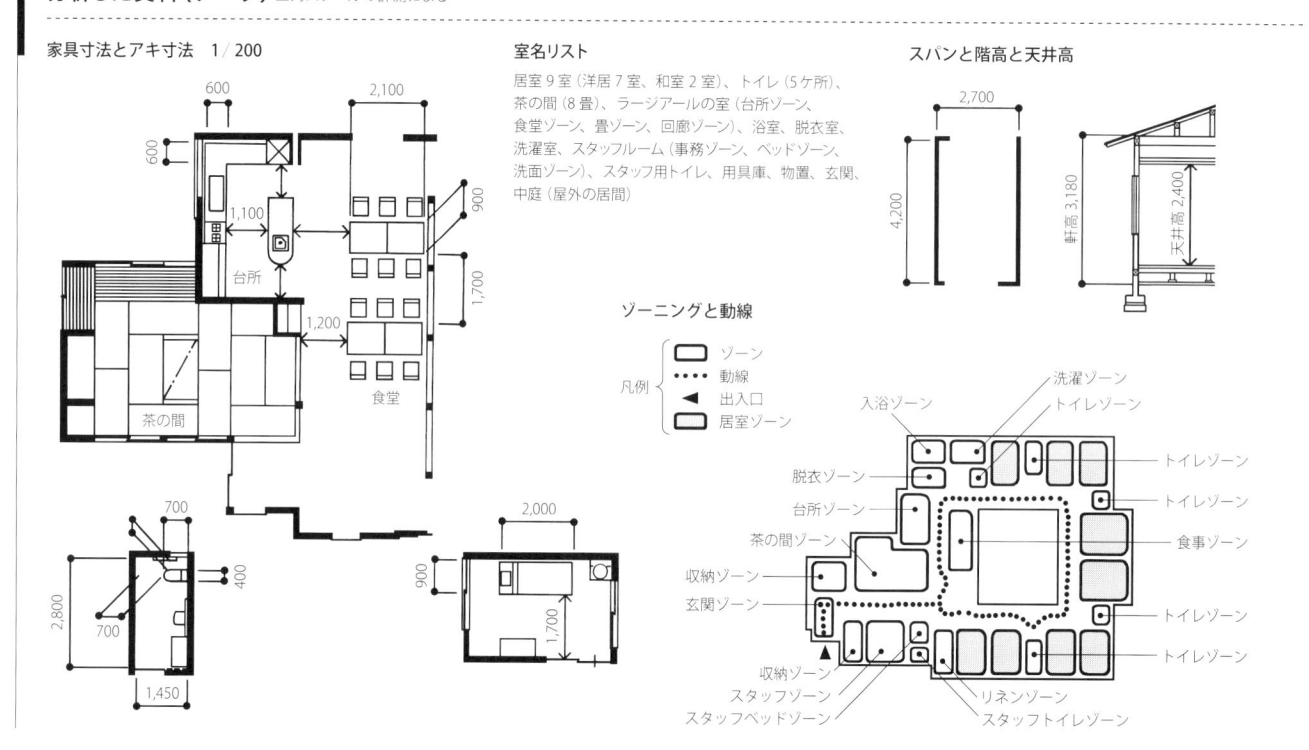

家具寸法とアキ寸法　1/200

室名リスト

居室9室（洋居7室、和室2室）、トイレ（5ケ所）、
茶の間（8畳）、ラージアールの室（台所ゾーン、
食堂ゾーン、畳ゾーン、回廊ゾーン）、浴室、脱衣室、
洗濯室、スタッフルーム（事務ゾーン、ベッドゾーン、
洗面ゾーン）、スタッフ用トイレ、用具庫、物置、玄関、
中庭（屋外の居間）

スパンと階高と天井高

ゾーニングと動線

2. 建築計画の知識と進め方

1. 発想は家具から

「グループホーム」には、「知的・精神的障害者用」と「認知症高齢者用」があります。ここでは、「認知症高齢者」と「介護スタッフ」の共同生活の場としてのグループホームを扱っています。グループホームの「主役の室」といえば、「居室」です。「ベッド（あるいは布団）寸法」と「アキ寸法」を考えておいて、居室の計画を開始し、グループホーム全体へと計画を進めていきます。

○洋室・和室
居室の原則は個室です。洋室にはベッドが常時設置されますが、和室では布団の上げ下げが必要です。

○物が置けるスペース
認知症高齢者は、長期記憶があるので、昔用いた品が近くにあると認知症が進まないといわれています。

○居室近くのトイレ
グループホームは、高齢者施設の1つであり、トイレは、居室内か居室の出入口近くに置きます。

図表1　居室（例：ほほえみ）1/300
洋室
　近くにトイレがある
　衣類などを入れておくタンス
和室
　近くにトイレがある
　布団を収納する
　布団を収納する
　近くにトイレがある

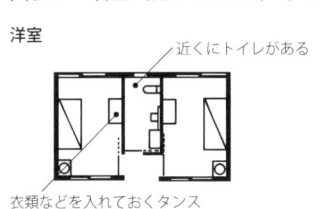

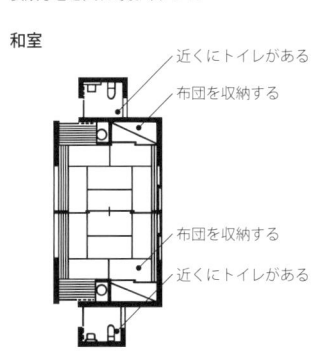

2. 認知症高齢者とは

「認知症高齢者」とは、記憶障害となった要介護状態の高齢者のことです。記憶には、過去の経験から慣れ親しみ身体化された「長期記憶」のほか、つい先ほど言ったことや行ったことを覚えている「短期記憶」があります。認知症高齢者は、長期はよく覚えているが短期はすぐ忘れてしまう特徴があります。また、感情は昔通りで自分が一番輝いていた頃のように扱われていることに敏感であり、自分がどこか正常でないことにも気づいており、傷つきやすく苦悩することもあります。認知症高齢者は、以前は、特別養護老人ホームなどの大規模施設で扱われていました。しかし、扱いは画一的でありストレスを生むといわれていました。現在は、介護保険法により「5人以上9人以下」のグループホームの家庭的環境のもとで、入浴・排泄・食事等の介助を受けながら、自立した共同生活を送れるようになっています。

3. 居室1人当たりの面積

介護保険法では、グループホームの1人当たりの居室面積は$7.43m^2$（4.5畳）以上と定められています。しかし、ベッド、家具、自分の持ち物などを置き、自分の生活を行うとなると、これでは十分ではありません。$9.9m^2$（6畳）以上は必要でしょう。

4. 皆の集まる場所・徘徊できる回廊

生活拠点は居室ですが、入所者は、皆の集まる「リビングやダイニング」に行きたがります。また、徘徊する老人のために「回廊」をつくっておくといいと言われています。これらのゾーンをつなげて「複合ゾーンの室」としてつくっておくと、生活の行動範囲は広がります。

図表2　グループホームの複合ゾーンの室（例：ほほえみ）1/300

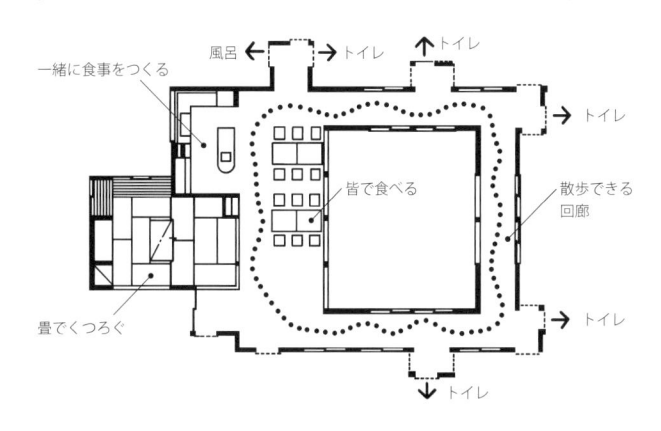

風呂　トイレ　トイレ
一緒に食事をつくる
皆で食べる
トイレ
散歩できる回廊
畳でくつろぐ
トイレ

5. 園芸・野菜づくり・散歩のできる外部空間

入居者の居場所は、①自分の居室、②皆の集まるリビングやダイニングのほか、③園芸・野菜づくり・散歩のできる「外部空間」が挙げられます。外部での活動の様子を、内部から見えるようにしておくといいでしょう。

6. スタッフルーム

グループホームは、認知症高齢者と介護スタッフとの共同生活の場です。スタッフの数は、利用者3人に対して1人必要で、そのうちの1人以上を常勤としなければなりません。また、スタッフのうち1人以上は介護支援専門員であること、夜間および深夜には、宿直もしくは夜勤のスタッフを配置しなくてはなりません。

3. 視覚デザインの発想例

解読型デザイン
家型　→　屋根のあるグループホーム

解釈型デザイン
公園ベンチのイメージ　→　自分の居室前のベンチ

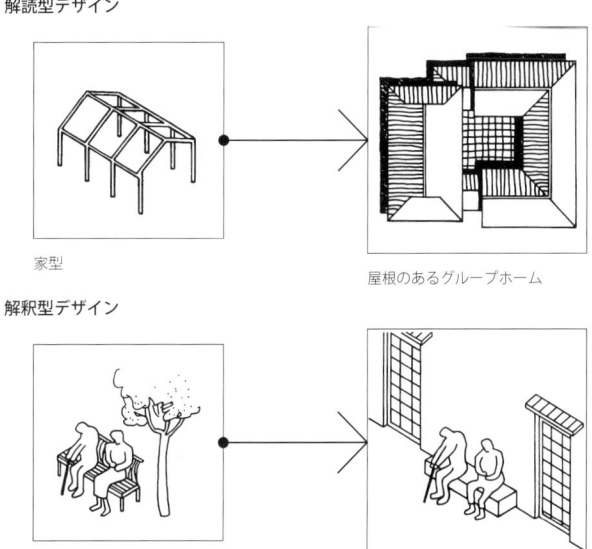

第2章　事例から学ぶ

9　独身寮

1. 事例の選択と分析

生の資料

建物名：ラックコート（ラックランド工業あざみ野寮）（神奈川県横浜市）
1991 竣工、設計：竹内建築総合研究所、構造：RC造（壁構造）・一部S造、規模：地上3階
階高：2,650mm、天井高：2,390mm、主なスパン：2,800mm×6,000mm

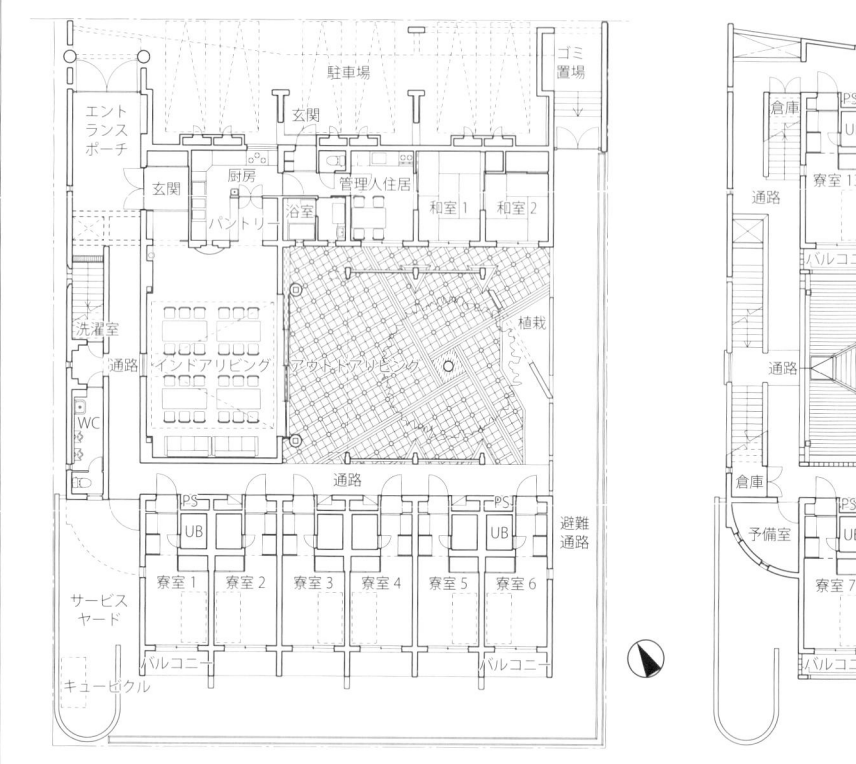

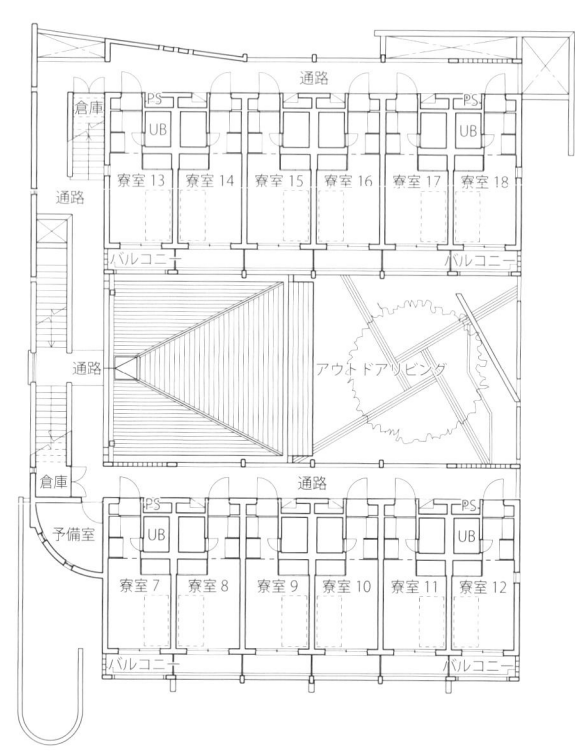

1階平面図 1/300　　　2階平面図

■寮室（18m²）30室（独身用）、管理人用住居（2人用）

分析した資料（データ）　三角スケールの計測による

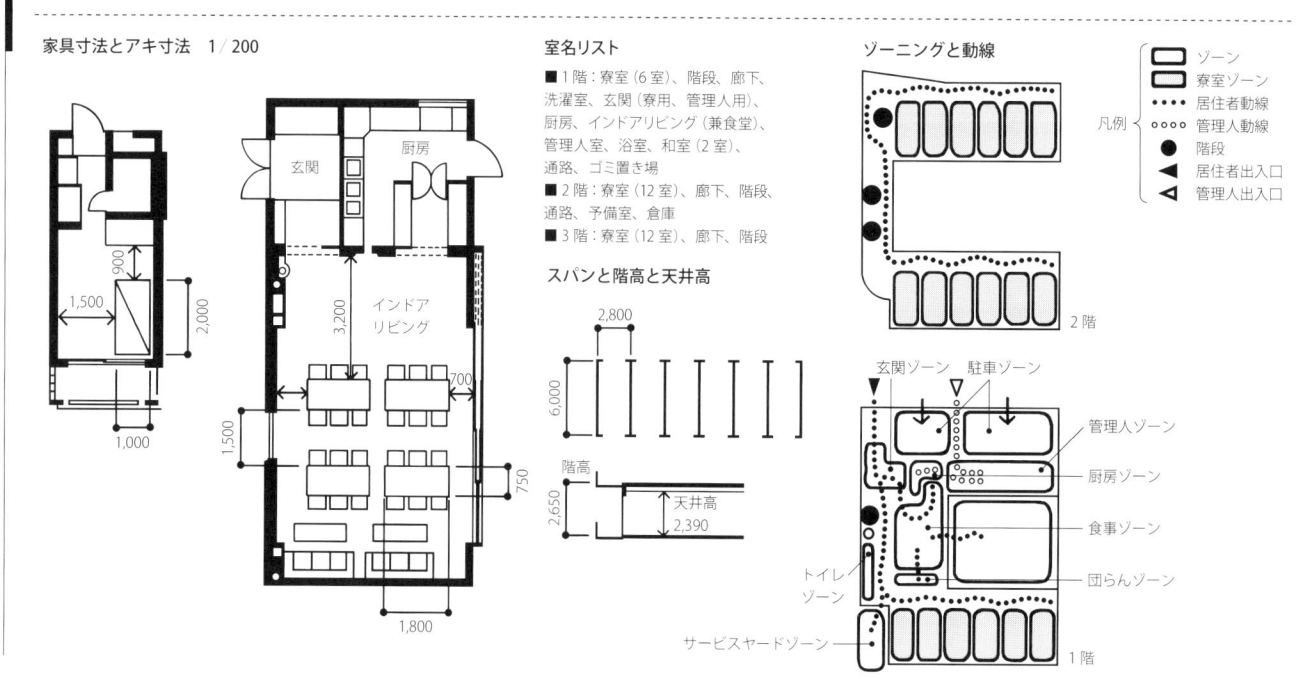

家具寸法とアキ寸法　1/200

室名リスト
■1階：寮室（6室）、階段、廊下、洗濯室、玄関（寮用、管理人用）、厨房、インドアリビング（兼食堂）、管理人室、浴室、和室（2室）、通路、ゴミ置き場
■2階：寮室（12室）、廊下、階段、通路、予備室、倉庫
■3階：寮室（12室）、廊下、階段

スパンと階高と天井高

ゾーニングと動線

2. 建築計画の知識と進め方

1. 発想は家具から

「寮」には、独身寮（学生寮を含む）のほか、企業や公務員の家族寮があります。家族寮については、集合住宅を応用するといいでしょう。「独身寮」の「主役の室」といえば「寮室」です。寮室には「個室」と「相部屋」があり、それぞれメリットとデメリットがあります。寮室は、バス・トイレ・キッチン・リビング・クローゼット・机などの有無により特徴が違ってきます。「ベッド寸法」とそのまわりの「アキ寸法」を考えてから、寮室へ、さらに、寮全体へと計画を進めていきます。

○個室か相部屋か
個室のメリットはプライバシーを確保できることです。相部屋のメリットは、互いの個性を刺激し合ってコミュニケーションを生み、人格形成に役立つことです。

図表1　個室か相部屋か　1/200
個室（例：CASA-39）
4人室（例：再春館製薬女子寮）

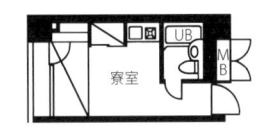

○「寝る」と「本を読む」
相部屋の就寝と読書は、消灯と点灯の矛盾を生みます。ベッドと机の位置関係で解決するか、寮室は就寝のみで他の機能を別室にするかで解決します。

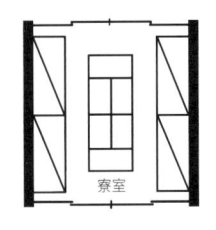

2. 寮室と類似している室との比較

「寮室」と類似している「他の用途の室」を挙げておきます。これらの室の共通点と相違点を理解しておくことで、それぞれ、計画するときのヒントが得られます。

図表2　寮室と類似している室との比較　1/300
ホテルの客室 
グループホームの居室
病院の病室
老人ホームの居室

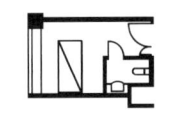

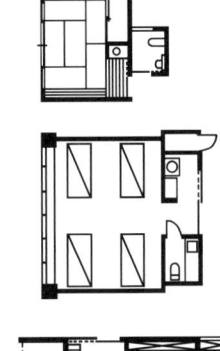

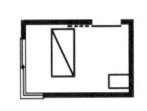

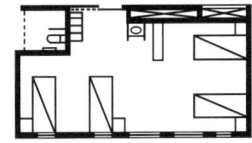

3. 皆の集まるLDKの室

寮室を、就寝に限定するにしても、多機能化するにしても、どちらも皆の集まる「リビング・ダイニング・キッチン」の機能は必要です。これらのゾーンを「複合ゾーンの室」としてまとめた例を図表3に挙げておきます。

図表3　独身寮の複合ゾーンの室（例：再春館製薬女子寮）1/600

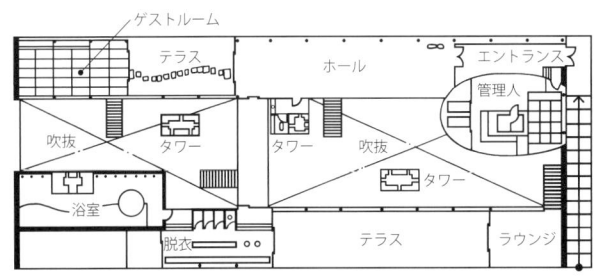

2階平面図
1階平面図　1/600 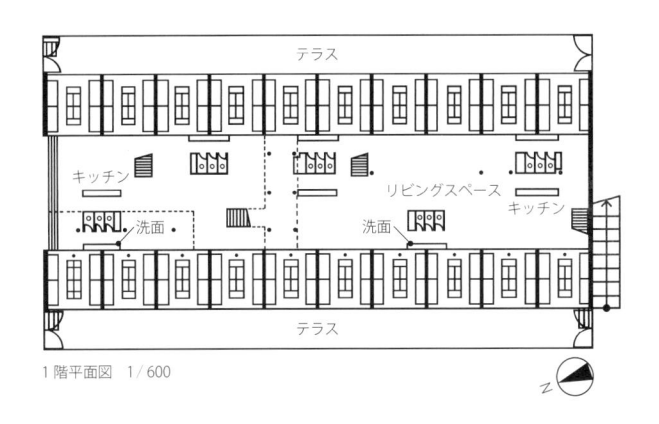

4. 管理と食事づくり

独身寮では、「両親役」の「管理人（夫婦）」が必要です。朝夕の食事づくりと寮の管理を行います。管理人室は、主出入口・リビング・ダイニングの近くに置きます。

3. 視覚デザインの発想例

解読型デザイン 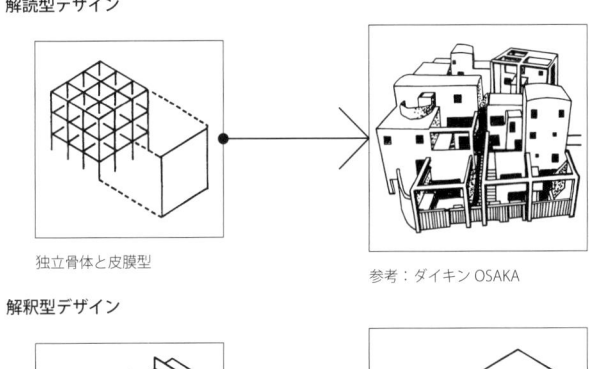
独立骨体と皮膜型
参考：ダイキンOSAKA

解釈型デザイン 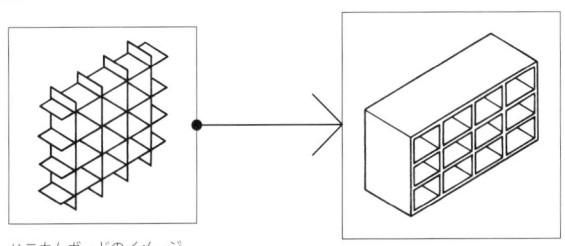
ハニカムボードのイメージ
参考：あざみ野寮

第2章　事例から学ぶ

9　独身寮

第 2 章　事例から学ぶ

10　コミュニティセンター

1. 事例の選択と分析

生の資料

建物名：富山市小見地区コミュニティセンター（富山県富山市）
2006 竣工、設計：建築／アーキヴィジョン広谷スタジオ、家具デザイン／小泉誠
構造：木造・S 造、規模：地上 1 階、軒高：4,300 mm、天井高：9,500 mm（コンコース）
建築面積：776 m²、延床面積：678 m²

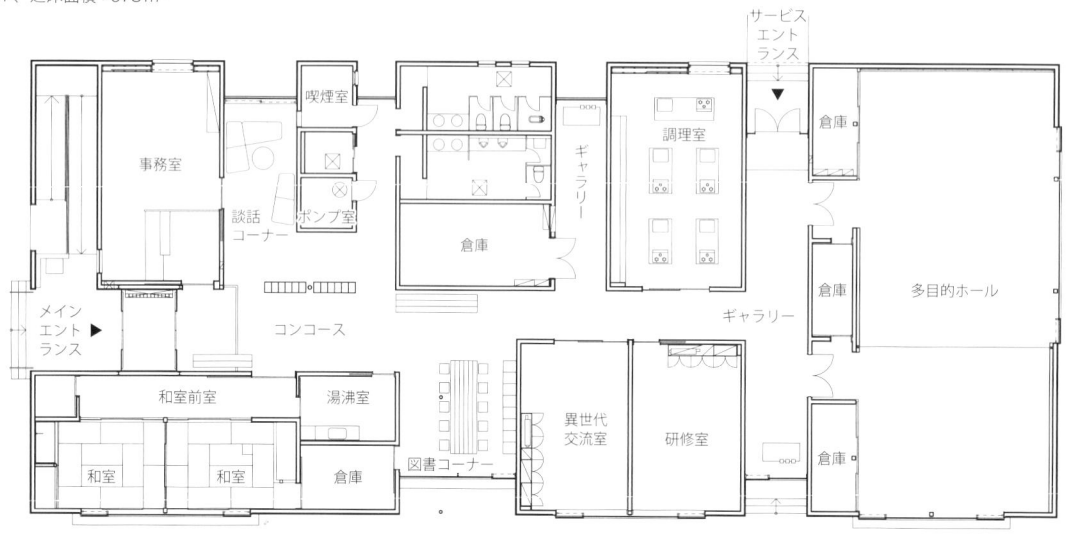

1 階平面図　1/300

分析した資料（データ）　三角スケールの計測による

家具寸法とアキ寸法　1/200

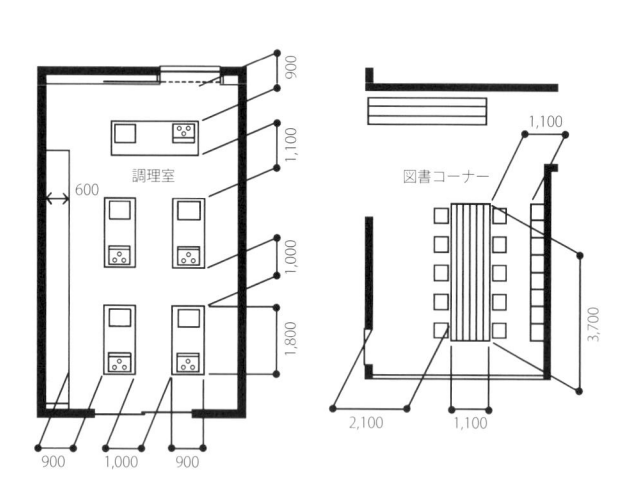

室名リスト

■風除室（メインエントランス、サービスエントランス）、コンコース（図書コーナー、談話コーナー、ギャラリー）、事務室、和室（2 室）、和室前室、給湯室、倉庫（4 室）、調理室、研修室、多目的ホール、ポンプ室、喫煙室、身障者トイレ、トイレ（男女）

スパンと階高と天井高

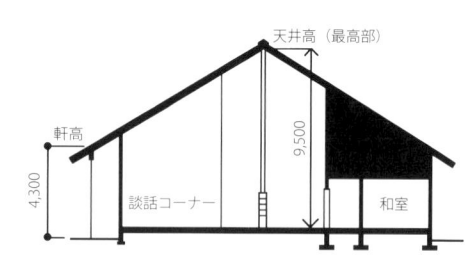

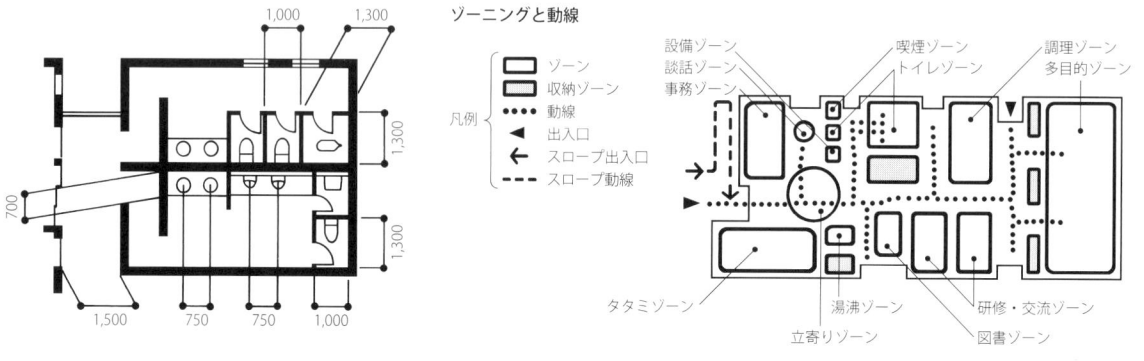

ゾーニングと動線

2. 建築計画の知識と進め方

1. 発想は家具から

「コミュニティセンター(略してコミセン)」の「主役の室」といえば「集会室」です。もう1つ、「準主役の室」として「玄関まわり(ちょっと立ち寄りのできる場所)」があります。コミセンとは、地区集会センター・町内会館・公民館などの総称です。集会室、あるいは、玄関まわりに、その地域のコミュニティに合った「家具」を選び、「家具寸法」と「アキ寸法」を考え、さらに、コミセン全体へと計画を進めていきます。集会のほか、調理・研修・展示などの機能が必要な場合は、そこに置かれる家具をまず調べます。

2. 多目的ホールと倉庫は一体

「多目的ホール」をつくる場合は、「倉庫」と一体にして計画しておきます。多目的ホールでは、主な目的である「集会」のほか、「講演会・様々な儀式・運動やダンスの練習など」が行われますが、そのための家具や器具の収納庫が必要です。奥行を浅くし間口を広くして、家具や器具の出し入れをしやすくしておきます。

図表1　多目的ホールと倉庫は一体(例:小見地区コミュニティセンター) 1/400

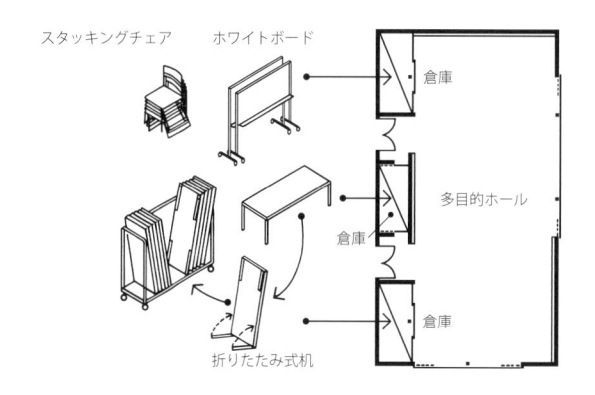

3. ちょっと立ち寄りのできる複合ゾーンの室

コミセンには、その地域の人が、「ちょっと立ち寄り」できる場所が必要です。よく用いられるのが、「玄関まわりと玄関から続く廊下」に、椅子や掲示板などの家具を配置して「複合ゾーンの室」としてつくる方法です。

図表2　立ち寄りのできる複合ゾーンの室(例:小見地区コミュニティセンター)1/800

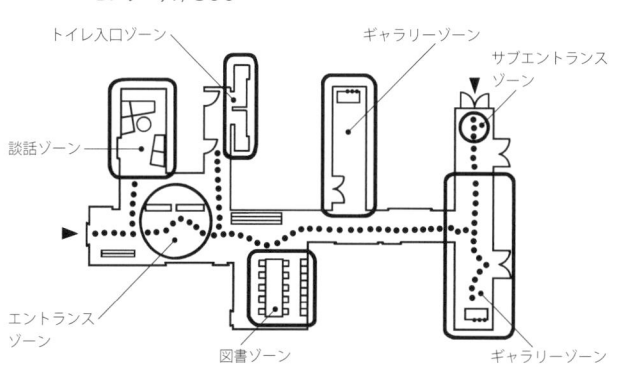

4. 洋室・和室

集会室を、「洋間」でつくっておくほか、日本では「和室」でつくっておく方法があります。集会室の近くには、給湯室とトイレが必要です。和室では、踏込か靴脱ぎのためのスペース、そして靴箱が必要です。

○椅子座による室

集会室を「洋室」にする場合は、「椅子と机」が必要です。利用者数を決め、その「家具数」から「ゾーンの規模」を決め、そして、「室の大きさ」を決めます。

図表3　椅子座・床座　1/300

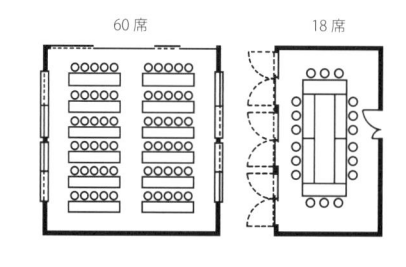

○床座による室

集会室を「和室」にする場合は、畳の枚数で「室の大きさ」が決まります。和室には座布団とローテーブルが必用であり、座布団を収納する押入を設けます。

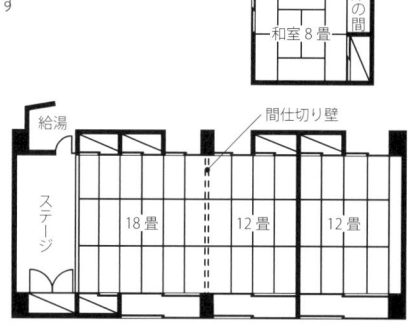

5. 他用途からの応用

コミセンの計画で、集会以外の、例えば、調理・結婚式・葬儀・演劇・展示・図書館などの機能を入れたい場合は、それらの計画法を応用するといいでしょう。

3. 視覚デザインの発想

解読型デザイン

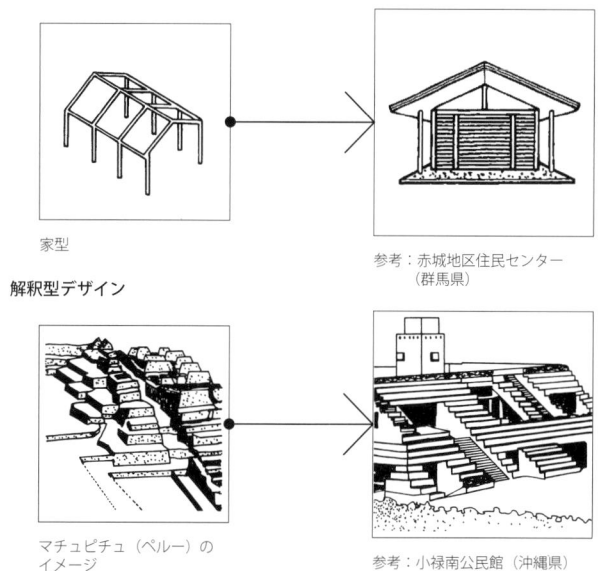

家型

参考:赤城地区住民センター(群馬県)

解釈型デザイン

マチュピチュ(ペルー)のイメージ

参考:小禄南公民館(沖縄県)

第2章　事例から学ぶ

11　博物館・アートギャラリー──1

1. 事例の選択と分析

生の資料　　　　　　　　　　　　　　　　　　　　　　　　　　　　　　　　　　　　◇美術館

建物名：中村キース・ヘリング美術館（山梨県北杜市）2007竣工、設計：北川原温建築都市研究所、構造：RC造・S造、規模：地下1階・地上1階、軒高：14,590mm、天井高：2,400～13,000mm、建築面積：881㎡、延床面積：842㎡

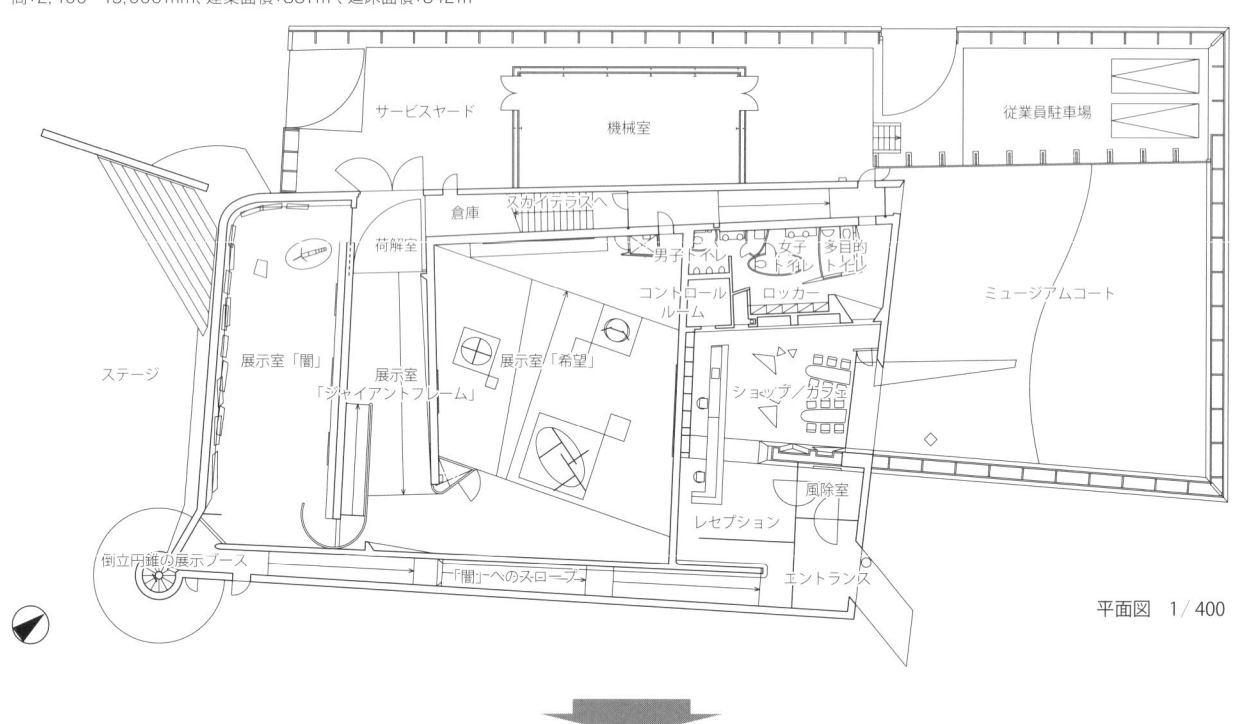

平面図　1/400

分析した資料（データ）　三角スケールの計測による

家具寸法とアキ寸法　1/200

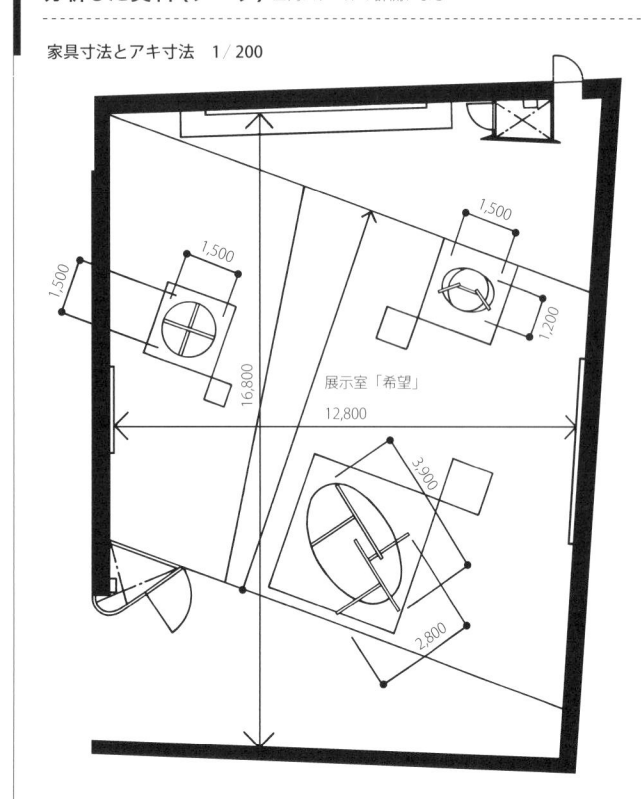

室名リスト

風除室、レセプション、ミュージアムショップ、スロープ、倒立円錐の展示ブース、展示室（3室）、倉庫、機械室、トイレ（男女）、ロッカールーム、コントロールルーム

スパンと階高と天井高

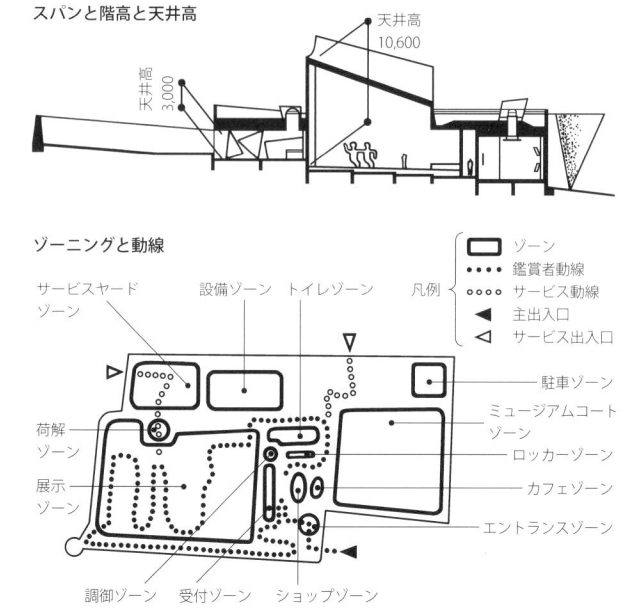

ゾーニングと動線

凡例	
☐	ゾーン
・・・・	鑑賞者動線
○○○○	サービス動線
▶	主出入口
▷	サービス出入口

生の資料

◇博物館

1階平面図　1/800

建物名：福島県立博物館（福島県会津若松市）
1986 竣工
設計：佐藤総合計画、構造：SRC造・S造、規模：地上2階
建築面積：10,986 m²、延床面積：10,978 m²

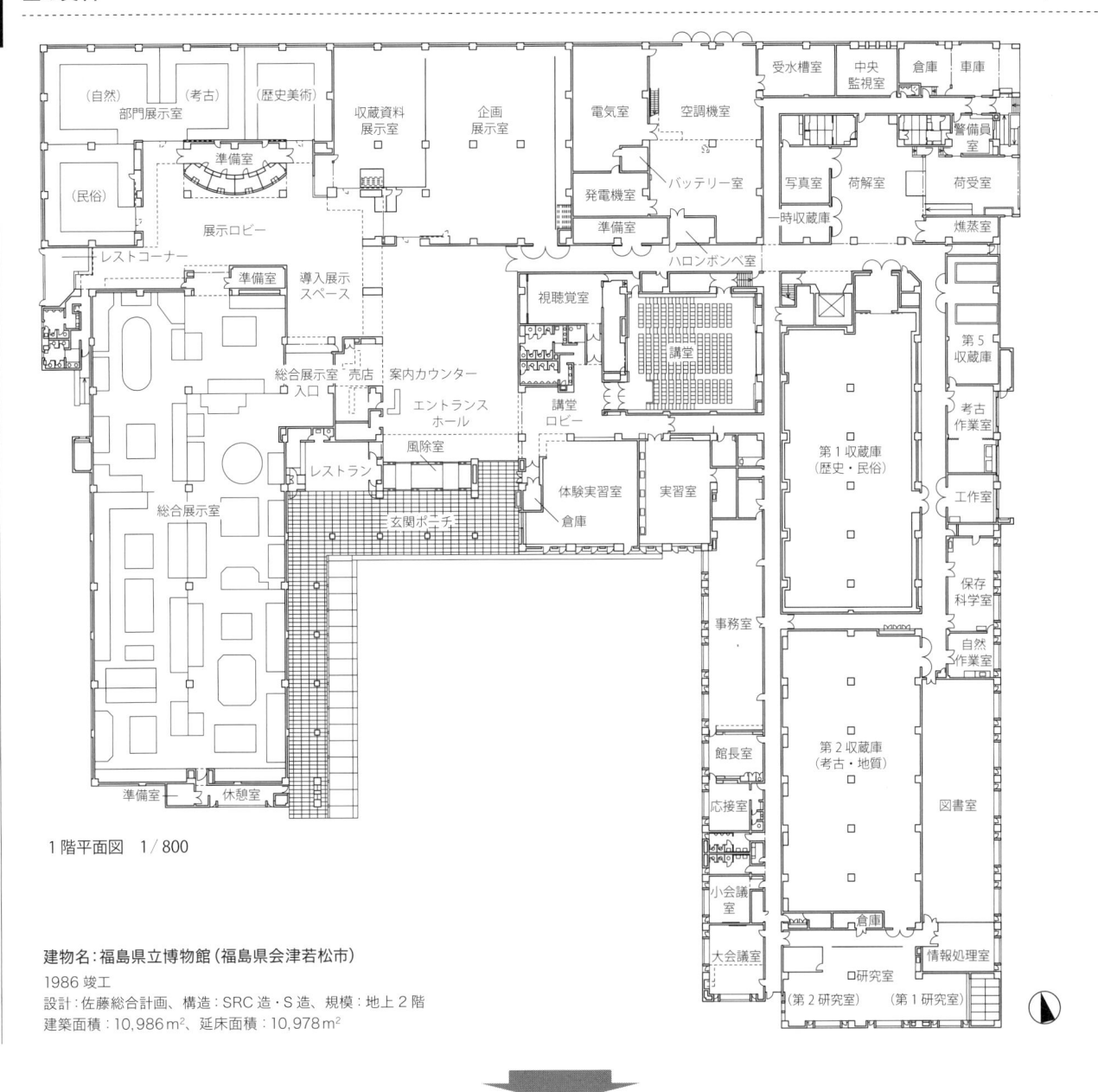

分析した資料（データ）　三角スケールの計測による

家具寸法とアキ寸法　1/200

室名リスト

●展示部門：総合展示室、部門展示室、収蔵資料展示室、企画展示室、展示ロビー、導入展示スペース、展示室用トイレ、●研修部門：視聴覚室、講堂、体験学習室、実習室、●収蔵部門：収蔵庫（3室）、前室、●研究部門：研究室、考古作業室、工作室、保存科学室、自然作業室、図書室、●管理部門：事務室（2室）、館長室、応接室、会議室（3室）、管理部門用トイレ、守衛室、守衛室用トイレ、荷受場、写真室、一時保管庫、電気室、空調機械室、発電機室、●その他：エントランスホール、クローク、レストラン、ミュージアムショップ、客用トイレ、風除室、廊下

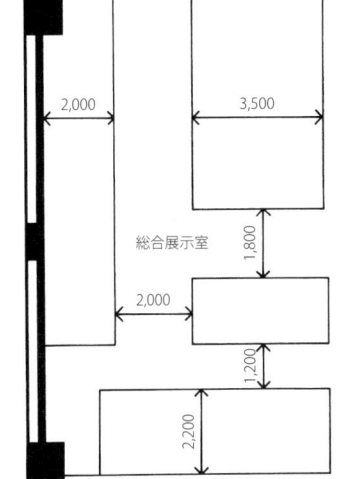

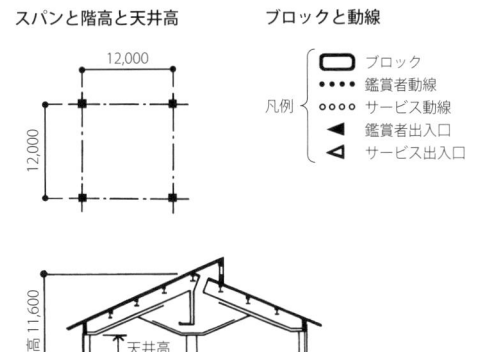

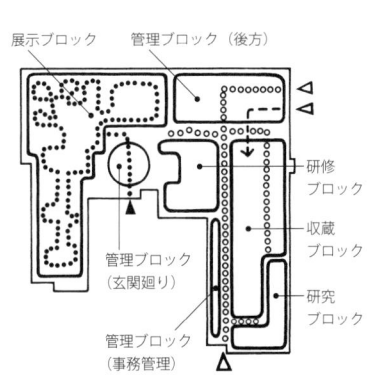

スパンと階高と天井高

ブロックと動線

凡例
- ▬▬ ブロック
- ●●●● 鑑賞者動線
- ○○○○ サービス動線
- ▲ 鑑賞者出入口
- △ サービス出入口

第2章　事例から学ぶ
11　博物館・アートギャラリー—1

第2章　事例から学ぶ

11　博物館・アートギャラリー―2

生の資料　　　　　　　　　　◇アートギャラリー

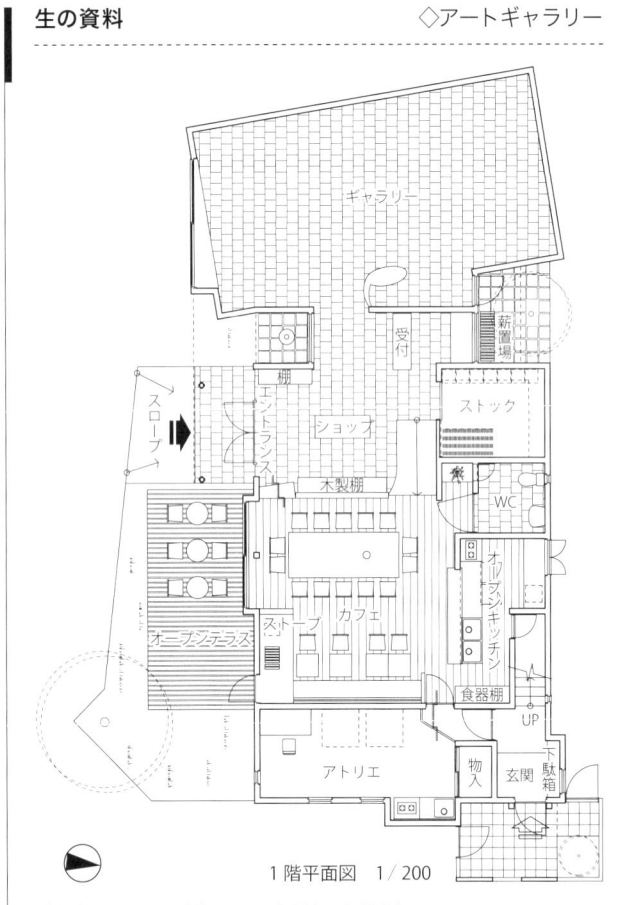

1階平面図　1/200

建物名：トゥデイズギャラリー（愛媛県大洲市）
2000 竣工
設計：都市空間設計＋デザインアルボー、構造：木造、規模：地上2階、
階高：3,205mm、天井高：梁下 3,350mm、主なスパン：5,000mm×9,500mm、
建築面積：160m²、延床面積：222m²

分析した資料（データ）　三角スケールの計測による

家具寸法とアキ寸法　1/200

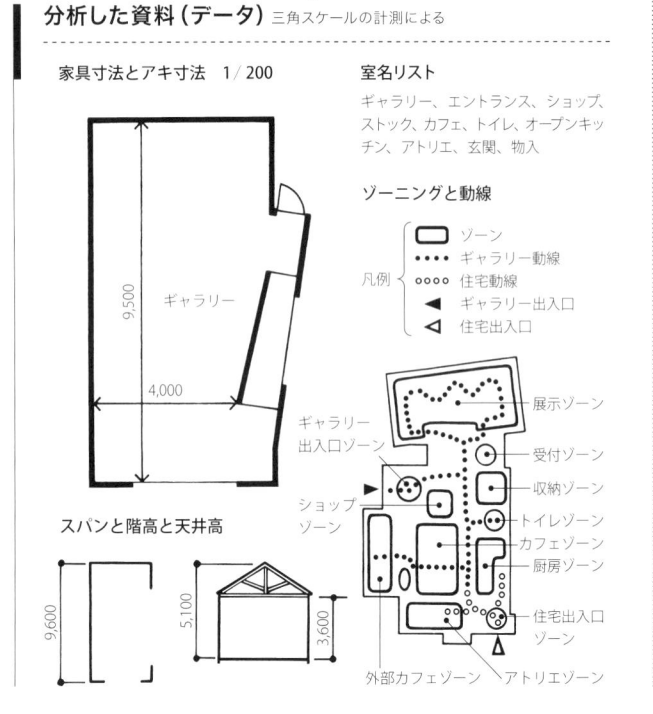

室名リスト
ギャラリー、エントランス、ショップ、ストック、カフェ、トイレ、オープンキッチン、アトリエ、玄関、物入

ゾーニングと動線

凡例
- ゾーン
- ･･･ ギャラリー動線
- ○○○ 住宅動線
- ◀ ギャラリー出入口
- △ 住宅出入口

スパンと階高と天井高

2. 建築計画の知識と進め方

1. 発想は美術品から（美術館）

「美術館」の「主役の室」といえば「展示室」です。まず、そこで展示される「美術品の種類」や「美術品の寸法や重量」、その「展示方法」から発想して「展示ゾーン」へ、そして、「展示室」の計画を開始し、美術館全体へと進めていきます。次のような展示方法があります。

○平面系展示
洋画・日本画・書道・グラフィックデザインなどの平面系美術品は、「壁面展示」で鑑賞します。展示壁面の寸法、そして、美術品までの視距離は、作品の寸法に関係しています。

○立体系展示
彫刻や立体造形は、空間を「三次元的」に占める状態で展示されます。鑑賞者は、作品の周囲を歩きながら鑑賞します。作品の寸法チェックのほか、重量チェックも必要です。

○工芸系展示
彫金、漆工芸、陶磁器、木工芸、染織などの展示方法には、「台展示」と「壁面展示」があります。盗難防止に「透明ケース」をかぶせる場合もあります。

○インスタレーション系展示
アーティストは、与えられた展示室や屋外空間を使って、テーマを決め「仮設的な表現」として作品をつくり展示します。鑑賞者は、作品の内外を環境として体験しながら鑑賞します。

○映像系展示
コンピュータ制御された光源の点滅、プロジェクターによるスライド投影、モニターによるデジタル映像など、手法は様々ですが、アーティストのテーマ内容を「映像や光」を使って展示する方法です。電源が必要です。

図表1　絵画の号数と寸法の例（人物）

号	油絵	号	日本画
1	220×160	1	221×166
10	530×455	10	530×455
50	1,167×910	50	1,167×909
100	1,620×1,303	100	1,621×1,303
200	2,590×1,940		
300	2,910×2,182		
500	3,333×2,485		

(mm)

図表2　美術館の展示方法の例

立体系展示

工芸系展示

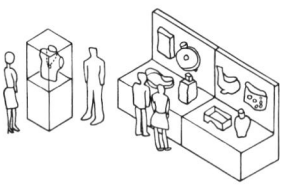

インスタレーション系展示

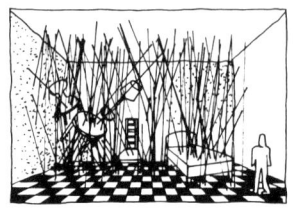

映像系展示

2. 発想は展示資料から（博物館）

「博物館」の「主役の室」といえば「展示室」です。博物館の計画では、「評価の定まっている資料」が、すでに収集されているか、あるいは、収集の見込みがあることが前提です。「展示資料の数や寸法」を調べ「展示方法」を考えてから、博物館全体へと計画を進めていきます。

○ 壁面展示
軽く小さな資料は、「壁面展示」が可能です。壁面に解説を添えることも可能です。透明ケースで保護する場合もあります。引出の中の資料を自由に触れる展示方法もあります。

○ 台展示
床上に置かれた「台展示」は見下ろして鑑賞します。広げた状態の書物・発掘状態の埋蔵文化財・地形モデルなどの展示に適しています。透明ケースで保護する場合もあります。

○ 立体展示
立体的で空間を占める展示資料、例えば、工業・産業・文化・生活などの分野で、実際に使用された道具・機械・建物・発掘資料・衣装や、縮尺模型などを展示する方法です。

○ パノラマ展示
ある時代の住居様式などを、周囲の風景とともに原寸大で再現して展示する方法です。周囲にその時代の人物・家畜・道具・植物などの模型を一緒に配置する場合もあります。

図表3　博物館の展示方法の例
- 壁面展示（例：工芸館）：説明パネル／展示物／引出（手にとって触れる）
- 台展示（例：歴史博物館）：絵巻物など
- 立体展示（例：呉市海事歴史科学館）
- パノラマ展示（例：民俗博物館）：背景／古代住居／生活物

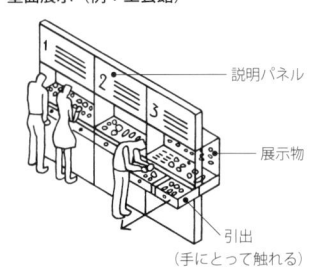

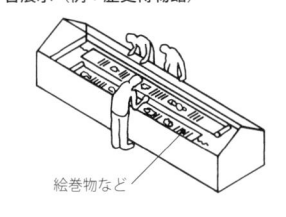

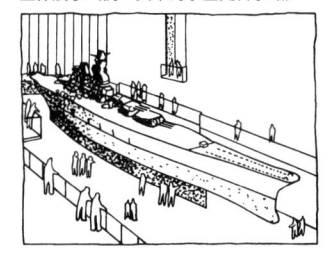

3. 発想は展示作品から（アートギャラリー）

街なかの「アートギャラリー」では、アーティストの作品のほか、民芸品、近隣住民の作品などが展示されます。博物館と比べて、厳密な温湿度管理・防犯管理・ガイダンスなどで多少劣る場合もあります。

図表4　アートギャラリーの展示方法の例
壁面展示／台展示／ケース展示

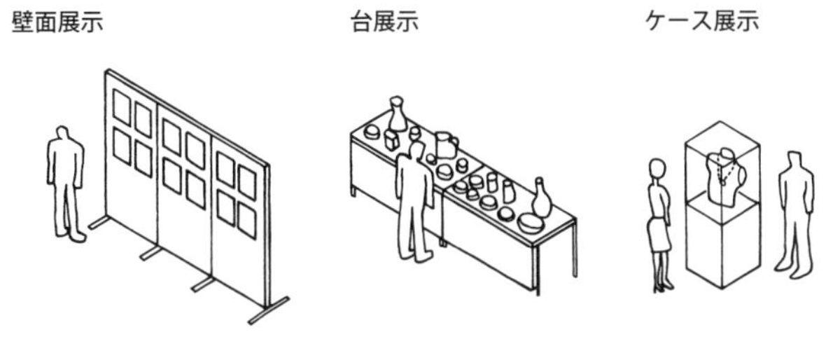

4. 展示室の環境管理

博物館や美術館では、歴史的価値や美術的価値のある資料が展示されます。その場合、展示室の「環境管理」が整っていることが条件となります。展示室に求められる「環境条件」の代表的なものを挙げておきます。

○ 空調計画
展示室の温度は約22℃、湿度は約55％が推奨値として挙げられます。必要な場合は、ガラスケース内をさらに空調します。

○ 視覚計画
鑑賞に適している視覚範囲は30〜45°です。また、絵画の画面対角線の約1.5倍離れて見ると鑑賞しやすくなります。

○ 照明計画
展示品保護のため、紫外線を出さない蛍光灯等を使用し、褪色と演色の効果を考慮します。照度の推奨値は、室全体で50〜100ルクス、洋画150〜200ルクス、日本画100ルクス、水彩画80ルクス、版画50ルクスです。以前の人工照明のみの時代から、現在は間接自然採光の併用も可能です。展示用LEDも徐々に採用されています。

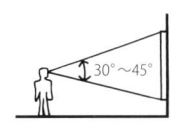

図表5　視覚計画
視覚範囲：30°〜45°
画面対角線の1.5倍の距離：1.5a

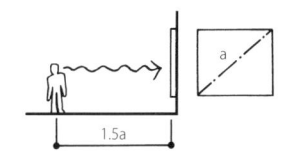

5. 展示空間と一筆書きの鑑賞経路

「展示空間」は、「一筆書き」のように移動する鑑賞者の「鑑賞経路」とうまく響き合っていなくてはなりません。展示空間の移動には、ショッピングモールで述べた「目と足」によるシークエンスへの配慮が大切です。

図表6　展示空間と一筆書きの鑑賞経路の例
廊下型／中央ホール型／ジグザグ型／室連結型／棟連結型

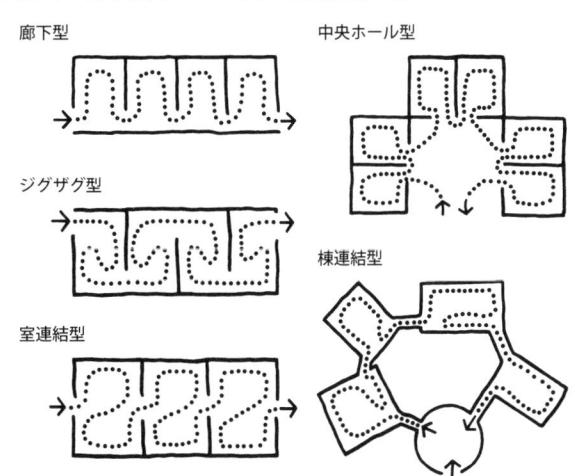

図表7　シークエンス型の例
ガイディングウォール型／アイストップ型／蛇行型
凡例：目の方向／足の方向

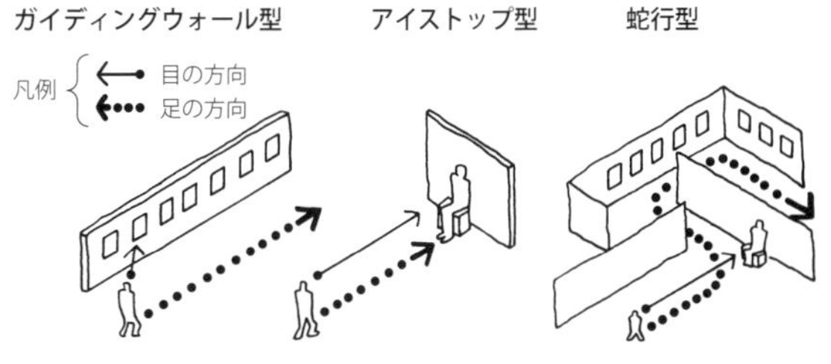

第2章　事例から学ぶ

11　博物館・アートギャラリー―3

6. 常設展示と企画展示

「常設展示室」の計画は、展示予定の「収集資料」をもとに「展示壁面の長さ」を割り出し、「一筆書き」の動線と「目と足」のシークエンスを組み合わせて計画します。「企画展示室」は、どのような展示プログラムにも対応できるように「フリー空間」にしておきます。

図表8　常設展示と企画展示（例：福島県立博物館）

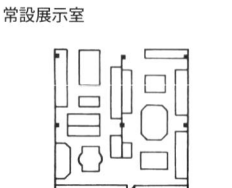

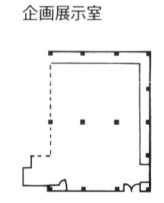

常設展示室　　　　　企画展示室

○**休憩コーナー**　博物館での鑑賞は、長い鑑賞経路を歩くので疲れます。経路の途中に、椅子を配置して足を休め、外の風景を見て目を休める「休憩コーナー」を設置しておくといいでしょう。

7. 展示室の平面型と比率

展示室の平面の形には、「矩形型」「円形型」「有機曲線型」などの形がよく用いられます。矩形平面の場合の縦横比率で、よく用いられる例を挙げておきます。

図表9　平面の縦横比率の例（1:1、1:1.5、1:2、1:2.5、1:3）
（例：福島県立博物館）

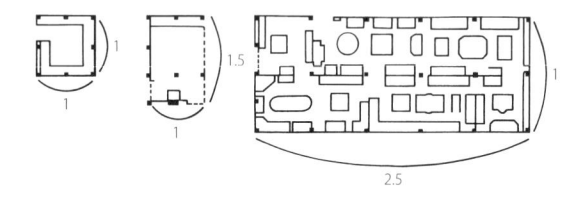

8. ロビーまわり

博物館の「ロビーまわり」は、展示ゾーンの出入口・トイレやロッカー室の出入口・ミュージアムショップ・カフェなどの集まる「複合ゾーンの室」として構成されます。

図表10　ロビーまわり（例：中村キース・ヘリング美術館）1/400

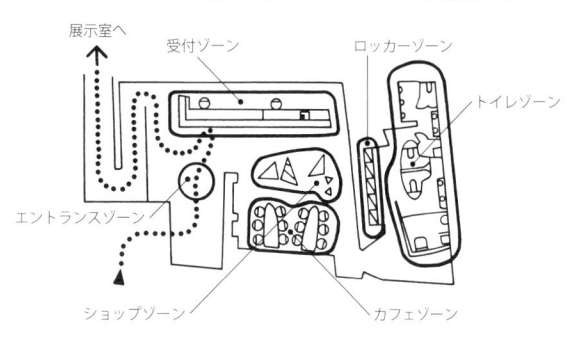

9. 収蔵・研究・管理（裏の領域）

博物館の「表の領域」は、鑑賞者や利用者が自由に歩き回れる領域です。それに対し、「裏の領域」は、学芸員や職員の働く「収蔵・管理・研究」などの領域です。「表と裏」の関係は、百貨店・ホテル・病院にもありました。このような規模が大きく複雑な用途の計画では、表の領域に関心が行きがちですが、裏の領域にも、等しく気を配って計画しておくことが大切です。

○**サービス出入口**
博物館では、鑑賞者用の「表玄関」のほか、裏からの「サービス出入口」が必要です。展示品を搬入・搬出する「荷受場（トラックヤード）」のほか、館員や関係者が出入りする「通用口」が必要です。

○**窓のいらない収蔵庫**
収蔵庫は、周囲を窓のない壁で囲んだ「非居室」としてつくります。図表11のように、RC造の壁の内側に、さらに、木造で「二重壁」をつくり、空気層で外気との遮断を図ります。温度は、22℃、湿度は55%を保つように計画します。

○**防災計画**
収蔵庫の消火設備は、資料に水損のないように、不燃性ガス（代替ハロン・IG-541等）を使用します。二酸化炭素（CO_2）の消火設備は、中に人がいないことを確認して、手動で消化してもよい。

○**窓の必要な居室**
学芸員や職員が継続的に執務や作業をする室は「居室」です。学芸員室・事務室・研究室・館長室には、開口部（窓）が必要であり、床面積の1/7以上の採光面積、床面積の1/20以上の換気面積をとっておきます。

○**居室と収蔵庫の配置**
開口部の必要な「居室」と開口部の必要でない「収蔵庫」の関係をうまく処理した例として、福島県立博物館を挙げておきます。

図表11　収蔵・管理・研究（例：福島県立博物館）1/1,200

バックヤード部分

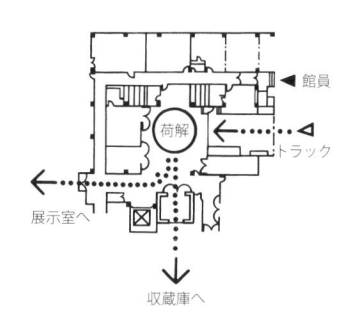

収蔵・管理・研究部分

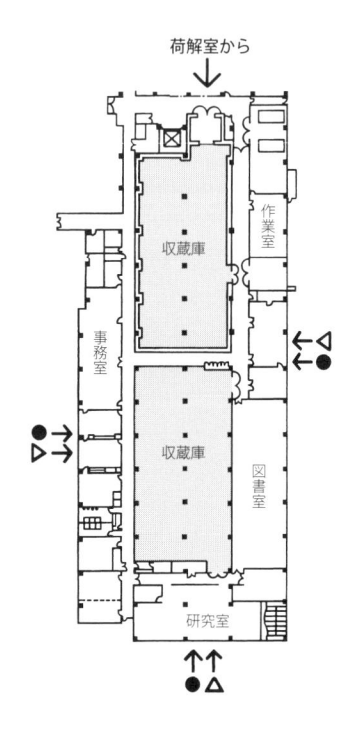

凡例
□ 居室
■ 非居室
← ● 採光
← △ 換気

10. 部門（ブロック）と室

公的な博物館として、国立博物館のほか、都道府県立や市町村立の公立博物館があります。図表12は、公立博物館の部門（ブロック）と室の関係を示したものです。

図表12　部門（ブロック）と室

	部門（ブロック）	室
イ	導入部門（A）	風除室、傘置き場、エントランスホール、チケット売り場、レストラン（またはカフェ）、客用トイレ
	展示部門（B）	常設展示室、企画展示室、映像展示室、展示ロビー、ミュージアムショップ、休憩室（鑑賞経路の途中）
	研修部門（C）	講堂、体験学習室、実習室、視聴覚室、図書室
ロ	収蔵部門（D）	収蔵庫、前室、荷解き室、荷受け場（サービスヤード）、消毒室、燻蒸室、写真室、作業員室
	研究部門（E）	研究室、図書室、作業室、工作室、保存修復室、実験室、資料室、写場、暗室、
ハ	管理部門（F）	事務室（受付を含む）、館長室、応接室、会議室、湯沸し室、更衣室、館員用トイレ、倉庫、給排水機械室、電気室、空調機械室、廊下、階段、EV機械室

○面積配分は実際にはどうなっているか、計算して確かめる

自分の選んだ参考事例（例えば、福島県立博物館）の平面図1/800で確かめてみます。そして、「公立博物館の設置及び運営に関する基準」の中に推奨値として示されている面積比率「（イ）展示教育活動関係42％、（ロ）保管研究活動関係42％、（ハ）管理・その他16％」と比較してみます。作業として、まず、図表13のように、部門ごとに平面図を分割します。各部門の境界線をどこにするかで悩むことがありますが、このような「分析」を行っている時こそ、「平面づくり」についての理解を深めている時です。ここでは、計算例として「展示部門（B）」を取り上げて説明します。平面図に凸凹があるため、a×bで計算しやすいように①から⑥に分割し、各辺を三角スケールで測り、面積を計算します。

① 63.6×25.0＝1,590 m^2
② 24.0×66.0＝1,584 m^2
③ 15.0×5.6＝84 m^2
④ 15.0×3.0＝45 m^2
⑤ 12.0×13.0＝156 m^2
⑥ 5.9×10.0＝59 m^2

展示部門（B）の面積＝①＋②＋③＋④＋⑤＋⑥＝3,518 m^2 となります。同じ要領で、A・C・D・E・Fの面積を計算します。この建物は2階建て（2階床面積1,091 m^2）で、そのうち、機械室を420 m^2 とし、その他を収蔵庫として、1階部分に足して、各部門の面積をまとめると、

導入部門（A）＝602 m^2、展示部門（B）＝3,518 m^2、研修部門（C）＝693 m^2、収蔵部門（D）＝3,386 m^2、研究部門（E）＝788 m^2、管理部門（F）＝1,991 m^2 となり、

A＋B＋C＋D＋E＋F＝10,978 m^2（延床面積）となります。

イ、ロ、ハの割合は、おおよそ44％、38％、18％です。図面上の面積配分の「数値」と平面の「イメージ」を参考に、「平面づくり」に役立てます。

図表13　分析事例：福島県立博物館

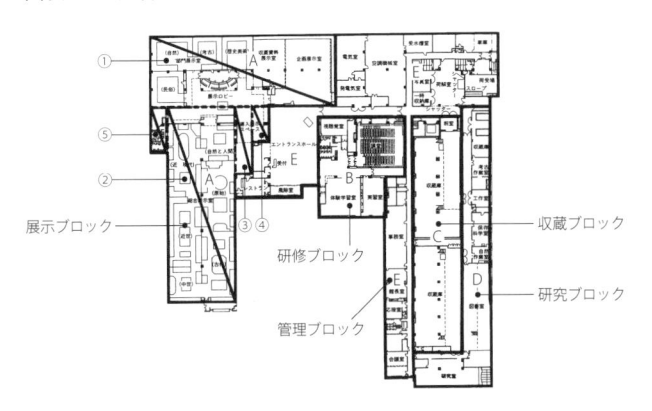

11. 博物館の種類

美術館の成立は、美術品を市民の共有財産として認識した近代初期でした。美術館（art museum）は博物館（museum）の1つですが、美術品が資料として収集・展示されるようになると、美術品以外の歴史や科学の研究・展示に必要な資料も収集されるようになりました。そして、様々な種類の博物館がつくられるようになりました。博物館には学芸員（キュレーター）が必要ですが、アートギャラリーではいない場合もあります。

図表14　博物館の種類

美術博物館	古美術博物館、近代美術博物館、現代美術館、工芸館、民芸館、絵画館、彫刻館など	アートギャラリー
歴史博物館	考古学博物館、民俗学博物館、風俗史博物館、建築史博物館、演劇史博物館など	
科学博物館	動物園、植物園、水族館、海洋博物館、鉄道博物館など	
その他	史跡、名勝、庭園、野外博物館、各種博覧会など	

12. 博物館

博物館法では、「博物館」とは、歴史、芸術、民俗、産業、自然科学等に関する資料を収集・保管・展示し、教育的配慮のもとに一般公衆の利用に供し、その教養、調査研究、レクリエーション等に資するための事業を行う機関、とされています。博物館には、鑑賞者のために「資料の展示」を行うほか、「資料の収集・研究・保管」などの役目があります。展示計画では、常に「何を、どのように、なぜ展示するのか」を考えておきます。現代の博物館の役目として、さらに、「市民の創造活動の機会を与える場所」として「アトリエ」や「実習室」が併設される場合もあります（例：世田谷美術館）。

3. 視覚デザインの発想例

解読型デザイン

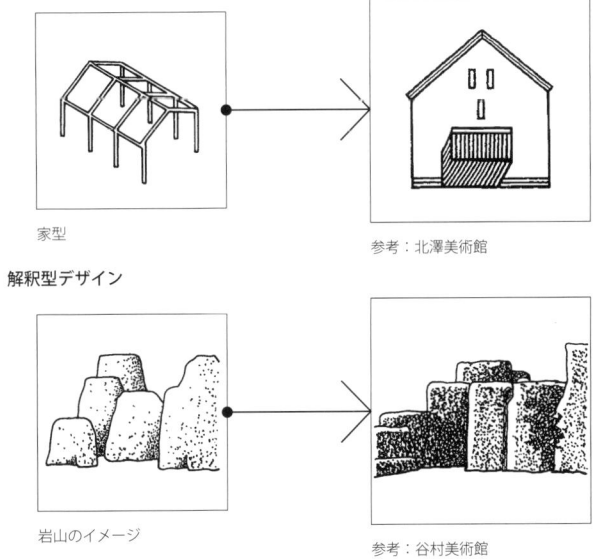

家型　　　　　　　　　　　参考：北澤美術館

解釈型デザイン

岩山のイメージ　　　　　　参考：谷村美術館

第 2 章　事例から学ぶ

12　劇場・音楽ホール・映画館—1

1. 事例の選択と分析

生の資料　　　　　　　　　　　　　　　　　　　　　　　　　　　　　　　　　　　　　　◇プロセニアム型劇場

建物名：まつもと市民芸術館（長野県松本市）
2004 竣工、設計：伊東豊雄建築設計事務所、構造：SRC 造・一部 RC 造、規模：地下 2 階・地上 7 階・塔屋 1 階、最高高さ：34,000mm、軒高：33,560mm
天井高：1 階エントランス 5,650mm、3 階ホワイエ 4,800mm、大ホール主舞台 27,000mm、主なスパン：12,000mm、建築面積：7,080 m²、延床面積：19,184 m²

■劇場形式：多目的ホール劇場型、主要用途：演劇・オペラほか、収容人員：1,516 人（うち車椅子 6 人、母子室 14 人、立見席 100 人）、舞台形式：プロセニアム型＋田の字型舞台、座席形式：
4 段バルコニー＋馬蹄型

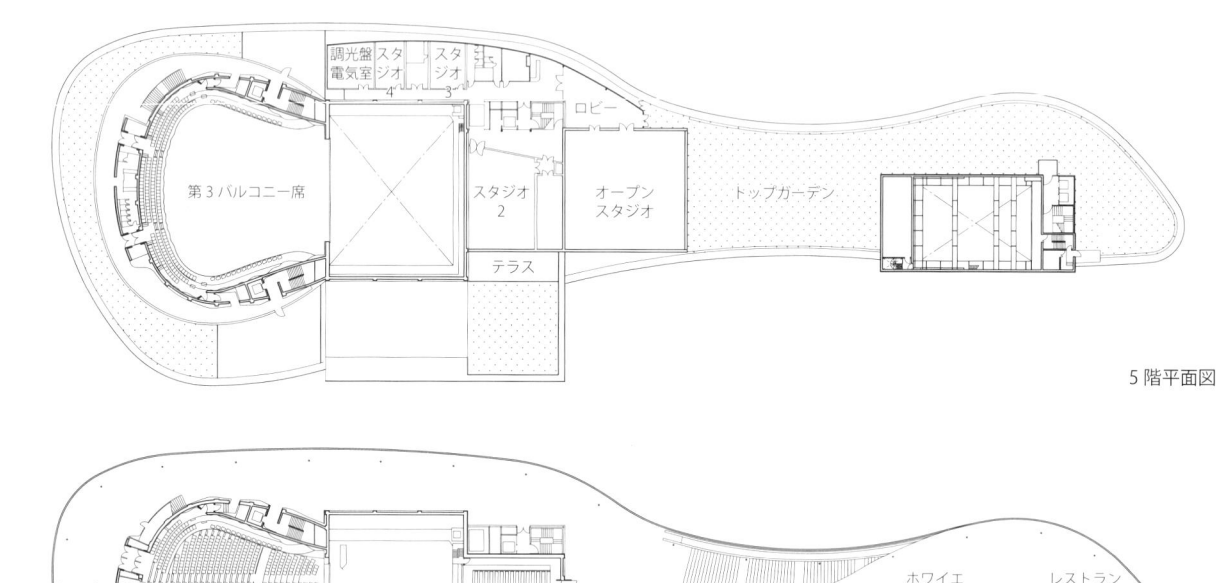

5 階平面図

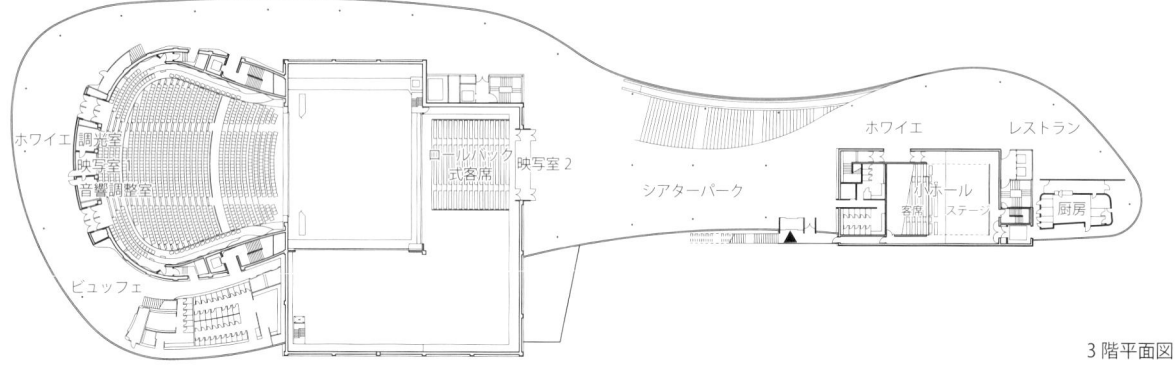

3 階平面図

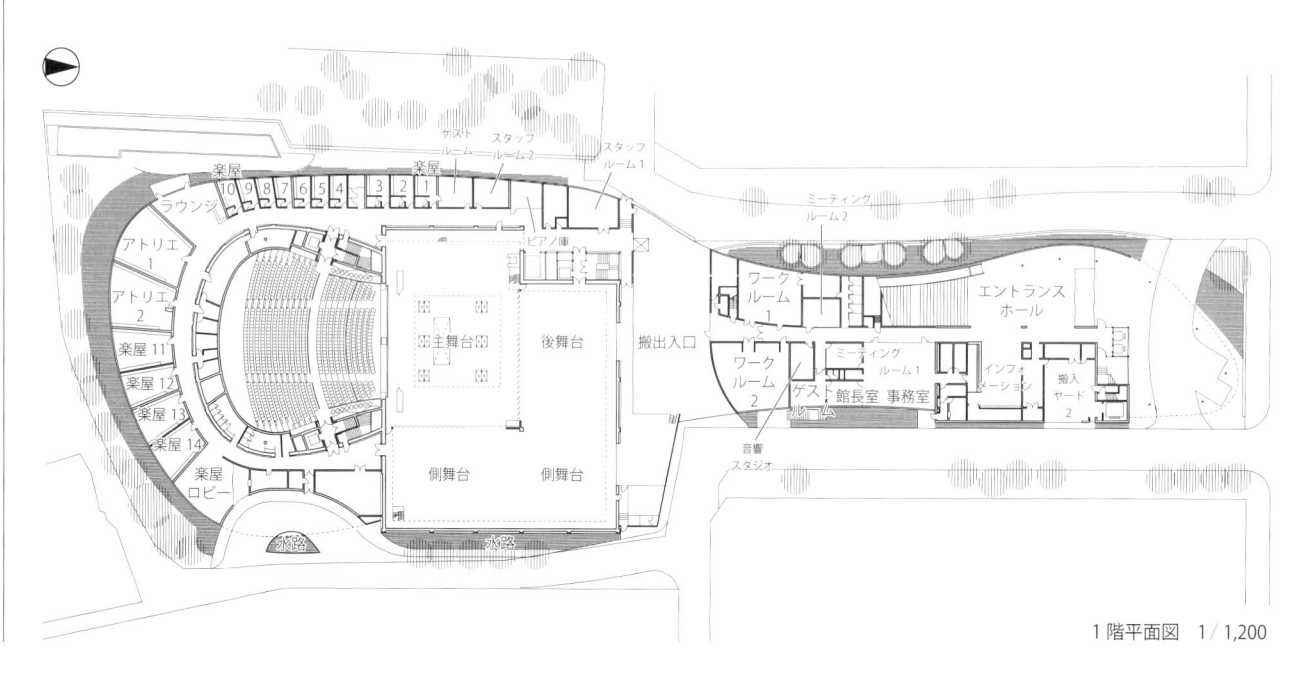

1 階平面図　1/1,200

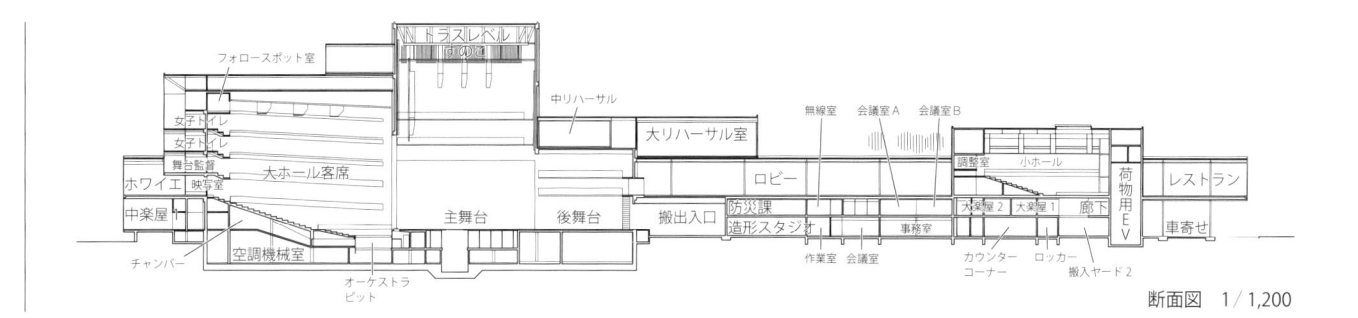

断面図 1/1,200

分析した資料（データ） 三角スケールの計測による

家具寸法とアキ寸法 1/200

室名リスト

■1階：エントランスホール、インフォメーション、客用EV、客用EVホール、階段室（8室）、小ホール用搬入ヤード、小ホール用搬入EV、事務室、従業員用トイレ（男女）、館長室、ゲストルーム、スタジオ、ワークルーム（2室）、ミーティングルーム、大ホール搬出入口、大ホール客席、主舞台、後舞台、側舞台、後側舞台、楽屋（14室）、楽屋ロビー、楽屋トイレ（男女）、ゲストルーム、スタッフルーム（4室）、ラウンジ、倉庫
■3階：大ホール客席、ロールバック式客席、ホワイエ、ビュッフェ、客用トイレ（男女）、調光室、映写室、音響調整室、映写室、階段（12ヶ所）、シアターパーク、小ホール客席、小ホールステージ、客用トイレ（男女）、レストラン、厨房、客用EV、客用EVホール、搬入用EV
■5階：大ホールバルコニー、トイレ（男女）、調光盤電気室、スタジオ（2室）、スタジオ（リハーサル室）、ロビー、トイレ（男女）、オープンスタジオ（大リハーサル室）、客用EV、客用EVホール、階段（6ヶ所）

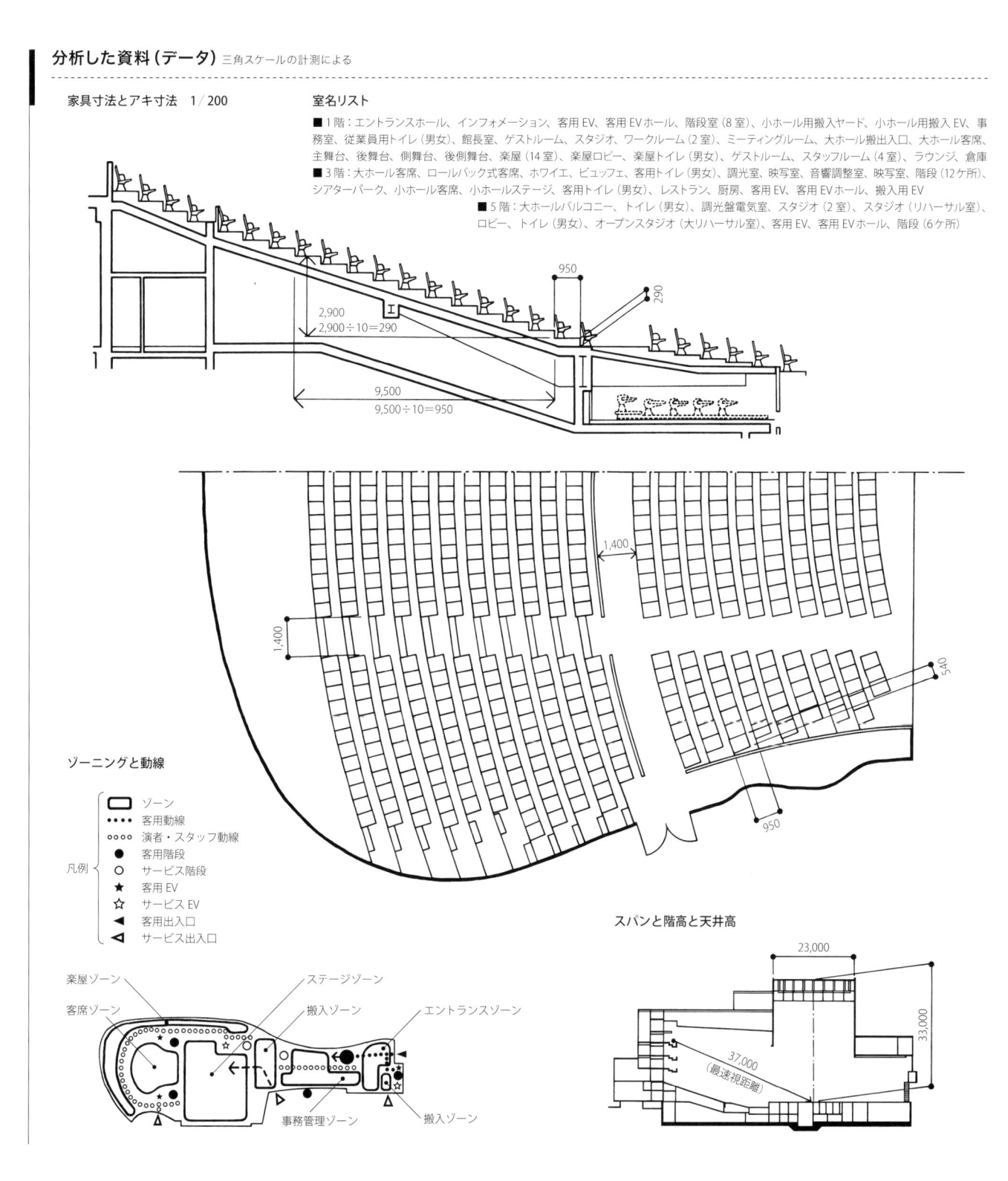

ゾーニングと動線

凡例：
- □ ゾーン
- •••• 客用動線
- ○○○○ 演者・スタッフ動線
- ● 客用階段
- ○ サービス階段
- ★ 客用EV
- ☆ サービスEV
- ◀ 客用出入口
- ◁ サービス出入口

スパンと階高と天井高

第2章 事例から学ぶ

12 劇場・音楽ホール・映画館―1

第 2 章　事例から学ぶ

12　劇場・音楽ホール・映画館—2

生の資料

◇可変型劇場

低層棟　2 階平面図

低層棟　地下 1 階・1 階平面図

低層棟　地下 2 階平面図　1/500

低層棟　断面図　1/500

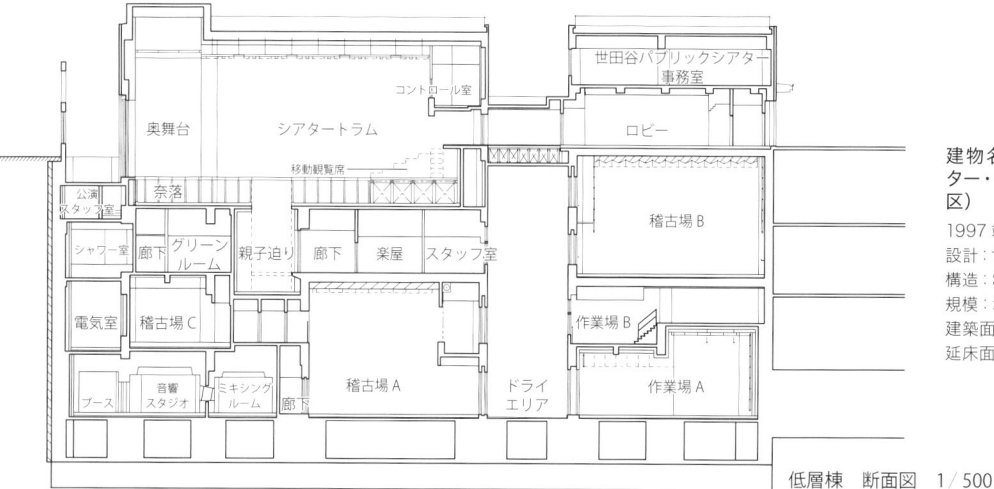

建物名：世田谷文化生活情報センター・シアタートラム（東京都世田谷区）
1997 竣工
設計：世田谷区営繕第一課・アトリエR
構造：S 造、SRC 造、RC 造
規模：地下 5 階・地上 27 階・塔屋 1 階
建築面積：6,243 m²
延床面積：76,754 m²

- ■劇場形式：可変型劇場
- ■主要用途：演劇・舞踊
- ■収容人員：エンドステージ
  形式時 221〜248人、
  スラストステージ形式時
  217〜242人
- ■客席形式：ロールバックスタンド＋
  手組み
- ■舞台形式：平土間、エンド、
  スラストを基本とする自由な形式

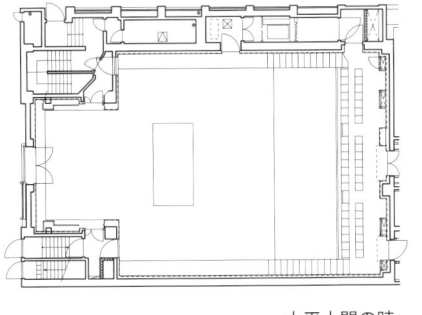

太平土間の時　　　　スラストステージの時

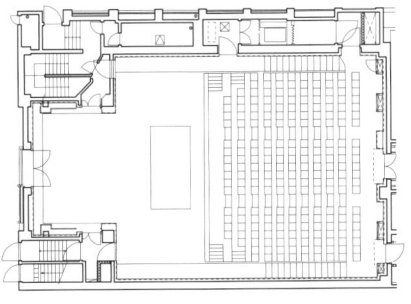

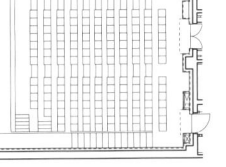

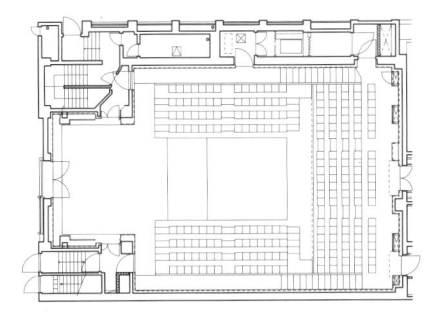

エンドステージの時　　大スラストの時

分析した資料（データ） 三角スケールの計測による

家具寸法とアキ寸法　1/200

室名リスト

- ■地下2階：楽屋（3室）、シアタートラム楽屋事務所、楽屋トイレ（男女）、シャワー室（男女）、グリーンルーム、親子迫り、倉庫（2室）、廊下（2室）、給湯室、スタッフ室、稽古場B、EV、EVホール、階段（3ヶ所）
- ■地下1階・1階：シアタートラム客席、奥舞台、親子迫り、階段（3ヶ所）、EV、EVホール、排煙機械室、空調機械室、ロビー、車椅子リフト、客用トイレ（男女）、事務室（チケット窓口）、喫煙室、カフェ、厨房、風除室
- ■2階：世田谷パブリックシアター事務室、受付ロビー、EV、EVホール、給湯室、トイレ（男女）、調光機械操作室、フォロースポット、音響室、ギャラリー（2ヶ所）、調光盤室、排煙機械室、アンブラック室、階段（6ヶ所）

ゾーニングと動線

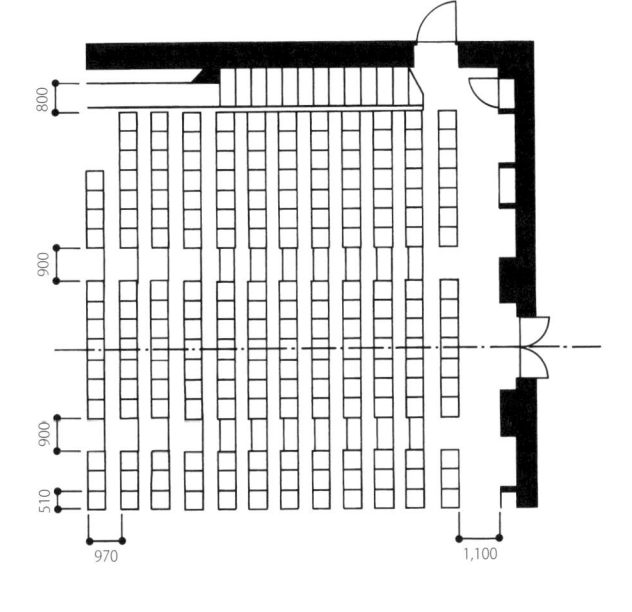

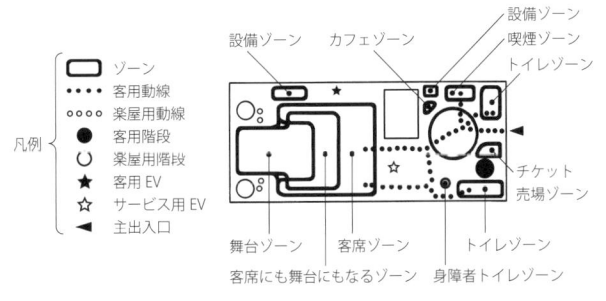

凡例
- ゾーン
- ・・・・ 客用動線
- ○○○○ 楽屋用動線
- ● 客用階段
- ↻ 楽屋用階段
- ★ 客用EV
- ☆ サービス用EV
- ▲ 主出入口

設備ゾーン　カフェゾーン　設備ゾーン　喫煙ゾーン　トイレゾーン　チケット売場ゾーン　舞台ゾーン　客席ゾーン　トイレゾーン　客席にも舞台にもなるゾーン　身障者トイレゾーン

スパンと階高と天井高

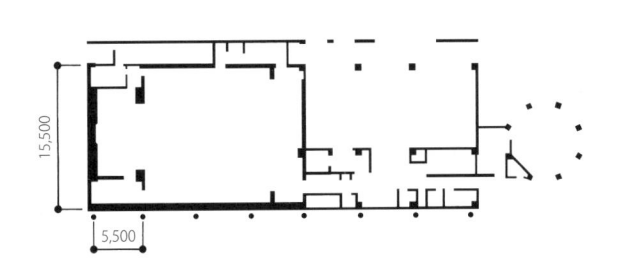

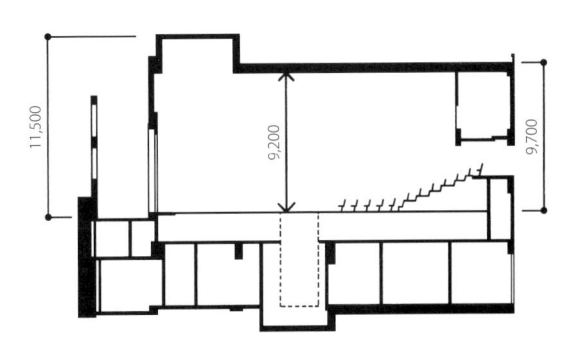

第2章　事例から学ぶ

12　劇場・音楽ホール・映画館—2

第2章　事例から学ぶ

12　劇場・音楽ホール・映画館—3

生の資料

◇音楽ホール

建物名：東邦音楽大学　グランツザール（埼玉県川越市）
2004竣工、設計：野生司環境設計、構造：RC造・一部S造
規模：地上2階、最高高さ：18,920mm、軒高：18,270mm
天井高：ホール内16,320mm（最大）、建築面積：1,683m²
延床面積：2,075m²

■ホール形式：メガホン型、客席数：620席、
舞台形式：オープンステージ型、可変型、
客席形式：2階席型（バルコニー付き）

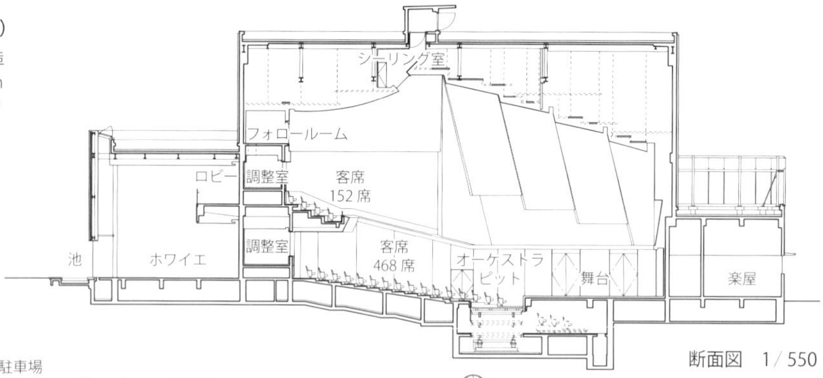

断面図　1/550

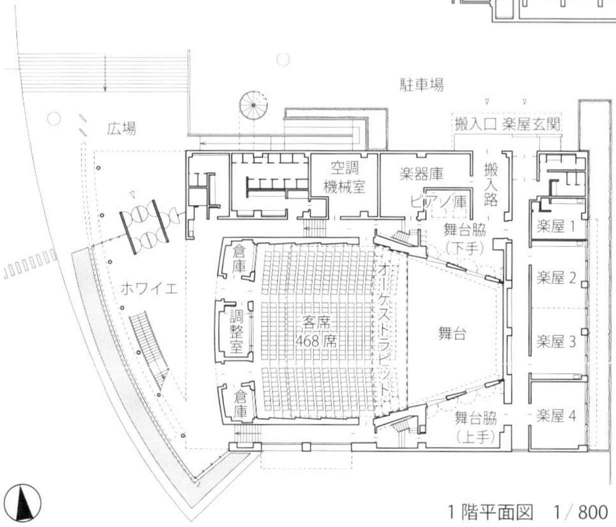

1階平面図　1/800

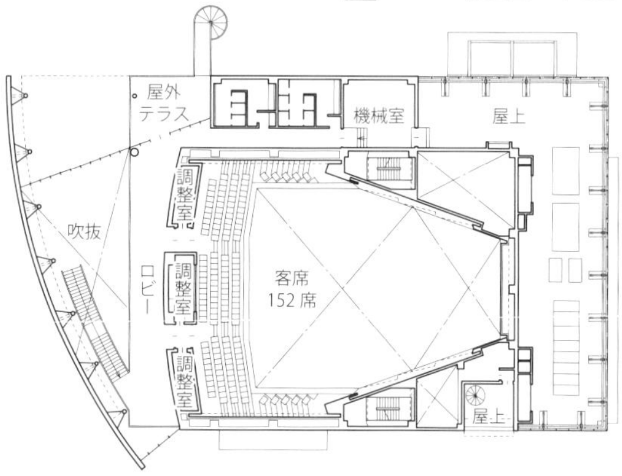

2階平面図

分析した資料（データ）　三角スケールの計測による

家具寸法とアキ寸法　1/200

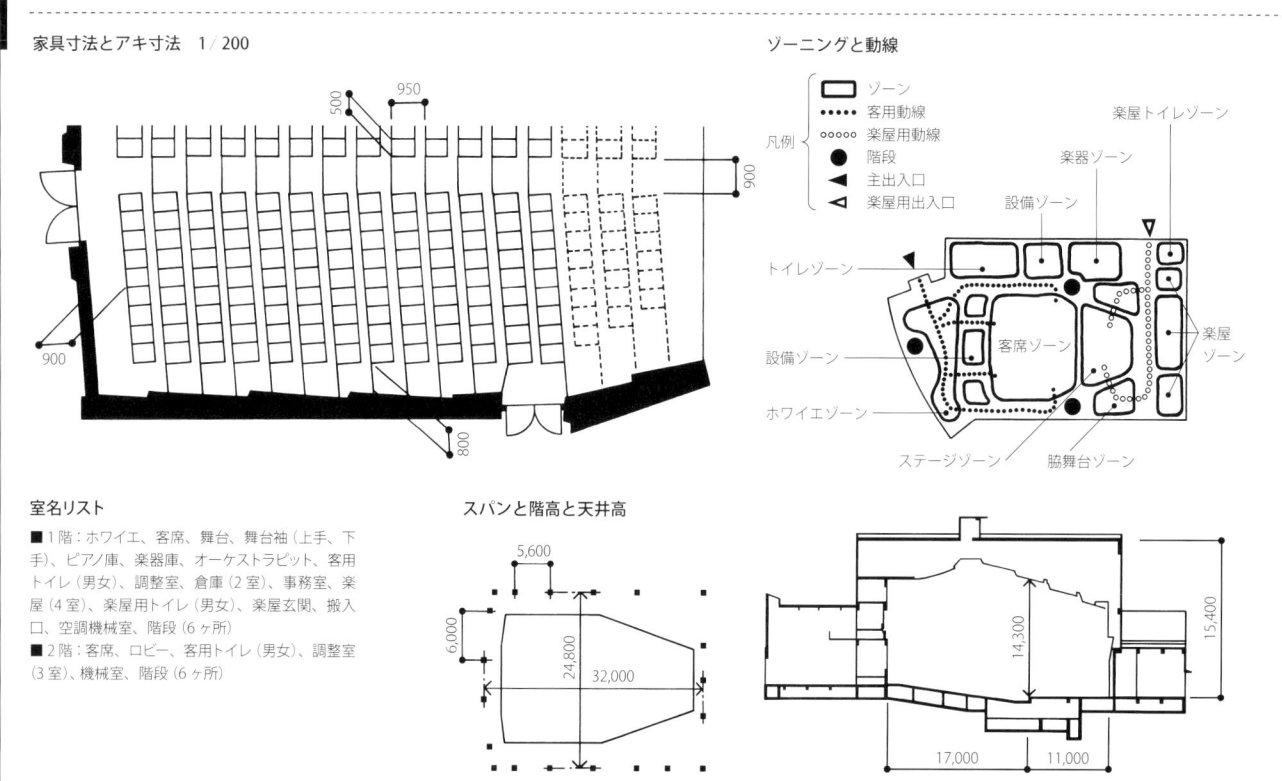

ゾーニングと動線

凡例
- □ ゾーン
- ●●●● 客用動線
- ○○○○ 楽屋用動線
- ● 階段
- ▲ 主出入口
- △ 楽屋用出入口

トイレゾーン／楽屋トイレゾーン／楽器ゾーン／設備ゾーン／楽屋ゾーン／客席ゾーン／ホワイエゾーン／ステージゾーン／脇舞台ゾーン

室名リスト

■1階：ホワイエ、客席、舞台、舞台袖（上手、下手）、ピアノ庫、楽器庫、オーケストラピット、客用トイレ（男女）、調整室、倉庫（2室）、事務室、楽屋（4室）、楽屋用トイレ（男女）、楽屋玄関、搬入口、空調機械室、階段（6ヶ所）
■2階：客席、ロビー、客用トイレ（男女）、調整室（3室）、機械室、階段（6ヶ所）

スパンと階高と天井高

◇映画館

生の資料

建物名：浜大津アーカス・アミューズメント館（滋賀県大津市）
1998 竣工
設計：宮地総合計画事務所
構造：S 造、SRC 造
規模：地上 5 階・塔屋 1 階
建築面積：8,950 m²
延床面積：19,866 m²

■主要用途：映画館、
客席形式：ワンスロープ型、
残響時間：0.5～0.75 秒、
椅子：幅 550mm・前後間隔 1,100mm

4 階平面図

5 階平面図　1/800

断面図　1/500

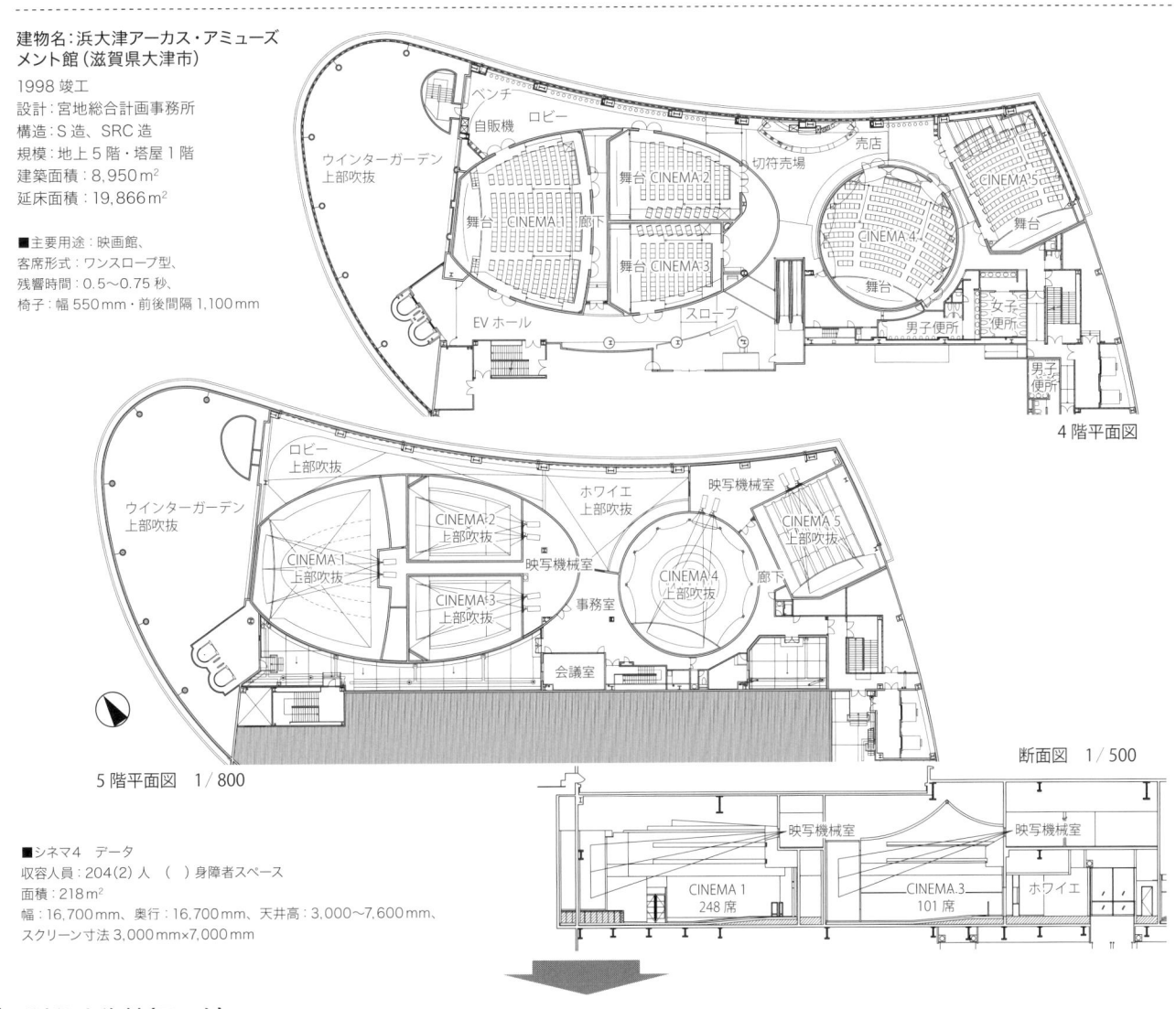

■シネマ4　データ
収容人員：204(2) 人　( ) 身障者スペース
面積：218m²
幅：16,700mm、奥行：16,700mm、天井高：3,000～7,600mm、
スクリーン寸法 3,000mm×7,000mm

分析した資料（データ）　三角スケールの計測による

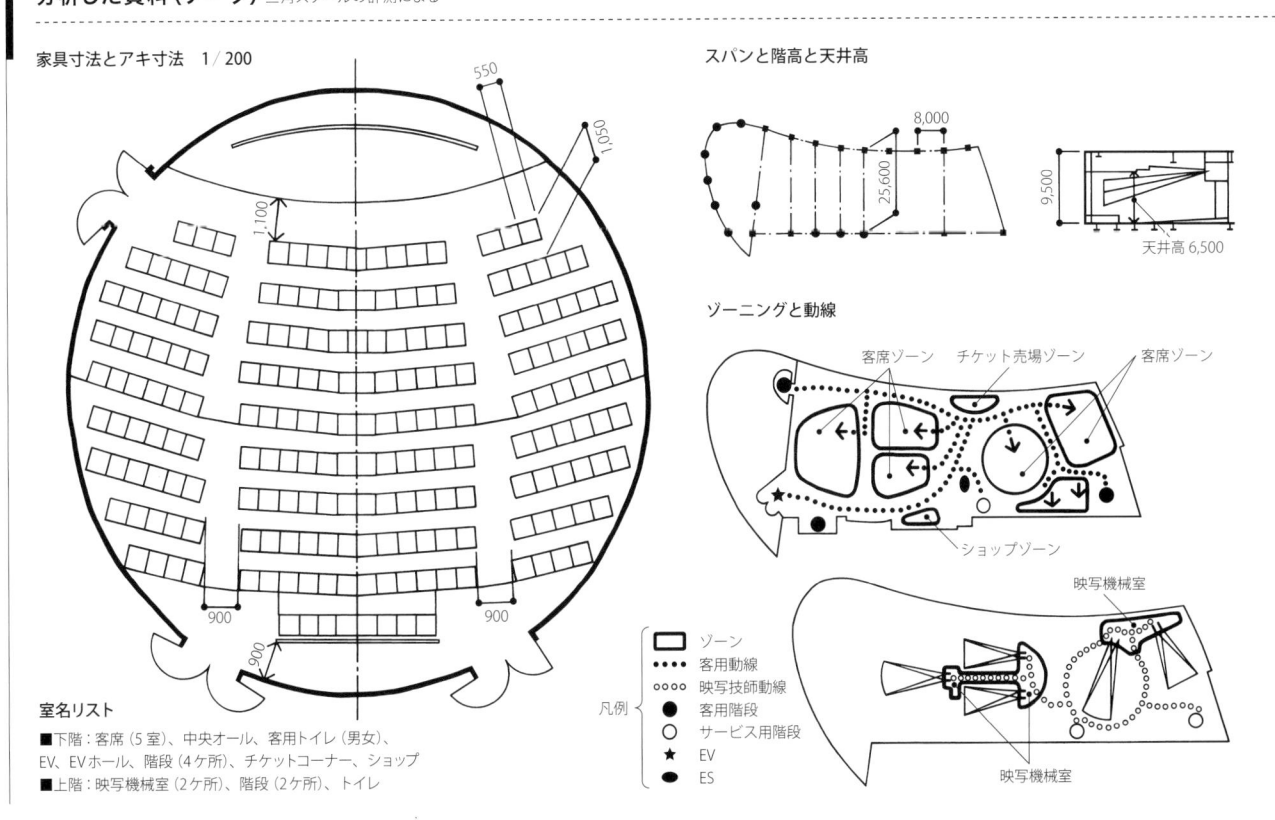

家具寸法とアキ寸法　1/200

スパンと階高と天井高

天井高 6,500

ゾーニングと動線

室名リスト
■下階：客席（5室）、中央オール、客用トイレ（男女）、
EV、EVホール、階段（4ケ所）、チケットコーナー、ショップ
■上階：映写機械室（2ケ所）、階段（2ケ所）、トイレ

凡例
□ ゾーン
●●●● 客用動線
○○○○ 映写技師動線
● 客用階段
○ サービス用階段
★ EV
● ES

第 2 章　事例から学ぶ

12　劇場・音楽ホール・映画館―3

107

第2章　事例から学ぶ

12　劇場・音楽ホール・映画館——4

2. 建築計画の知識と進め方

1. 発想は家具から

「劇場・音楽ホール・映画館」に共通する「主役の室」といえば「客席」です。鑑賞客のためにこれらの施設があるとすれば、やはり、舞台より客席でしょう。鑑賞しやすい「客席椅子」→「客席ゾーン」→「客席としての室」、そして「舞台」あるいは「スクリーン」へと計画を進めていきます。

2. まず客席で、観る・聴く・測る

「劇場・音楽ホール・映画館」で鑑賞するときの「席の性能」、例えば、客席全体の中の「位置感覚」、そこからよく見えるか聴こえるかの「視聴感覚」、前席の客頭部による「視野遮蔽感」、椅子の「座り心地」、隣席との「肘の窮屈感」、前席との「足の窮屈感」、映画館の「飲み物ホルダー」の有無なども含めて、「自分の五感」で確認しておきます。これらの感覚とともに、席の「椅子の寸法」と「アキ寸法」を実測して一緒に覚えておきます。

図表1　映画館客席の実測と記録の例

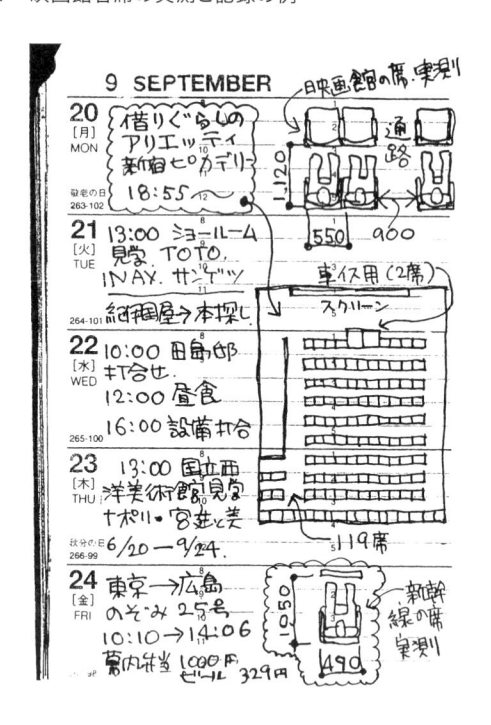

○左右の席の連結数
前後の席の間隔が950mm以上の場合、左右の席を最大20席まで連結可能。

図表2　左右の席の連結数

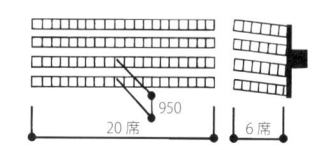

図表3　客席1人当たりの面積の例

> 客席の1人当たりの面積　0.5〜0.8m²

3. 分類と特徴

「劇場・音楽ホール・映画館」には、共通点と相違点がそれぞれ入り混じっていて、どのように「分類」するかで「理解」の仕方が違ってきます。どのように理解したかは、次に行う「建築づくり」へと関係していきます。これらの施設の共通点は、どの施設にも観客のための客席があることです。相違点は、演じられる内容によって舞台形式と客席形式が違うことです。映画館では、舞台に代わってスクリーンがあります。図表4は、演じられる内容と舞台形式の関係、さらに、舞台形式と客席形式の関係に焦点を当てながら分類して、それぞれの特徴をまとめたものです。

図表4　分類と特徴

分類		特徴
演劇劇場	プロセニアム型	舞台と客席を区切るプロセニアム（額縁）があるのが特徴。舞台と客席は、プロセニアムを挟んで向き合う形に配置されるので、舞台に近い席と舞台から遠い席が出てきます。
	オープン型	この型では、客席は、舞台を囲むように配置され、エンドステージ・スラストステージ・センターステージなどの配置形式があります。席は、この配置で最初から固定してつくられます。
	可変型	舞台と席を自由に可変できるように、床全体を平土間でつくっておきます。配置は、オープン型と同じ、エンドステージ・スラストステージ・センターステージなどへ可変できます。
	オペラハウス	演劇劇場のプロセニアム型と同じ形式でつくられたオペラ専用の劇場です。オーケストラピットがあるのが大きな特徴。物語・音楽・舞踊・舞台美術による総合芸術のための施設。
音楽ホール	交響楽型	約50〜100人近くの大規模な交響楽団による演奏と、約2,000人までの鑑賞が可能な大型の音楽ホール。シューボックス型・ワインヤード型・メガホン型などがあります。
	室内楽型	ソロから小編成のアンサンブルの演奏が可能な音楽ホール。客席数は約500人程度が適しているといわれます。主に、シューボックス型のホールが使用されます。
映画館		舞台に代わって、スクリーンがあるのが特徴。以前は、1,000席もある大型の映画館もありましたが、現在は、100〜500席の映画館が複合されたシネマコンプレックスが一般的です。

4. プロセニアム型劇場の特徴

様々な劇場形式のある中で、最も劇場らしい劇場といえば、「プロセニアム型劇場」でしょう。図表5のように、舞台と客席との間に、「プロセニアム（額縁）」があるのが特徴です。主に、「演劇劇場・オペラハウス・バレエ劇場」で使用されます。舞台と客席の間に、「オーケストラピット」がある場合と、ない場合があります。「主舞台」の両側か片側に「袖舞台」があるか「奥舞台」があるか、によって舞台の規模は違ってきます。

主舞台の上部には「フライタワー」があり、吊りもの・照明器具・ホリゾント（背景幕）などが吊り下げられます。舞台の下部には「奈落」があり、迫りや迫りへ乗り込むための床があります。客席形式は、「馬蹄型・扇型・矩形型」などがあります。「照明設備」は、舞台上部のフライタワーの中に、プロセニアムの両側にフロントサイド投光が、天井にシーリングライトが、席後方にフォロースポットが設置されます。外国語で上演されるオペラでは「スーパーインポーズ（字幕）」が必要です。

図表5　プロセニアム型劇場の特徴（参考：新国立劇場・オペラ劇場）

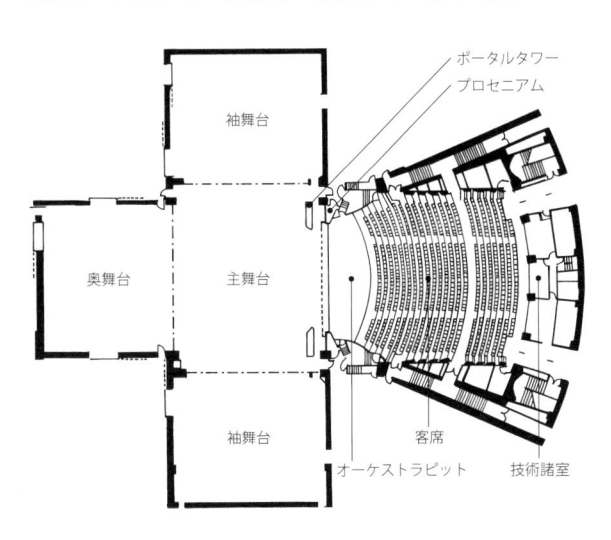

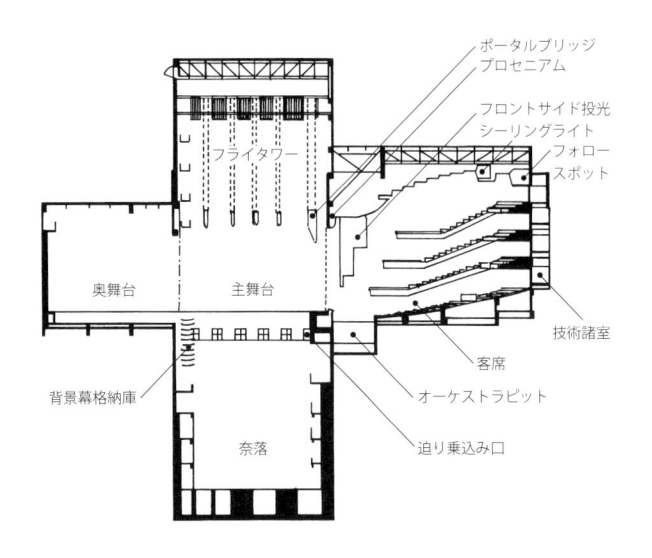

○プロセニアム
プロセニアムには、舞台で演じられる演劇・オペラ・バレエを、1枚の絵のように見せる「額縁」の役目があります。プロセニアムの裏側には、舞台と客席を区切る「幕」が吊り下げられます。

○ポータル
ポータルは、プロセニアムの内側にあり、プロセニアムと同じ「額縁」の役目を果たします。上演内容により縮小・拡大でき、左右の「ポータルタワー」と上部の「ポータルブリッジ」で構成されています。

○フライタワー
主舞台の上部にある大空間のことです。吊りもの・照明器具・ホリゾントなどを吊り下げて収納しておく場所のことです。最上部には、吊りものを固定する「すのこ（丸パイプ）」があります。

○ホリゾント
主舞台の奥に設置される「背景幕」のこと。場面が違う場合は、数枚吊り下げられることもあります。ホリゾントを保存しておきたい場合は、巻いて、奈落内の背景幕格納庫に収納しておきます。

○主舞台・袖舞台・奥舞台
客席に直接接しているのが「主舞台」、その左右に「袖舞台」、その奥に「奥舞台」があります。袖舞台と奥舞台は、場面転換用のセットや別演目のセットを置く場所として使用されます。

○上手・下手
客席から見て、舞台の右を「上手」、左を「下手」といいます。ソリストやオーケストラの指揮者は、下手から出入りします。能や歌舞伎の舞台では、下手側に橋がかりや花道が設置されます。

○オーケストラピット
舞台と客席の間にあって、オペラやバレエのために演奏する交響楽団のための場所です。楽団員が多い場合、ピットの床を上下可動にして、舞台の下にもぐり込ませるようにしておきます。

○奈落
主舞台の下部を、「奈落」と呼んでいます。舞台を回転・上下させる設備や、迫り機構を収納しておく場所です。また、演者が、迫りに乗り込むためのスペースも奈落の中にあります。

○空調の難しさ
空気は暖かくなると上昇します。暖房では、上階の席では暑苦しくなり、1階の席では足元が冷えることも起こります。劇場のような大空間では、一般に、冷房より暖房に問題が多く出ます。

○温度分布と空調計画
上下階の席の温度分布の格差に対して、空調系統を、1階席、2階席などの床レベルで分ける方法があります。吸込口の種類には、椅子吸込口、マッシュルーム吸込口などがあります。

○コールドドラフト対策
冬期の舞台外壁面からの舞台おろし（コールドドラフト）が、前の客席を冷やしたり、幕を揺らすことがあります。舞台外壁面の加熱、舞台と客席のエアバランス、前席の床暖房等で対応します。

○騒音対策
騒音の発生する機械室やトイレは、客席と舞台からワンクッションおいて配置します。平面図と断面図の双方で配置を考えます。席の許容騒音値は、少なくともNC30以下であることが必要です。

第2章 事例から学ぶ
12 劇場・音楽ホール・映画館—5

5. よく見える

「演劇劇場・オペラハウス・バレエ劇場」では、客席から「よく見える」ことが大切です。舞台に対する「見やすさ」は、「視距離・視野角・見下げ角」が関係しています。演劇・オペラ・バレエで使用される「プロセニアム型劇場」では、舞台の演技の重心から一番離れた「最遠視距離」の範囲内で見えるように最後列席を配置します。左右に広がる席は、舞台の演技の重心から広がる「視野角」の範囲内で配置します。また、最後列のバルコニー上階席は、「見下げ角」の範囲内で決めます。舞台に近い席は、よく見え、親密感も増しますが、プロセニアム型劇場ではどうしても、舞台から遠い席が出てきます。この問題を解決するために考案されたのが、スラスト型（3方席）や、センター型（4方席）の劇場です。音楽ホールでは、「よく見える」ことより、「よく聞こえる」ことのほうに重点をおいて計画されます。

図表6　最遠視距離の例

最遠視距離
38m

図表7　見やすい角度の例

最前列の視野角	最後列の見下げ角
60°以下	25°以下

6. 映画館の場合

「映画館」では、劇場の舞台に代わって、「スクリーン」が「見やすさ」の対象になります。見やすさは、「最前列のスクリーン中心見上げ角・最前列の視野角・最後列のスクリーン中心見下げ角」が関係しています。さらに、洋画では、スクリーン下部の字幕が見えるように客席床の傾斜を計画しておきます。床の傾斜は、各席の床からの目の高さ約1,100mmに目から頭までの高さ約130mmをプラスして各席からスクリーン下端が見えるように順次視線を引いていくと、緩やかなシートカーブを描きます。その「曲線」をそのまま床の形にするか、その曲線を参考に客席を「段状」にするかは、選択となります。

図表8　映画館の見やすい角度の例

最前列の視野角	最前列のスクリーン中心見上げ角	最後列のスクリーン中心見下げ角
120°以下	30°以下	15°以下

7. よく聞こえる

「演劇劇場・音楽ホール・オペラハウス」では、客席で「よく聞こえる」ことが大切です。「音や声」の「聞きやすさ」は、建築的には「室の形・室の容積・席の配置・内装材料」が関係しています。音響的には「直接音と残響音のバランス」が関係しています。「残響音」には、各楽器の音や声を調和融合し、響きをつくり、音や声を増幅させるなどの役割があります。残響の指標の中でも特に大切なのが「残響時間」です。残響時間の長さは、「長め」がよい場合と「短め」がよい場合があります。オペラでは歌声の「明瞭性」のため短めが、交響楽では豊かな「音づくり」のため長めが、室内楽ではソロや小編成のアンサンブルによる「音づくり」のため短めが、それぞれよいとされています。残響時間は、「気積（室の容積）」に関係しているので天井を機械的に上下させて室容積を変えたり、また、壁面に「反響板」を取り付け、その向きを変えることで調節する方法があります。

図表9　残響時間の例

オペラハウス	音楽ホール（交響楽）	音楽ホール（室内楽）
1.0～1.5秒	2.0秒	1.0～1.5秒

図表10　気積の例

劇場	音楽ホール
5～7m²/人	7～10m²/人

図表11　ドイツ、オーストリアと東京の主な室内楽ホールの諸元
（室内楽ホールには現在、客観的な音響評価は存在していない）（『建築計画・設計シリーズ27　音楽ホール・劇場・映画館』市ヶ谷出版社より抜粋）

ホール	客席数	空席残響時間(秒)	容積(m³)	気積(m³/人)	ステージ奥行(m)	ステージ横幅(m)
ウィーナーザール（ザルツブルグ）	209	1.4	1,070	5.1	4.0	9.6
シューベルトザール（ウィーン）	336	2.6	2,800	8.3	6.5	11.4
コンツェルトハウス（ベルリン）	440	1.3	2,150	4.9	6.0	12.5
津田ホール（東京）	490	1.5	4,500	9.2	7.5	12.0
カザルスホール（東京）	511	1.8	6,060	11.9	11.3	14.0
浜離宮朝日ホール（東京）	550	1.9	5,801	10.5	7.0	11.2
ブラームスザール（ウィーン）	604	2.3	3,390	5.6	8.0	10.2
三鷹市芸文・風のホール（東京）	625	2.3	5,500	8.8	7.5	14.5
東京文化会館（東京）	661	1.4	6,180	9.3	8.2	12.0
水戸芸術館（水戸）	680	1.9	7,140	10.5	13.4	18.0
モーツァルトザール（ウィーン）	716	1.9	3,920	5.5	4.8	16.0
モーツァルテウム（ザルツブルグ）	844	2.1	4,940	5.9	8.0	14.0

図表12 「よく見える・よく聞こえる」と「平面・断面」

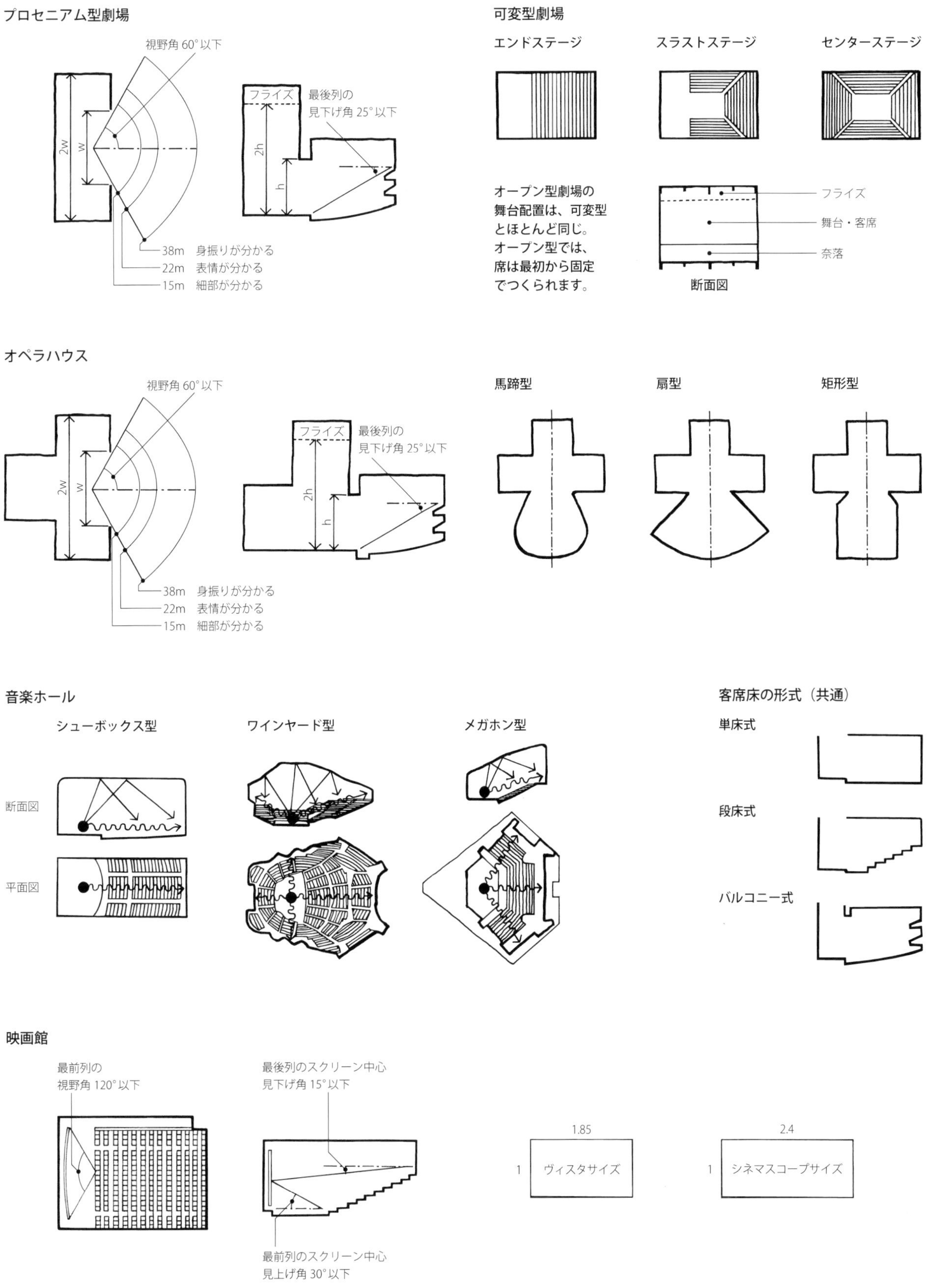

プロセニアム型劇場

- 視野角 60°以下
- フライズ
- 最後列の見下げ角 25°以下
- 38m 身振りが分かる
- 22m 表情が分かる
- 15m 細部が分かる

可変型劇場

エンドステージ　スラストステージ　センターステージ

オープン型劇場の舞台配置は、可変型とほとんど同じ。オープン型では、席は最初から固定でつくられます。

断面図
- フライズ
- 舞台・客席
- 奈落

オペラハウス

- 視野角 60°以下
- フライズ
- 最後列の見下げ角 25°以下
- 38m 身振りが分かる
- 22m 表情が分かる
- 15m 細部が分かる

馬蹄型　扇型　矩形型

音楽ホール

シューボックス型　ワインヤード型　メガホン型

断面図
平面図

客席床の形式（共通）

単床式
段床式
バルコニー式

映画館

- 最前列の視野角 120°以下
- 最後列のスクリーン中心見下げ角 15°以下
- 最前列のスクリーン中心見上げ角 30°以下

1.85 : 1 ヴィスタサイズ
2.4 : 1 シネマスコープサイズ

○ 客席の共通事項

・空調機室は騒音発生源なので客席や舞台の直下に置かないこと。
・座席の椅子は避難時の事故防止のため固定にすること。
・演者が気になるので縦中央には通路を設けないこと。
・縦中央に通路を設けないことで、良い席を確保することができる。
・客席内の各通路は出入口の扉に直結させる。
・客席の扉は外開きにして避難を容易にする（令118条）。
・出口（非常口）は分散配置して避難方向の集中を避ける。
・客席が避難階以外の階では直通階段を2ケ所以上設ける。
・通路の傾斜は1/10以下にする。

第2章　事例から学ぶ

12　劇場・音楽ホール・映画館—6

8. 舞台と楽屋（裏の領域）

　劇場や音楽ホールの「裏の領域」で最も大切な室といえば、「楽屋」です。「演劇俳優・オペラ歌手、バレリーナ・演奏家・指揮者」が舞台に上がる前に、化粧をし、衣装を整え、精神を集中するために使用する室です。「演劇用」と「コンサート用」では、楽屋の備えるべき内容は若干違います。映画館に楽屋は必要ありません。

○劇場の楽屋
楽屋には、洋間と日本間の2種類あります。楽屋と舞台はできるだけ同一フロアにあること、楽屋は舞台から遠く離れていないこと、楽屋と舞台の近くにトイレがあること、楽屋の近くに給湯室やシャワー室があること、楽屋ロビーがあってドリンクを飲みながら出演者同士の情報交換ができること、舞台の上手と下手に出入口があること、舞台近くにピアノ置き場があること、楽屋の入口には楽屋事務所があって外部者の楽屋への出入をチェックできること、大道具の外部から舞台への搬入が容易であること、などを考慮して計画を進めます。

図表13　劇場の楽屋（例：沼津市民文化センター）1/800
　　　　（三角スケールの計測による）

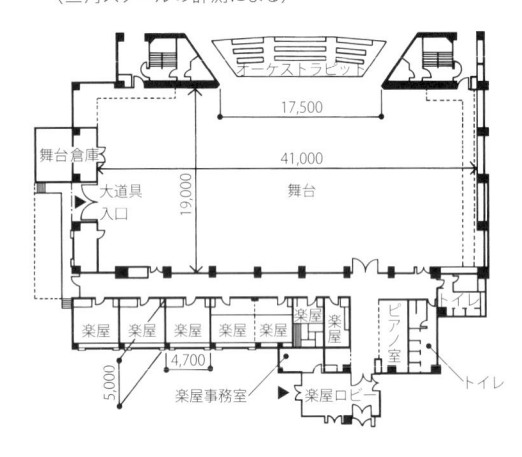

○音楽ホールの楽屋
楽屋から練習の音が漏れないこと、楽器庫があること、楽屋と舞台の近くにトイレがあること、女性用トイレはロングドレスのスカートが濡れないように十分広いこと、指揮者の室にはシャワーがあること、舞台と楽屋は同一フロアにあること、コンサートの合間に演奏者が情報交換をしたりドリンクを飲むための楽屋ロビーがあること、舞台近くにピアノ置き場があること、などを考慮して計画を進めます。

図表14　音楽ホールの楽屋（例：カザルスホール）1/800
　　　　（三角スケールの計測による）

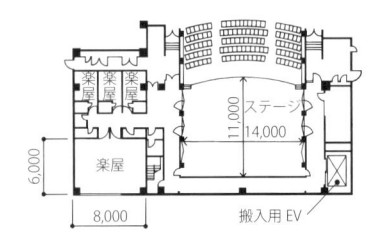

9. ロビーに至るシークエンス

　劇場・音楽ホール・映画館では、そこで演じられる「内容が劇的」であると同時に、エントランスからロビーへと歩いていくときの「目と足」で感じ取られる「シークエンスも劇的」であるべきです。シークエンスへのアイデアは、計画段階で組み込んでおかないと、面積的に大きいため、あとから付け加えることは難しくなります。

図表15　ロビーに至るシークエンス

劇場（例：まつもと市民芸術館）

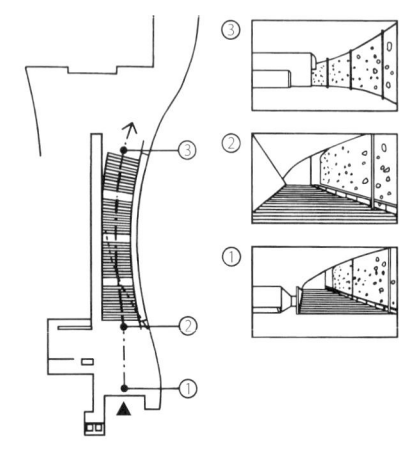

音楽ホール（例：カザルスホール）

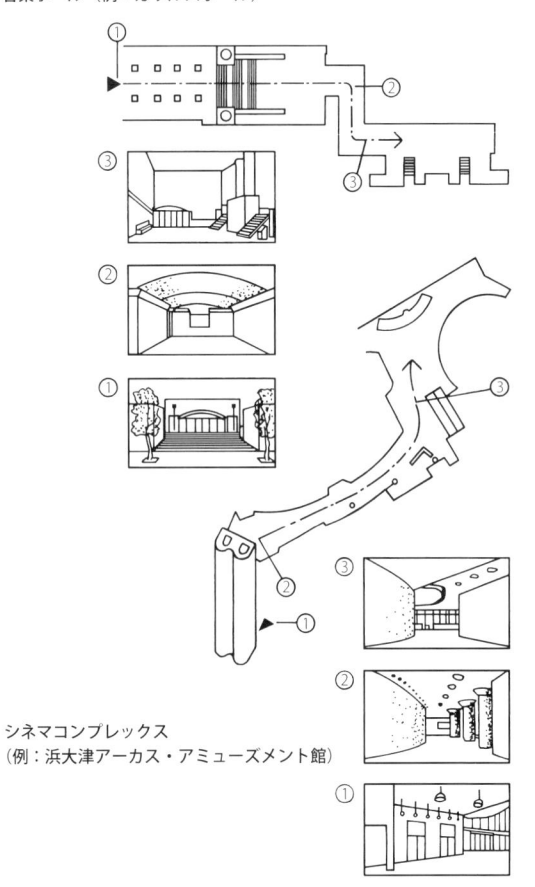

シネマコンプレックス
（例：浜大津アーカス・アミューズメント館）

10. 空間ドラマのあるホワイエ

演劇・音楽・映画を鑑賞しているときは、日常から離れて、非日常的な昂揚感に満たされます。客席のほか、ホワイエ（あるいはロビー）もできるだけ「ドラマのある空間」にしておきます。例えば、パリ・オペラ座の大階段とホワイエの空間は、円天井のある客席に匹敵するくらい豪華・荘厳でドラマチックです。

＊ホワイエ foyer　フランス語で溜まり場・団らん・娯楽室の意味。休憩・歓談に使われる部分。ロビーと同義で用いられます。

図表16　劇場の断面の例

パリ・オペラ座（出典：日本建築学会編『西洋建築史図集』彰国社）

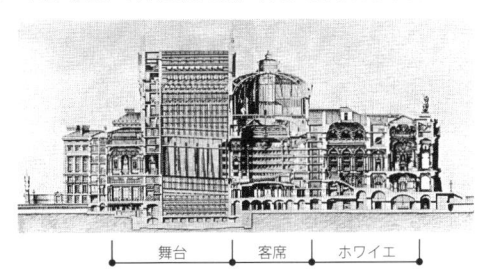

日本の劇場の場合

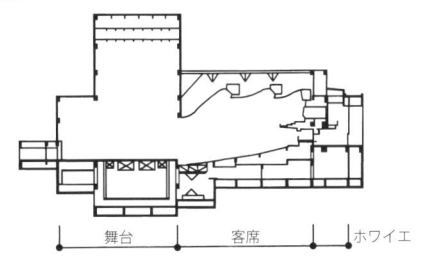

11. 休憩時間に集中するトイレ

便器の数については、デザイナーが劇場を訪れたとき、休憩時に早めに席を立ち、事前に平面図で、席数と大便器・小便器・洗面器の数を数えておいて、何人入ったか、待っている列の人数は何人かを調べ、計画に役立てます。

図表17　トイレ　1/400

沼津市民文化センター（大ホール客席1,516席）

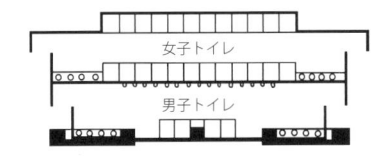

カザルスホール（客席469席）

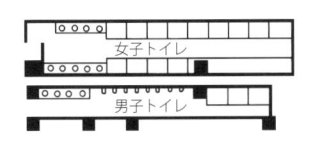

浜大津アーカス・アミューズメント館（最大客席204席）

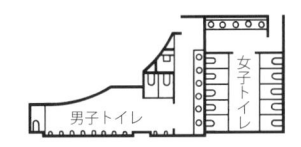

12. 大架構空間

大架構空間という意味では、体育館やホテルの宴会場などと同じ空間原理です。「劇場」では「客席と舞台」を2つの空間に分けて、「音楽ホール」では全体を1つの大きな「共鳴箱」として、最近の「シネマコンプレックス」では体育館のような「大架構空間」の中に各映画館を「間仕切り壁」で囲いながら架構します。

図表18　大架構空間

劇場の客席と舞台

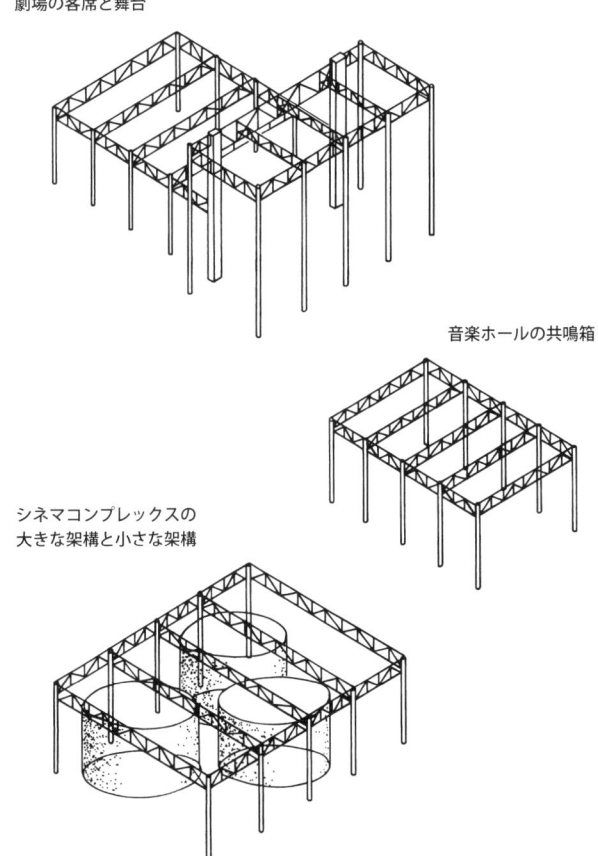

音楽ホールの共鳴箱

シネマコンプレックスの大きな架構と小さな架構

3. 視覚デザインの発想例

解読型デザイン

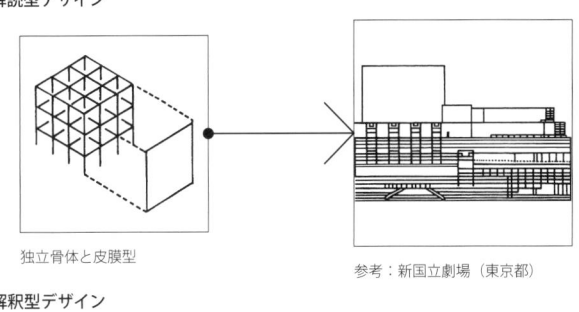

独立骨体と皮膜型　　参考：新国立劇場（東京都）

解釈型デザイン

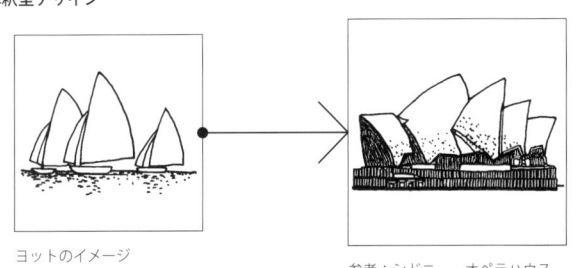

ヨットのイメージ　　参考：シドニー・オペラハウス

第2章　事例から学ぶ

13　図書館—1

1. 事例の選択と分析

生の資料

◇公共図書館

建物名：苅田（かんだ）町立図書館（福岡県京都郡）
1990 竣工、設計：山手総合計画研究所、構造：RC 造・屋根 S 造、規模：平屋、最高高さ：8,200mm
天井高：2,700mm、主なスパン：12,000mm×5,400mm、主なモデュール：1,800mm、建築面積：2,111m²、延床面積：1,982m²

■職員数：15人、蔵書冊数：132,544 冊（うち児童書 34,436 冊）、紙芝居：1,251 組、カセット：1,097 巻、CD：1,466 枚、ビデオ：1,551 巻、LD：257 枚、レコード：284 枚
貸出システム：コンピュータ方式、座席数：一般開架室57席、児童開架席15席、レファレンス室22席、ソファ9席、その他、移動図書館：2,500冊積載

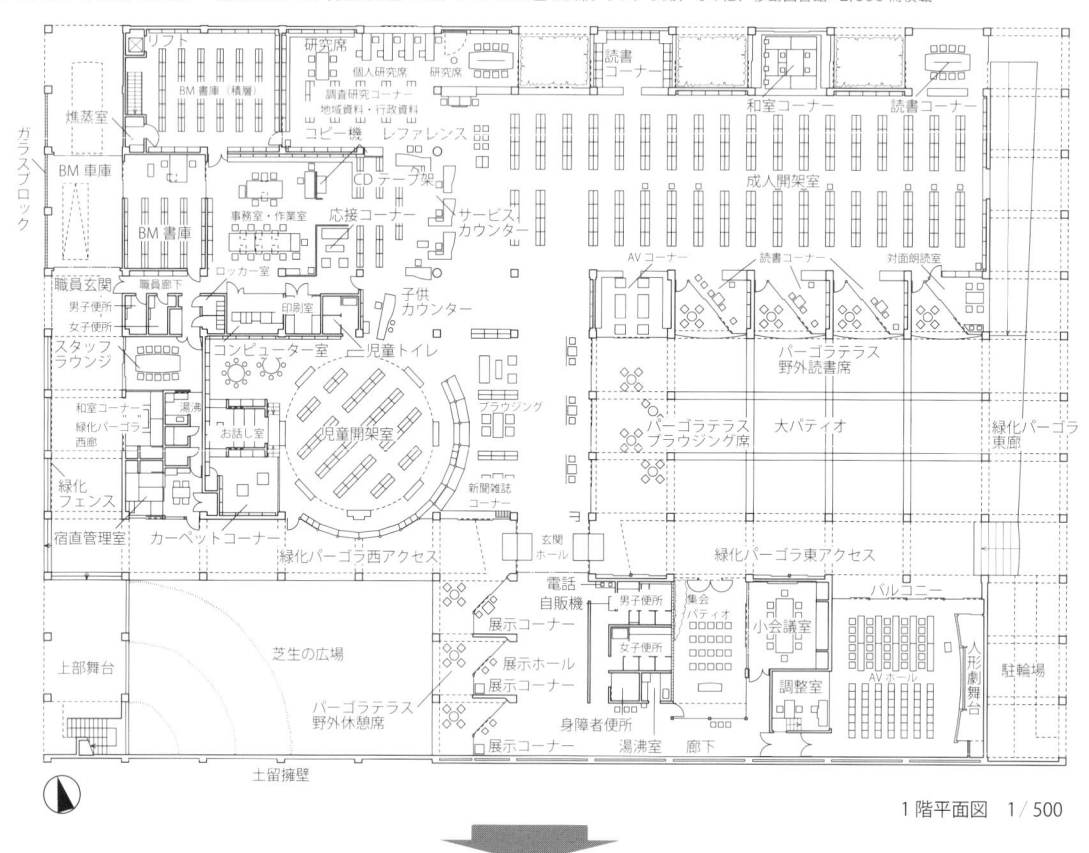

1階平面図　1/500

分析した資料（データ）　三角スケールの計測による

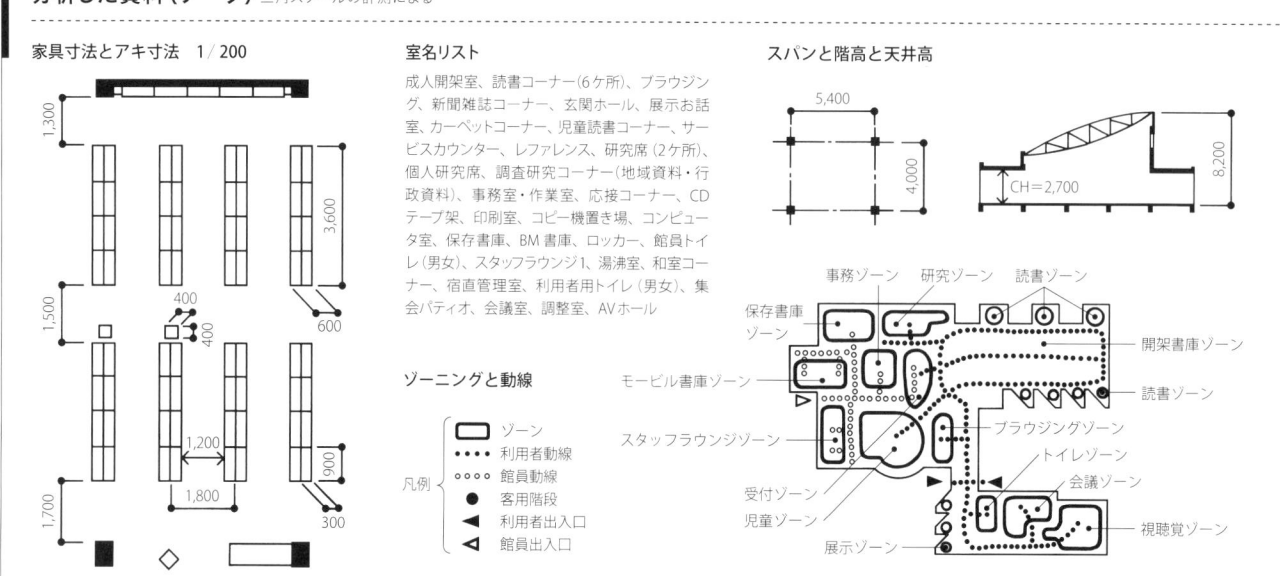

家具寸法とアキ寸法　1/200

室名リスト

成人開架室、読書コーナー(6ケ所)、ブラウジング、新聞雑誌コーナー、玄関ホール、展示お話室、カーペットコーナー、児童読書コーナー、サービスカウンター、レファレンス、研究室(2ケ所)、個人研究席、調査研究コーナー(地域資料・行政資料)、事務室・作業室、応接コーナー、CDテープ架、印刷室、コピー機置き場、コンピュータ室、保存書庫、BM書庫、ロッカー、館員トイレ(男女)、スタッフラウンジ、湯沸室、和室コーナー、宿直管理室、利用者用トイレ(男女)、集会パティオ、会議室、調整室、AVホール

スパンと階高と天井高

ゾーニングと動線

凡例
- □ ゾーン
- ●●●● 利用者動線
- ○○○○ 館員動線
- ● 客用階段
- ▲ 利用者出入口
- △ 館員出入口

生の資料　◇大学図書館

建物名：関西医科大学附属図書館教養部分館（大阪府枚方市）
1989 竣工、設計：鬼頭梓建築設計事務所、構造：RC 造、規模：地上 2 階
軒高：5,450mm、天井高：2,250mm・3,750mm
主なスパン：7,200mm×8,100mm、建築面積：825m²、延床面積：791m²

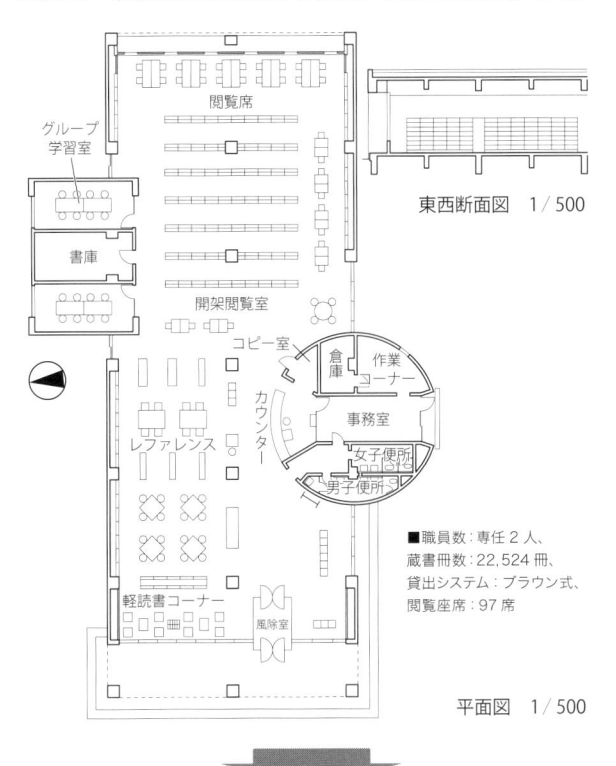

東西断面図　1/500

平面図　1/500

■職員数：専任2人、蔵書冊数：22,524冊、貸出システム：ブラウン式、閲覧座席：97席

分析した資料（データ）　三角スケールの計測による

家具寸法とアキ寸法　1/200

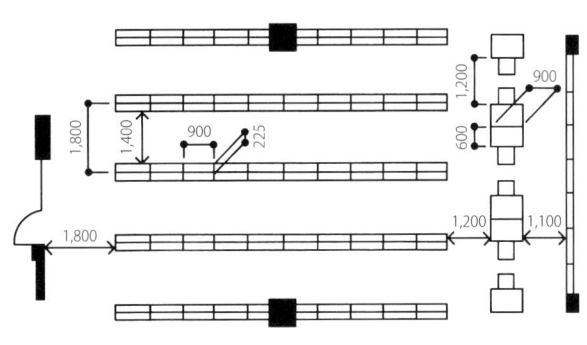

室名リスト
開架閲覧室、閲覧席、レファレンス、軽読書コーナー、風除室、事務室、倉庫、作業コーナー、トイレ（男女）、書庫、グループ学習室（2室）

ゾーニングと動線
凡例：ゾーン、・・・・利用者動線、○○○○館員動線、▲利用者出入口、△館員出入口

スパンと階高と天井高
7,200／8,100
階高 5,450／天井高 3,750

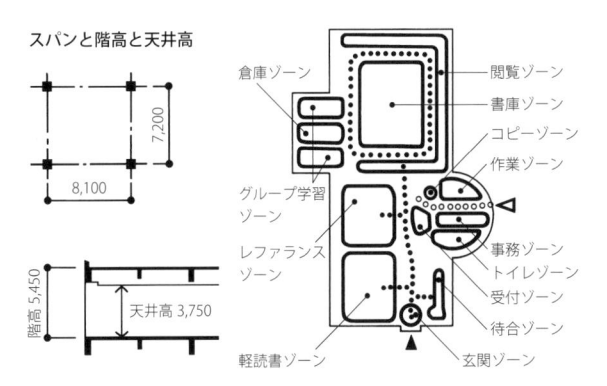

生の資料　◇児童図書館

建物名：松本記念児童図書館・おじいさんの杜（大分県別府市）
1985 竣工、設計：山口隆史建築設計室、構造：RC 造・一部 S 造
規模：地上 2 階、階高：3,000mm、天井高：2,475～5,380mm
主なスパン：4,500mm×9,000mm、建築面積：408m²、延床面積：483m²

■職員数：2人、蔵書冊数：15,785冊、貸出システム：OCRコンピュータ管理、そのほかのサービス：紙芝居、お話会、映画鑑賞会

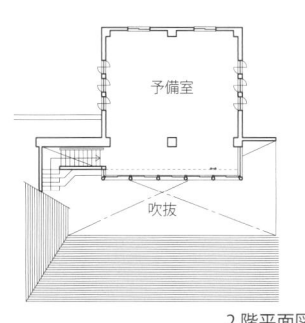

2階平面図　1/500

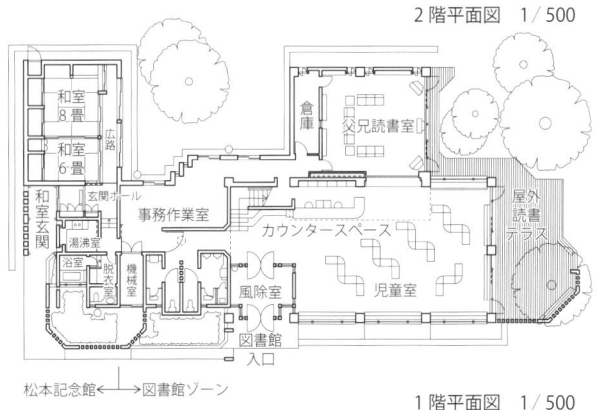

1階平面図　1/500

松本記念館←→図書館ゾーン

分析した資料（データ）　三角スケールの計測による

家具寸法とアキ寸法　1/200

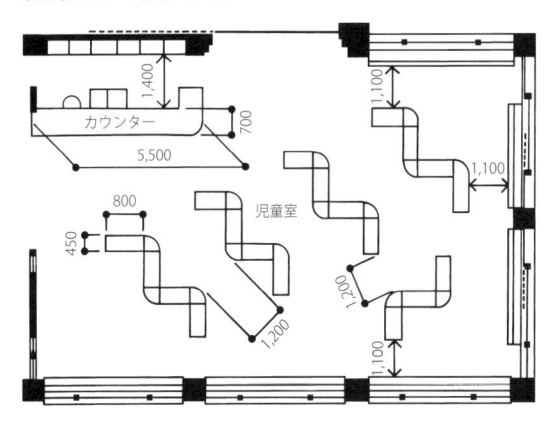

室名リスト
児童室、父兄読書室、風除室、カウンタースペース、トイレ（男女）、事務作業室、機械室、和室（8畳、6畳）、湯沸室、浴室、脱衣室、トイレ、玄関ホール

スパンと階高と天井高
4,500／9,000
階高 3,000／天井高 5,380／天井高 2,475

ゾーニングと動線
凡例：ゾーン、動線、●階段、▲出入口

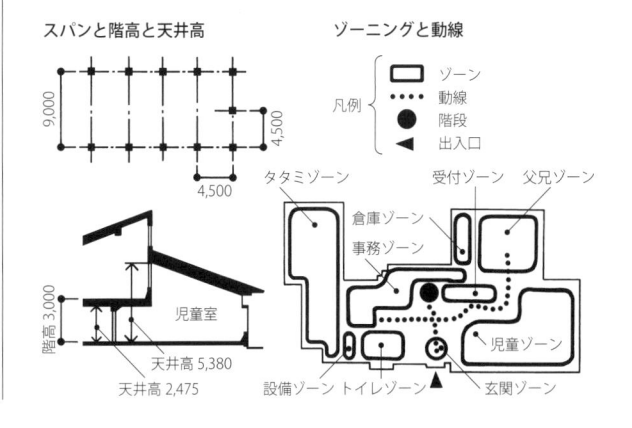

第2章　事例から学ぶ

13　図書館—1

第2章　事例から学ぶ

13　図書館—2

2. 建築計画の知識と進め方

1. 発想は家具から

図書館の「主役の室」といえば「書庫」です。「書架寸法」とそのまわりの「アキ寸法」を考え、計画蔵書冊数に必要な「書庫面積」を計算して「書庫ゾーン」を計画します。そして、図書館全体へと計画を進めていきます。

○開架書架の実測

いつも使用している図書館の開架書庫の幅・高さ・奥行を実測して、その「寸法」とともに、本棚の使いやすさ、または、使いにくさの「イメージ」を覚えておきます。右の図では、1段の棚の平均冊数は43冊になります。

○棚の高さの実測

書架の「棚」は、本のサイズに合わせて上下に可動となっています。それぞれの「棚の高さ」を実測して調べます。本のサイズで最も多いのがA5、順にA4、B5、B4です。棚の高さ300mmをとっておけば、A5とB5を収容できます。350mmとっておけばA4を、400mmとっておけばB4を収容できます。

○書架間隔の実測

「書架間隔」は、人の通る「通路幅」と、両側の「棚の奥行」を足した寸法です。実測した「寸法」とともに、通路の狭い、広いの「イメージ」を覚えておきます。

○実測をもとに計算

「単位面積当たりの冊数」は、実測した書庫で計算して、その「イメージ」とともに覚えておきます。文化学園大学では、棚幅900mmで7段の蔵書冊数は301冊ですから、棚数24を掛けると、7,224冊。面積は、周囲の通路も入れて、(1.4m×4)×(0.9×6) = 30.24m²。単位面積当たりでは、7,224冊÷30.24m² = 238冊/m²。文化学園大学では、開架書庫の平均180冊/m²と閉架書庫の平均250冊/m²の中間値といえます。

図表1　書架の実測（例：文化学園大学図書館）

書架の幅・奥行・高さの実測

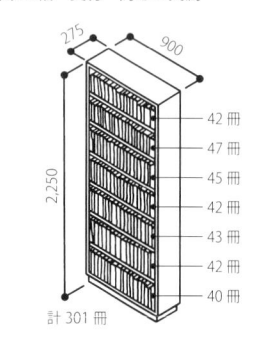

本のサイズと棚の高さの実測

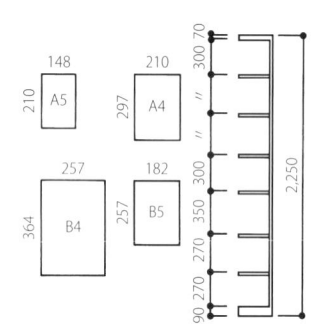

書架間隔の実測

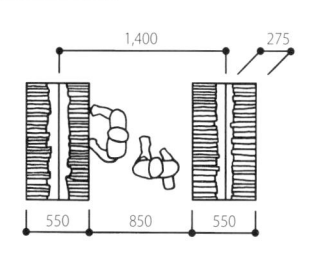

実測をもとに計算

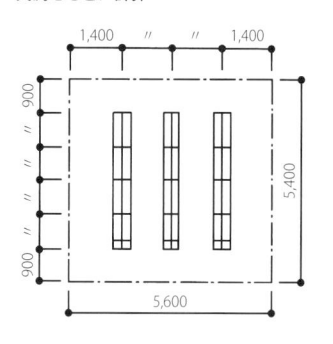

○カウンターの種類

総合的な「受付カウンター」では、利用者は立位で相談します。「レファレンスカウンター」では、椅子に座って相談します。検索用のパソコンを配置しておきます。

○OPAC

OPACとは、online public access catalogueの略です。端末パソコンから、求める書名を探し当てるシステムのことです。画面上のプライバシーを保つために、順番待ちの人から画面が見えない工夫が必要です。

○閲覧用の机と椅子

閲覧用の机には、2人掛けと4人掛けがあります。椅子を引くときに音がしないように、床をカーペットにしておきます。ソファ感覚の椅子や丸椅子を書庫のそばに置くこともあります。

○キャレル

carrelは、前と左右に仕切り板のついた図書館で使われる個人用の机のことです。長いカウンターを仕切った簡易的な机もあります。

○ブラウジングコーナー

新聞や雑誌などをリラックスして読むために、ソファや軽読書用の椅子の置かれた場所です。休息や待合にも使われます。

*browse：本をあちこち読む

○児童ゾーンの書架

音の発生源となる児童ゾーンは、大人のゾーンと離し、床はカーペットにしておきます。書架の高さは低めにし、児童カウンターから館員が常時見守りできるように計画します。

図表2　図書館の家具

受付カウンター

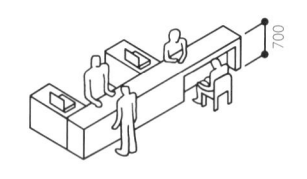

OPACと机

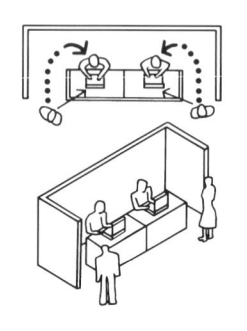

閲覧用のソファ感覚の椅子

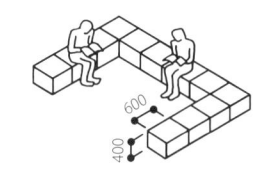

キャレル

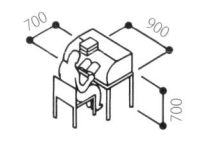

ブラウジング用の椅子とテーブル

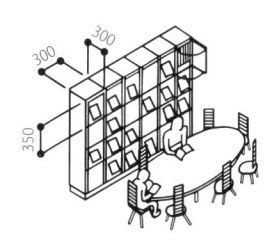

児童ゾーンの書架

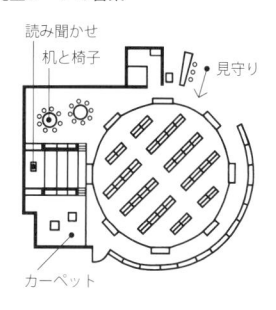

2. ワンフロア形式

公共図書館は、一般に、次のような順序で利用します。①エントランスから入る、②手を洗う、③受付カウンターで相談する、④OPACで検索する、⑤開架書庫で自由に図書を探す、⑥椅子に座り図書を閲覧する、⑦図書を書架に返す、あるいは、カウンターで貸出手続きをする、⑧帰りにブラウジングコーナーで新聞を読む、⑨トイレに行き手を洗う、⑩エントランスから帰る。この一連の動きに対してワンフロア形式では、ドアの開閉や階段の上下をしないで、本探しと読書を楽しむことができます。ワンフロア形式は、「複合ゾーンの室」として考えていいでしょう。自由開架式書庫では、盗難防止のためBDS（ブックディテクションシステム）を採用するとこもあります。

図表3　ワンフロア形式の例

苅田町立図書館

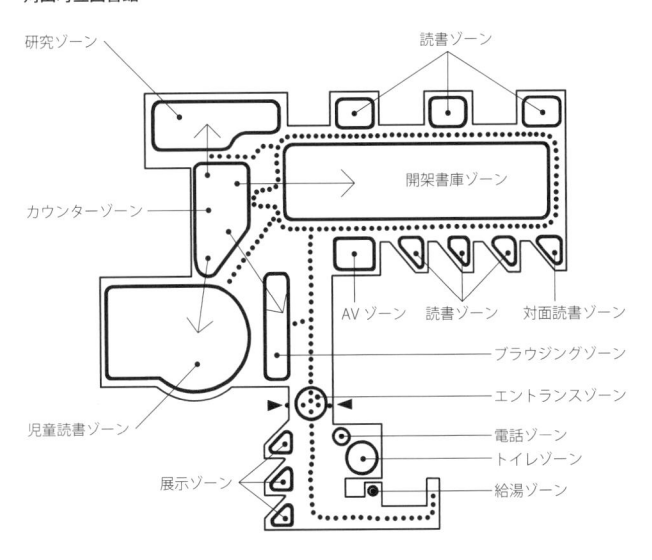

関西医科大学の図書館　　松本記念児童図書館

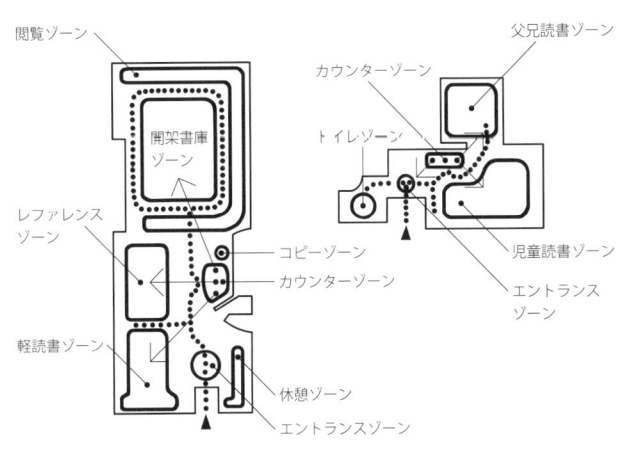

○自由開架式
利用者が、図書を自由に取り出し自由に閲覧できる方式です。この方式では、図書の紛失率が高く、傷みが大きくなります。

○BDS
Book Detection System（盗難防止システム）の略です。書籍に磁気チップを埋め込んでおいて出入口でチェックする方式です。

3. スタッフの領域（裏の領域）

図書館には、利用者が自由に行動できる「表の領域」のほかに、職員が事務や本の修理を行い、休憩するための「裏の領域」があります。この領域を構成しているのは、「事務室・スタッフラウンジ・給湯・手洗い・職員トイレ・保存用の閉架書庫・ブックモービル」などです。スタッフ領域の各ゾーンは「職員の動線」でつないでおいて、「利用者の動線」と交わらないようにしておきます。また、裏の領域には「スタッフ出入口」とブックモービル用の「車庫出入口」が必要です。

○事務ゾーン
事務机と椅子を、職員数に応じて配置し、周囲にコピー・印刷・応接・コンピュータ・給湯などのゾーンを配します。このような規模の事務ゾーンは、百貨店・ホテル・病院・博物館などの事務室に応用できます。

○本の修理ゾーン
図書館では、傷ついた本の修理は欠かせません。事務机のほかに、作業用の机を設置します。周囲に、修理中の本を一時保管しておく本棚も必要です。

○スタッフラウンジのゾーン
カウンター業務は接客業ともいえるものなので、疲れます。疲れをとるスタッフラウンジ（ミーティング、昼食、情報交換にも使える場所）をつくっておきます。

○BMの車庫と書庫
BMは、bookmobile（巡回図書館）の略です。BMの駐車スペースのほか、BM専用の書庫・整理用の机と椅子を備えておきます。

○可動積層書庫
ストック用には効率的な書庫が必要です。右図の場合、モデュール幅900mm・高さ2,284mm・奥行470mm・7段の棚では、蔵書冊数は、実測値を応用すると301冊×30棚＝9,030冊。書庫面積は(0.47×10＋0.6)×(0.9×3＋0.9)＝19.08m²。単位面積当たりの冊数は9,030冊÷19.08m²＝473冊/m²となります。

図表4　スタッフの領域（例：苅田図書館）　1/300

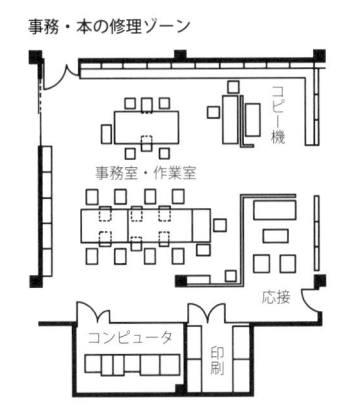

事務・本の修理ゾーン

スタッフラウンジのゾーン

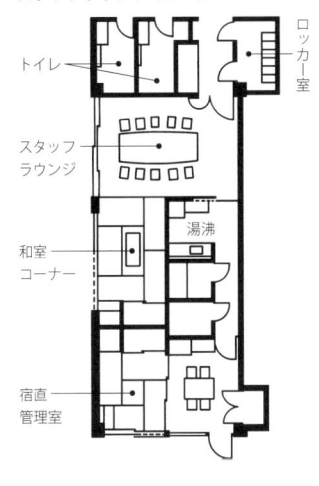

図表5　可動積層書庫

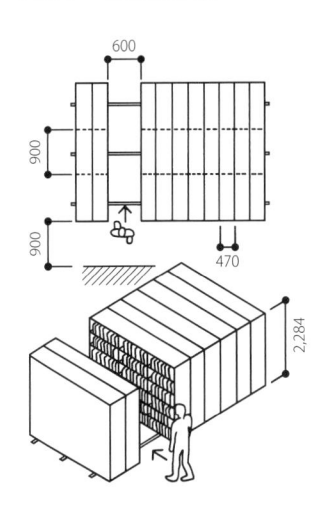

第2章　事例から学ぶ

13　図書館—3

4. 蔵書冊数と書庫面積

「蔵書冊数」は、図書館の規模を表す重要な指標です。これから図書館を計画しようとしている場合、予定している蔵書冊数に対して、「書庫面積」はどれくらい必要か予測しなければなりません。図表6は、一般によく使われている指標です。ゆとりのある「開架書庫」、効率的な「閉架書庫」、さらに効率的な「可動積層書庫」では、それぞれ「単位面積当たりの蔵書冊数」は違います。また、公立図書館では、「書庫面積」の延床面積に対する割合は、50%近くになります。

図表6　単位面積当たりの蔵書冊数の例

開架書庫	閉架書庫
約180冊/m²	約250冊/m²
可動積層書庫	延床面積に対する蔵書冊数
約500冊/m²	平均50冊/m²

図表7　書庫面積の延床面積に対する割合の例

書庫面積の延床面積に対する割合
40〜50%

5. 事例で確かめる

図表6、7の図書館の「指標」に対して、実際にはどうなのか、参考として選んだ事例を、三角スケールで測り、調べて数値的な感覚を養っておきます。まず、図表8のように書庫の位置を特定して、書庫の面積や蔵書冊数を計算します。計算には、文化学園大学図書館の実測から得た数値「43冊（900mm幅の書架の棚1段の平均蔵書数）」を使用しています。

図表8　分析事例：苅田図書館（蔵書冊数：132,544冊、延床面積：1,982m²）1/1,000（斜線部分が書架のある場所）

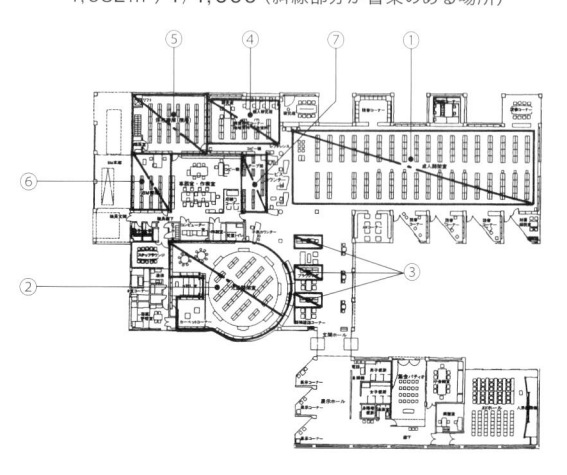

○書庫部分の面積の計算例

まず、各書庫部分の「面積」を計算します。このとき、書庫の周囲に通路がありますが、通路の範囲をどこまでとるかで面積は違ってきます。この、どこまでとるかの迷いが、平面づくりをするときに役立ちます。範囲の寸法は、1/500の平面図を三角スケールで計測したものです。

①開架書庫　34.0×12.0＝408.0m²
②児童開架室
π6.5×6.5＋(7.5＋5.0)1/2×4.0＋(5.0＋6.0)×1/2×4.0＝179.7m²
③ブラウジングコーナー　(6.0×2.0)×3＝36.0m²
④調査研究コーナー　11.0×6.0＝66.0m²
⑤保存書庫　11.0×8.0＝88.0m²
⑥BM書庫　6.0×6.0＝36.0m²
⑦サービスカウンター部分　4.0×8.0＝32.0m²
①〜⑦の総計　845.7m²（総書庫面積）

○書庫部分の蔵書冊数の計算

各書庫部分の「蔵書冊数」を計算します。まず、1段の棚（900mm幅）の冊数を平均43冊と仮定して計算すると、1つの棚について、開架書庫とサービスカウンターの棚では5段で215冊、児童書架では3段で129冊、調査研究書庫・保存書庫・BM書庫では閉架書庫の7段で301冊、ブラウジングコーナーでは1つの棚で20冊として計算します。

①開架書庫　215冊×280棚＝60,200冊
②児童開架室　129冊×90棚＝11,610冊
③ブラウジングコーナー　20冊×18棚＝360冊
④調査研究コーナー　301冊×47棚＝14,147冊
⑤保存書庫　301冊×88＝26,488冊
⑥BM書庫　301冊×40棚＝12,040冊
⑦サービスカウンター部分　215冊×20棚＝4,300冊
①〜⑦の総計　129,145冊（計算による総蔵書冊数）

○単位面積当たりの蔵書冊数の計算

各書庫部分の蔵書冊数を、それぞれの書庫面積で割ると「単位面積当たりの蔵書冊数」がおおよそ計算されます。

①開架書庫　148冊/m²
②児童開架室　65冊/m²
③ブラウジングコーナー　10冊/m²
④調査研究コーナー　214冊/m²
⑤保存書庫　301冊/m²
⑥BM書庫　334冊/m²
⑦サービスカウンター部分　134冊/m²

○延床面積に対する蔵書冊数（指標：平均50冊/m²）

総蔵書冊数を延床面積で割ると

129,145冊÷1,982m²＝65冊/m²

○書庫面積の延床面積に対する割合（指標：40〜50%）

総書庫面積を延床面積で割ると

845.7m²÷1,982m²＝43%

書庫を実測したときの狭い・広いのイメージ、指標の数値、自分で条件設定して出した数値、これらを覚えておいて平面づくりに役立てます。

6. 出納システム

利用者が、目的とする図書を探し出して閲覧するまでの間の手続きを「出納システム」といいます。

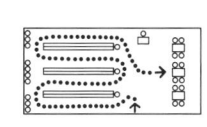

図表9　出納システム

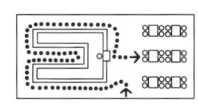

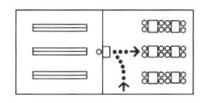

○**自由開架式**
開架書架と閲覧室を自由に利用できる方式で、中小規模の図書館や児童図書館で使われます。

○**半開架式**
ガラスなどで区画された書架の背表紙などを見て、閲覧手続きをする方式。

○**閉架式**
貴重本などを、閲覧室から分離保管し、利用者は目録を見て手続きをします。

7. 資料の分類法

図書資料を分類・配列し、目録を整備し、書架に並べるときに用いる「日本十進分類法」を紹介します。

図表10　日本十進分類法

0 総記		5 技術	
	00 総記		50 技術・工学
	01 図書館・図書館情報学		51 建設工学・土木工学
	02 図書・書誌学		52 建築学
	03 百科事典・用語索引		53 機械工学・原子力工学
	04 一般論文集・一般講演集・雑著		54 電気工学
	05 逐次刊行物・一般年鑑		55 海洋工学・船舶工学・兵器・軍事学
	06 団体・博物館		56 金属工学・鉱山工学
	07 ジャーナリズム・新聞		57 化学工業
	08 叢書・全集・選集		58 製造工業
	09 貴重書・郷土資料・その他		59 家政学・生活科学

1 哲学		6 産業	
	10 哲学		60 産業
	11 哲学各論		61 農業
	12 東洋思想		62 園芸・造園
	13 西洋哲学		63 蚕糸業
	14 心理学		64 畜産業・獣医学
	15 倫理学・道徳		65 林業・狩猟
	16 宗教		66 水産業
	17 神道		67 商業
	18 仏教		68 運輸・交通・観光事業
	19 キリスト教・ユダヤ教		69 通信事業

2 歴史		7 芸術	
	20 歴史・世界史・文化史		70 芸術・美術
	21 日本史		71 彫刻・オブジェ
	22 アジア史・東洋史		72 絵画・書・書道
	23 ヨーロッパ史・西洋史		73 版画・印章・篆刻・印譜
	24 アフリカ史		74 写真・印刷
	25 北アメリカ史		75 工芸
	26 南アメリカ史		76 音楽・舞踊・バレエ
	27 オセアニア史・両極地方史		77 演劇・映画・大衆芸能
	28 伝記		78 スポーツ・体育
	29 地理・地誌・紀行		79 諸芸・娯楽

3 社会科学		8 言語	
	30 社会科学		80 言語
	31 政治		81 日本語
	32 法律		82 中国語・その他の東洋の諸言語
	33 経済		83 英語
	34 財政		84 ドイツ語・その他ゲルマン諸語
	35 統計		85 フランス語・プロバンス語
	36 社会		86 スペイン語・ポルトガル語
	37 教育		87 イタリア語・その他ロマンス諸語
	38 風俗習慣・民俗学・民族学		88 ロシア語・その他スラブ諸語
	39 国防・軍事		89 その他の諸言語

4 自然科学		9 文学	
	40 自然科学		90 文学
	41 数学		91 日本文学
	42 物理学		92 中国文学・その他の東洋文学
	43 化学		93 英米文学
	44 天文学・宇宙科学		94 ドイツ文学・その他ゲルマン文学
	45 地球科学・地学		95 フランス文学・プロバンス文学
	46 生物科学・一般生物学		96 スペイン文学・ポルトガル文学
	47 植物学		97 イタリア文学・その他ロマンス文学
	48 動物学		98 ロシア・ソビエト文学・スラブ文学
	49 医学・薬学		99 その他の諸文学

8. 図書館とは

図書館法では、社会教育法の精神に基づき、図書館の設置および運営に関して必要な事項を定め、その健全な発達を図り、もって国民の教育と文化の発展に寄与することを目的とする、と定められています。

図書館は、図書・記録などの資料を収集・整理・保有して一般公衆の利用に供し、その教養・調査研究・レクリエーション等に資するための施設です。

施設として、公立図書館（地方公共団体の設置する図書館）、私立図書館（日本赤十字社・社団法人・財団法人の設置する附属図書館）などがあります。

郷土資料・地方行政資料・美術品・レコード・フィルム・電磁的記録・図書・記録・視聴覚教育などの資料を収集し利用できるようにし、読書会・研究会・鑑賞会・映写会・資料展示会などの開催を奨励すること。

図書館には、図書館資料について十分な知識のある職員や、専門的な事務に従事する司書を置くこと、と図書館法に定められています。

○**大規模図書館**
都道府県や政令指定都市の中央図書館を指します。蔵書数は100万冊以上。書籍に限らず、映像や音声など、あらゆる情報に接触できるように総合情報館を目指した図書館。

○**中小規模図書館**
市町村の中央図書館と分館を指します。蔵書数は30〜40万冊。地域文化の拠点や地域コミュニティの中心を担う場所、あるいは、生涯学習の場として、機能の複合化を図った図書館。

9. 他用途の計画方法を応用する

図書館の計画では、書庫の平面づくりをしっかりできるようにしておいて、その他の機能、例えば、集会・講演・会議・展示などの機能を入れたい場合は、これらの用途の計画法を応用するといいでしょう。

3. 視覚デザインの発想例

解読型デザイン

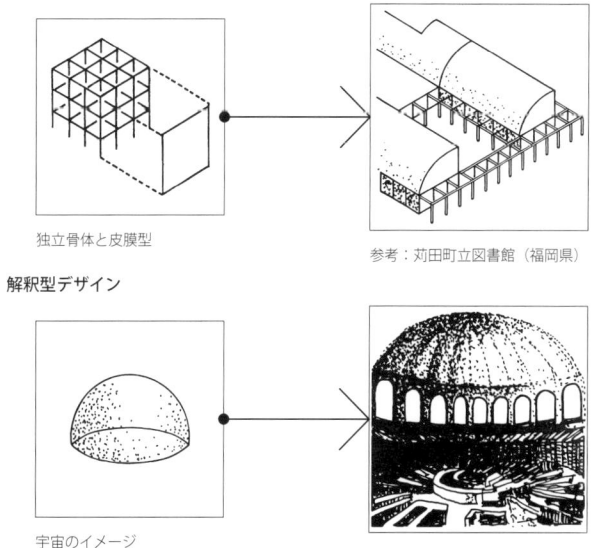

独立骨体と皮膜型

参考：苅田町立図書館（福岡県）

解釈型デザイン

宇宙のイメージ

参考：大英博物館閲覧室（イギリス）

第 2 章　事例から学ぶ

14　クアハウス・温泉

1. 事例の選択と分析

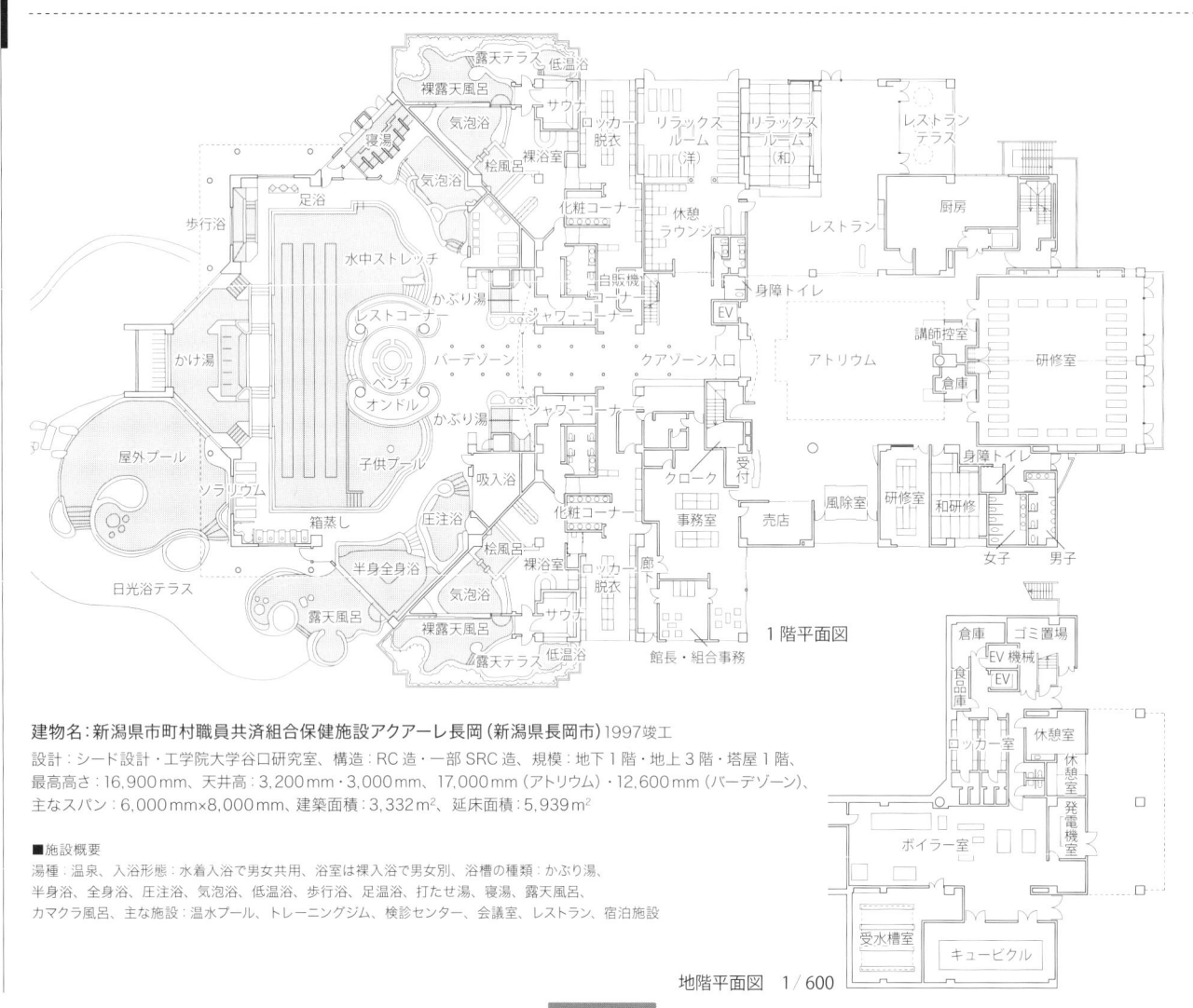

生の資料　　　　　　　　　　　　　　　　　　　　　　　　　　　　　　　　　◇クアハウス

1階平面図

地階平面図　1/600

建物名：新潟県市町村職員共済組合保健施設アクアーレ長岡（新潟県長岡市）1997竣工
設計：シード設計・工学院大学谷口研究室、構造：RC造・一部SRC造、規模：地下1階・地上3階・塔屋1階、
最高高さ：16,900mm、天井高：3,200mm・3,000mm、17,000mm（アトリウム）・12,600mm（バーデゾーン）、
主なスパン：6,000mm×8,000mm、建築面積：3,332m^2、延床面積：5,939m^2

■施設概要
湯種：温泉、入浴形態：水着入浴で男女共用、浴室は裸入浴で男女別、浴槽の種類：かぶり湯、
半身浴、全身浴、圧注浴、気泡浴、低温浴、歩行浴、足温浴、打たせ湯、寝湯、露天風呂、
カマクラ風呂、主な施設：温水プール、トレーニングジム、検診センター、会議室、レストラン、宿泊施設

分析した資料（データ）　三角スケールの計測による

家具寸法とアキ寸法

室名リスト
■1階：クアゾーン入口、受付、クローク、身障者トイレ、休憩ラウンジ、リラックスルーム、自販機コーナー、
男女にある室（ロッカー脱衣室、化粧コーナー、トイレ、シャワーコーナー、かぶり湯、蒸気浴室、裸浴室、サウナ）、
バーデゾーン、子どもプール、プール　■地階：ボイラー室、受水槽室、電気室、発電機室、従業員ロッカー室（男女）、休憩室、倉庫、
食品庫、EV、EV機械室、ゴミ置き場

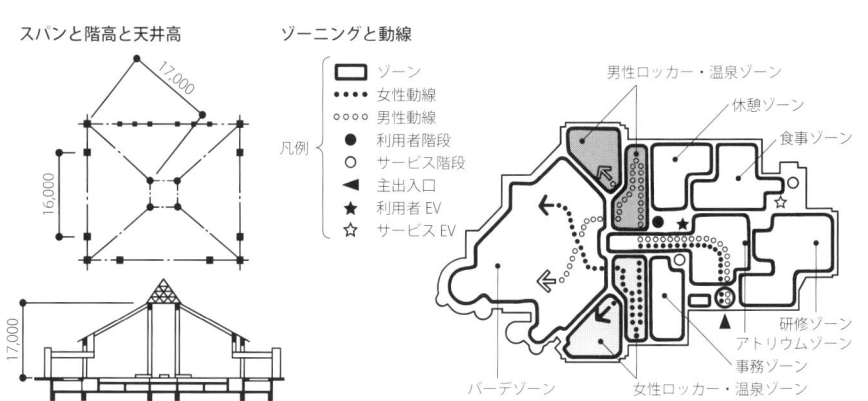

スパンと階高と天井高

ゾーニングと動線

凡例
- ゾーン
- 女性動線
- 男性動線
- 利用者階段
- サービス階段
- 主出入口
- 利用者EV
- サービスEV

男性ロッカー・温泉ゾーン
休憩ゾーン
食事ゾーン
研修ゾーン
アトリウムゾーン
事務ゾーン
女性ロッカー・温泉ゾーン
バーデゾーン

2. 建築計画の知識と進め方

1. 発想は家具から

「クアハウス・温泉」の「主役の室」といえば「浴室」です。ここでは、まず、「ロッカー寸法」と「アキ寸法」を決め、「収容人数」から「脱衣室の大きさ」を決めて、クアハウスや温泉全体へと計画を進めていきます。温泉旅行では、巻尺を持参し、ロッカーの寸法や湯の深さを実測して、そのイメージとともに覚えておきます。

○ロッカー
1人用ロッカーの幅は200mm、300mmと種類があります。高さ1,750mm、奥行550mm。上下2段に分ける場合もあります。温泉旅館では450mm立方の脱衣棚を3段重ねで使うことがあります。両側ロッカーで着替えができるアキ寸法は、1,200mm以上です。

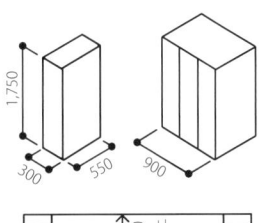

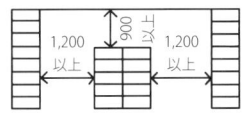

図表1 ロッカー

○化粧台
左右の洗面器の間隔は、洗顔時に左右の腕を広げたときを考えて700mm以上とします。両側カウンターの間は、1,500mm以上の距離をとります。

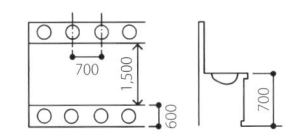

図表2 化粧台

○浴槽
浴槽に座ったときの肩までの湯の深さは550mm以下、後ろに寄りかかって足を投げ出したときの足の先までは大人で約1,200mmです。

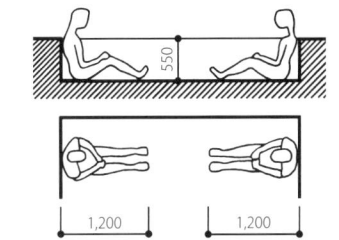

図表3 湯の深さ

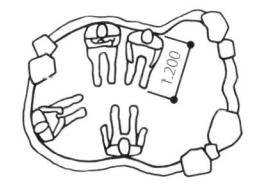

図表4 足までの寸法

○洗い場
洗い場で気をつけなければならないのは、隣の人にシャワーが飛び散らないように仕切り板などを設置することです。左右の内法は900mm以上必要です。

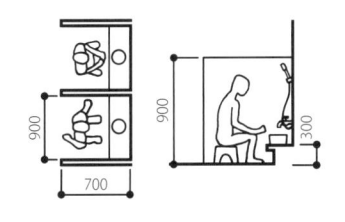

図表5 洗い場

○シャワーブース
入浴前後にシャワーを立位で使用するためには、ブースの幅約1,000mm×1,000mm、高さは約1,900mmとします。

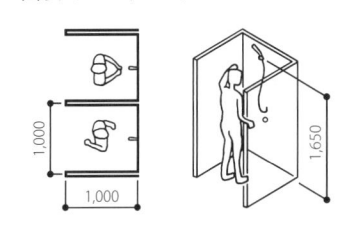

図表6 シャワーブース

2. 男女別のシークエンス

クアハウスと温泉は、一見して同じシステムに見えますが、「着衣入浴」と「裸入浴」の違いがあります。ロッカー室などへの「男女別の出入口」では、シークエンス的に、「目」に対する目隠し機能と、「足」によるスムーズな身体移動を計画しておきます。クアハウスと同じ原理でできているのがスポーツ施設です。ロッカー室で男女は一度分かれ、バーデゾーンや体育室で再び出会うときは水着やスポーツウエアで「着衣」になっています。

図表7 男女別のシークエンスの違い

クアハウス（着衣でバーデゾーンで出会う）

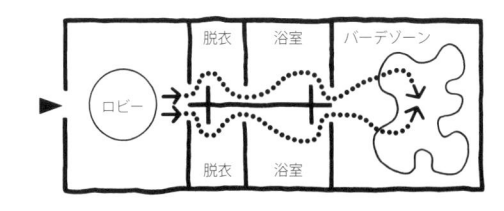

温泉（裸入浴で男女は分離）

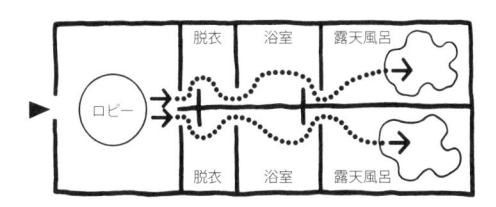

スポーツクラブ（着衣でジムスペースやプールで出会う）

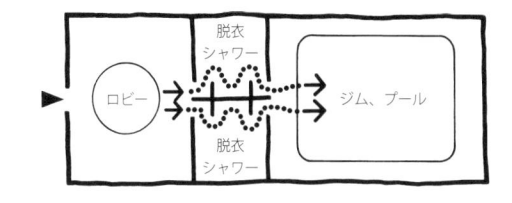

3. 視覚デザインの発想例

●解読型デザイン

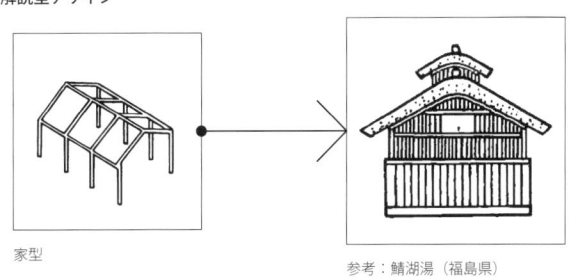

家型

参考：鯖湖湯（福島県）

●解釈型デザイン

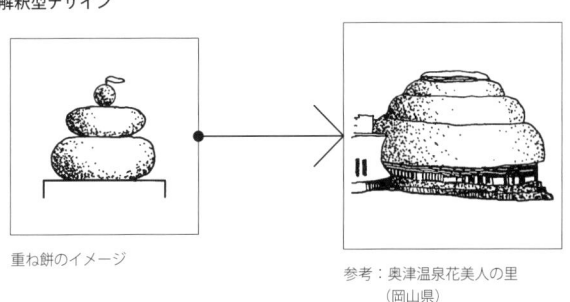

重ね餅のイメージ

参考：奥津温泉花美人の里（岡山県）

第2章　事例から学ぶ

15　体育館・スポーツクラブ─1

1. 事例の選択と分析

生の資料

◇体育館

建物名：白滝スポーツコミュニティセンター（高知県土佐郡）
1990 竣工
設計：日本総合計画研究所

構造：RC造・S造、規模：地上2階、最高高さ：14,100mm、天井高：11,500mm（最高部）、大トラス下端：8,500mm、建築面積：1,430m²、延床面積：1,768m²

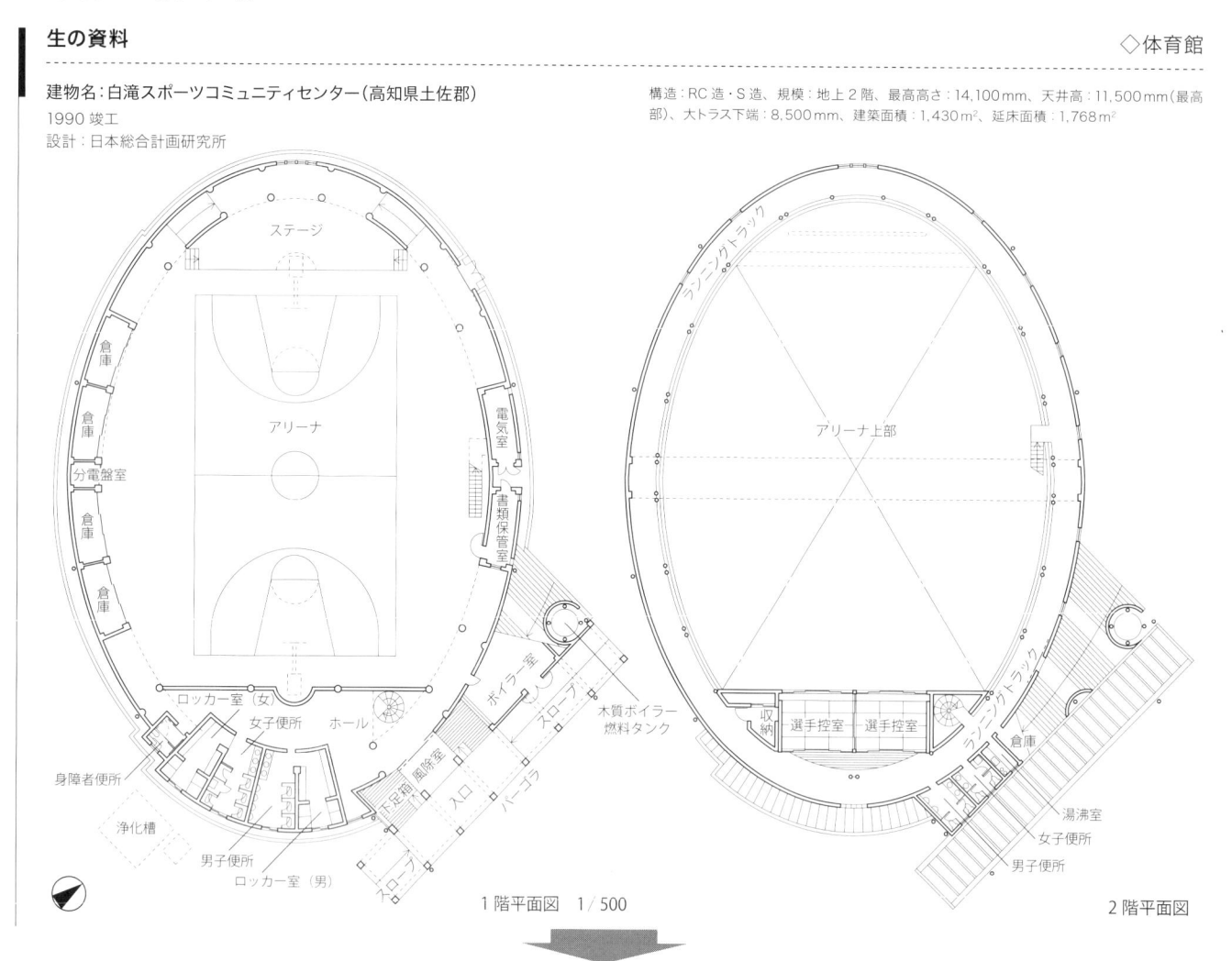

1階平面図　1/500

2階平面図

分析した資料（データ）　三角スケールの計測による

家具寸法とアキ寸法　1/200

室名リスト

■1階：アリーナ（体育室）、ステージ、ホール、風除室、下足室（2室）、ロッカー室（男女）、トイレ（男女）、身障者トイレ、書類保管室、電気室、ボイラー室、分電盤室、倉庫（4室）
■2階：ランニングトラック、選手控え室（2室）、収納、トイレ（男女）、倉庫、

ゾーニングと動線

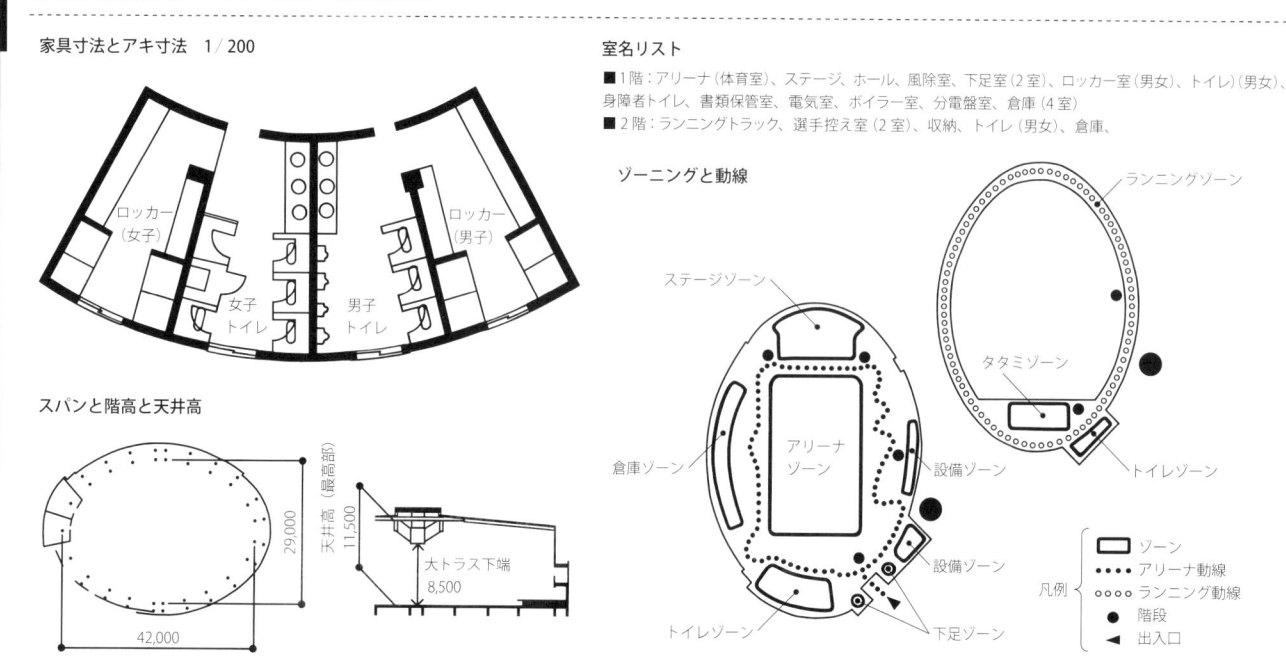

スパンと階高と天井高

凡例
□ ゾーン
── アリーナ動線
○○○○ ランニング動線
● 階段
◀ 出入口

122

生の資料　◇スポーツクラブ

建物名：グランドパシフィックスポーツ倶楽部（愛知県豊橋市）
1989竣工
設計：MD建築設計事務所、構造：S造、規模：地上2階・塔屋1階、
階高：1階4,140mm、2階3,750mm、天井高：1階2,850mm、
主なスパン：16,800mm×4,900mm、建築面積：1,025m²
延床面積：1,861m²

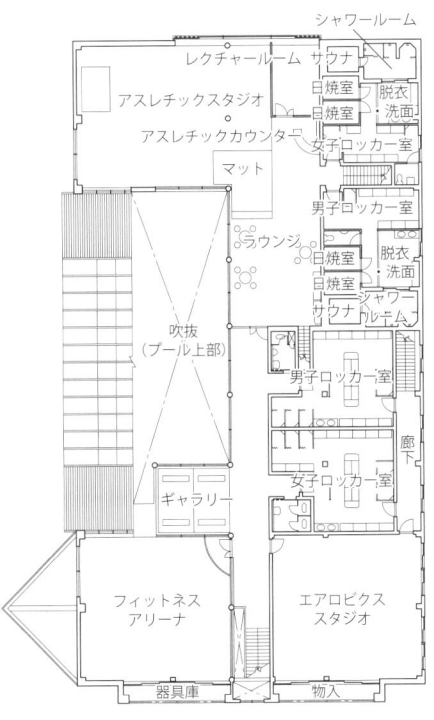

2階平面図

1階平面図　1/500

断面図　1/500

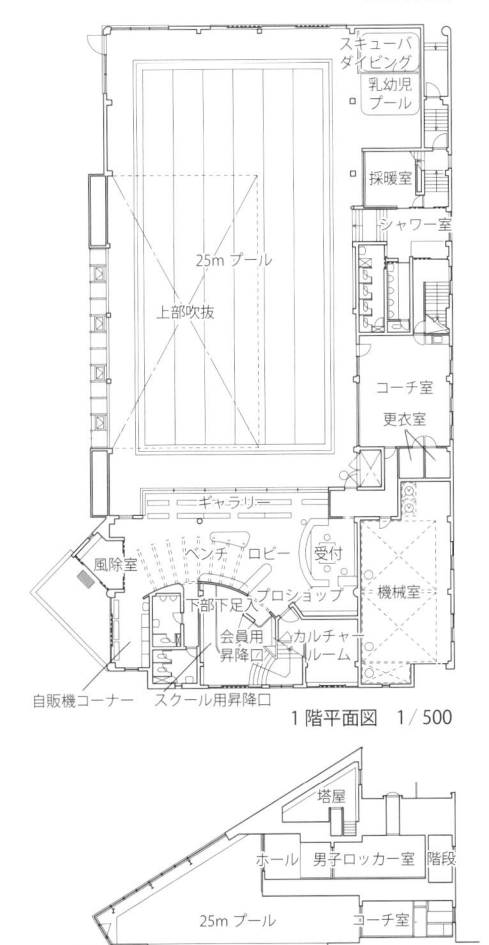

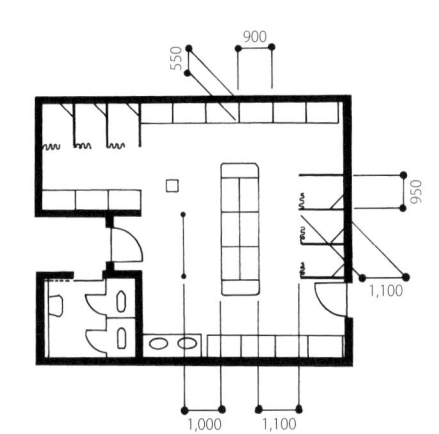

分析した資料（データ）　三角スケールの計測による

家具寸法とアキ寸法　1/200

室名リスト
- 1階：風除室、ロビー、受付、客用トイレ、自販機コーナー、カルチャールーム、ギャラリー、プール、乾燥室、シャワー室、プール内トイレ、コーチ室、階段[2ケ所]
- 2階：エアロビクススタジオ、フィットネスアリーナ、アスレチックスタジオ、ラウンジ、男子ロッカー室、女子ロッカー室、シャワールーム（男女）、脱衣洗面室（男女）、サウナ（男女）、日焼室（男女）、トイレ（男女）、ギャラリー、レクチャールーム、廊下、階段(2ケ所)

スパンと階高と天井高

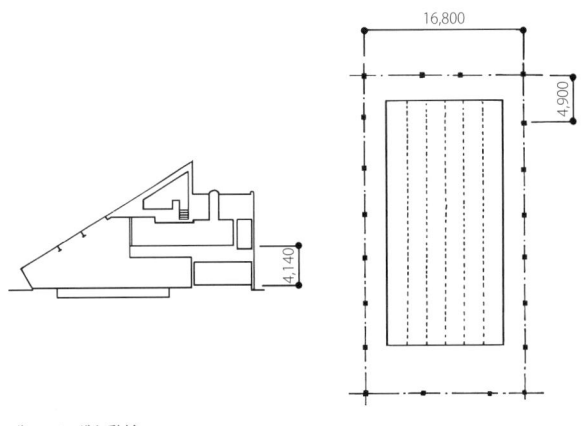

ゾーニングと動線

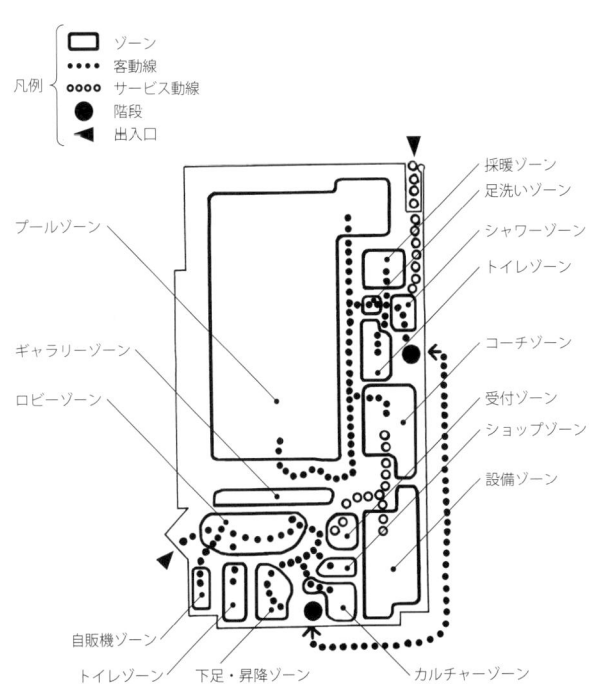

凡例
- ゾーン
- 客動線
- サービス動線
- 階段
- 出入口

第2章　事例から学ぶ

15　体育館・スポーツクラブ-1

第2章　事例から学ぶ

15　体育館・スポーツクラブ—2

2. 建築計画の知識と進め方

1. 発想はコート寸法とスポーツ器具から

「スポーツ施設」の「主役の室」といえば「体育室」です。体育室は、そこに必要な「コート寸法」と周囲の「安全エリアの寸法」で決め、スポーツクラブの室は、そこで使われる「スポーツ器具の寸法」と周囲に必要な「アキ寸法と余裕のスペース」を考えて、「室の大きさ」を決めます。器具寸法は、スポーツ器具メーカーのカタログを調べるか、参考事例の図面の中の器具を三角スケールで測って調べます。「プールの幅」は、「1レーンの幅と両端のアキ寸法」を足し算して決めます。「ロッカー室」は、「温泉・クアハウス」の「家具寸法」と「アキ寸法」を応用するといいでしょう。

図表1　スポーツ器具　1/100（三角スケールで計測）（参考：『建築設計資料25 スポーツクラブ』建築資料研究社）

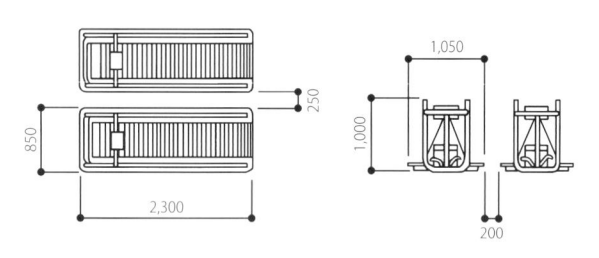

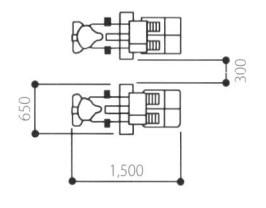

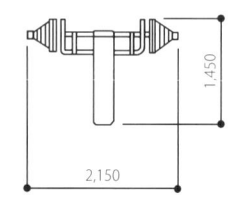

2. コート寸法・安全エリア寸法

コートの周囲や上部には、球技の障害にならないように、「安全エリアの寸法」や「天井までの有効高さ」が必要です。公式競技に必要な寸法を挙げておきます。

図表2　安全エリアの寸法

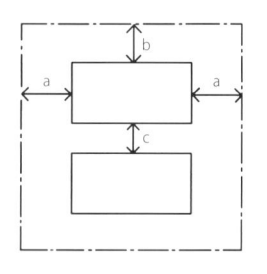

	a	b	c
卓　　球	≧5.0〜6.0	≧2.5〜3.0	≧5.0〜6.0
バドミントン	≧2.0	≧3.0	≧3.0
バレーボール	≧3.0〜8.0	≧3.0〜5.0	4.0〜10.0
硬式テニス	6.4〜8.0	≧3.6〜6.0	6.0
バスケットボール	≧3.0	≧3.0	≧4.5〜5.0
ハンドボール	≧3.0〜5.0	≧2.0	≧4.0
インディアカ	≧1.5	≧1.5	
シャフルボード	≧1.5	≧1.5	

図表3　コートとプールの寸法　1/800（参考：日本建築学会編『第2版　コンパクト建築設計資料集成』丸善）

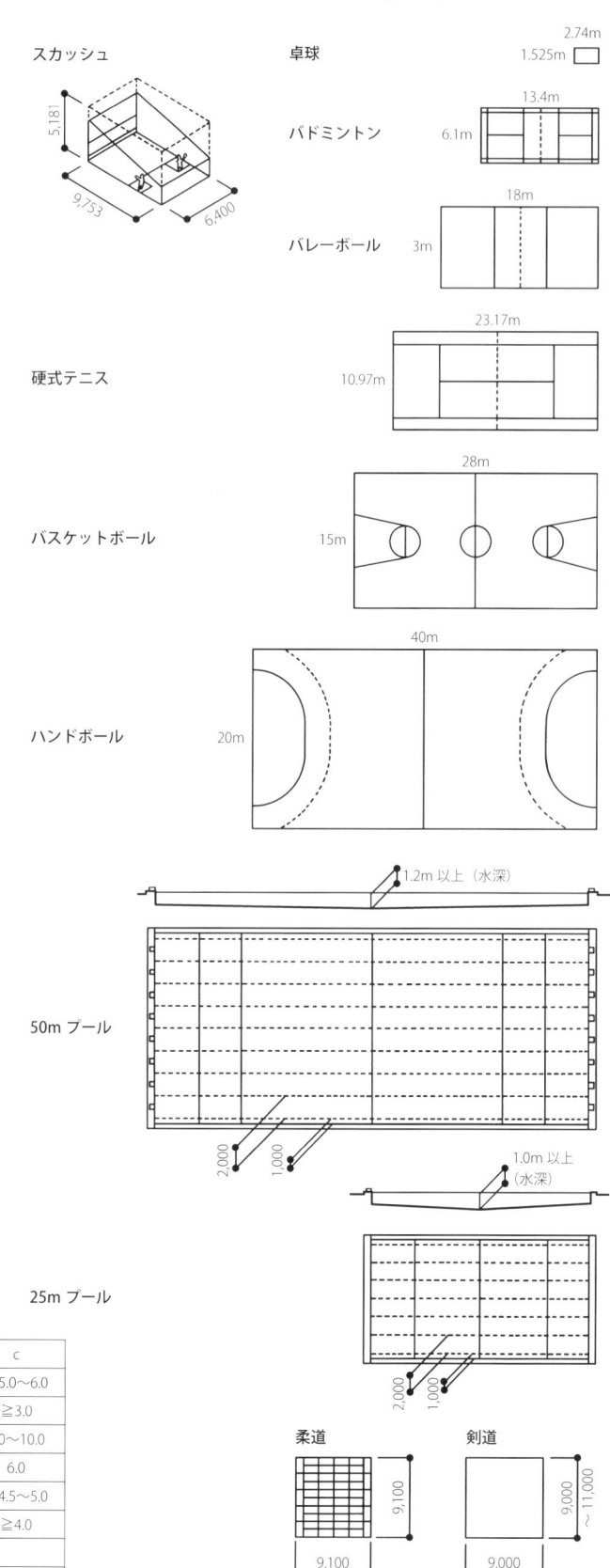

図表4　天井までの有効高さ

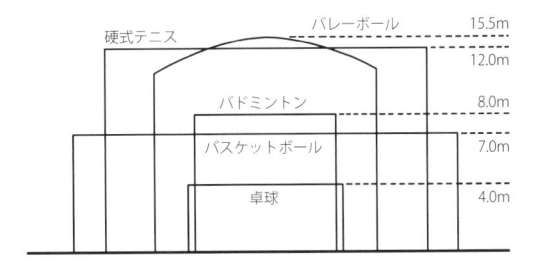

○梁の下端の有効高さ

体育館の「有効な天井高」は、球技において、上げられたボールに影響のない寸法でなければなりません。天井下に梁が出ている場合は、梁の下端から床までが、天井の「有効高さ」です。図表5の事例では、天井高は11,500mmですが、大トラス梁の下端は8,500mmです。

図表5　天井高の例（例：白滝スポーツコミュニティセンター）

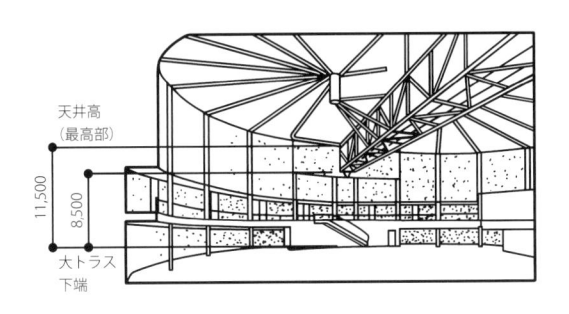

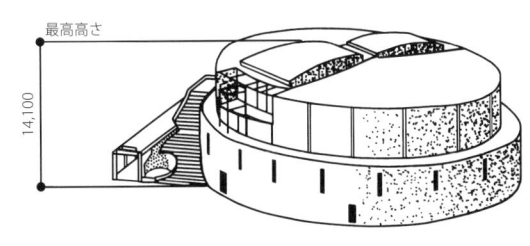

3. 設備置場と外観スッキリ作戦

スポーツクラブでは、プール用の浄化設備やアスレチック用の空調設備など、多くの設備機械が必要です。「設備置き場」を最初から考えておかないと、建物外観をスッキリできない場合があります。他用途でも同じです。

図表6　設備置き場と外観

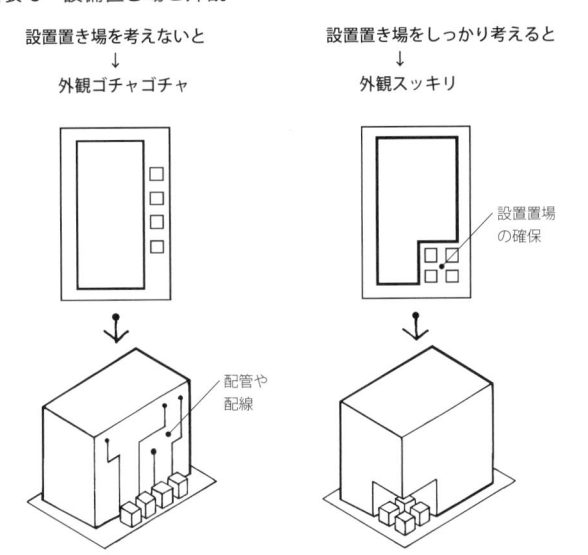

3. 視覚デザインの発想例

解読型デザイン

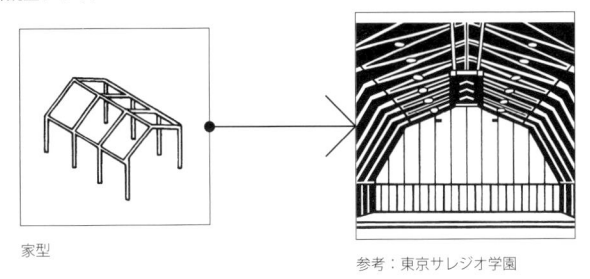

家型　　　参考：東京サレジオ学園

解釈型デザイン

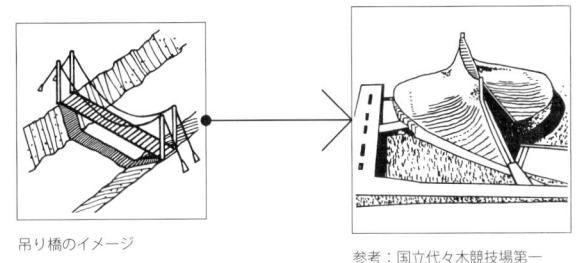

吊り橋のイメージ　　　参考：国立代々木競技場第一体育館

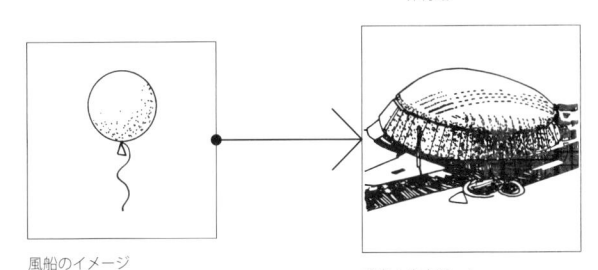

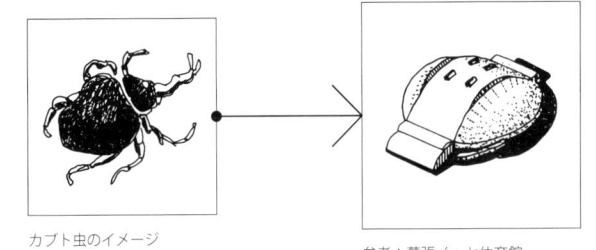

風船のイメージ　　　参考：東京ドーム

カブト虫のイメージ　　　参考：幕張メッセ体育館

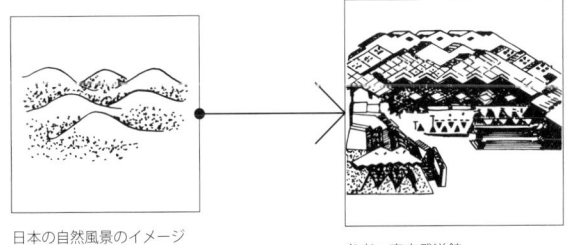

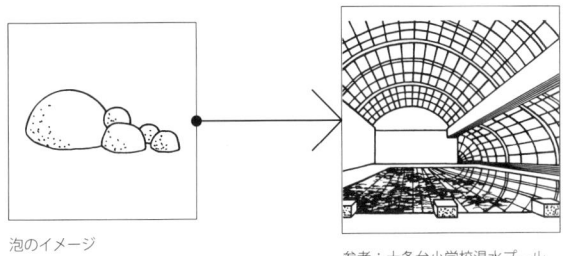

日本の自然風景のイメージ　　　参考：東京武道館

泡のイメージ　　　参考：十条台小学校温水プール

第2章　事例から学ぶ

16　幼稚園・保育所・認定こども園—1

1. 事例の選択と分析

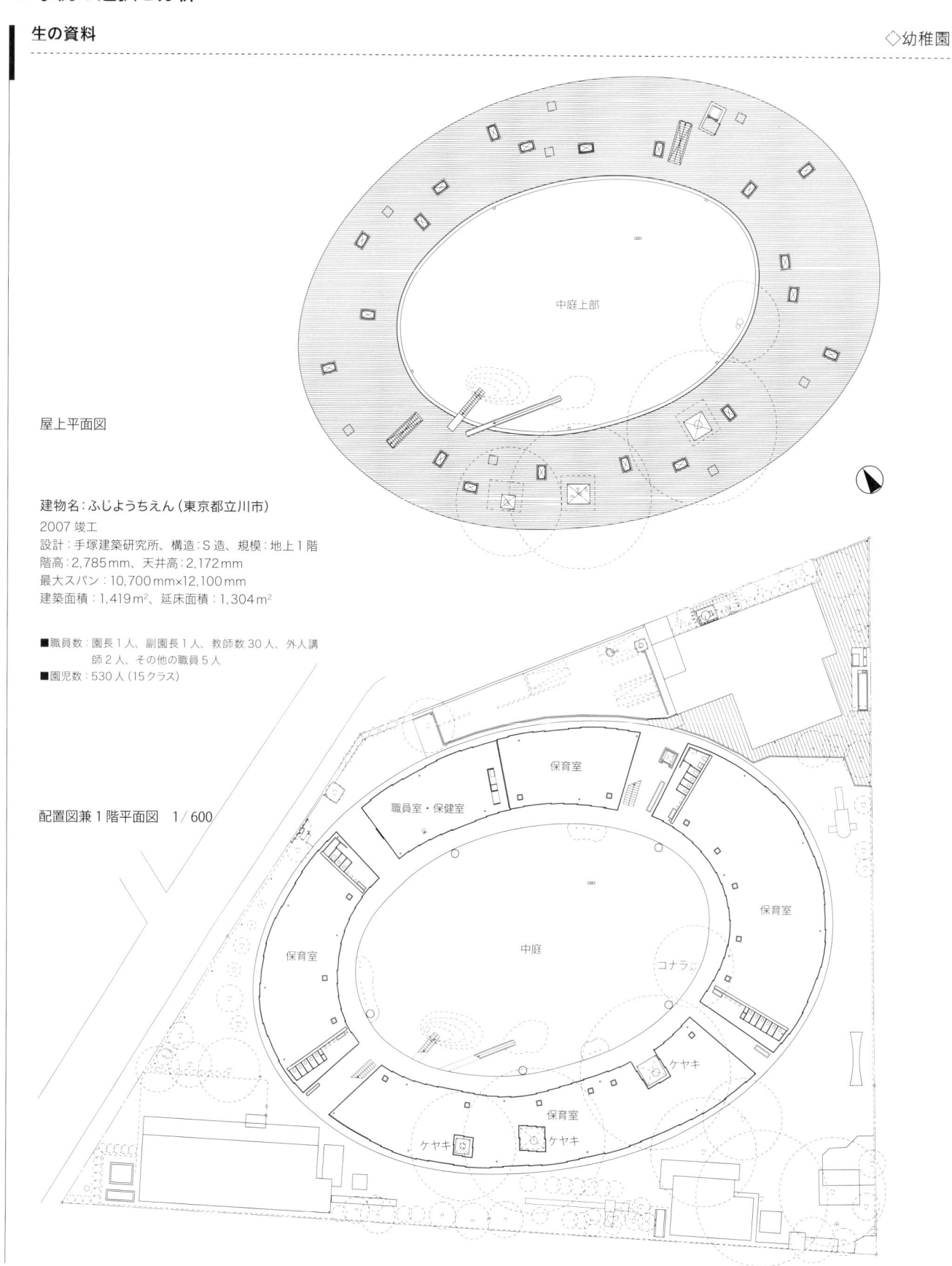

生の資料　　　◇幼稚園

屋上平面図

建物名：ふじようちえん（東京都立川市）
2007 竣工
設計：手塚建築研究所、構造：S造、規模：地上1階
階高：2,785mm、天井高：2,172mm
最大スパン：10,700mm×12,100mm
建築面積：1,419m²、延床面積：1,304m²

■職員数：園長1人、副園長1人、教師数30人、外人講師2人、その他の職員5人
■園児数：530人（15クラス）

配置図兼1階平面図　1/600

家具配置図 1/200

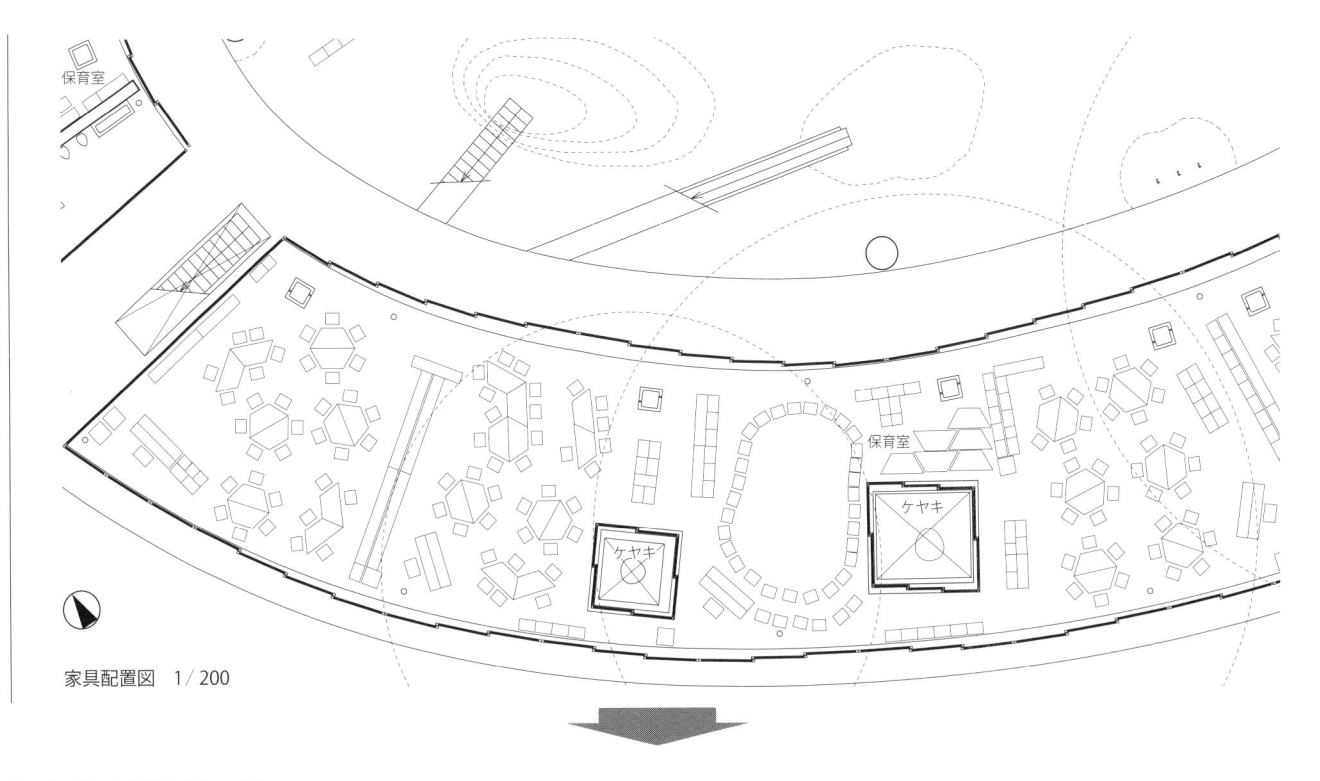

分析した資料（データ） 三角スケールの計測による

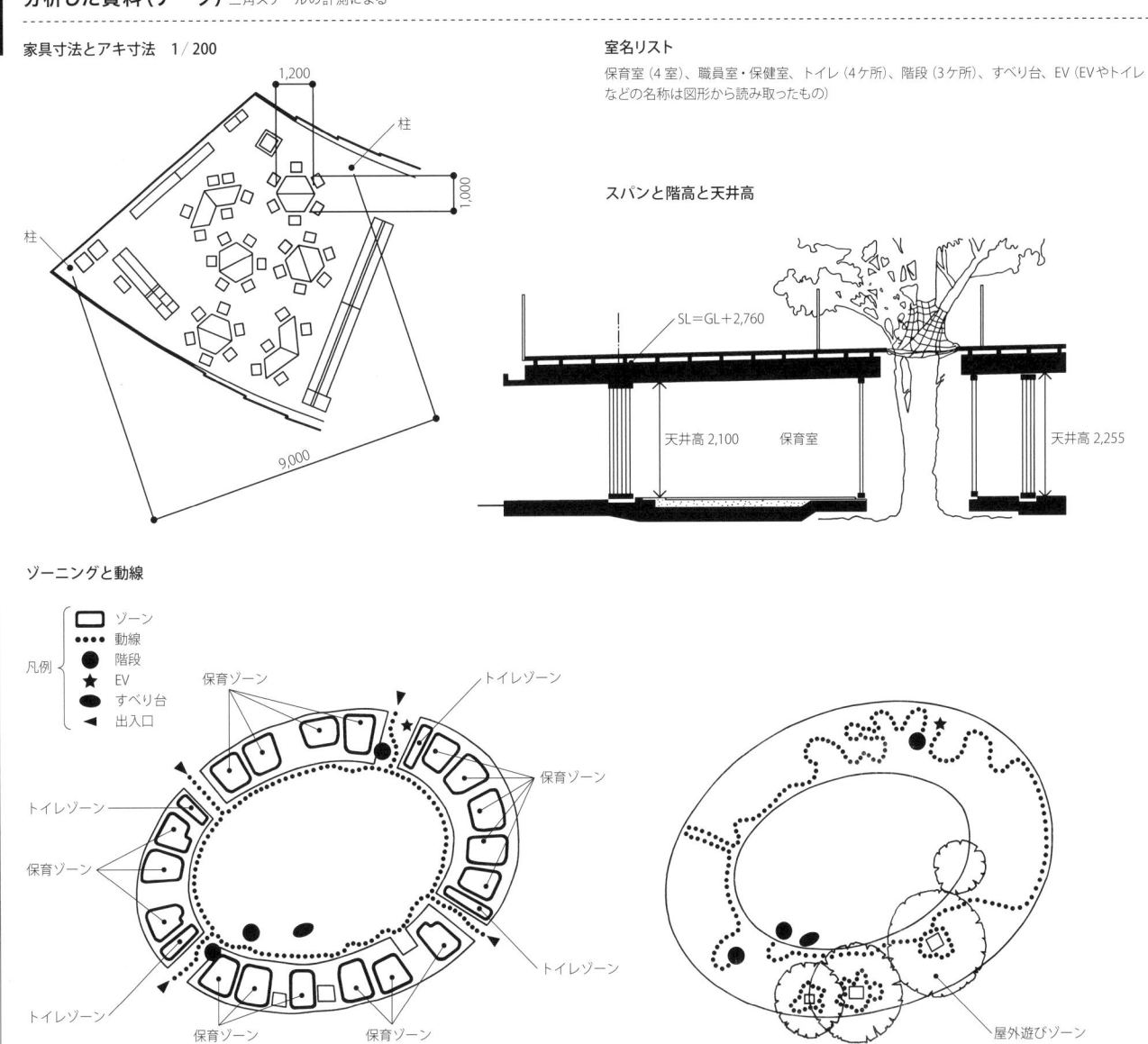

家具寸法とアキ寸法 1/200

室名リスト

保育室（4室）、職員室・保健室、トイレ（4ケ所）、階段（3ケ所）、すべり台、EV（EVやトイレなどの名称は図形から読み取ったもの）

スパンと階高と天井高

SL＝GL＋2,760
天井高 2,100　保育室
天井高 2,255

ゾーニングと動線

凡例
- □ ゾーン
- ••• 動線
- ● 階段
- ★ EV
- ⬮ すべり台
- ◀ 出入口

保育ゾーン
トイレゾーン
屋外遊びゾーン

第2章 事例から学ぶ

16 幼稚園・保育所・認定こども園 —1

第 2 章　事例から学ぶ

16　幼稚園・保育所・認定こども園―2

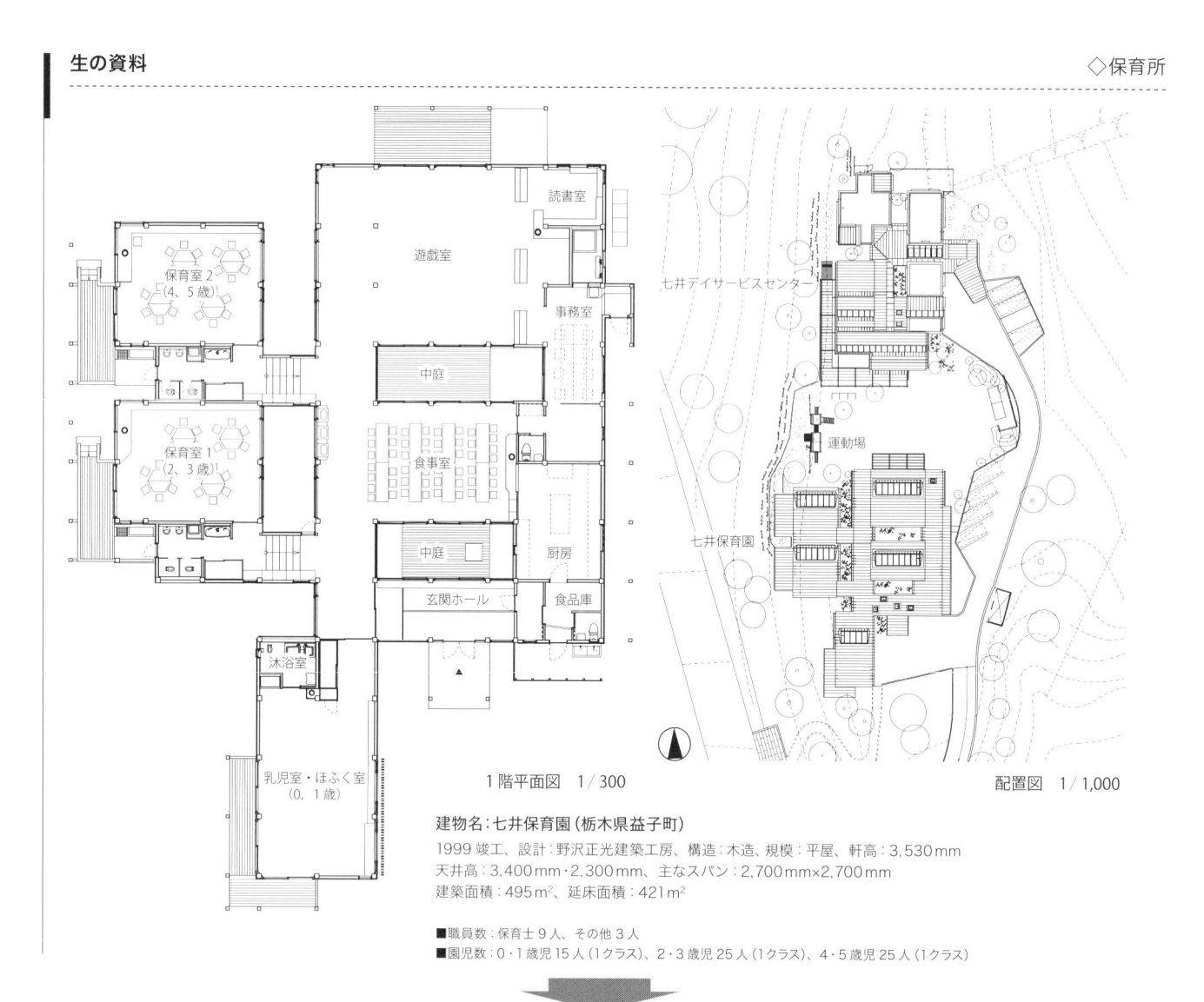

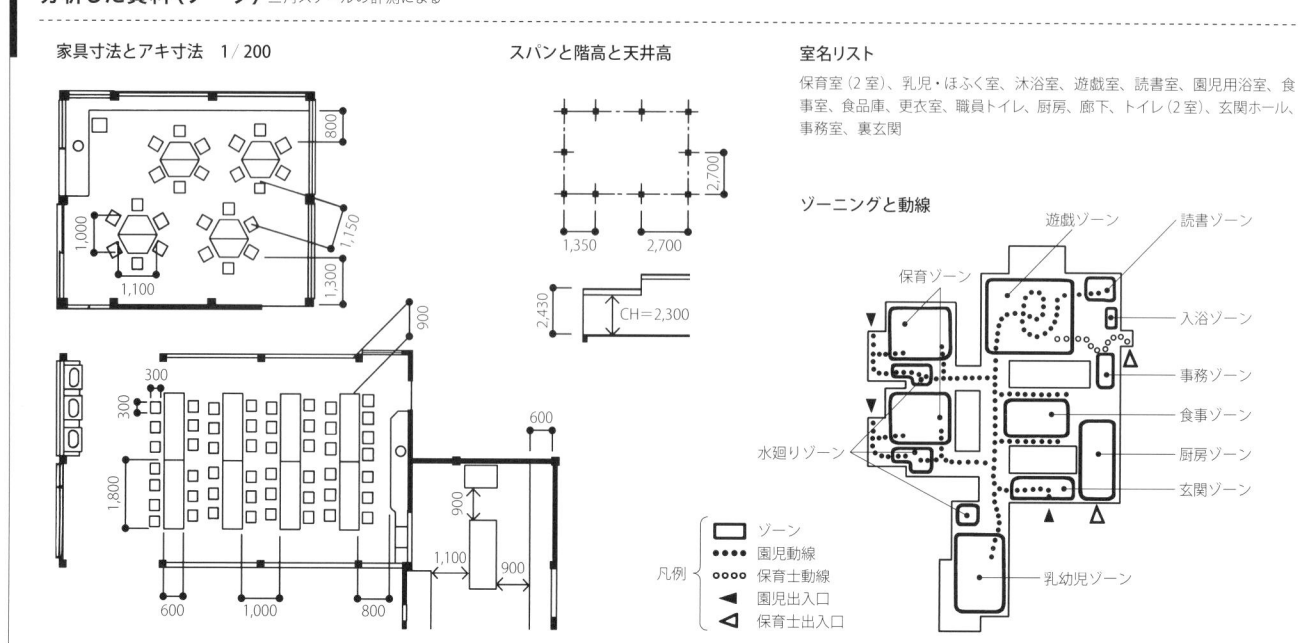

生の資料

◇保育所

1 階平面図　1/300

配置図　1/1,000

建物名：七井保育園（栃木県益子町）
1999 竣工、設計：野沢正光建築工房、構造：木造、規模：平屋、軒高：3,530mm
天井高：3,400mm・2,300mm、主なスパン：2,700mm×2,700mm
建築面積：495m²、延床面積：421m²

■職員数：保育士9人、その他3人
■園児数：0・1歳児15人（1クラス）、2・3歳児25人（1クラス）、4・5歳児25人（1クラス）

分析した資料（データ）　三角スケールの計測による

家具寸法とアキ寸法　1/200

スパンと階高と天井高

室名リスト

保育室（2室）、乳児・ほふく室、沐浴室、遊戯室、読書室、園児用浴室、食事室、食品庫、更衣室、職員トイレ、厨房、廊下、トイレ（2室）、玄関ホール、事務室、裏玄関

ゾーニングと動線

凡例
□ ゾーン
●●●● 園児動線
○○○○ 保育士動線
▲ 園児出入口
△ 保育士出入口

2. 建築計画の知識と進め方

1. 幼稚園・保育所について

　これまで、「幼稚園」は文部科学省管轄で「教育の場」、「保育所」は厚生労働省管轄で「保育の場」と位置づけられてきました。近年、母親の就労形態の変化により、通常の教育時間の前後や長期休業期間でも預かり保育を行う「保育所的な幼稚園」を望む保護者がある一方で、幼稚園並みの充実した教育を行う「幼稚園的な保育所」を求める保護者が多くなっています。このような状況に対し、現在の幼稚園と保育所を継続していくほか、新たな施設の枠組みがつくられています。

2. 認定こども園について

　新たな枠組みとして、幼稚園と保育所の境界をなくし、両者の性格を統合した「認定こども園」が、2006年に法令化されました。認定こども園は、幼稚園と保育所を融合させた「幼保連携型」、幼稚園で長時間保育を行う「幼稚園型」、保育内容を充実させた「保育所型」、認可外保育所を充実させた「地方裁量型」の4つのタイプがあります。認定こども園を新しくつくるほか、今ある幼稚園と保育所に変更を加えて、例えば、現状の「幼稚園」に「調理室」を加えて「認定こども園」にする、などの方法もあります。認定こども園の管轄は、文部科学省と厚生労働省の両者で行われます。

図表1　幼稚園・保育所・認定こども園の比較

区分	幼稚園	保育所	認定こども園
法令	学校教育法 幼稚園設置基準（文科省）	児童福祉法 児童福祉施設最低基準（厚労省）	就学前の子どもに関する教育、保育等の総合的な提供の推進に関する法律
目的	幼児を教育し、適当な環境を与えて、その心身の発達を助長すること	日々保護者の委託を受けて、保育に欠ける乳児または幼児を保育すること	幼稚園および保育所等において、小学校就学前の子どもに対する教育・保育や、保護者への子育て支援を提供し、児童が健やかに育つ環境の整備に資すること
入園方法	幼稚園設置者と保護者の契約による	市町村と保護者の契約による	認定こども園設置者と保護者の契約による（私立保育園における保育に欠ける児童の認定は市町村が行う）
対象者	満3歳〜就学前の幼児	0歳〜就学前の保育に欠ける児童	0歳〜就学前の保育に欠ける児童
開設日時	年間39週以上（春・夏・冬休みあり）	日曜日、祝日を除く毎日	保育所に準じる
保育時間	4時間	8時間	保育時間については、短時間（4時間）から長時間（8時間）まで、柔軟に選べるようになっている
教育・保育内容	幼稚園教育要領	保育所保育指針	幼稚園教育要領および保育所保育指針を踏まえ、教育と保育の両課程の性格を備えた全体計画を行う
職員配置	幼稚園教諭1人につき、1学級35人以下	保育士1人につき、乳児は3人、1歳以上3歳未満児は6人、3歳以上4歳未満児は20人、4歳以上の幼児は30人	0〜2歳児は保育所と同じ職員配置。3歳児以上は4時間程度の共通利用時間では35人以下の学級を単位として1学級ごとに担任を配置する。その後の長時間利用は保育所と同じ職員配置とする
職員の資格	幼稚園教諭専修（大学院卒） 幼稚園教諭1種（大学卒） 幼稚園教諭2種（短大卒）	保育士（国家資格）	0〜2歳児は、保育士資格。3歳児以上は、幼稚園教諭と保育士の両資格併用者が望ましい
所要室等	保育室 遊戯室 職員室、保健室 便所	保育室 遊戯室 調理室 便所、医師室	幼稚園および保育所双方の基準を満たすこと。調理室を設置することが望ましいが、一定条件を満たせば、3〜5歳児に限り、外部搬入の給食も可能
園舎の面積（m²）	1学級の場合　180m² 2学級以上の場合 320+100（学級数−2）m²	2歳未満乳児室　　1.65m²/人 ほふく室　　　　3.3m²/人 2歳児以上の保育室　1.98m²/人	2歳未満乳児室　　1.65m²/人 ほふく室　　　　3.3m²/人 2歳児の保育室　　1.98m²/人 3〜5歳児の保育室　保育所・幼稚園の園舎の両方の基準を満たすこと
運動場・屋外遊戯場の面積（m²）	運動場は、 2学級以下330+30（学級数−1）m² 3学級以上400+80（学級数−3）m²	屋外遊戯場　1人につき　3.3m²以上	保育所型は満2歳の幼児1人につき3.3m²以上。他の幼保連携型、幼稚園型、地方裁量型は、幼稚園に準ずる

第2章　事例から学ぶ

16　幼稚園・保育所・認定こども園―3

3. 発想は家具から

「幼稚園・保育所・認定こども園」の「主役の室」といえば「保育室」です。保育室に必要な「机・椅子・ロッカーの寸法」、そのまわりの「アキ寸法」を考えて「ゾーンの規模」を決め、建物全体へと計画を進めていきます。その前に、児童の身長変化を理解しておきます。

図表2　身長変化と家具寸法（出典：小川洋司「保育園・幼稚園の設計―その実例に即して」『建築設計資料10』建築資料研究社）

身長の変化

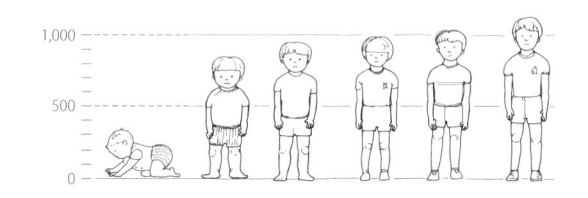

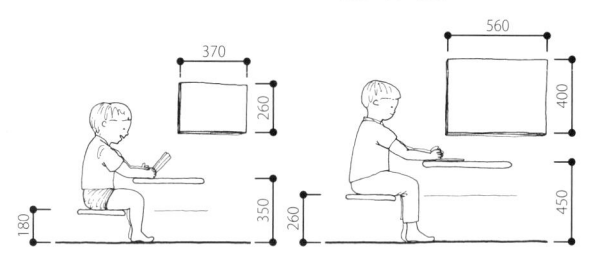

3歳前後の机と椅子　　4、5歳児の机と椅子

下足箱とロッカーの計測例

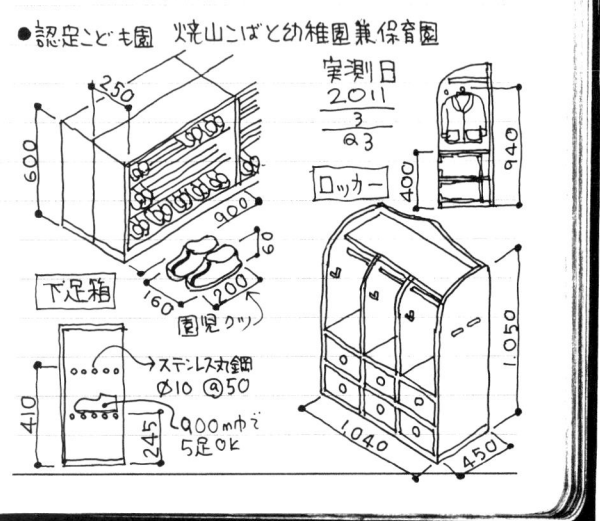

図表3　児童とは（児童福祉法）

児童とは、満18歳に満たない者をいい、児童を次のように分ける。
(1) 乳児　満1歳に満たない者
(2) 幼児　満1歳から、小学校就学の始期に達するまでの者
(3) 少年　小学校就学の始期から満18歳に達するまでの者

4. 保育室

「保育室」は、幼稚園・保育所・認定こども園のいずれにおいても、幼児の「生活の場」、そして、「教育の場」となります。また、遊びや学習を通じて「経験を増やしていく場」であり、同年齢の幼児たちとグループ行動することで「豊かな人間形成を養っていく場」ともなります。保育室の中にデン（くぼみ）やコーナーや棚があると「自発的な行為」をうながすと言われています。「採光と換気」を十分とり、「床は清潔」にしておきます。自由な行動がとれるように「屋内と屋外は連続」させておきます。非常災害時には「安全に避難」できるように避難通路やスロープを確保しておきます。保育室は、「1クラス」を「1室」にする方法と、「数クラス」を「複合ゾーンの室」にする方法があります。発想は、「家具→ゾーン→室→平面」の順で行っていくといいでしょう。

○保育ゾーンの面積
幼稚園では園舎全体の面積規定があり、保育所では幼児1人についての面積規定があります。認定こども園では両方の規定に準ずるとされています。右図の保育ゾーンの面積を計算すると、(5.0+8.6)×7.8÷2＝53.04m² となります。

図表4　保育ゾーンの大きさ（例：ふじようちえん 35人クラス）1/300（三角スケールで計測）

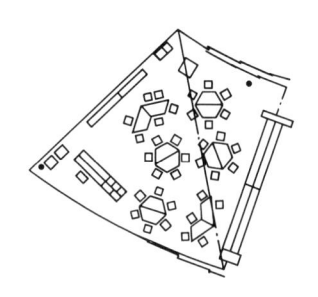

○静的遊び
静的遊びは、保育室の机と椅子を使って行われます。折り紙や図画工作、テレビや音楽の鑑賞、童話などのお話、また、室内の隅やコーナーや窓辺を使った金魚や小鳥の観察などがあります。

○年齢によるゾーン規模の違い
保育室1人当たりの面積は、4、5歳児学級より、3歳児学級のほうが大きくなります。理由は、高学年では机に座っての静的遊びが多く、逆に、低学年では身体を動かす動的遊びが多くなるからです。

○保育時間
幼稚園では4時間、保育所では8時間が標準とされています。認定こども園では、3歳以上の児童には、共通の教育・保育の4時間のあと、児童に応じて長時間保育を行うこともあります。

○デン
デン（den）の訳には、野獣の住む穴、引きこもって仕事などする部屋、などがあります。保育室や廊下の端や隅にあって、静的遊びや幼児同士の語らいの場となる「くぼみ」の空間のことです。

図表5　保育室の1人当たりの面積（児童福祉施設最低基準）

保育室の1人当たりの面積

1.98m²以上

5. 乳児室・ほふく室

保育所や認定こども園では、乳児または満2歳に満たない幼児を入所させるため「乳児室」または「ほふく室」が必要です。乳幼児は、未発達で抵抗力が弱く、1日の約半分は寝ているため、年長児室とは分け、1階で日当たりと風通しのよい場所とします。床の仕上げは、足の指で蹴ってほふく前進するので、また、ウンチやおしっこをした場合の清潔保持のため、フローリングが適しています。窓は、外部が見えるように床近くまで下げ、外部に出られるようにしておきます。近くに、調乳・沐浴・汚物処理用の「水まわり」と「布団の収納場所」が必要です。認定こども園は、保育所に準ずる面積が必要です。乳児室とほふく室の面積規定がありますが、面積の大きいほふく室で必要人数分とっておくといいでしょう。

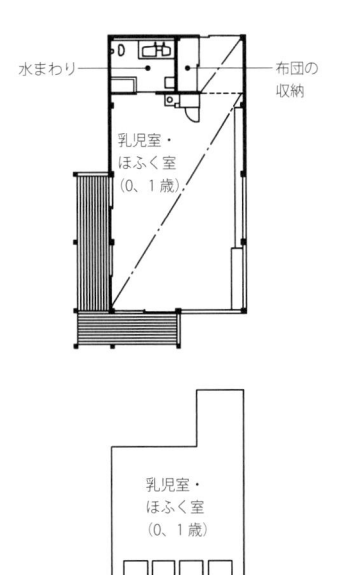

図表7　乳児室とほふく室の1人当たりの面積（児童福祉施設最低基準）

2歳未満乳児室	1.65 m²/人以上
ほふく室	3.3 m²/人以上

6. 遊戯室

「遊戯室」は、「屋内での運動や遊戯」そして「集団行事」で用います。気をつけたいのは、年に1回の入園式や学芸会、数回の保護者会などの講堂機能を優先させないことです。遊戯室は、保育室と兼ねてもかまいませんが、一般には、「100 m² 程度の遊戯室」を保育室とは別に独立させてつくります。保育室の「静的遊び」に対して、遊戯室では「動的遊び」が行われます。遊戯室の中にデンやコーナーや段々のある場所をつくり、遊具を配置しておくと、自発的な行為をうながすと言われています。

○ ほふく室の面積
右事例の面積を、計測して計算すると、2.6×2.2＋5.6×8.8＝5.72＋49.28＝55.0 m² となります。必要面積は、乳児室とほふく室では違います。ここでは、ほふく室の必要面積で計算すると、15人なので、3.3 m²×15人＝49.5 m² 以上必要となります。

○ 水まわりゾーン
乳児室の近くには、調乳用の調理台・沐浴用のシンク・汚れものを処理するシンク・給湯機などを装備した水まわりゾーンが必要です。

○ 午睡用の布団
乳児は、1日の多くを寝て過ごします。布団の寸法は、約 800 mm×1,000 mm。収納場所が必要です。

図表6　ほふく室の面積（例：七井保育園 0、1歳児—15人）1/300（三角スケールで計測）

○ 動的遊び
動的遊びは、主に遊戯室で行われ、追いかけっこなどの「鬼遊び」、ままごとやカゴメなどの「集団遊び」、滑り台や段ボールを使った「自由遊び」があります。

○ 雨天の場合の屋内運動場
晴天の場合は、運動場、あるいは、屋外遊戯場を使えますが、雨天の場合は、遊戯室が屋外に代わる遊び場となります。

○ 廊下とつながっている遊戯室
下図で、「遊戯ゾーン」の部分は「廊下ゾーン」とつながっていて、ひとつながりの「連続した空間」となっています。遊戯ゾーンの面積 9.2×8.0＝73.6 m² と、廊下ゾーンの面積 2.8×13.4＝37.52 m² を足すと、111.12 m² になり、遊戯室の標準サイズ 100 m² に近い面積になります。全体として、空間の曲がりやくぼみのある「複合ゾーンの室」になっています（三角スケールで計測）。

図表8　廊下とつながっている遊戯室（例：七井保育園）

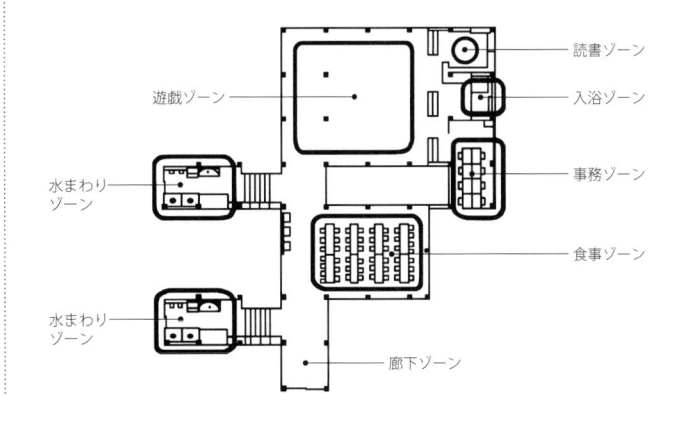

○ 水まわりを保育室近くに置く
トイレと手洗い（工作用にも使える）を、保育室の近くに配置します。トイレは、保育室に隣接して置く場合と、廊下に一度出たところに置く場合があります。大便器の囲いと扉の高さは 1,100 mm 前後とし、教諭や保育士が、上から見守りができるようにしておきます。

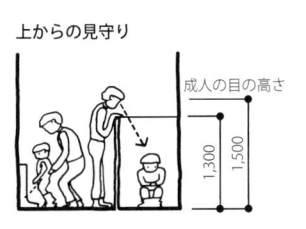

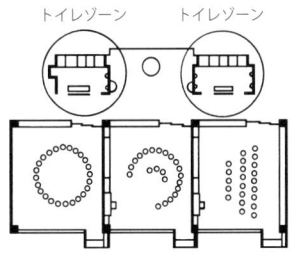

図表9　水まわり

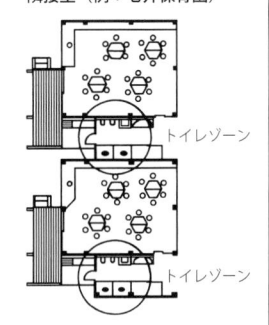

第2章　事例から学ぶ

16　幼稚園・保育所・認定こども園―4

7. 図書室

幼稚園にも保育所にも、「図書室」を備えるようにという規定はありませんが、図書室は「静的遊び」の場として、児童間の年齢を超えての「交流の場」として、つくっておくといいでしょう。本棚だけを置く場合と、本棚のほかに机と椅子を置く場合があります。

図表10　図書室　1/200

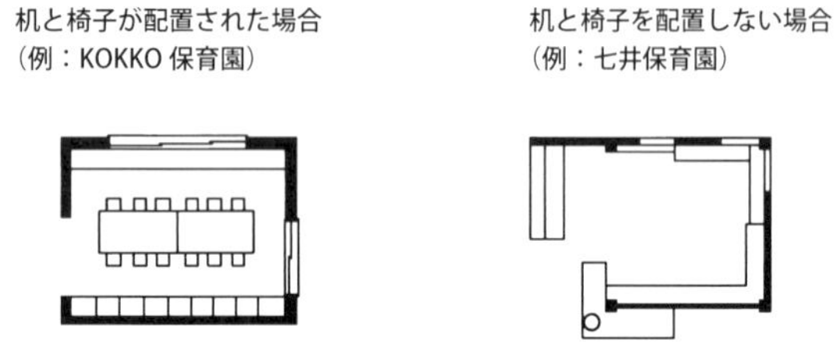

机と椅子が配置された場合
（例：KOKKO保育園）

机と椅子を配置しない場合
（例：七井保育園）

8. 調理室と食事をする場所

保育所では、乳児または満2歳に満たない幼児を入所させるには、「調理室」を設けること、と規定されています。幼稚園には、調理室の規定はありませんから、弁当持参となります。認定こども園では、「調理室」を設けることが望ましいとされています。ただし、一定の条件を満たせば3〜5歳児に限り給食の外部搬入を認める、とされています。「食事をする場所」については、幼稚園・保育所・認定こども園のいずれにおいても規定はなく、「食事室」を設置するか、あるいは、「保育室」で食事をするかは、自由な選択となります。

○食事室の椅子の数
右の事例の椅子を数えると50席あります。25人のクラスが2つの保育所なので、全員一緒に食事ができます。6人掛けのテーブルは600mm×1,800mm、アキ寸法は1,000mmとなっています。

図表11　調理室・食事室（例：七井保育園）1/300（三角スケールで計測）

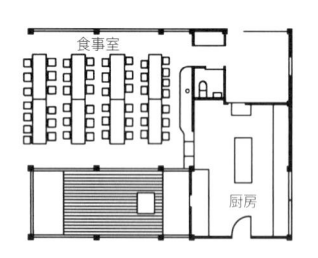

○調理室の面積
計画段階では、調理室の面積をおおよそ決めなくてはなりません。参考になるのは「レストランの厨房は全体の30〜40％」です。右事例の面積を計算してみると、20.8m²÷62.05m²＝33.5％になっています。

食事室 66.5% 41.25m²
料理室 33.5% 20.8m²

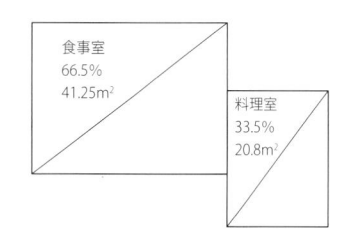

9. 職員室・保育士室

幼稚園の「職員室」には、教諭として事務をとるための「机と椅子」が必要です。保育所の「保育士室」には、事務机と椅子のほか、しゃがんで保育作業をしたあとの疲れをとるため「畳の休憩室」があるといいと言われています。位置は、両者とも出入口近くが適しています。

図表12　職員室と保育士室　1/300

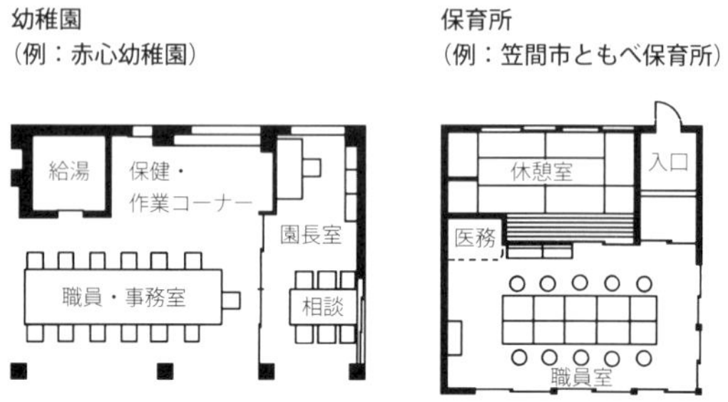

幼稚園（例：赤心幼稚園）

保育所（例：笠間市ともべ保育所）

10. 靴脱ぎと平面づくり

幼稚園・保育所・認定こども園の「平面づくり」は、そこに必要な「ゾーン（保育・学習・遊戯・運動・食事・排泄・手洗いなど）」を、「家具・遊具・器具」とともに考えていきます。日本では、床を清潔に保つため「靴脱ぎ」を、「主出入口」、または、「保育室前のテラス」で行います。どちらを選ぶかで、図表13のように「平面づくり（ゾーニング計画と動線計画）」は違ってきます。管理面と安全面から、「駐車場（児童送迎用・職員用・給食用）」の位置を考えておきます。

図表13　靴脱ぎの位置の違いによる平面づくりの違い

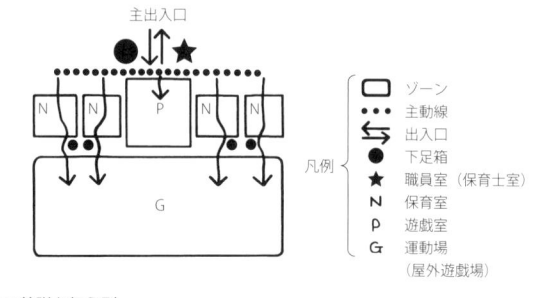

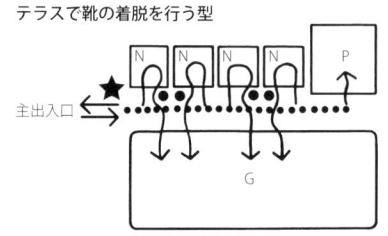

主出入口で靴の着脱を行う型

テラスで靴の着脱を行う型

凡例
□　ゾーン
…　主動線
⇄　出入口
●　下足箱
★　職員室（保育士室）
N　保育室
P　遊戯室
G　運動場（屋外遊戯場）

11. 運動場・屋外遊戯場

外部に、幼稚園では「運動場」を、保育所では「屋外遊戯場」をつくり、砂場や遊具を設置します。外部運動用の「下足箱」は、主出入口用とは別に2つ目を運動場側に置くか、各保育室前のテラスに主出入口用と運動場用を兼ねたものを1つとするかで、違ってきます。

○幼稚園の運動場

下の事例の平面図から判断して、18学級あると想定してみます。幼稚園の3学級以上の運動場の計算式で計算すると、400+80×(18−3)=1,600m² 以上必要となります。事例の運動場と、運動場に必要な面積を、同じ縮尺で比較してみます。

図表14 運動場の面積（例：ふじようちえん）1/1,100（三角スケールで計測）

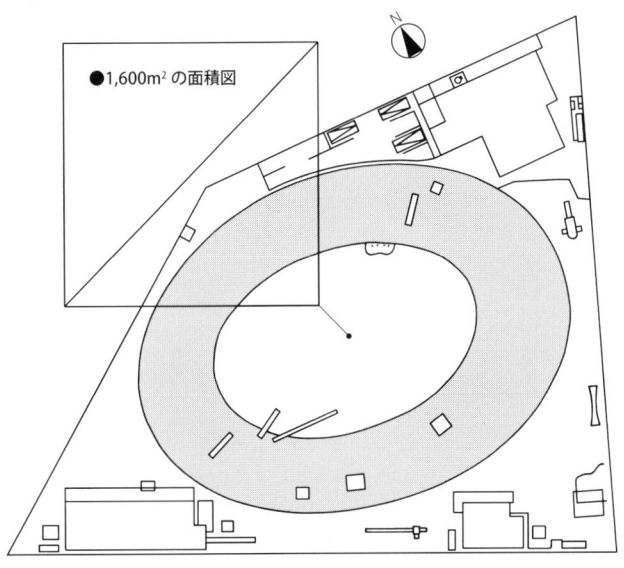

○保育所の屋外遊戯場

保育所の屋外遊戯場の必要面積は、3.3m²/人と規定されています。乳幼児の総数は50人なので、計算すると、3.3m²×50人＝165.0m² 以上必要となります。事例の屋外遊戯場の面積と、屋外遊戯場に必要な面積を、同じ縮尺で比較してみます。

図表15 屋外遊技場の面積（例：七井保育園）1/1,100

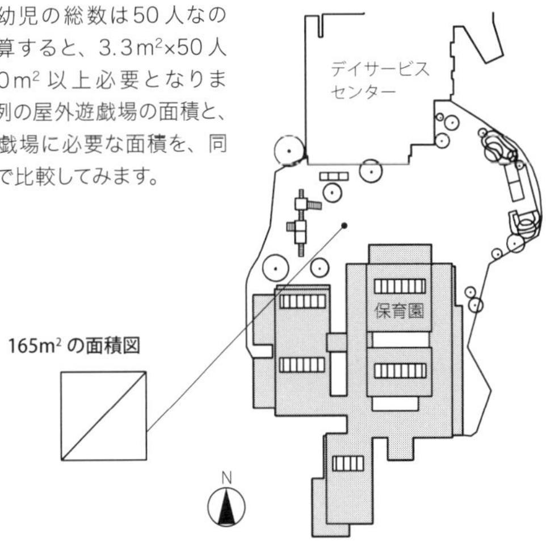

図表16　運動場・屋外遊戯場の面積（m²）

運動場（幼稚園）は	2学級以下では	330+30（学級数−1）
	3学級以上では	400+80（学級数−3）
屋外遊戯場（保育所）は	1人につき	3.3m²以上

3. 視覚デザインの発想例

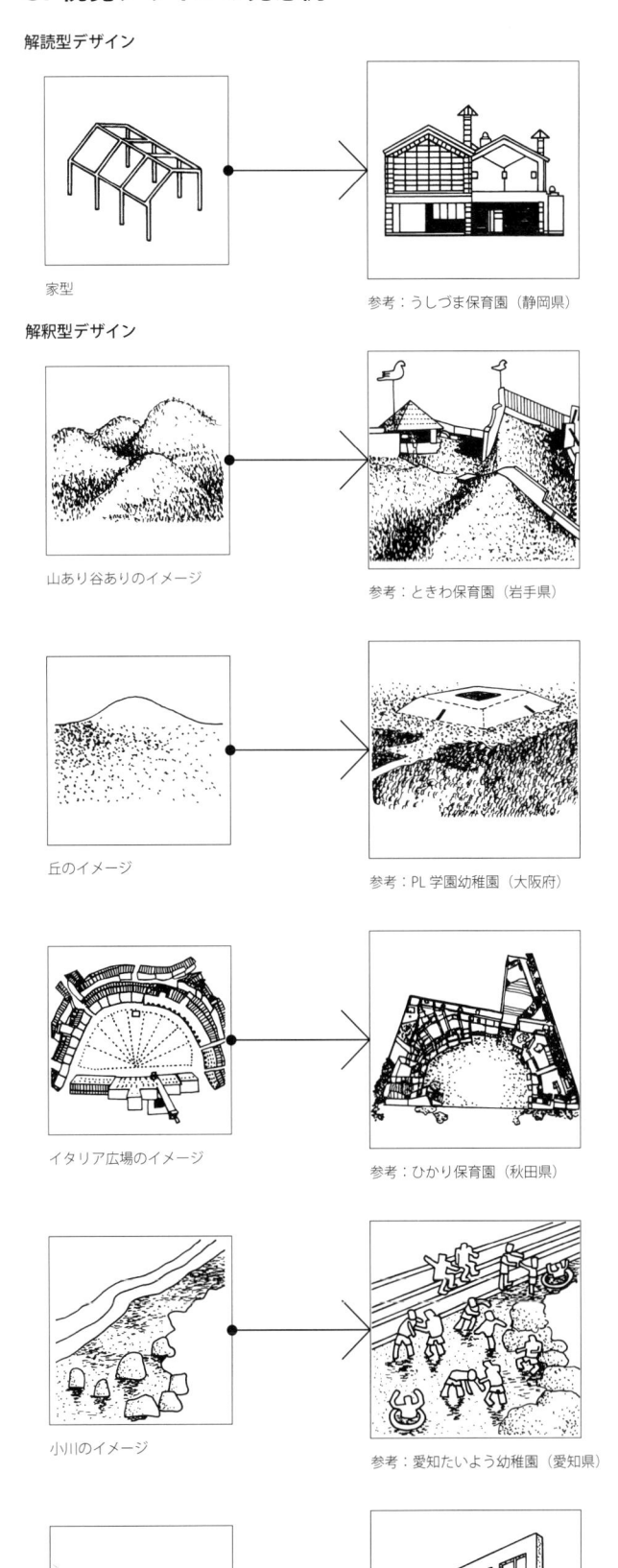

解読型デザイン

家型

参考：うしづま保育園（静岡県）

解釈型デザイン

山あり谷ありのイメージ

参考：ときわ保育園（岩手県）

丘のイメージ

参考：PL学園幼稚園（大阪府）

イタリア広場のイメージ

参考：ひかり保育園（秋田県）

小川のイメージ

参考：愛知たいよう幼稚園（愛知県）

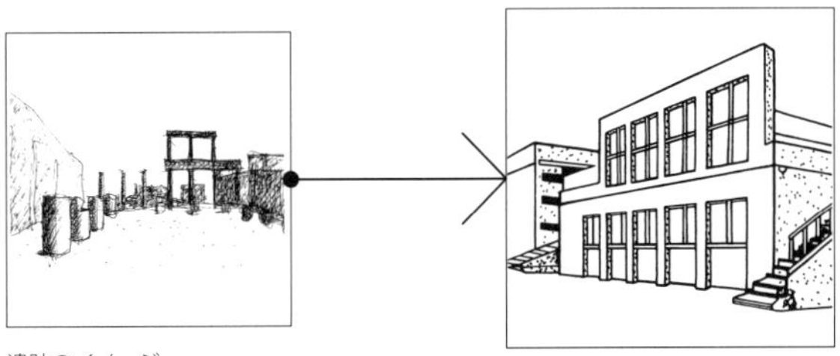

遺跡のイメージ

参考：つるかわ保育園（東京都）

第2章　事例から学ぶ

17　小学校—1

1. 事例の選択と分析

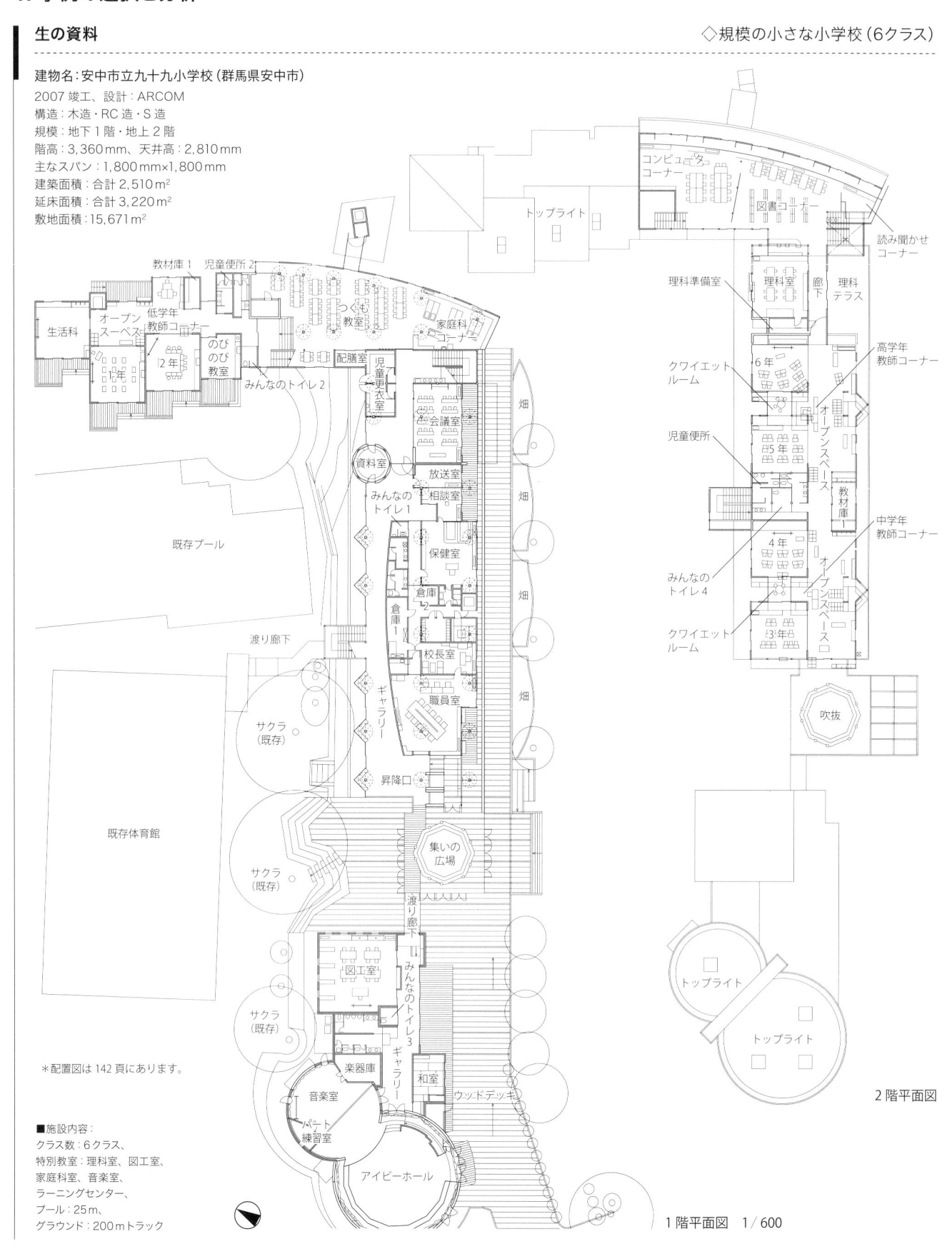

生の資料　　　　　　　　　　　　　　　　　　　　　　　　　　◇規模の小さな小学校（6クラス）

建物名：安中市立九十九小学校（群馬県安中市）
2007 竣工、設計：ARCOM
構造：木造・RC造・S造
規模：地下1階・地上2階
階高：3,360mm、天井高：2,810mm
主なスパン：1,800mm×1,800mm
建築面積：合計 2,510m²
延床面積：合計 3,220m²
敷地面積：15,671m²

＊配置図は142頁にあります。

■施設内容：
クラス数：6クラス、
特別教室：理科室、図工室、
家庭科室、音楽室、
ラーニングセンター、
プール：25m、
グラウンド：200mトラック

1階平面図　1/600

2階平面図

分析した資料（データ）　三角スケールの計測による

家具寸法とアキ寸法　1/200

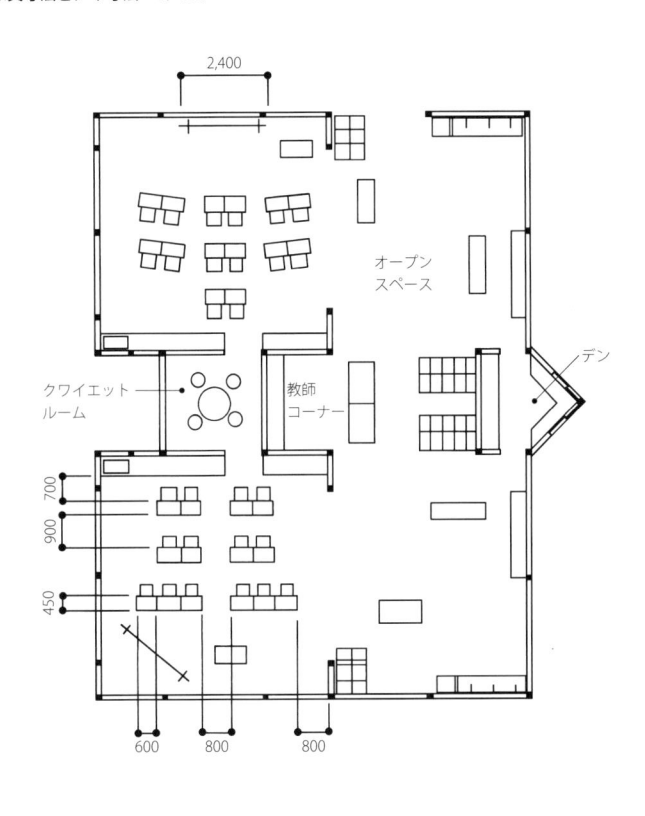

2,400

オープンスペース

クワイエットルーム

デン

教師コーナー

700
900
450

600　800　800

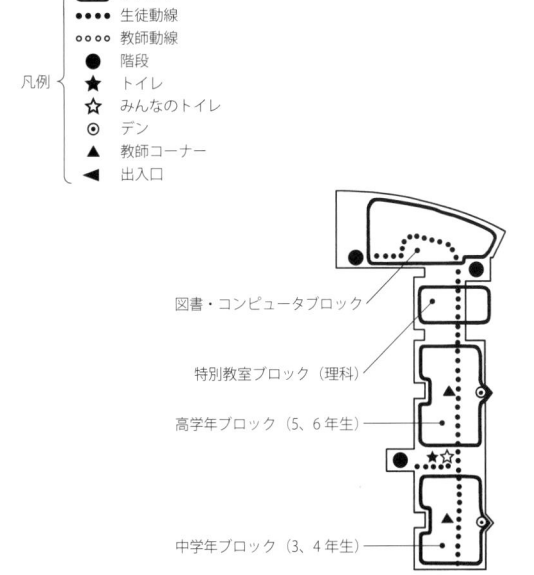

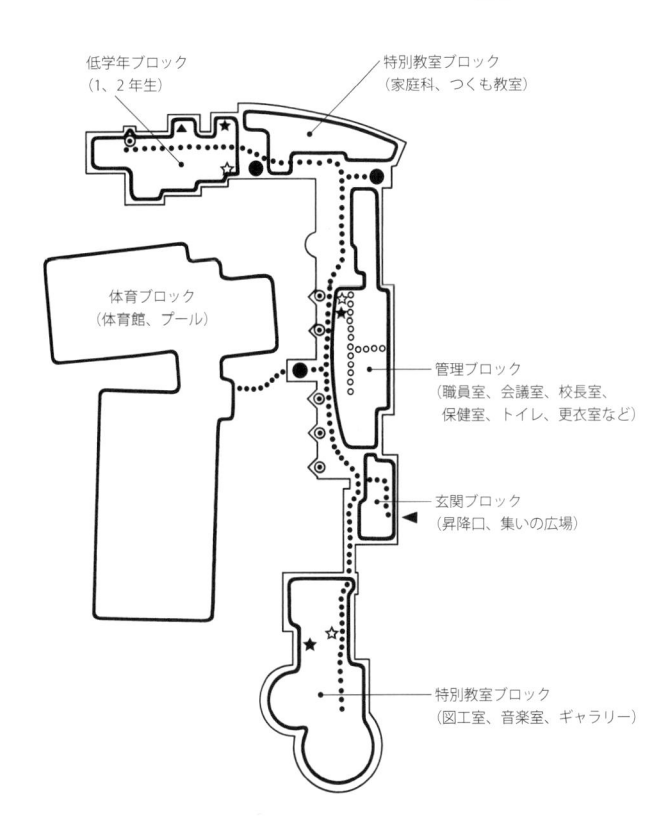

スパンと階高と天井高

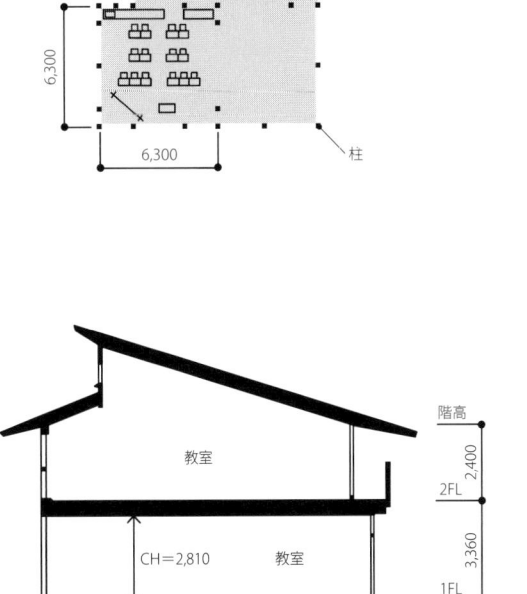

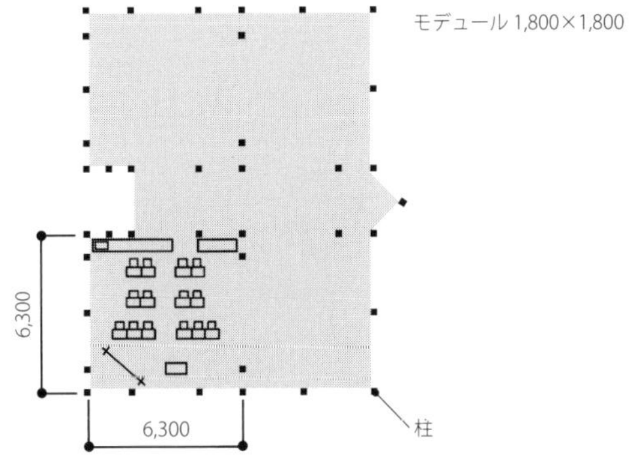

モデュール 1,800×1,800

6,300

柱

6,300

教室

階高
2,400　2FL
CH=2,810　教室
3,360　1FL

室名リスト

■1階：1年生教室、2年生教室、オープンスペース、低学年教師コーナー、教材庫、生活科教室、デン、のびのび教室、児童便所、みんなのトイレ（1、2、3）、消火栓ポンプ室、図工室、音楽室、楽器庫、アイビーホール、和室、ギャラリー、灯油タンク置き場、室外機置き場、階段（1、2、3）、つくも教室、家庭科コーナー、児童更衣室（男女）、会議室、放送室、相談室、保健室、職員室、職員便所（男女）、校長室、更衣室、休憩室、シャワー室、倉庫、室外機置き場、湯沸室、ギャラリー、昇降口、集いの広場、渡り廊下

■2階：教室（3、4、5、6年生）、オープンスペース（2室）、教材庫、デン、みんなのトイレ、児童便所、クワイエットルーム、理科室、理科準備室、理科テラス、図書コーナー、読み聞かせコーナー、コンピュータコーナー、中学年教師コーナー、高学年教師コーナー、階段（1、2、3）、廊下

ブロックと動線

凡例
- □ ブロック
- ●●●● 生徒動線
- ○○○○ 教師動線
- ● 階段
- ★ トイレ
- ☆ みんなのトイレ
- ⊙ デン
- ▲ 教師コーナー
- ◀ 出入口

図書・コンピュータブロック

特別教室ブロック（理科）

高学年ブロック（5、6年生）

中学年ブロック（3、4年生）

低学年ブロック（1、2年生）

特別教室ブロック（家庭科、つくも教室）

体育ブロック（体育館、プール）

管理ブロック（職員室、会議室、校長室、保健室、トイレ、更衣室など）

玄関ブロック（昇降口、集いの広場）

特別教室ブロック（図工室、音楽室、ギャラリー）

第2章　事例から学ぶ

17　小学校—1

第 2 章　事例から学ぶ

17　小学校—2

◇規模の大きな小学校（18クラス）

生の資料

建物名：同志社小学校（京都府京都市）2006竣工、設計：高松伸建築設計事務所、構造：S造・RC造、規模：地上2階・塔屋1階、階高：4,000mm、天井高：3,000mm（普通教室）、主なスパン：8,000mm×8,000mm、建築面積：4,347m²、延床面積：7,406m²、敷地面積：39,335m²

■施設内容：クラス数：18クラス、特別教室：理科室、家庭科室、図工室、音楽室、コンピュータ室、生活科室、その他の室：チャペル、和室、給食室

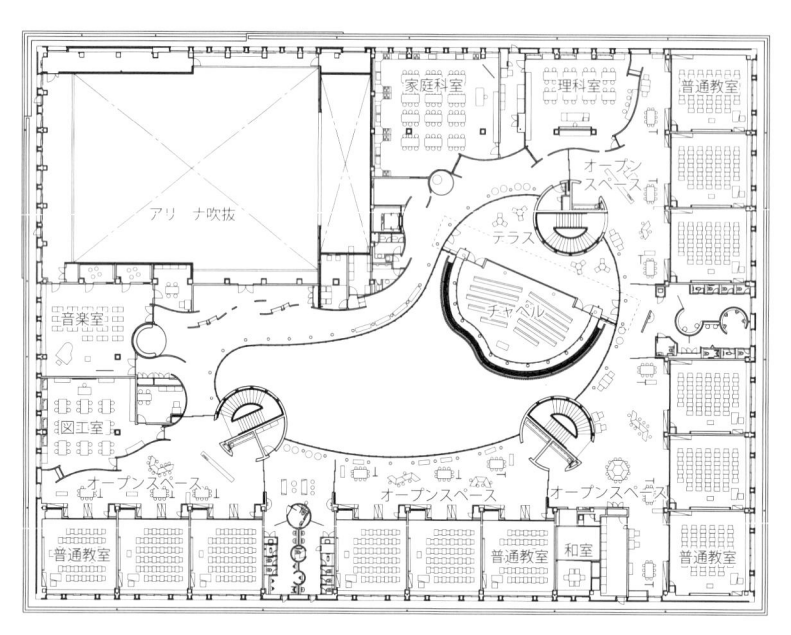

2階平面図

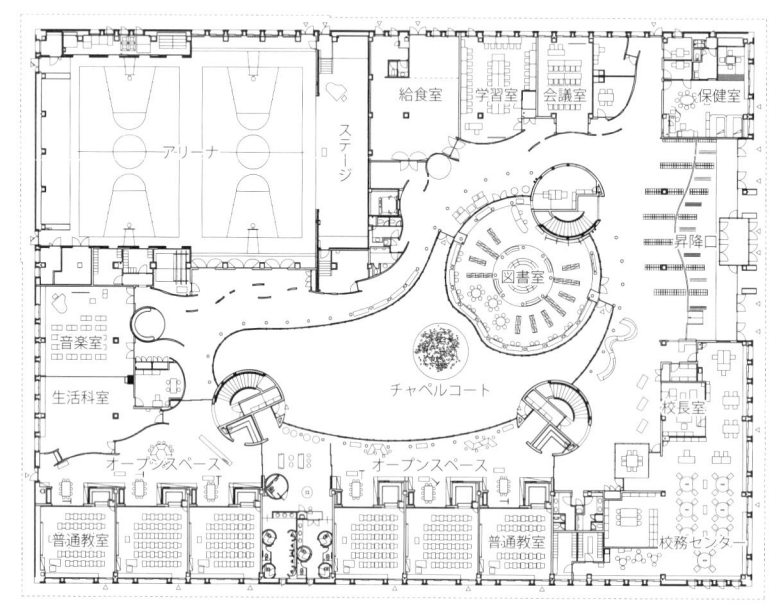

1階平面図　1/800

立面図　1/800

＊配置図は142頁にあります。

分析した資料（データ）　三角スケールの計測による

家具寸法とアキ寸法　1/200

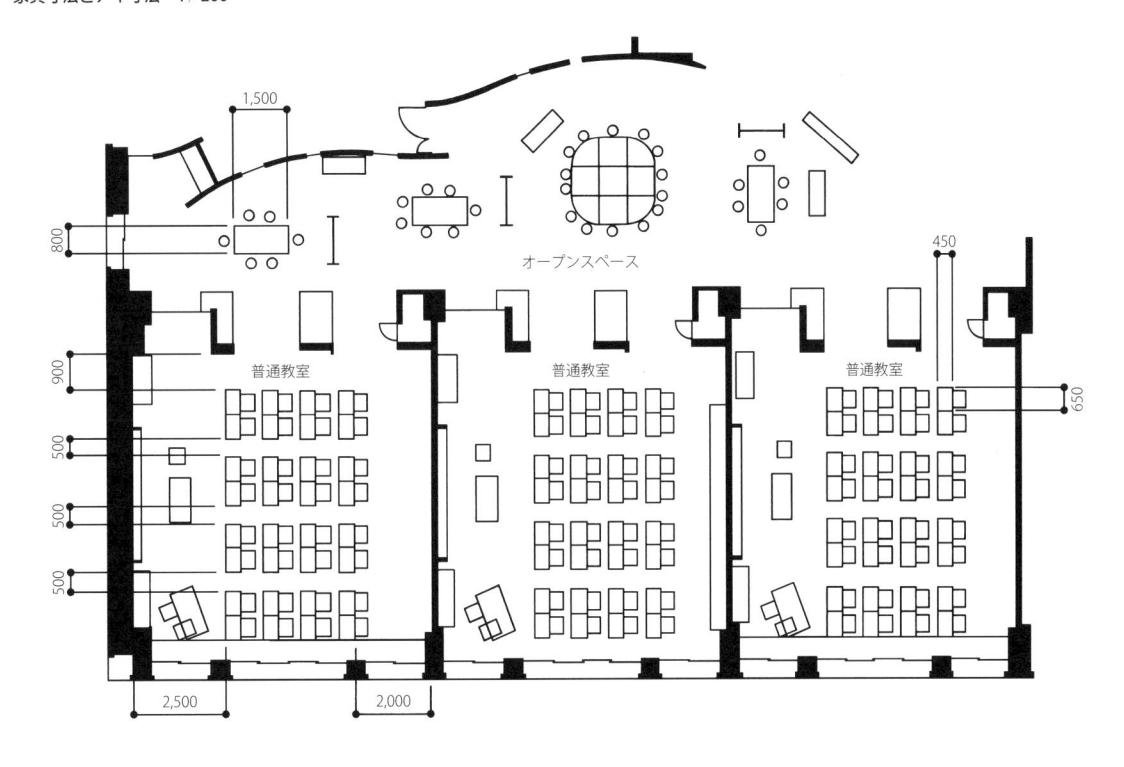

スパンと階高と天井高

室名リスト

- ■1階：普通教室（12クラス）、オープンスペース（6ケ所）、昇降口、アリーナ、ステージ、音楽室、生活科室、生活科準備室、教務センター、校長室、図書室、給食室、学習室、会議室、保健室、児童用トイレ（2ケ所）、階段室（3ケ所）、教員ロッカー室（男女）、教員トイレ（男女）、打ち合わせ室、EV、フリーウォールほか
- ■2階：普通教室（12ケ所）、チャペル、階段（3ケ所）、音楽室、音楽準備室、図工室、図工準備室、家庭科室、家庭科準備室、理科室、理科準備室、EV、教員トイレ（男女）、児童トイレ（2ケ所/男女）、和室、オープンスペース（3室）、フリーウォールほか

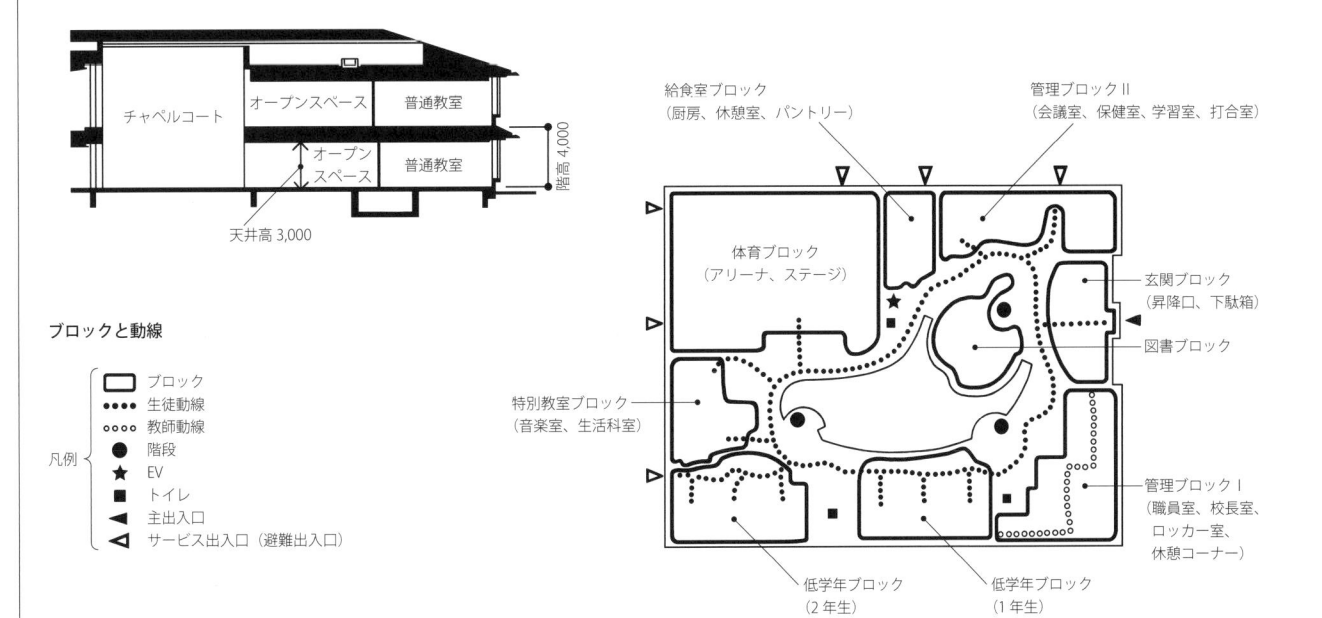

ブロックと動線

凡例
- □ ブロック
- ●●●● 生徒動線
- ○○○○ 教師動線
- ● 階段
- ★ EV
- ■ トイレ
- ◀ 主出入口
- ▽ サービス出入口（避難出入口）

17　小学校—2

第2章　事例から学ぶ

17　小学校—3

2. 建築計画の知識と進め方

1. 発想は家具から

「小学校」の「主役の室」といえば「教室」です。生徒用の「机と椅子の寸法」とそのまわりの「アキ寸法」を考えて、1学級の「ゾーンの規模」を決め「教室」の計画へ、さらに、小学校全体へと計画を進めていきます。その前に、児童の身長変化を理解しておきます。

図表1　生徒の身長と家具
（参考：渡辺秀俊編『インテリア計画の知識』彰国社）

身長の変化

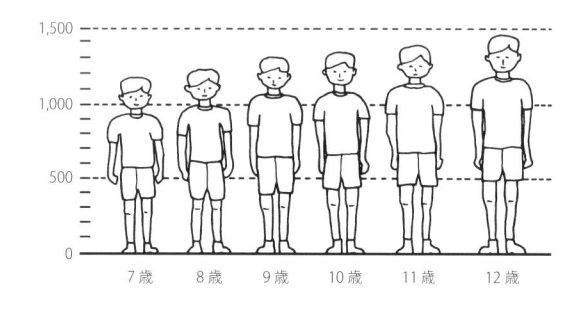

低学年用の机と椅子　　高学年用の机と椅子

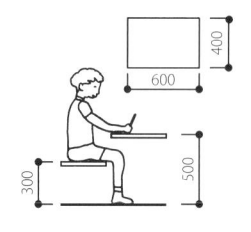

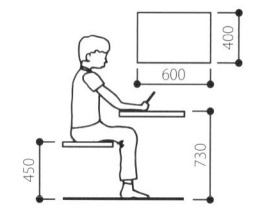

図表2　ゾーンの規模と室の大きさ　1/400

40人のゾーンの規模
（高学年用家具の場合）

4間×5間の教室の大きさ
（標準とされていたサイズ）

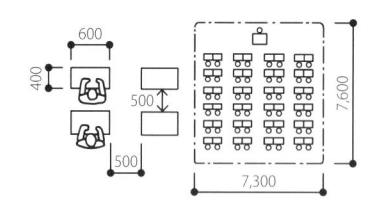

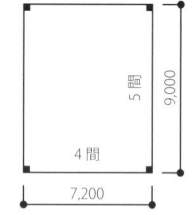

2. オープンスクール化

以前の教育目標「平等・一斉・均一化」の時代には、授業は、一定の時間が過ぎると次へ進むという「教員主体」で進められました。現在は、子どもの「個性」に従い、「自発的な学習」を引き出しながら、「生徒主体」で学ぶ方式へと変わっています。以前の「学級単位」に対して、現在は、「協力教授組織（チームティーチング）」で行うなど、学級の枠を超えたオープン化による教育方法がとられています。

3. 普通教室とオープンスペース

「普通教室」は、国語・算数・社会などの「普通教科」の授業が行われる教室です。同時に、生徒の持ち物などが置かれる「生徒の居場所」にもなる教室です。小学校は担任制をとっているので、ホームルームの行われる「学級教室（クラスルーム）」にもなります。学級教室は、学年ごとに集められ「オープンスペース（多目的スペース）」でつなげられることで、チームティーチングや、別の単元との協力関係、生徒の自主的な学習が可能となります。空間のつながり方は、「これからの学校は、全て半開きの寄せ集まりとなるであろう（船越徹）」と言われています。

○袖壁
オープン化では、隣り合う教室との間は、完全な間仕切り壁ではなく「袖壁」になります。遮音性のほか、黒板、展示パネル、収納棚などの設置を考えます。

○ウェット（水まわり）コーナー
トイレの配置は、各オープンスペースの近くに分散配置され、手洗いの水は図画工作にも使われます。

○教師コーナー
教員が、授業の準備をするためや、休憩時間を過ごすために使われます。教材・道具・生徒の作品などの保管場所にもなります。

○生活科（教科）
1・2年生の社会と理科を排し、自立への基礎を学ぶため、教室・多目的スペース・外部を行き来し、体験を通して社会や自然との関わりを学ぶため、1989年に設置されました。

○通過動線を避ける
オープンスペースは、共有する学級の生徒は通ることができるが、他学年の生徒の通過交通には用いられないように計画します。

図3　教室とオープンスペース　1/800

2クラス（例：岩江小学校）

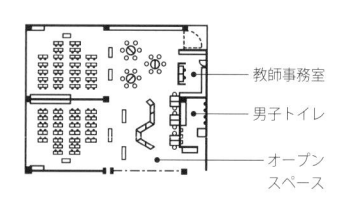

3クラス（例：川尻小学校）

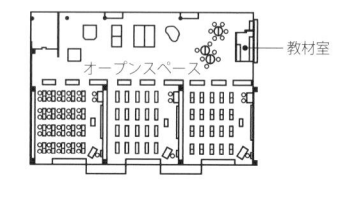

4クラス（例：押原小学校）

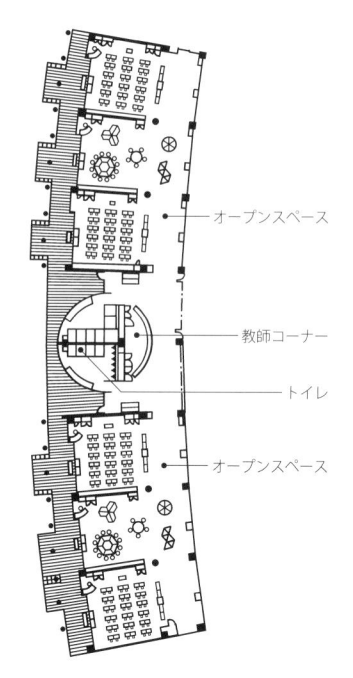

4. 特別教室と準備室

「特別教室」は、理科室・家庭科室・図工室・音楽室など、普通教科以外の授業が行われる教室です。これに、図書室とコンピュータ室を加える場合があります。教科の専門性が高くない小学校では、教科の枠をはずし横断的で総合的な「合科（ごうか）授業」が行われる場合もあります。特別教室に固有の「家具寸法」と「アキ寸法」を調べ、「家具→ゾーン→室」の順に考えていきます。

○準備室
特別教室の「脇役の室」として大切なのが「準備室」です。教材・器具・生徒の作品を置くための棚、教員の授業準備や休憩用の机・椅子も必要です。

○音の出る特別教室
音楽室と図工室は、防音構造にし、位置としては校舎の端か最上階に置くことで、他教室への影響を軽減することができます。

○メディア関係諸室
図書室（紙媒体情報の基地）のほか、コンピュータ室（デジタル情報の基地）が必要です。両者を、1室にする場合と、2室にする場合があります。コンピュータが安価になるにつれ、オープンスペースに分散配置される傾向も起きています。

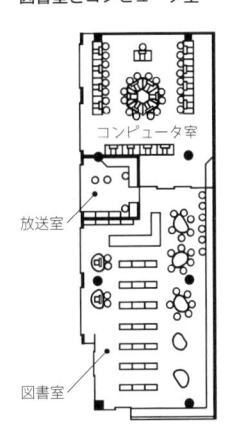

○合科型の特別教室
特別教科を、それぞれの室としてつくるのではなく、幾つかの特別教科の「ゾーンとゾーン」をゆるやかにつなげて「複合ゾーンの室」としてつくる方式です。

図表4　特別教室　1/500
（例：川尻小学校）

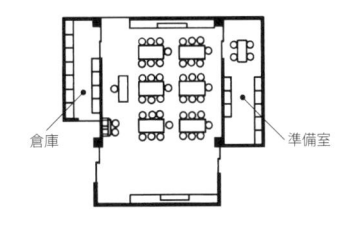

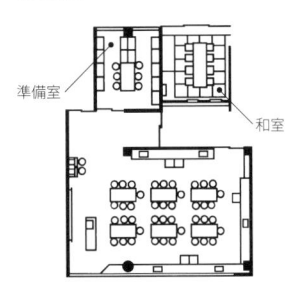

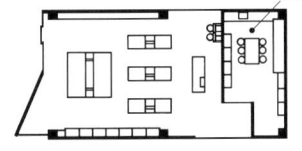

図工室／倉庫／準備室

家庭科室／準備室／和室

理科室／準備室

図書室とコンピュータ室／コンピュータ室／放送室／図書室

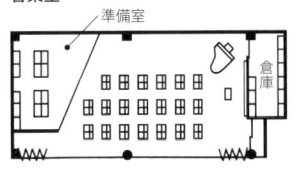

音楽室／準備室／倉庫

図表5　合科型の特別教室　1/500（例：岩江小学校）
作業・工作ゾーン／調理ゾーン／準備室／実験・軽作業ゾーン／オープンスペース

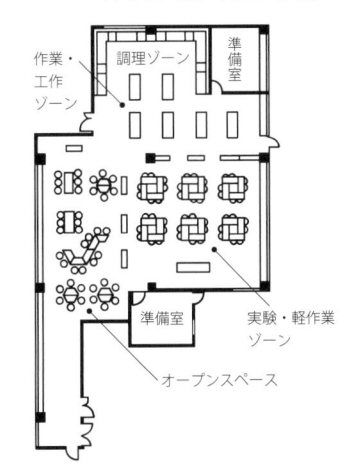

5. 体育館・プール

学校の運動施設は「体育館」「運動場」「プール」の3つに分けられます。体育館は、全校生徒が同時に集まる、入学式・学芸会・卒業式などの学校行事で「講堂」としても使われます。「生涯教育」が普及する中で、運動施設は、地域コミュニティへの開放対象にもなっています。体育館や運動場へのアクセスは、生徒と住民の動線がなるべく交差しないように計画しておきます。体育館の規模は、バスケットコートの面数（1面か2面）で、おおよその規模を予測することができます。

図表6　体育館（バスケットコート2面の場合）1/600

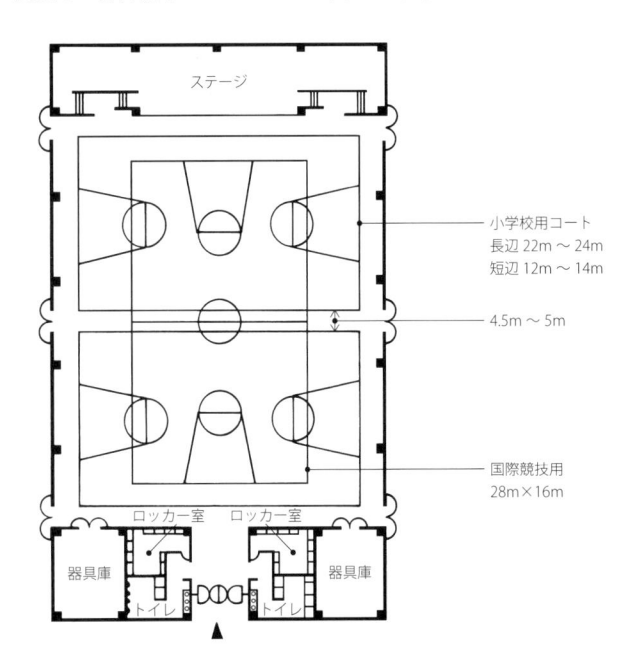

ステージ／ロッカー室／器具庫／トイレ
小学校用コート 長辺22m～24m 短辺12m～14m
4.5m～5m
国際競技用 28m×16m

○ロッカーの幅と人数
ロッカー幅300mmに、クラスの生徒数、例えば30人を掛けると、長さは9,000mm必要です。生涯学習で大人も使用する場合、アキ寸法1,200mm以上は必要です。

図表7　ロッカーの幅と人数の例　1/200
550／300／1,200／1,200／1,200

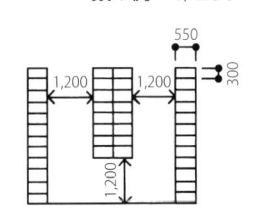

○プールの大きさ
浮きは、両サイドより500mmあけて1本流し、1人用のレーンの幅は2,000mmで仕切ります。水深は、低学年用で0.6～0.9m、高学年用で0.9～1.2mです。プールには浄化用の機械室が必要です。

図表8　プール（6レーンの場合）1/600
ロッカー／シャワー／洗眼流し／浄化機械室／倉庫／水飲み
500／2,000／25m

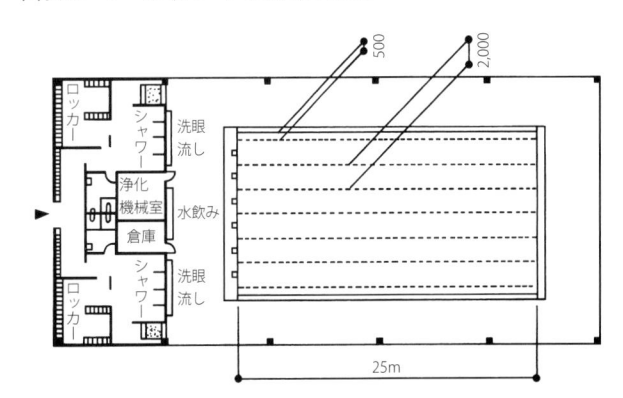

第 2 章　事例から学ぶ

17　小学校—4

6. 運営方式と教室型

1970年代後半に「オープンスペース」による学校づくりが実践され、1984年に文部省（当時）が「多目的スペースの面積補助」を開始したことにより、一気にオープン化が進行しました。文部省は、「教育方法の多様化に対応する学校施設のあり方、1988年」として3本の柱、①柔軟な教育空間、②豊かな生活の場、③地域に開かれた学校づくり、を目標として立てました。小学校の「運営方式」は、以前は、「一斉・平等・平均化」でしたが、現在は、「生徒の個性や能力」に合わせて「個別や集団」で学習指導を行う方式へと転換されています。図表9は、小・中学校で使われている教室型です。小学校の低学年では、移動の少ない「総合学習型」が適しており、高学年では、特別教室との関係を深くした「特別教室型」が適しています。

図表9　運営方式と教室型

総合教室型（A型—activity type）

すべての教科（国語、算数、社会、理科、家庭、図工、音楽、生活）を「学級教室（クラスルーム）」で行う型です。ただし、屋外で行う体育を除きます。教室を「ホームルーム」として使うことができるので、低学年に適しています。学校の規模に関係なく採用でき、教室の利用効率は高くなります。この型では、クラスルームの数だけ教室が必要です。簡単な実験や工作もこの教室で行うので、教室の面積に余裕をもたせ、設備を充実させてつくります。

特別教室型（UV型—usual+variable type）

「普通教科（国語、算数、社会）」を「学級教室（クラスルーム）」で行い、「特別教科（理科、家庭、図工、音楽）」を「特別教室」で行う型のことです。クラスルームの数だけ普通教室が必要であり、さらに、特別教室の数が足し算されます。ホームルーム活動は学級教室で行われ、生徒の持ち物もここに置かれるので、生徒が、自分たちの「居場所」と感じられる場所が確保されていることになります。

教科教室型（V型—variable type）

すべての教科を「特別教室」として編成する型のことです。だから、普通教室や総合教室はありません。生徒は、時間割に従って、一斉に教室から教室へと移動することになります。この型の難点は、ホームルーム活動の拠点となる場所（生徒の居場所）が確保されにくくなることです。持ち物の保管場所が必要になるので、ロッカーなどを設置します。長所は、各教科の教室を一斉に使うので、効率のよい教室利用となります。

プラトーン型（P型—platoon type）

全クラスを、「普通教室群」と「特別教室群」の2つのグループに分けて授業を行う方法のことです。2つの群は、一定の時間ごとに一斉に移動して交替するので、教室はクラスだけあればよいことになります。そのため、教室の利用効率は高くなります。問題は、生徒の持ち物などを置く「居場所」がないことです。中学校や高等学校には適していますが、小学校では無理な面が出てきます。

オープン型（O型—open type）

学年単位の枠の中で、学級の枠をはずして、教育内容に応じ、多様な教育を行う型のことです。個別化教育のしやすい教室環境を構成することにより、また、生徒の習熟度の違いにより、個別指導からグループ指導まで多様な指導を行うことができます。オープンスペースを利用することにより、学年内で、大小様々なグループをつくることができ、能力に応じて指導することが可能です。

7. 室内環境

小学校の室内環境に対して、法的な規準が幾つか規定されているほか、一般的な指標として使われているものもあります。例えば、採光・換気・廊下の幅・天井高・階段の寸法・便器数・1人当たりの面積・標準的な教室の寸法などです。これらの数値が、実際にはどのように使われているのか、「事例分析も計画のうち」の考え方で確認しておくといいでしょう。分析するとき「この寸法は実際にはどこを指すのだろうか」といった悩みを経験しておくと、計画を行うときに役立ちます。法規で規定された寸法のみが意識の中にあると、その寸法から計画を始めてしまうこともあります。例えば、「片廊下の幅1,800 mm以上・中廊下の幅2,300 mm以上」という規定から出発すると、意識の中で、細長い廊下をイメージしがちです。「オープンスペース（多目的スペース）」で考えようとしているときは、「廊下」の概念を一度忘れて、豊かな空間づくりを考えるといいでしょう。「天井高3,000 mm以上」という規定から出発すると、天井は平均3mで平たいものという意識に左右されがちです。この意識を一度忘れて、天井のつくる豊かな空間づくりを考えるといいでしょう。

図表10　小学校計画で使われる法的規準と指標

教室の採光と換気（法28条）

採光面積	換気面積
床面積の1/5以上	床面積の1/20以上

廊下の幅（令119条）

片廊下	中廊下
1,800 mm以上	2,300 mm以上

教室の天井高（令21条）

天井高
3,000 mm以上

階段（令23条）

蹴上げ	踏面	踊り場の幅
160 mm以下	260 mm以上	1,400 mm以上

便器の数

小便器	男子大便器	女子大便器
1個/25人	1個/50人	1個/20人

教室1人当たりの面積

教室の1人当たりの面積
1.4〜1.6 m²/人

8. 職員室

「職員室」は、教務関係の事務のほか、職員会議・学年会議・教科打合せ・教材製作・休憩・食事・進路指導・外来者の応接などにも使われます。職員室は、一般に、校舎のほぼ中央に、1ケ所にまとめて置かれますが、「学年職員室」や「教科職員室」などに分けて配置する傾向もあります。職員室は、管理面から1階の生徒出入口近くが適当ですが、2階に置かなければならない場合には、出入口に「管理人室」を置くといいでしょう。

○職員室
机の寸法(例えば:750mm×1,000mm)を決め、教員の数で「ゾーンの規模」をシミュレーションします。その周囲に、収納、印刷、応接、教員ラウンジなどのゾーンを配置して「室の大きさ」を決めます。

○校長室
管理職としての校長室は、机と椅子の「事務ゾーン」と、ソファとテーブルを置いた「応接ゾーン」に、「余裕のスペース」を足して「室の大きさ」を決めます。

○教員ラウンジ
教務関係の仕事をする職員用の机のほかに、休憩・食事・教員同士のコミュニケーションのためのソファを置いた「教員ラウンジ」をつくっておきます。ラウンジを「室」でつくるか、職員室の一部に「ゾーン」としてつくるかは、選択となります。

○保健室
児童の健康管理には、保健室が必要です。1階の出入口の近くか、あるいは、グラウンドへの出入口の近くが適しています。

図表11 職員室 1/500

8クラス規模（例：岩江小学校）

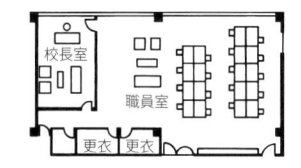

12クラス規模（例：高輪台小学校）

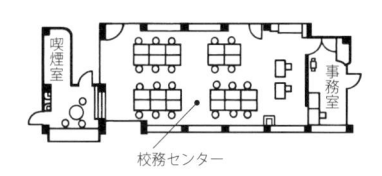

18クラス規模：12クラス＋6クラス（予備）
（例：押原小学校）

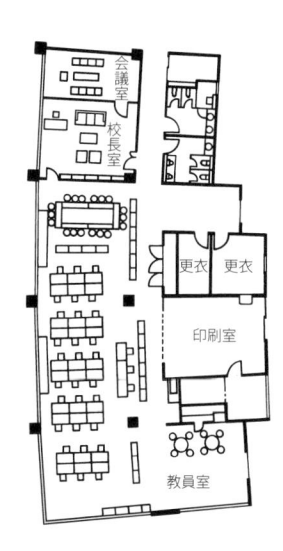

保健室 1/500
（例：川尻小学校）

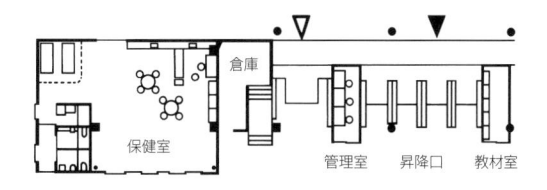

9. 環境共生を学ぶ場・地域との連携の場

小学校は、教科科目を学ぶだけでなく、「環境とは何か」「人とのおつき合いはどうしたらいいか」などを学ぶ場でもあります。「学ぶ仕掛け」を、学校全体の中に組み込んでおくと、6年の間に「体験的に」学ぶことができます。また、これからは、小学校を、地域住民のための「生涯教育の場」「防災拠点の場」「地域コミュニティの場」と位置づけて計画しておくことも大切です。

○屋上菜園と屋上緑化
校舎の屋上は日当たりがよく、土と給水設備があると、野菜や花などを育てることができます。近くに家庭科や理科の教室を置くことで教育に役立てることができます。土の敷き詰めには断熱効果もあります。

○ビオトープ
ビオ(bio)は生命、トープ(tope)は場所のこと。例えば、水辺植物の生えた湿地を含む池をつくり、水生昆虫や小魚を毎日観察することで、環境共生の意味を学ぶことができます。

○エコで省エネの校舎
校舎建設のとき、肌や目に触れるところに木材を使用し、太陽光発電や風力発電の利用、雨水や中水の利用、地中熱の利用などを、目に見える形で計画しておくと、省エネルギー教育やエコロジー教育に役立てることができます。

○生涯学習の場
小学校を、生涯学習の場として使用するため、集会室やホールを住民に開放したり、住民用の図書室を小学校の図書室に併設したり、特別教室やメディアセンターを住民が利用できるようにしておくといいでしょう。

○避難場所と備蓄倉庫
耐震構造・耐火構造でつくられた体育館や校舎を、災害時の避難場所として使用可能にしておきます。また、備蓄倉庫をつくり、食料・水・毛布・簡易トイレ・発電機・救急箱などを災害用に備蓄しておきます。プール水は、消防用水利のほか、高度濾過装置により、災害避難時の飲料水に利用できます。

図表12 環境共生を学ぶ場

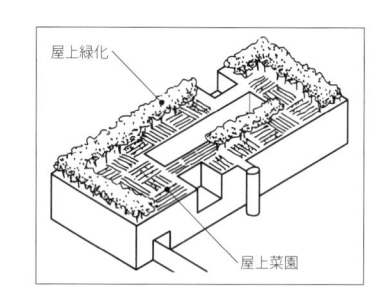

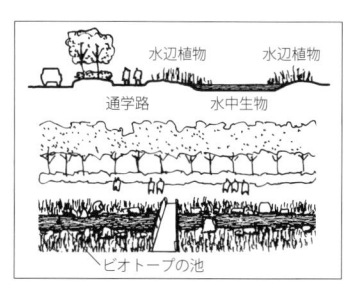

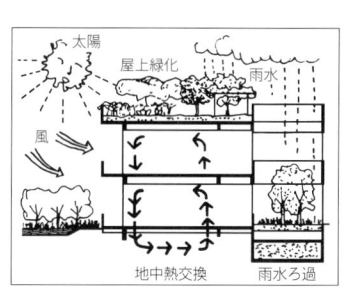

図表13 地域との連携の場

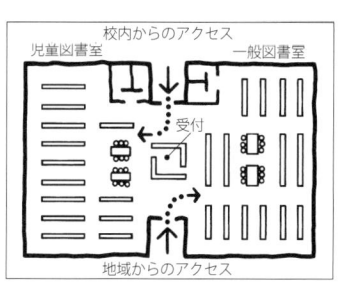

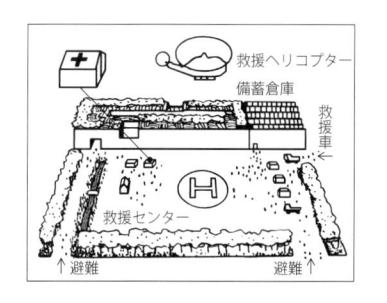

第 2 章　事例から学ぶ

17　小学校—5

10. ブロックプラン（部門配置計画）

小学校のように、規模が大きく複雑な用途では、「家具→ゾーン→室」と考え、次に「部門（ブロック）」を入れて考え、さらに「建築全体」へと計画を進めていきます。ブロックで計画する用途を次に挙げておきます。

図表 14　建築用途と部門（ブロック）の関係例

建築用途	部門（ブロック）
ホテル	客室、飲食、宴会、結婚式場、その他
病院	病棟、外来、中央診療、管理、サービス、その他
博物館	展示、研修、収蔵、研究、管理、その他
小学校	普通教室、特別教室、体育館・講堂、管理、その他

11. ブロックプランと運営方式

小学校の「ブロックプラン」は、「運営方式」と関係しています。「低学年（1、2年）」は、「総合教育型」が採用され、ほとんどの授業は学級教室で行われます。低学年ゾーンは、高学年から心理的圧迫を受けないよう分離配置します。「高学年（5、6年）(4年を含む場合もある)」は、特別教室を使う頻度が高いので動線計画への配慮が必要です。「教室配置」には、「クラスター（ぶどうの房状）型」や「バッテリー（電池連結）型」があります。

図表 15　小学校のブロックプランの例
（参考：日本建築学会編『第 2 版　コンパクト建築設計資料集成』丸善）

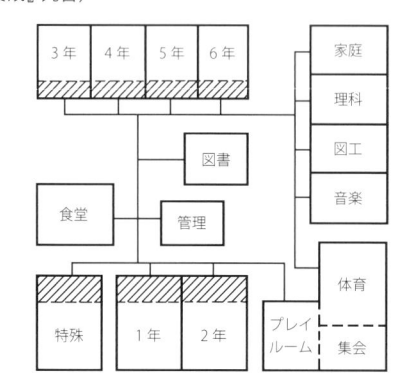

クラスター型
（例：社川小学校）

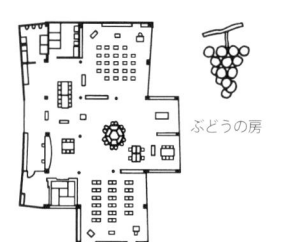

バッテリー型
（例：岩江小学校）

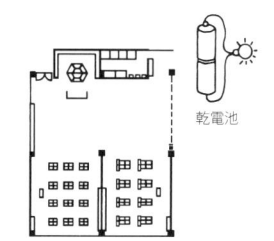

12. サイトプラン（敷地計画）

小学校の敷地計画は、用地を「校舎用」と「運動場用」に分けて行います。以前は、「校舎は北側」で「運動場は南側」、「南面教室」で「北側廊下」、「一文字型配置」という方法が一般的でした。この配置には、授業中運動場が気になる、校舎北側の細長い敷地の利用方法がない、などの難点がありました。現在は、「校舎」を「敷地の南側」に置く、あるいは、「南北に縦長」にして午前と午後で日照を分ける、などの方法が開発されています。図表 16 は、選択事例の配置図を同じ縮尺で表したものです。

図表 16　敷地計画の例　1/3,000

九十九小学校

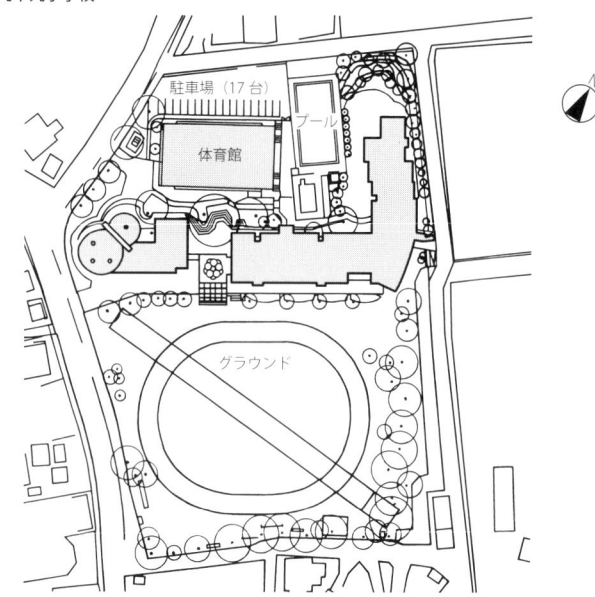

同志社小学校

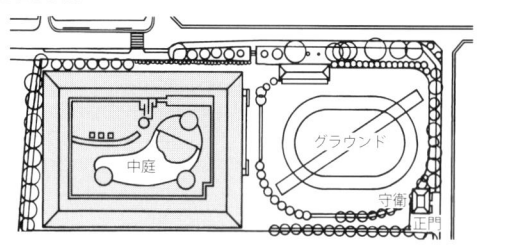

図表 17　トラックの大きさ　1/3,000
トラックの一周長を 250m にした場合、運動場に必要な長辺と短辺は、約 130m × 70m です。

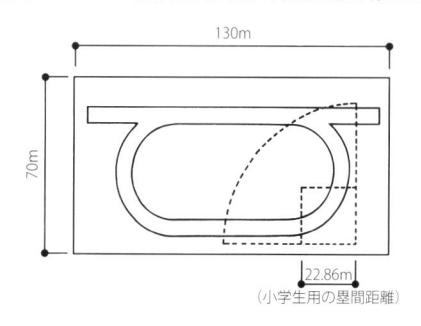

13. 小学校設置基準

人口の変動とともに生徒数も変動します。生徒数の変動に対して、「クラス数」と「クラスの人数」で調整するほか、行政管轄内の「学区の取り方」で調整します。近隣住区理論では2,000〜2,500戸（8,000〜10,000人）につき1つの小学校が置かれます。通学距離は、0.5〜1.0kmが標準です。小学校設置基準は次の通りです。

■小学校設置基準（要約）
第1条　小学校は、学校教育法その他の法令や省令により、設置するものとする。
第2条　小学校は、その教育水準の向上を図り、当該小学校の目的を実現するため、当該小学校の教育活動その他の学校運営の状況について、自ら点検および評価を行い、その結果を公表するよう努めなければならない。
第3条　小学校は、当該小学校の教育活動その他の学校運営の状況について、保護者等に対して積極的に情報を提供すること。
第4条　1学級の児童数は、40人以下とする。
第5条　小学校の学級は、同学年の児童で編制すること。
第6条　小学校に置く教諭の数は、1学級当たり1人以上とする。
第7条　小学校の施設および設備は、指導上、保健衛生上、安全上および管理上、適切なものでなければならない。
第8条　①校舎および運動場の面積は、下表の面積以上とする。ただし、地域の実態その他により特別な事情があり、かつ、教育上支障がない場合は、この限りではない。②校舎および運動場は、同一の敷地内または隣接する位置に設けるものとする。ただし、地域の実態その他により特別な事情があり、かつ、教育上および安全上支障がない場合は、その他の適当な位置にこれを設けることができる。

図表18　校舎の面積

児童数	面積
1人以上40人以下	500 m²
41人以上480人以下	500+5×（児童数−40）m²
481人以上	2,700+3×（児童数−480）m²

図表19　運動場の面積

児童数	面積
1人以上240人以下	2,400 m²
241人以上720人以下	2,400+10×（児童数−240）m²
721人以上	7,200 m²

第9条　校舎には、少なくとも、次にかかげる施設を備えなければならない。このほかに、必要に応じて特別支援学級のための教室を備えることができる。
　教室（普通教室、特別教室）
　図書室
　保健室
　職員室
第10条　小学校には、運動場のほか、体育館を備えること。
第11条　小学校には、学級数および児童数に応じて、指導上、保健衛生上および安全上必要な種類および数の校具および教具を備えなければならない。

3. 視覚デザインの発想例

解読型デザイン

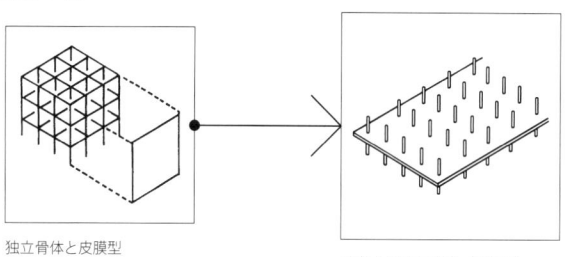

独立骨体と皮膜型　→　参考：川尻小学校（広島県）

解釈型デザイン

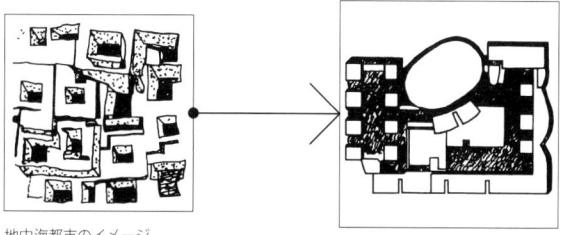

地中海都市のイメージ　→　参考：打瀬小学校（千葉県）

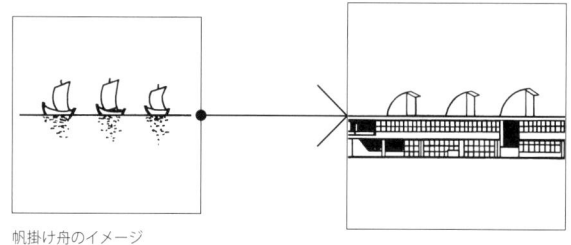

帆掛け舟のイメージ　→　参考：川尻小学校

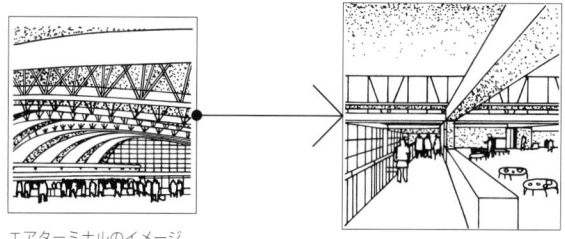

エアターミナルのイメージ　→　参考：南山城小学校（京都府）

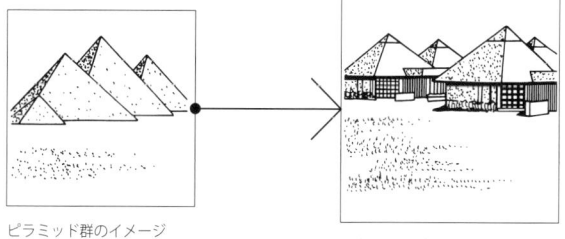

ピラミッド群のイメージ　→　参考：サレジオ小学校（東京都）

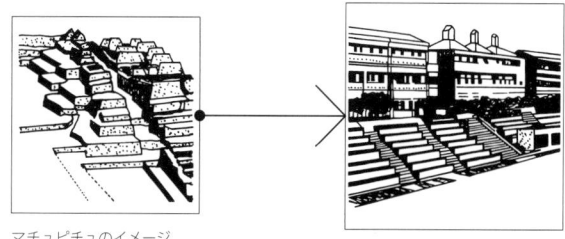

マチュピチュのイメージ　→　参考：馬天小学校（沖縄県）

第2章　事例から学ぶ

18　専門学校

1. 事例の選択と分析

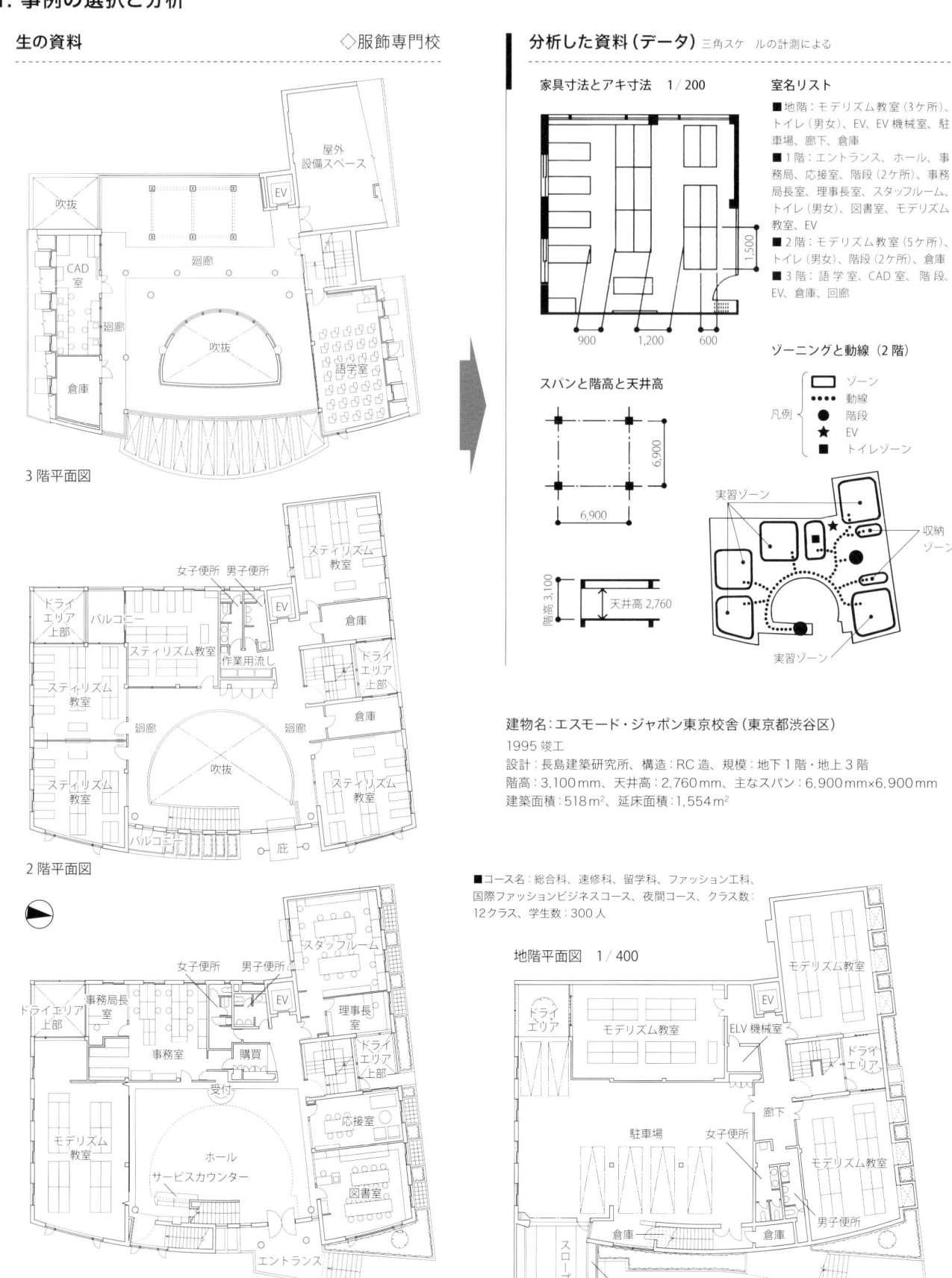

生の資料　　　　　　　　　　　　　◇服飾専門校

3階平面図

2階平面図

1階平面図

分析した資料（データ）　三角スケールの計測による

家具寸法とアキ寸法　1/200

室名リスト
- ■地階：モデリズム教室（3ケ所）、トイレ（男女）、EV、EV機械室、駐車場、廊下、倉庫
- ■1階：エントランス、ホール、事務局、応接室、階段（2ケ所）、事務局長室、理事長室、スタッフルーム、トイレ（男女）、図書室、モデリズム教室、EV
- ■2階：モデリズム教室（5ケ所）、トイレ（男女）、階段（2ケ所）、倉庫
- ■3階：語学室、CAD室、階段、EV、倉庫、回廊

スパンと階高と天井高

ゾーニングと動線（2階）

凡例
- □ ゾーン
- ･･･ 動線
- ● 階段
- ★ EV
- ■ トイレゾーン

建物名：エスモード・ジャポン東京校舎（東京都渋谷区）
1995 竣工
設計：長島建築研究所、構造：RC造、規模：地下1階・地上3階
階高：3,100mm、天井高：2,760mm、主なスパン：6,900mm×6,900mm
建築面積：518m^2、延床面積：1,554m^2

■コース名：総合科、速修科、留学科、ファッション工科、国際ファッションビジネスコース、夜間コース、クラス数：12クラス、学生数：300人

地階平面図　1/400

2. 建築計画の知識と進め方

1. 発想は家具から

専門学校の「主役の室」といえば「実習室」です。職業訓練に使う「実習用の家具や設備の寸法」とそのまわりの「アキ寸法」を考え、学校全体へと計画を進めます。

図表1　実習で使われる家具の例

○服飾デザインの実習
服飾デザインの実習には、紙を広げて行うパターンメーキングや布を広げて行う裁断のための、作業テーブルの寸法と、その周囲のアキ寸法が必要です。

○美容の実習
美容の実習には、カット・シャンプー・パーマで使う椅子や鏡の寸法と、その周囲で行われる作業に必要なアキ寸法が必要です。

○介護の実習
介護の実習には、人形を相手に、寝返り・着替え・車椅子へ移すなどの訓練に必要なベッド寸法と、周囲のアキ寸法が必要です。

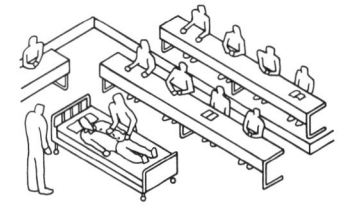

○小児看護の実習
小児看護の実習では、実物大の新生児の人形を使って、身体を洗う訓練をするため、シンクの寸法と、その周囲で作業を行うためのアキ寸法が必要です。

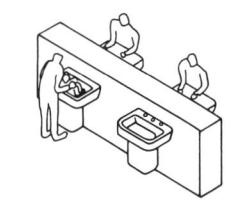

2. 専門学校とは

一般に、「専門学校」と呼ばれている教育機関は、「専修学校」と「各種学校」に分けられます。ともに、「職業教育の場」として、普通教育の学べる高校・大学とは違う「実践的な知識と技術」を学ぶことができます。図表2は、専修学校の専門分野と学科を表したものです。

図表2　専修学校の専門分野と学科の例

服飾・家政	家政科、和裁科、服飾デザイン科、洋裁科など
衛生	栄養科、調理科、理容科、美容科、製菓衛生科など
医療	看護科、助産師科、歯科衛生科、診療放射線科、針灸科など
教育・社会福祉	幼児教育科、介護福祉科、保育科など
工業	建築科、土木科、製図科、コンピュータ科、音響工学科など
農業	農業科、畜産科、園芸科、バイオ科など
商業実務	簿記科、経理科、秘書科、ホテル科、観光科など
文化・教養	インテリアデザイン科、アニメーション科など

3. 専修学校と各種学校の設置基準

専修学校は、学校教育法の規準を満たすことが必要です。これを満たさないものを各種学校と呼んでいます。次に、それぞれの学校の設置基準を挙げておきます。

■専修学校の設置基準（要約）

- 修業年限は1年以上。年間授業時間は800時間（あるいは800単位時間）以上。
- 夜間その他特別な時間に授業を行う場合、修業年限に応じて年間授業時数を減ずることとし、この場合には1年間に450時間以上とすることができる。
- 収容定員は40人以上。
- 1つの授業科目について同時に授業を行う学生数は40人以下とする。ただし、特別な事由があり、かつ教育上支障がない場合は、この限りではない。
- 入学資格は、高等過程（中卒対象）、専門課程（高卒対象）。
- 教員数は、学生定員80人までは最低3人とし、学科の属する分野ごとの学生総定員に応じ増加させる。半数以上は専任であること。
- 学科は、課程の目的に応じた分野の区分ごとに置く。
- 校舎には、教室（講義室・演習室・実習室）、教員室・事務室その他の必要な附帯施設を備えなければならない。なるべく、図書室・保健室・教員研修室などを備えなければならない。
- 専修学校の校舎面積は、工業・農業・医療系は260m²以上、商業・服飾・家政系は200m²以上、一般課程は130m²以上。

■各種学校の設置基準（要約）

- 修業年限は1年以上。ただし、簡単に習得できる技術・技芸などについては3ケ月以上1年未満。年間授業時間は680時間以上。
- 収容定員は特になし。
- 授業を行う生徒数は、教員数などを考慮して独自に定めてよい。入学資格は特になし。
- 教員数は3人以上。
- 校舎には、教室・管理室・便所・その他必要な施設を設けること。
- 課程と学生数に応じ、必要な校具・図書を備えなければならない。
- 各種学校の校舎の面積は、1人当たり2.31m²以上とする。ただし、最低115.7m²を下らないこと。

*校名として、○○予備校、○○洋裁学校、○○料理学校、○○日本語学校、○○自動車学校などが挙げられます。

3. 視覚デザインの発想例

解読型デザイン

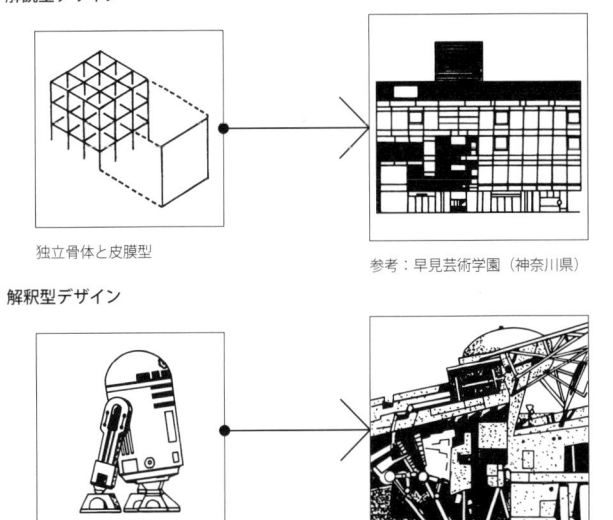

独立骨体と皮膜型

参考：早見芸術学園（神奈川県）

解釈型デザイン

ロボットのイメージ

参考：青山製図専門学校（東京都）

第2章　事例から学ぶ

19　斎場

1. 事例の選択と分析

生の資料

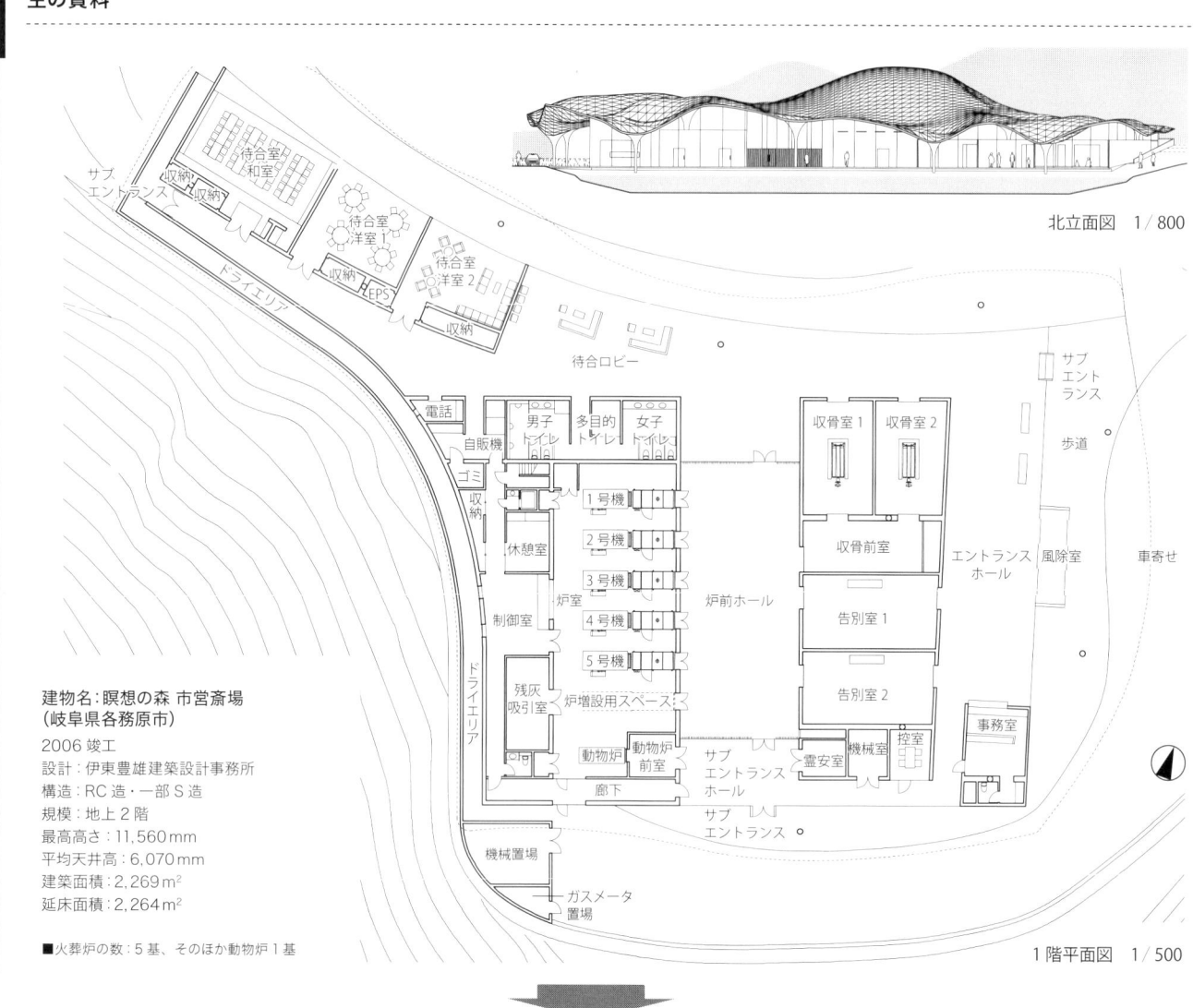

北立面図　1/800

建物名：瞑想の森 市営斎場
（岐阜県各務原市）

2006 竣工
設計：伊東豊雄建築設計事務所
構造：RC造・一部S造
規模：地上2階
最高高さ：11,560mm
平均天井高：6,070mm
建築面積：2,269 m²
延床面積：2,264 m²

■火葬炉の数：5基、そのほか動物炉1基

1階平面図　1/500

分析した資料（データ）　三角スケールの計測による

家具寸法とアキ寸法　1/200

室名リスト

収骨室（2室）、収骨前室、
事務室、事務室用トイレ、
霊安室、機械室、控え室、
サブエントランス、炉室、
動物炉、動物炉前室、廊下、
残灰吸引室、制御室、休憩室、
収納、ゴミ置き場、トイレ（男女）、
電話室、自販機コーナー、
待合ロビー、待合室（和室）、
待合室（洋室2室）、収納（3室）

ゾーニングと動線

凡例
- □ ゾーン
- •••• 参列者動線
- ---- 遺体・遺骨動線
- ○○○○ 管理動線
- ● 告別動線
- ★ 収骨動線
- ■ トイレゾーン
- ◀ 主出入口
- ◁ サブ出入口

待合ゾーン
炉前ゾーン
収骨ゾーン
自販機ゾーン
エントランスゾーン
休憩ゾーン
告別ゾーン
制御ゾーン
事務ゾーン
残灰吸引ゾーン
運転手等控ゾーン
動物炉ゾーン
設備ゾーン
霊安ゾーン

スパンと階高と天井高

2. 建築計画の知識と進め方

1. 発想は棺桶から

「斎場」の「主役の室」といえば「炉室」です。告別室から炉前ホールを通って炉室に至るシークエンスで、中心的な役目を果たすのが「棺桶」です。「棺桶の寸法」は一般には入手困難ですが、「炉の寸法」については、炉の描かれている斎場の事例を参考にするといいでしょう。

○**棺桶の寸法**
棺桶の寸法を実測する機会は多くありません。右図は筆者の親族の通夜の時に実測したものです。

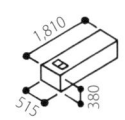

図表1　棺桶　1/200

○**告別室**
最後のお別れのため、棺桶のまわりに縁者が集まります。集まった人数により「ゾーンの規模」が決まります。最大50人収容可能な「室の大きさ」が必要です。

図表2　告別室　1/400

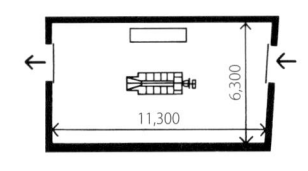

○**収骨室**
告別後の収骨は、待合室で約1時間待ったあとに行われます。収骨に参加する人は、告別時より多少減るので、告別室よりやや小さめの「室の大きさ」となります。

図表3　収骨室　1/400

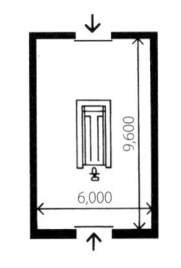

○**炉の寸法**
斎場の「炉の寸法」は特殊であり、一般には寸法の入手は困難です。そこで、炉の描かれている参考事例の「図面」を計測して情報を得ます。実施設計になれば、いずれ正確な寸法を入手できます。計画段階では、理想とする形や空間のアイデアを組み込んでおくことが大切なので、得られる範囲の寸法を活用して計画を進めます。

図表4　炉の寸法（例：瞑想の森 市営斎場）1/300（三角スケールで計測）

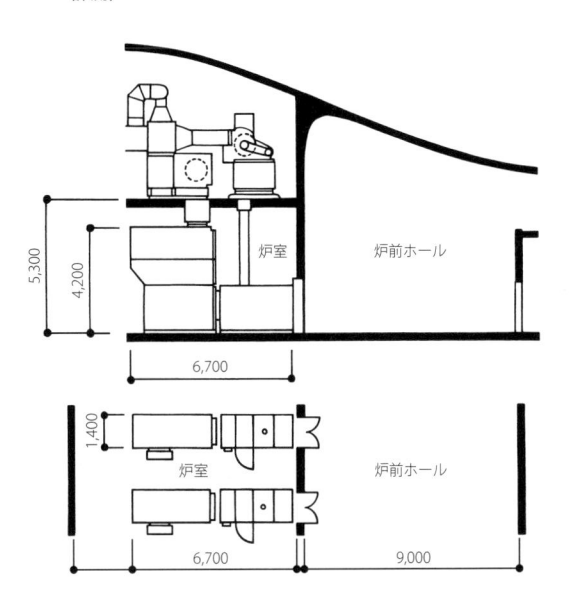

2. 参列者のシークエンス

斎場の計画では、「参列者」が斎場に到着して帰るまでの間の「シークエンス」が大切です。「目」に見える視覚空間とともに「足」による身体移動を計画しておきます。

①**玄関ポーチから告別室へ**
霊柩車が、玄関前の車寄せに到着すると同時に棺桶を台車に移し、告別室へと運びます。参列者はあとに続きます。

②**告別室から炉前ホールへ**
告別室でお別れをしたあと、お棺とともに炉前ホールへ行き、お棺が炉に入るのを見送って最後のお別れとなります。

③**炉前ホールから待合室へ**
炉前ホールから待合室に行き収骨の知らせがあるまで約1時間待ちます。その間に、用を足すなどを済ませておきます。

④**待合室から収骨室へ**
待合室で待っていると呼び出しがあり、バッグ類などを持って収骨室へ移動します。収骨したあとは車で帰途につきます。

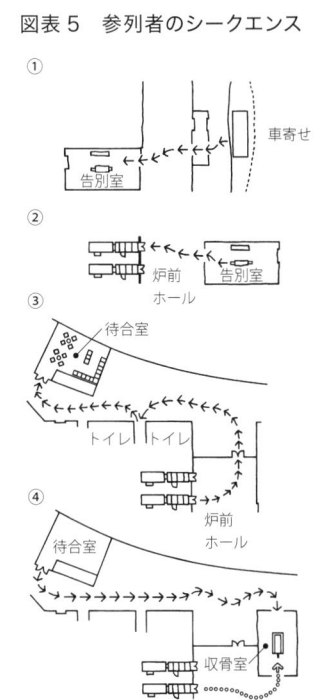

図表5　参列者のシークエンス

3. 他用途からの応用

「斎場の待合室」は、個室とロビーの形式があります。「ロビー形式」は、「ホテルのロビー」を応用できます。あるグループと他のグループは「会話帯の距離」を保ちながら少し離れて座りますが、同じ原理を応用できます。

3. 視覚デザインの発想例

解読型デザイン

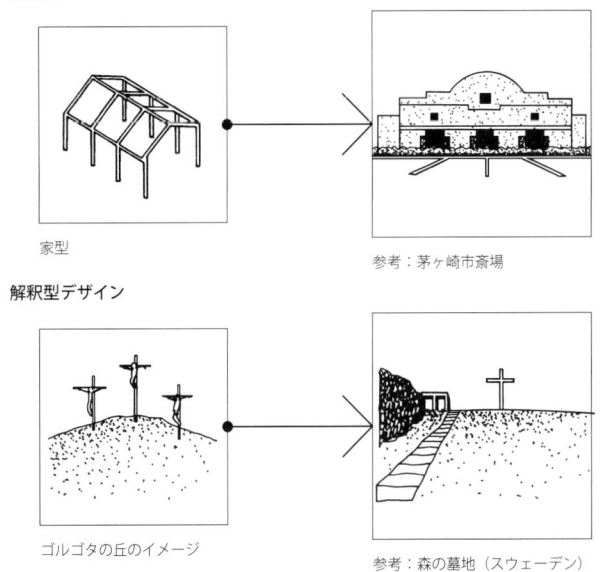

家型

参考：茅ヶ崎市斎場

解釈型デザイン

ゴルゴタの丘のイメージ

参考：森の墓地（スウェーデン）

第 2 章　事例から学ぶ

20　トイレ

1. 事例の選択と分析

生の資料　　　　　　　　　　　　　◇トイレ

建物名：谷保第四公園・便所 (東京都国立市) 1990竣工、設計：久米設計、構造：RC造・S造、規模：平屋、軒高：2,830mm、最高高さ：4,627mm、主なスパン：8,000mm×5,000mm、建築面積：40m²、床面積：33m²

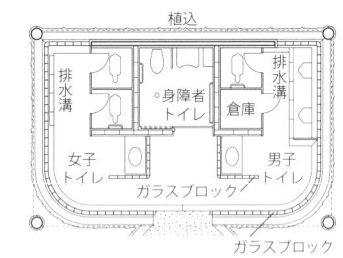

平面図　1/200

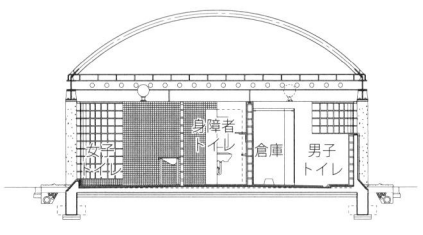

断面図　1/200

分析した資料 (データ) 三角スケールの計測による

家具寸法とアキ寸法

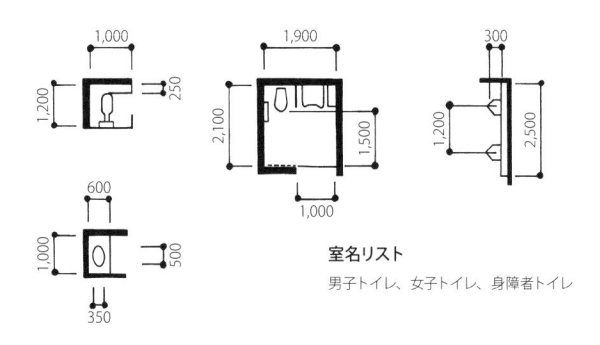

室名リスト
男子トイレ、女子トイレ、身障者トイレ

スパンと階高と天井高　　ゾーニングと動線

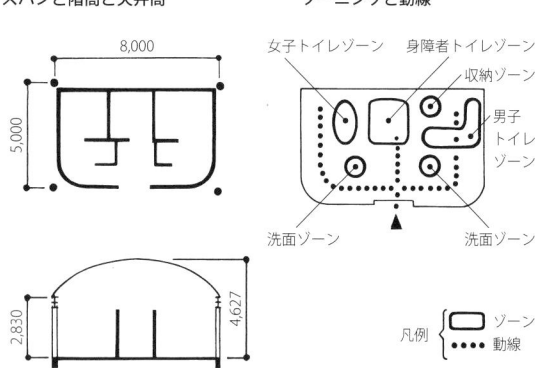

凡例　□ゾーン　····動線

2. 建築計画の知識と進め方

1. 発想は衛生器具から

「トイレ」は、どの建物にも「付属設備」として必要です。また、公衆トイレのように「1つの建物」として完結しているものもあります。まず、「便器や洗面器の寸法」とそのまわりの「アキ寸法」を考え、トイレ全体へと計画を進めていきます。トイレ内の「バリアフリー」や「ユニバーサルデザイン」への配慮は、身障者だけでなく健常者に対しても、また、公共トイレや住宅トイレにかかわらず必要です。

○大便器とブース
大便器の寸法は、どれもほぼ同じですが、ブースの大きさは、空港では大きめです。衣服着脱の容易さ、座ったときのひざ前のアキ寸法、所持品などを考慮して決めます。

○男子用小便器と子ども
公共トイレの男子用小便器は、子どもの使用も可能な、尿の受け面が床にあるユニバーサルデザインのものを使用するといいでしょう。

○洗面台と子ども
公共トイレでは、大人用の洗面台の高さは約710mm、子ども用は約550mmにして両者とも使いやすくしておきます。

○身障者 (多目的) トイレ
駅・大規模小売店舗などの公共的な建物では、身障者トイレの設置が必要です。最近は、おむつ替え・授乳・着替えなどの多目的使用が多くなっています。

○おむつ交換台
駅や大規模小売店舗などの公共トイレでは、男女のトイレを問わず、乳児のおむつ交換台を設置しておくといいでしょう。乳児を一時座らせておく、折りたたみのコーナー椅子も考えておきます。

図表1　使いやすいトイレ

住宅のブース　　空港のブース

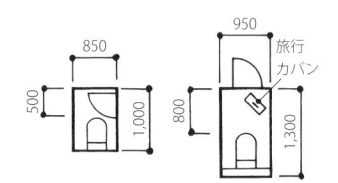

男子用小便器と子ども

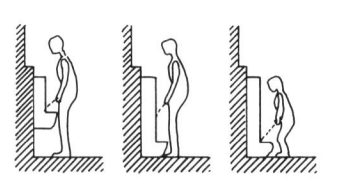

洗面台と子ども

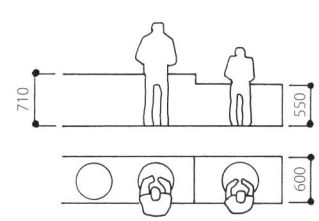

身障者トイレ

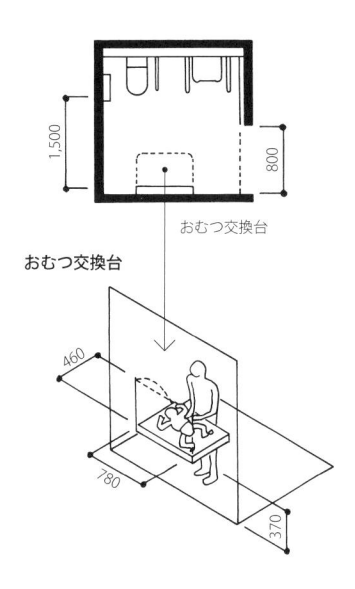

おむつ交換台

2. 公共トイレの多目的化

公共トイレは、用を足すという目的以外に、トイレのプライバシーを保持できる機能を利用して、特に女子トイレでは、おむつ交換・授乳・化粧・着替えなどが行われています。大便器ブースを少し広めにしたり、パウダー用カウンターやおむつ交換台を置くことで、公共トイレの「多目的化」を図ることができます。

図表2　パウダーカウンターとおむつ交換台のある女子トイレ

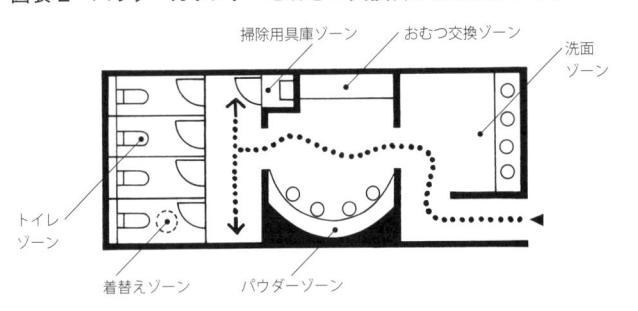

3. 公共トイレの掃除のしやすさと掃除用具庫

どのようなトイレも必ず汚れます。頻繁に使用される公共トイレでは、掃除中でも使用できる工夫が必要です。トイレ近くに掃除用具庫を設置しておきます。

○**大規模トイレの掃除**
高速道路のサービスエリアのトイレでは、掃除で使用が中断されない工夫が必要です。男女のトイレ内をさらに2区画に分け、一方を掃除中は残りを使用可能にする方法があります。

○**掃除用具庫**
トイレの中か近くに、モップ・バケツ・雑巾などの掃除用具を収納するスペースを確保しておきます。公共トイレでは、掃除用具庫の中に、流し用シンクを設置しておくと便利です。

図表3　高速道路サービスエリアのトイレ掃除の例

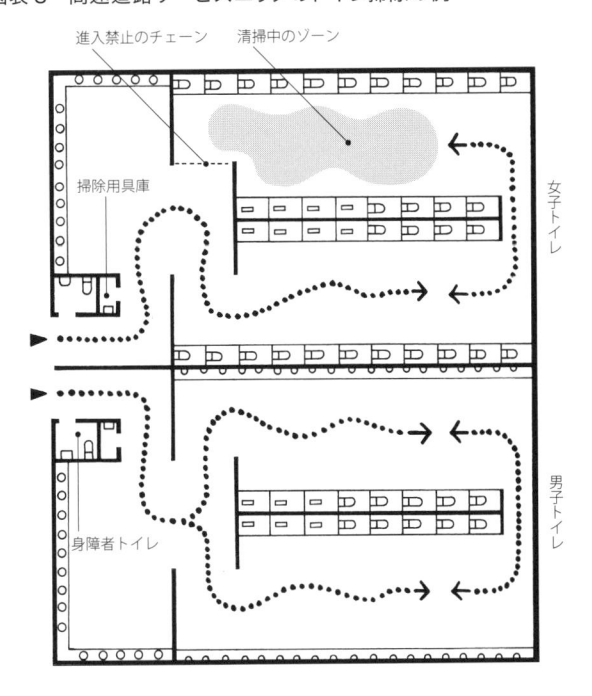

4. 入口からトイレ内部が見えない工夫

公共トイレでは、入口から内部が見えない工夫が必要です。「ドアを設置」する方法と、「袖壁の利用」があります。前者は、濡れたドアノブに触らなくてはなりません。後者は、「ガイディングウォールとアイストップの組み合わせ」によるシークエンス的な視覚遮蔽効果で、ドアノブに触らないで通行できます。

図表4　入口からトイレ内部が見えない工夫（女子トイレの例）

アイストップ型視覚遮蔽　　　ジグザグ型視覚遮蔽

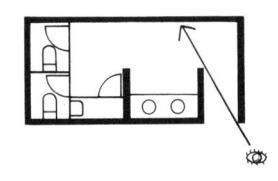

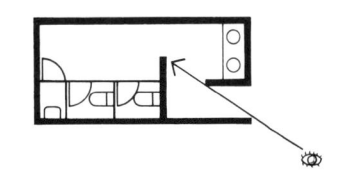

5. 高齢者住宅のトイレゾーン

高齢者住宅の「トイレ」は、排泄ゾーンを「1つのゾーンの室」としてつくるほか、就寝や他のゾーンと一緒にした「複合ゾーンの室」としてつくる方法もあります。

図表5　高齢者住宅のトイレゾーンの例

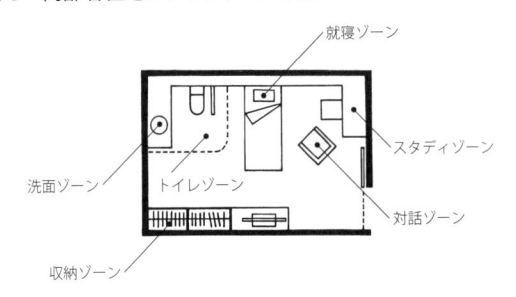

クリック　トイレの計画では衛生設備のカタログが必要です。ネットで情報収集して下さい。代表的なメーカーを紹介しておきます。
●衛生器具（トイレ・洗面）：TOTO、LIXIL (INAX)、パナソニックほか

3. 視覚デザインの発想例

解読型デザイン

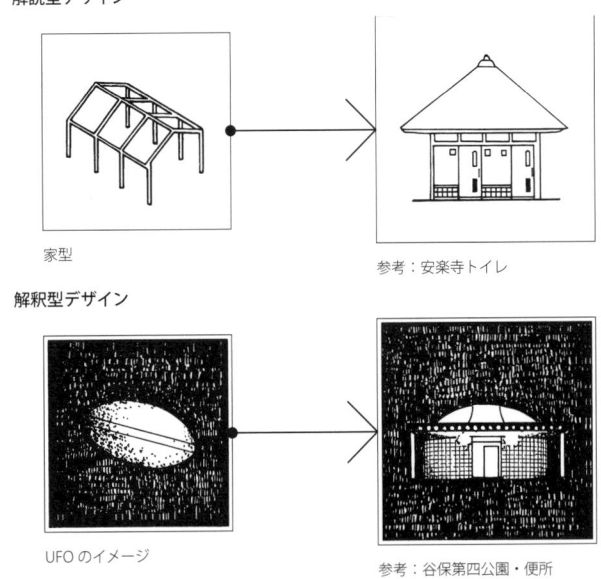

家型　　　参考：安楽寺トイレ

解釈型デザイン

UFOのイメージ　　　参考：谷保第四公園・便所

第2章　事例から学ぶ

21　駐車場・駐輪場

1. 事例の選択と分析

生の資料　　　　　　　　　　　　◇地下駐車場

建物名：プラッツ大泉（東京都練馬区）
1983竣工、設計：坂倉建築研究所東京事務所、構造：RC造・S造、規模：地下1階・地上6階・塔屋1階、階高：4,500mm（地階）・5,000mm（1階）・4,000mm（基準階）、天井高：2,700mm、主なスパン：8,100mm×8,100mm、建築面積：8,108m²、延床面積：43,263m²

■駐車台数：1,000台、駐輪台数：2,500台

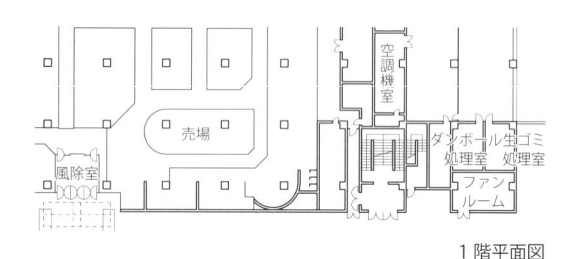

1階平面図

地階平面図　1/1,000

分析した資料（データ）　三角スケールの計測による

スパンと階高と天井高　1/1,000

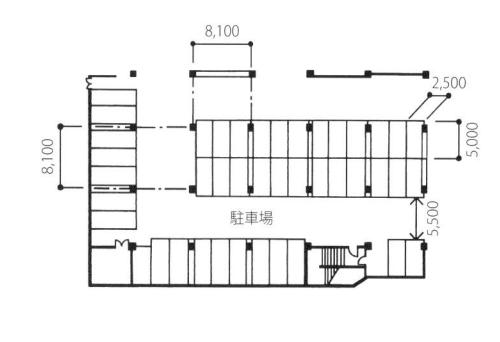

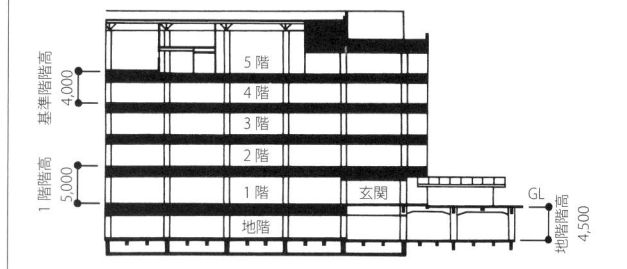

2. 建築計画の知識と進め方

1. 発想は車体から

「駐車場」の計画では、駐車対象の「車体寸法」「駐車スペースの寸法」「車路幅」を決めて、駐車場全体へと計画を進めていきます。

図表1　車体寸法（中型車）の例

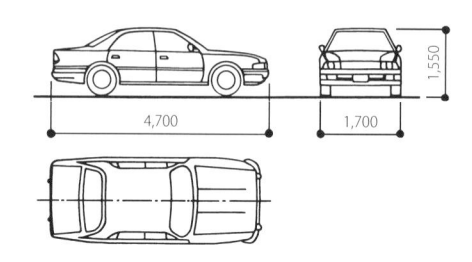

○自走式駐車場
公共の駐車スペースは、最低でも2,500mm×5,000mm、車路幅5,500mmが必要です。大規模小売店舗では、駐車スペース3,000mm×6,000mmが理想的です。車路幅は、車走行用4,000mmに商品運搬カート用2,000mmを足して6,000mmが理想的です。身障者用の駐車スペースは、3,500mm×6,000mmが必要です。

図表2　自走式駐車場（大規模小売店舗の場合）1/300

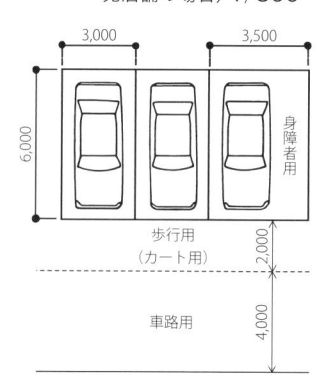

図表3　自走式駐車場（大規模小売店舗の場合）1/800

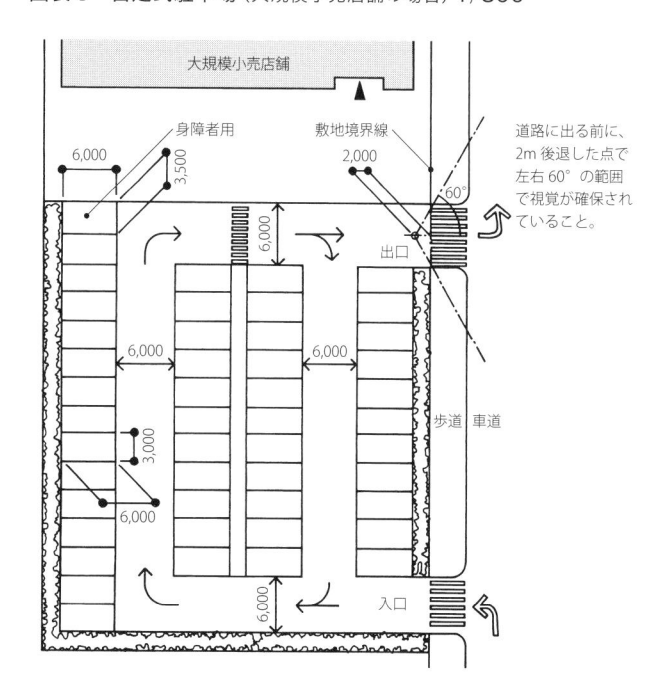

2. 立体駐車場

立体駐車場には、「自走式」と「機械式」があります。自走式にはスロープが必要であり、「スロープ勾配」への配慮が必要です。自走式では、さらに「スパン割りと柱の太さ」を考慮します（57頁参照）。機械式には、「2段式」「エレベーター式」「循環式」があります。

図表4　スロープと車路幅

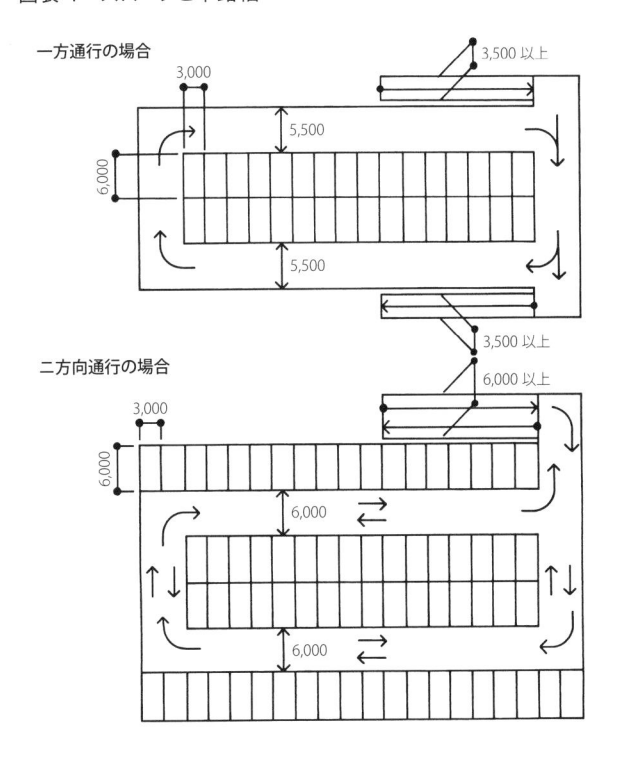

図表5　スロープの断面

○スロープ勾配の計算例

駐車場の階高を3,500mmとした場合、1/6のスロープ勾配では、水平距離は3,500mm×6＝21,000mm以上必要です。スパンを7,000mmとすると、3スパンで上ることができます。車路の天井高は2,300mm以上、駐車スペースの天井高は2,100mm以上必要です。

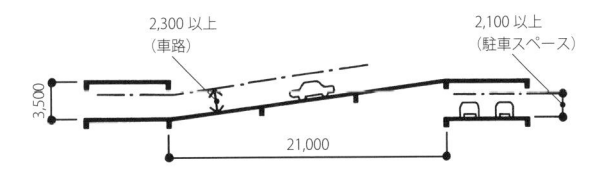

図表6　駐車場のスロープ勾配

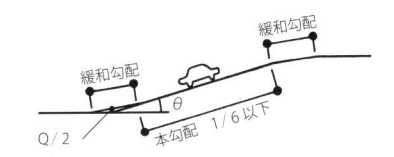

図表7　階段に代わる歩行用のスロープ勾配

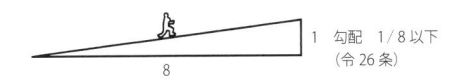

3. 駐輪場

駐輪場には、「自走式」と「機械式」があります。機械式には、「2段式」と「ビル組込み式」があります。

図表8　自走式と2段式　1/200

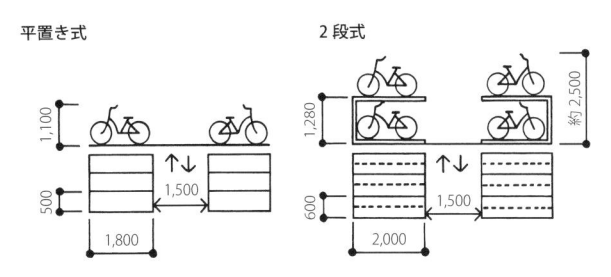

図表9　自走式の2階建て駐輪場

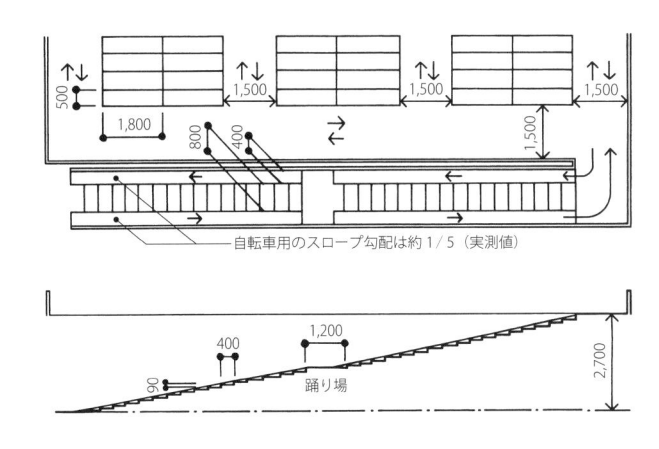

クリック
機械式の立体駐車場のカタログは、ネットで情報収集して下さい。代表的なメーカーを紹介しておきます。
● 三菱パーキング、日立パーキング、石川島播磨重工業など

3. 視覚デザインの発想例

解読型デザイン

独立骨体と皮膜型 → 自走式駐車場

解釈型デザイン

観覧車のイメージ → タワー式駐車場

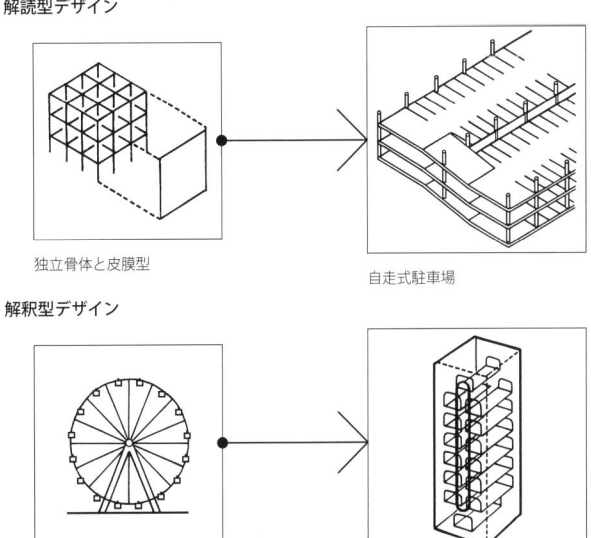

第2章　事例から学ぶ

22 複合建築—1

1. 事例の選択と分析

生の資料　　　　　　　　　　　　　　　◇診療所＋保健センター＋デイサービス I 地域包括支援センター

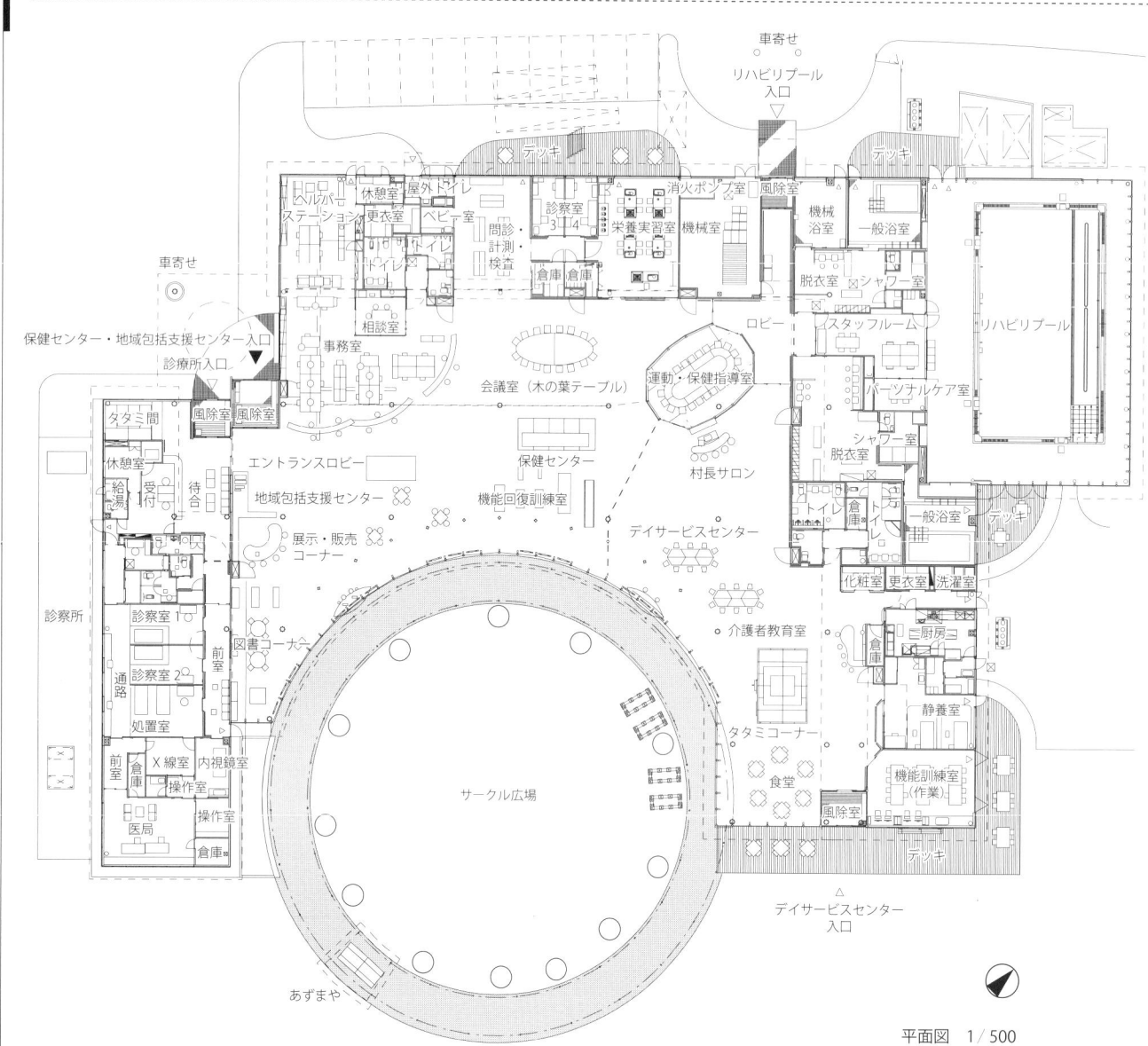

平面図　1/500

建物名：いきいきらんど下條（長野県下伊那郡）

保健、福祉、医療の三位一体の複合型計画である。「フィールド」大空間とガラス会議室を共用空間とし、各機能が活動領域を重層している。保健相談や、脳刺激訓練での300人リハビリや、デイサービス活動も行われる（中村勉）。

2001竣工、設計：中村勉総合計画事務所、構造：S造、規模：平屋
軒高：4,540mm、天井高：3,980mm・2,600mm
主なスパン：8,400mm×8,400mm、建築面積：2,821m²
延床面積：2,720m²

（2006年現在）
■用途：診療所、保健センター、デイサービス、リハビリプール、地域包括支援センター
■訓練時人数：リハビリプール（1教室）約25人、機能回復訓練室（脳刺激訓練時）約300人
■職員数：施設長：1人、医師：①人、看護師：①人、保健師：2人、ケアマネージャー：1人、事務員4＋②人、総計：12人（○数字は診療所職員）

分析した資料（データ）

ブロック構成（水平方向に複合化）

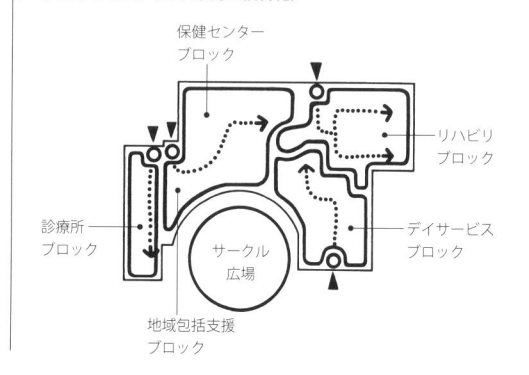

生の資料　　　　　◇オフィス＋店舗＋駐車場

建物名：新丸の内ビルディング（東京都千代田区）
2007 竣工
設計：三菱地所設計
構造：S造、SRC造
規模：地下4階・地上38階・塔屋1階
建築面積：7,556m²
延床面積：195,401m²

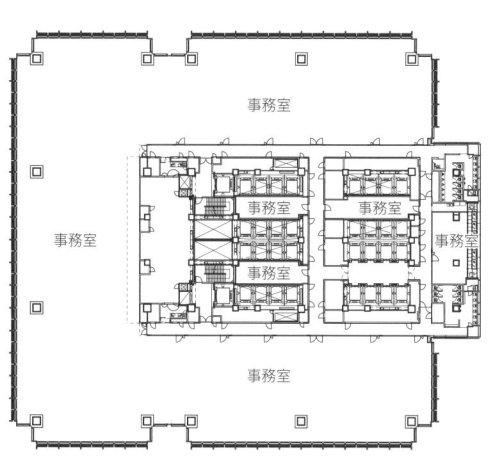

基準階平面図

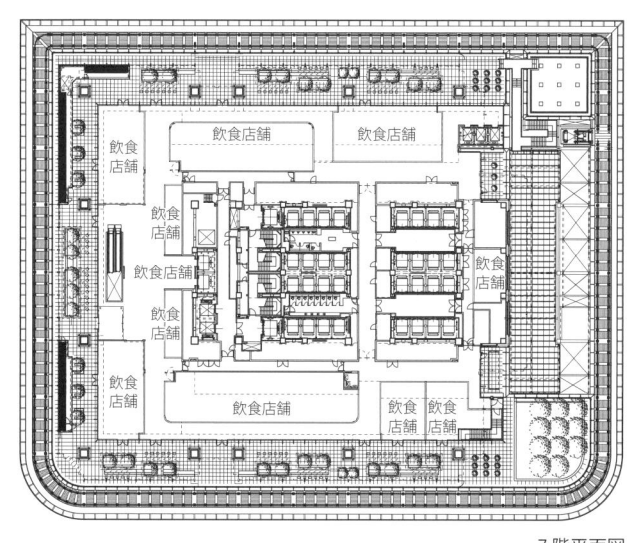

7階平面図

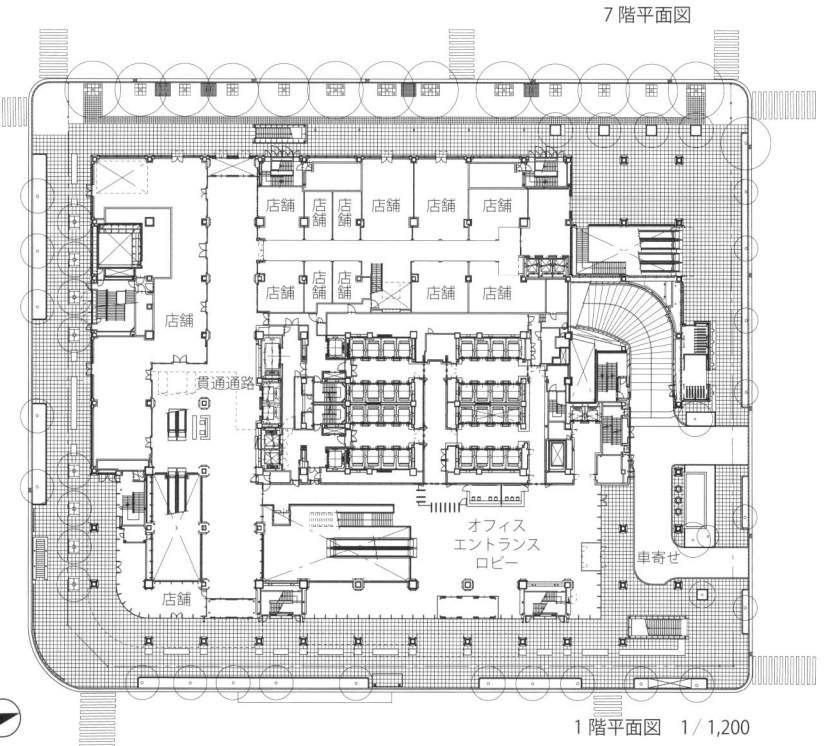

1階平面図　　1/1,200

分析した資料（データ）

ブロック構成（垂直方向に複合化）

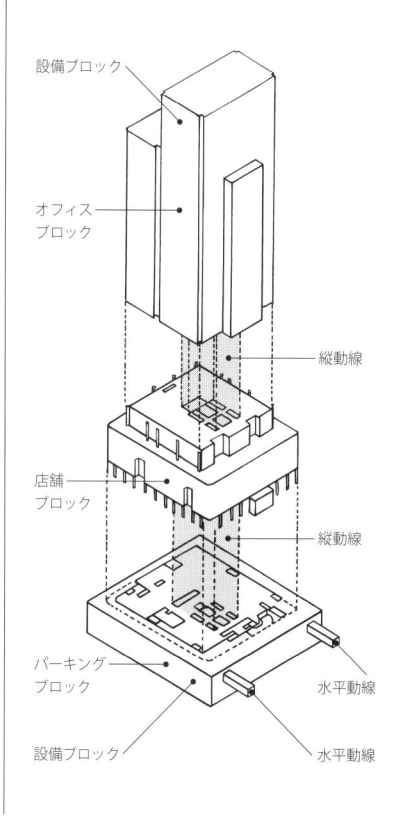

設備ブロック
オフィスブロック
縦動線
店舗ブロック
縦動線
パーキングブロック
水平動線
設備ブロック
水平動線

○複合の仕方
複合建築の複合の仕方には、大きく分けて「水平方向に複合」していく場合と、「垂直方向に複合」していく場合があります。このほか、「上下左右複雑に複合」していく場合もあります。

○ブロック構成
複合建築の事例からは、室名を細かく読み取ることよりも、「1つの用途」を「1つのブロック」とみて、異なるブロックがどのように配置されているか、全体の「ブロック構成」を理解するといいでしょう。

○縦動線
高層では「縦動線」が必要です。一般に、オフィスでは「エレベーター」が、店舗では「エスカレーター」が主役となります。その他、災害時に各階から避難できる「避難階段か特別避難階段」と、各階停止できる「非常用エレベーター」が必要です。

○プラスアルファ空間
複雑になりがちな複合建築では、異なる用途を結びつけるための仕掛けとして「プラスアルファ空間」が役にたちます。前頁の例では、医療・保険・介護などの異なる用途を水平方向に結びつけるための「サークル広場」が提案されています。後者では、オフィス・店舗・駐車場を垂直に結びつけるための仕掛けとして1階レベルに「貫通通路とオフィスエントランスロビー」が提案されています。

第2章　事例から学ぶ

22　複合建築—1

第2章　事例から学ぶ

22　複合建築—2

2. 建築計画の知識と進め方

1. 複合建築化の傾向

現代建築は、「複合建築 complex building」化への傾向を強く示しています。以前の「1つの建物」の中に「1つの用途」を入れてつくるという方式に対して、「1つの建物」の中に「複数の用途」を入れてつくるという方式です。複合建築化の背景には、①現代のライフスタイルの多様化に伴って複数の用途を1つの建物の中に集積させてつくる、②土地の入手が難しい都心部でひとたび用地が確保されると、その地域で要望されていた用途を官民問わず複合させてつくる、といった理由が考えられます。建築デザイナーは、まず「一用途一建築物」の計画をしっかり習得した上で、「複合建築」も計画できるようにしておきます。図表1は、現代の代表的な「複合用途」の例です。

図表1　複合用途の例

核となる用途	複合化された用途
大規模小売店舗	映画館、劇場、レストラン、催事場、美術館、アミューズメントセンターなど
ホテル	宴会場、結婚式場、レストラン、スポーツクラブ、ショッピングモール、ギャラリーなど
鉄道駅	ショッピングセンター、レストラン、ホテル、映画館、託児所、コミュニティセンター、郵便局、温泉など
オフィス	レストラン、カフェ、店舗、銀行、会議場など
特別養護老人ホーム	老人デイサービスセンター、ショートステイ、幼稚園、在宅介護支援センター、保育所など
小学校	生涯学習センター、防災拠点、市民図書館、コミュニティセンターなど
保健所	老人デイサービスセンター、リハビリプール、診療所、地域包括支援センターなど
高速道路サービスエリア	トイレ、レストラン、ショッピングモール、地元グルメ店、地産品直売所、ガソリンスタンド、ドッグラン、ホテル、温泉など

2. 平面づくりでは忍耐力が必要

複合建築の計画は、一見するとどこから手をつけていいか分からないように見えます。複合予定の「それぞれの用途」について「発想は家具から」の考え方で「家具→ゾーン→室→平面→建築」の順で、着実にスタディを重ねていきます。各用途の「平面づくり」のスタディがひと通り終わると、それらの「平面を足し算」して、さらに「建築→複合建築」へと計画を進めていきます。平面づくりは「忍耐力」のいる作業です。少々時間がかかっても着実に作業を積み重ねていきます。

3. 形と空間づくりでは直観力が必要

建築づくりには、もう1つ「直観力」のいる「形と空間づくり」が必要です。複合化による「集積効果」によって「余裕のスペース」が生まれてきますから、建築デザイナーの「アイデア」を加えて「プラスアルファ空間」をつくることができます。プラスアルファ空間は、複合建築において、あってもなくてもいい空間ではなく、巨大で複雑で迷路状になりがちな複合建築の「まとめ役」としてとても大切です。

図表2　プラスアルファ空間の例

巨大ピロティ型

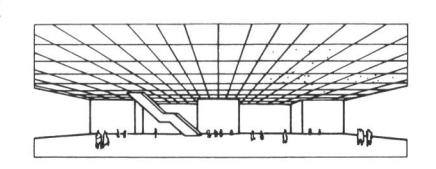

アトリウム型

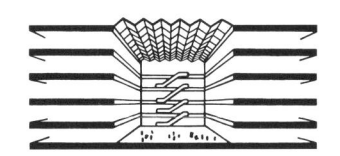

アーケード・モール型

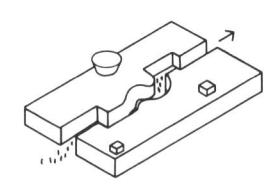

広場型

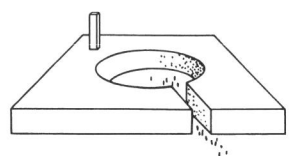

ビッグウインドウ型

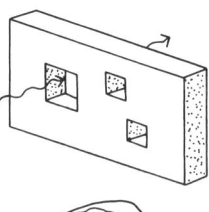

ゲート型

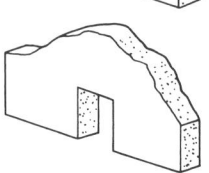

屋上庭園型

4. 防火区画

火災時に、火炎が急激に燃え広がることを防ぐため、耐火建築および準耐火建築にすることを求められます。区画の種類は、大きく分けて4つあります。①面積区画（水平方向の燃え広がり防止のため一定面積による区画）②水平区画（床を耐火構造にすることで区画できます）③竪穴区画（吹抜け・階段・EVシャフト・パイプシャフトなどの煙突効果を防止する区画）④異種用途区画（同一建物内の火災発生条件の異なる異種用途の間の区画）。

図表3　防火区画の例

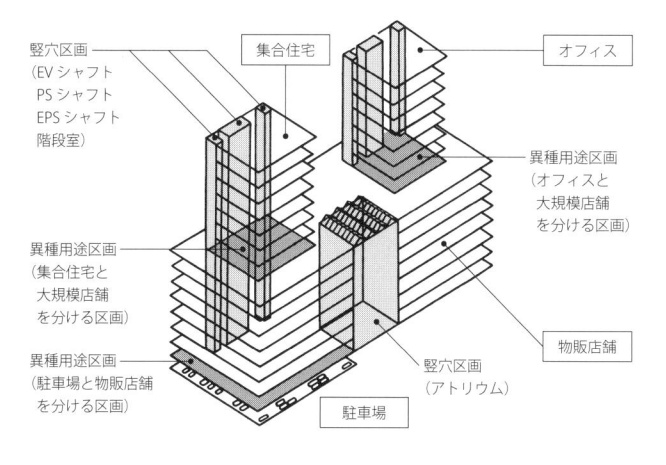

5. 避難階段

複数の用途が上下に積層している場合、まず、「それぞれの用途」が最小限必要とする「階段の数」を調べます。例えば、図表4の場合、劇場では2方向避難で「2以上」、オフィスビルも2方向避難で「2以上」、大規模小売店舗では、57頁の計算例を想定すると「7以上」、駐車場では「2以上」あればいいでしょう。避難階段の他用途との兼用は大丈夫です。ここまで計画しておいて、さらに階段を増やすのは自由です。15階以上、地下3階以下の建物は「特別避難階段」に、5階以上か地下2階以下では、「避難階段か特別避難階段」にします（45頁参照）。

図表4　避難階段の例

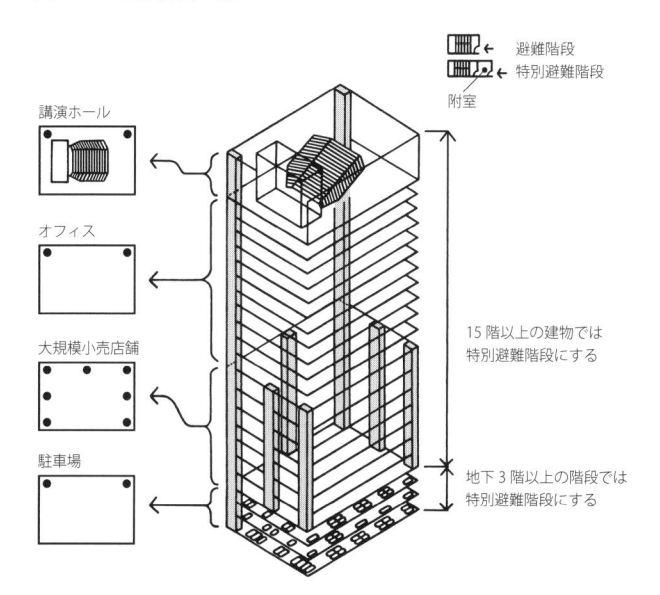

6. エレベーター

「エレベーターの種類」には「常用EV・人荷用EV・非常用EVなど」があります。常用EVは、各階停止にするか、それぞれの用途階のみ限定停止にするか、コンベンショナルゾーニング方式（46頁）にするかは自由です。ただし、「非常用EV」は、火災発生時に消防隊が1階から乗り込み各階へ行けるのが原則であり、高さ31mを超える建物には必要です（47頁参照）。非常用EVは、日常では常用EVや人荷用EVとしても使用可能です。

図表5　エレベーターの例

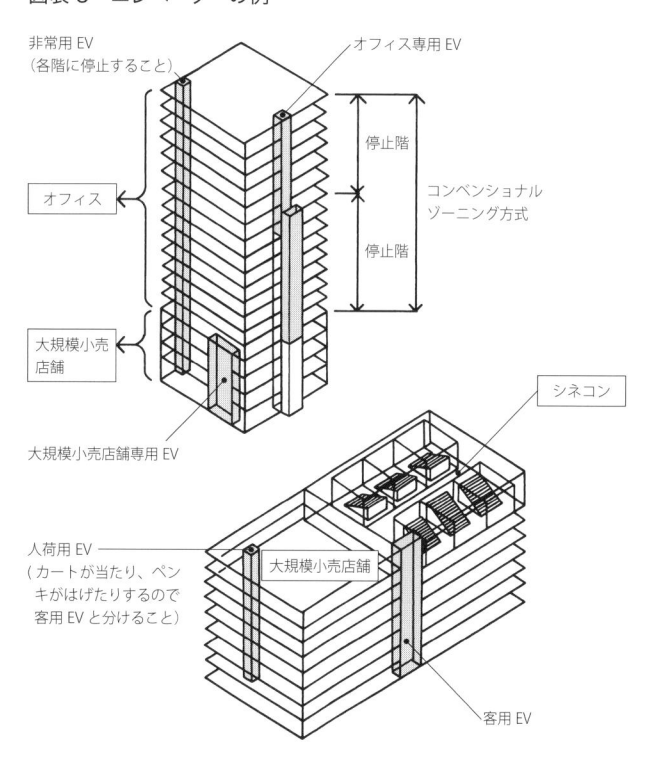

3. 視覚デザインの発想例

解読型デザイン

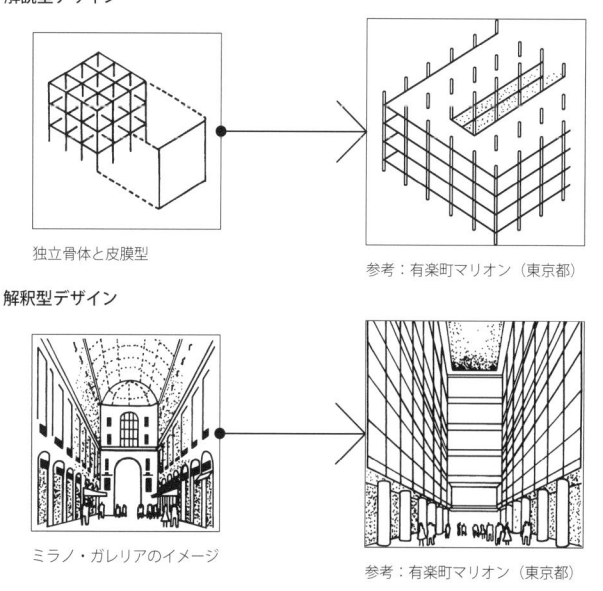

独立骨体と皮膜型

参考：有楽町マリオン（東京都）

解釈型デザイン

ミラノ・ガレリアのイメージ

参考：有楽町マリオン（東京都）

平面づくりに役立つ雑誌・シリーズ類

新建築
新建築社

国内外の現代建築を中心に紹介している専門雑誌。写真のクオリティが高く、図面は平面図など基本的なものから、ポイントとなる部分の詳細図も含まれており、設計者や専門家向けの詳細な解説が掲載されている。

近代建築
近代建築社

日本の最新の建築物の情報や、再開発や教育施設、集合住宅などの事例が掲載されており、注目される設計事務所の動向等も特集されている。

商店建築
商店建築社

最新のショップデザインや、ホテルのインテリア、商業ビルの外観・内観デザインなど、店舗・商業施設の空間デザインを写真と図面で紹介している。特にインテリアデザインの事例などは、図面に家具も記載されているので、家具配置などを考える上で参考になる。

a+u（建築と都市）
エー・アンド・ユー

世界の最新の建築や都市の動向を発信する和英バイリンガルの雑誌。建築家のインタビュー、取材記事、建築家・評論家などによる論評もあり、海外建築の情報を得たい際に参考になる。

建築設計資料シリーズ
建築資料研究社

日本の現代建築を「住宅」「オフィスビル」「美術館」などの主要な用途別に分類し、代表的な事例を掲載しているシリーズ。現在までに100種類以上が刊行されており、それぞれ写真・図面などによる事例が豊富に掲載されている。

建築計画・設計シリーズ
市ヶ谷出版社

「設計基礎」などの基本的情報や「住宅Ⅰ」「高齢者施設」などの用途別にシリーズで刊行されている。基本的な計画に関わる基礎知識や計画の要点などと実例が掲載され、主に学生に向けて分かりやすく解説されている。

建築設計テキストシリーズ
彰国社

工業高校や大学の建築学科の学生用に編集した、建築計画の授業や設計課題のために役立つ参考書。住宅、集合住宅、事務所建築、商業建築などがシリーズ化されている。

コンパクト設計資料集成
丸善

設計課題が出ると一度は開く資料集成。主に学生を対象として、設計の補助資料となるデータや、参考となる優れた設計事例など、総括的な情報が豊富に収録されている。住居、インテリア、都市再生などがシリーズ化されている。

第3章 分析から総合へ

「建築づくり」には、「計画＝平面づくり」と「設計＝形と空間づくり」の両方が必要、とこれまで述べてきました。第3章は、両者を、どのように「総合synthesize」して、1つの建築にまとめていったらいいかを扱っています。総合する前には、「分析analyze」が必要ですが、第1章「発想は家具から」と第2章「事例から学ぶ」を参考にして下さい。

「建築計画」では「平面づくり」が特に大切です。そのためには、「家具→ゾーン→室→平面→建築→複合建築→敷地」とスタディを積み重ねていく「忍耐力」が必要です。一方、「建築設計」では、「形と空間づくり」を行うための「直観力」が必要です。建築デザイナーの中には、一方は得意だが、もう一方は不得意という人がいます。両者の「能力」は、一見して違うように見えますが、実は、両者とも、「AならばB」で考えるという点では、同じ「考える筋道＝論理」がはたらいています。違う点は、「A」に条件として何を入れるか、「B」として得たい結論は何か、です。まとめると、次のようになります。

■「建築づくり」では、計画と設計のどちらも「AならばB」で考える論理が大切

「建築づくり」は、設計課題の発表があってから、あるいは、クライアントの依頼があってから始まります。では、それまで何もしないで待っていればいいかといえば、そうではありません。建築づくりでは、いつの日か手がけるであろう建築を夢見ながら、「日頃の努力」をしておくことが大切です。「イメージ記憶をためておく」「アイデアをためておく」「場所とニーズの分析訓練をしておく」ことです。

現代のような多様な価値観のあふれている時代では、「建築づくり」においては、クライアント、近隣住民、敷地の前を通る人、建物の利用者など、様々な人に対して「説明責任（アカウンタビリティ）」を果たさなければならない場合があります。そんなとき、建築デザイナーは、「哲学」をもって対応するという方法があることを知っておくといいでしょう。建築づくりでは、最後に最終案を決定しなくてはなりません。そのための「評価基準」をもっていることが大切です。プロジェクトの依頼は、ある日突然やってくる、といっても過言ではありません。そんなとき、「これまで経験がないので」と断ってしまうのではもったいない話です。将来、必ず設計依頼があると信じて、「日頃の努力」を積んでおきます。

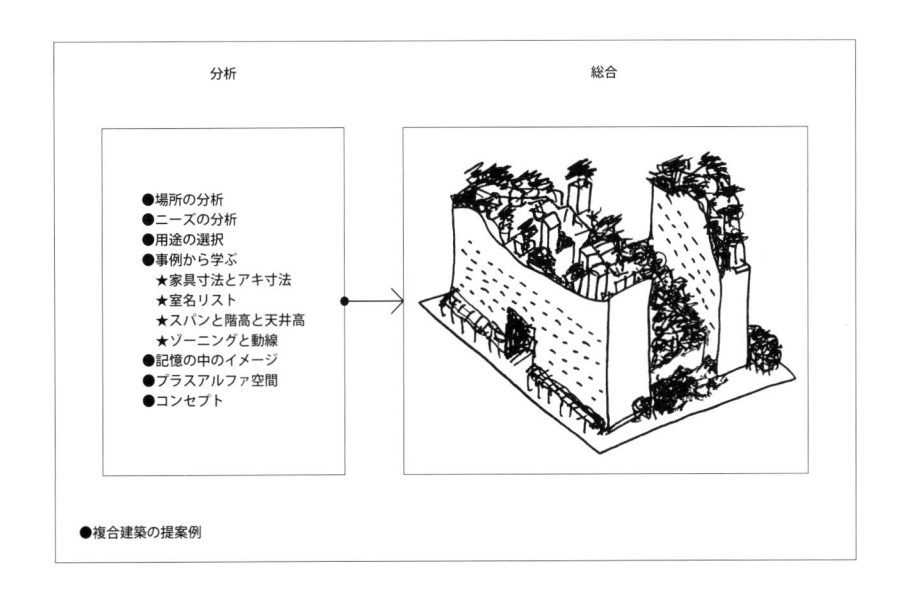

分析
- ●場所の分析
- ●ニーズの分析
- ●用途の選択
- ●事例から学ぶ
  - ★家具寸法とアキ寸法
  - ★室名リスト
  - ★スパンと階高と天井高
  - ★ゾーニングと動線
- ●記憶の中のイメージ
- ●プラスアルファ空間
- ●コンセプト

総合

●複合建築の提案例

第3章　分析から総合へ

1　建築づくりの進め方

1. 考える順序

1. 建築づくりは逆のプロセスもある

「建築づくり」をどこから始めるかは、建築デザイナーの数だけあるといってもいいでしょう。この本のタイトル『家具から発想する建築計画』とあるように、家具から考え始めることをおすすめしていますが、敷地から考え始める「逆のプロセス」もあります。建築づくりを終えるまでに、すべての条件をクリアしておけば結果としては同じです。

2. 計画と設計はどちらが先か

これまで、この本では、「計画」とは主に「平面づくり」を行うこと、「設計」とは主に「形と空間づくり」を行うこと、と述べてきました。この定義の裏側には、計画では「日常性」を考える、設計では「創造的」に考える、という意味を含ませてあります。計画と設計のうち、計画を先に行うという意見が一般的ですが、最後にすべての条件をクリアすれば、どちらが先でも同時並行でも問題はありません。

3. 分析から総合へ

平面づくりにおいても、形と空間づくりにおいても、事前準備として参考になりそうな「事例」を見つけ、「分析」して「条件」としてまとめておきます。条件には、建築デザイナーが「自分でつくる条件」のほかに、クライアントから「与えられる条件」があります。これらの「条件」を「総合」しながら、「建築づくり」を行っていきます。

2. 哲学をもつ

1. 最も大切なことは何かを考えておく

現代のような多様な価値観があふれている時代では、多くの意見が出てきて衝突が起こります。そのような場合、「哲学によって解決する」という方法があります。「哲学がある」とは、様々な価値観に対して、そこで「何が最も大切か判断できる力をもっていること」と定義しておきます。

2. 目的・目標・案

「最も大切なこと」を判断する方法として、図表4のような「目的・目標・案」、すなわち、「何のために・何を・どのように」のダイアグラムを頭に入れておきます。「案」は、具体的なスケッチ・図面・模型などで表現されますが、その案の良さを説明する方法として、「目的・目標」を用います。その場に参加した人たちが、「何のために・何を」を共有できたとき、問題解決へ一歩近づくことができるでしょう。

（参考：宮宇地一彦『デザイン脳を開く―建築の発想法』彰国社）

図表1　建築づくりの進め方

| プロセスA | 家具→ゾーン→室→平面→建築→複合建築→敷地 |
| プロセスB | 敷地→複合建築→建築→平面→室→ゾーン→家具 |

図表2　計画と設計の違い

計画	設計
PLANNING ↓ PLAN ↓ 平面 間取り ↓ 平面を考える 日常性を考える ↓ 日常性の維持	DESIGN ↓ DE・SIGN ↓ 存在の前に まだ現れないものを見る ↓ 創造的に考える。これまでにない新しいことを考える ↓ 創造性の発揮

図表3　「自分でつくる条件」と「与えられる条件」

自分でつくる条件	与えられる条件
・家具寸法とアキ寸法 ・ゾーンの規模 ・室の大きさ ・イメージ ・プラスアルファの空間	・敷地 ・用途 ・規模・面積 ・予算 ・工期

図表4　「目的・目標・案」の例

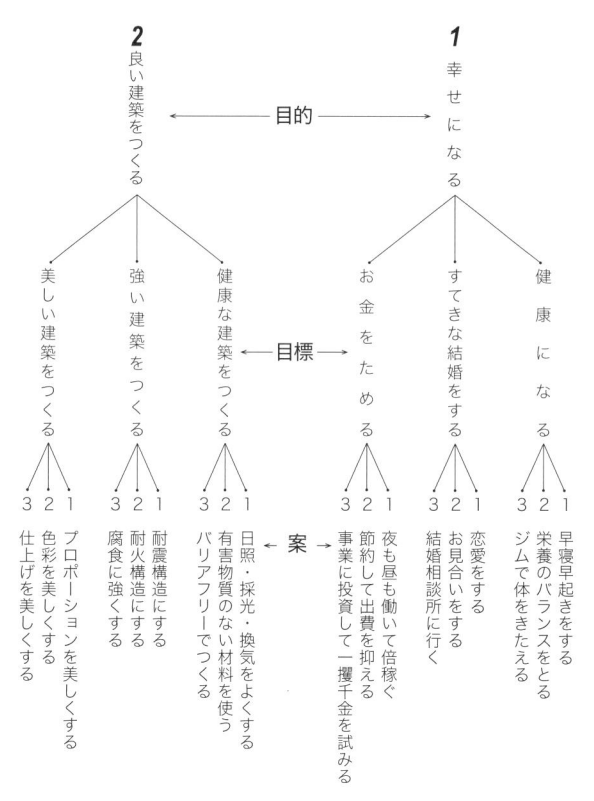

目的：
1. 幸せになる
2. 良い建築をつくる

目標（2 良い建築をつくる）：美しい建築をつくる／強い建築をつくる／健康な建築をつくる
目標（1 幸せになる）：お金をためる／すてきな結婚をする／健康になる

案：
- 美しい建築をつくる：1 仕上げを美しくする／2 色彩を美しくする／3 プロポーションを美しくする
- 強い建築をつくる：1 耐震構造にする／2 耐火構造にする／3 腐食に強くする
- 健康な建築をつくる：1 バリアフリーでつくる／2 有害物質のない材料を使う／3 日照・採光・換気をよくする
- お金をためる：1 事業に投資して一攫千金を試みる／2 節約して出費を抑える／3 夜も昼も働いて倍稼ぐ
- すてきな結婚をする：1 結婚相談所に行く／2 お見合いをする／3 恋愛をする
- 健康になる：1 ジムで体をきたえる／2 栄養のバランスをとる／3 早寝早起きをする

3. 脳のはたらきを知る

1. 3つのはたらき

建築づくりに必要な「脳のはたらき」には、幾つかありますが、ここでは、図表5のような3つの機能（カッコ内は部位）を紹介しておきます。イメージ記憶（右脳）、コトバ記憶（左脳）、論理の脳（前頭葉）です。
（参考：中山正和『洞察力』PHP文庫）

2. イメージ記憶

何かを考え始めようとするとき、脳に「イメージ記憶」がためられていないと、考えるということは始まりません。「イメージ」とは「五感を通して得られた外界の刺激の記憶」と定義しておきます。この目で見、この耳で聞き、この鼻で嗅ぎ、この手で触った記憶のことです。

3. コトバ記憶

五感を通して得られた記憶に対して、それは何々と「名前」を教えてもらうと、「イメージ」と「コトバ」は強く結びつきます。両者がしっかり結びついていると、片方に刺激や情報が与えられたときに、もう一方の記憶を思い出せます。建築計画では「抽象的な用語」が多いので、「具体的なイメージ」とともに覚えておきます。

4. 論理の脳

計画と設計のどちらにおいても、「論理的に考える」ことが大切です。論理的とは、「AならばBで考えること」と定義しておきます。最初に「A（条件）」を考えておいて「B（結果）」を考えるという「考える順序」のことです。「AならばB」は、五感で感じた「イメージのあとさき」の中にも、使う「コトバの前後関係」の中にもあります。矛盾のないように両者を一致させて考えます。

4. 論理を自由に使いこなす

1. 様々な論理

「B」として得たい結論のために「A」に条件として何を入れるかで、様々な論理が生まれます。数学や科学のような厳密な論理から、占いや家相のような曖昧な論理までいろいろあります（図表8）。「平面づくり」では、ある程度厳密な論理で「室の大きさ」を決めなければなりません。「形と空間づくり」では、少々曖昧な論理でも、自分だけが得たイメージを「A」に入れて、自分だけが得られるアイデアを「B」として得る努力をします。

2. 建築づくりの論理を説明できること

車やテレビなどの工業製品は、「完成品」となっている商品を確かめて買うことができます。建築の場合は、これから建つであろう建築を「図面の段階」で契約しなければなりません。図面の中に、クライアントの要望や建築デザイナーのアイデアが十分入っていることが大切です。建築づくりのような社会的行為を行う場合には、「アカウンタビリティ（説明責任）」が求められます。「平面づくり」においても、「形や空間づくり」においても、「AならばB」で論理的に説明できるようにしておきます。

図表5　脳の3つのはたらき

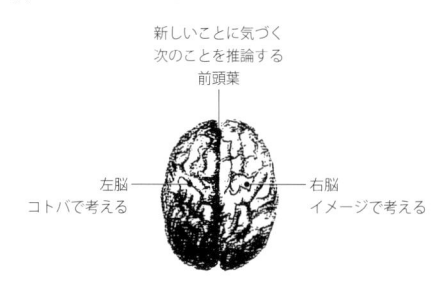

新しいことに気づく
次のことを推論する
前頭葉

左脳　　　　　右脳
コトバで考える　イメージで考える

図表6　イメージ記憶

目	→	視覚イメージ記憶
耳	→	聴覚イメージ記憶
鼻	→	嗅覚イメージ記憶
口	→	味覚イメージ記憶
肌	→	触覚イメージ記憶

図表7　イメージからコトバへ

⛰ → 山
🌲 → 木
🌸 → 花

図表8　様々な論理の例

	A（条件）	ならば →	B（結果）
数学	$(x+y)^2$	→	$x^2+2xy+y^2$
化学	$2H_2+O_2$（酸素と水素）	→	$2H_2O$（水）
国語	情に棹させば	→	流される（夏目漱石）
歴史	・ペリーの来航 ・外国知識の流入 ・薩長の台頭	→	幕府の崩壊
俗信	四つ葉のクローバー	→	幸せになる
占い	生命線が長い	→	長生きする
家相	西北に蔵がある	→	金持ちになる
統計	GDPが上がる	→	経済が上向く

図表9　建築づくりの論理の例

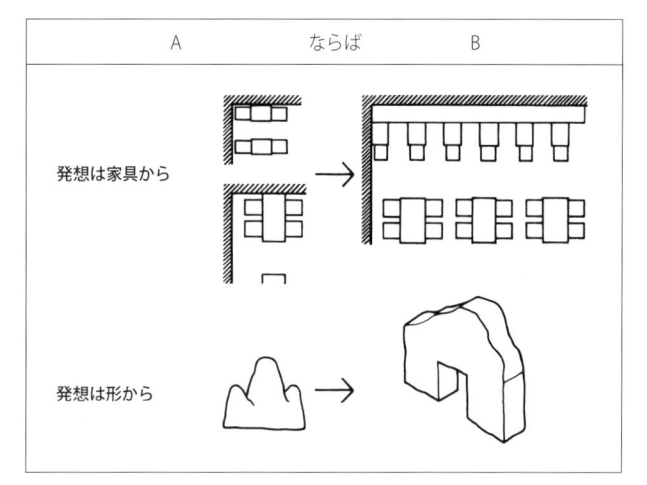

A	ならば	B
発想は家具から	→	
発想は形から	→	

第 3 章　分析から総合へ

2　イメージ記憶をためておく

日頃の努力が大切

1. スケッチをためておく

「イメージ記憶」とは、何となく曖昧な記憶ではなく、この目で見、この手で触って覚えておいた、具体的な「外界の刺激」の記憶のことです。とはいえ、これを具体的にしておくためには、例えば、「視覚イメージ」であれば、「スケッチ＝写生」をして「目と手」の両方で覚えておきます。その「目と手」の記憶は、次に提案するときの「表現のためのスケッチ」へとつながっていきます。提案は未来に向かって行われますが、未来にはまだ何もありません。過去には、「イマジネーション＝想像力」を刺激してくれる歴史遺産があります。

図表1　イメージ記憶をためる旅の例

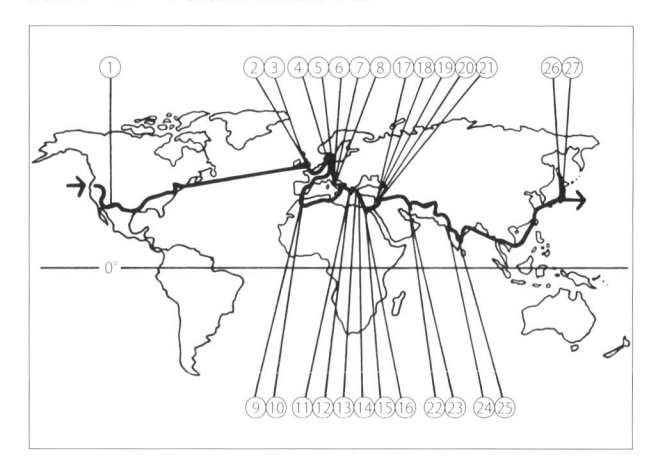

図表2　スケッチでイメージ記憶を具体化しておく

①モニュメント・バレー（米国）
②パリのマドレーヌ寺院（フランス）
③アルビー城（フランス）
④ポンペイ（イタリア）
⑤フィレンツェのシニョリ広場（イタリア）
⑥ウフツィ宮殿（イタリア）
⑦アッシジ修道院（イタリア）
⑧サンマルコ寺院（イタリア）
⑨バルセロナの広場（スペイン）
⑩サハラ砂漠の村（モロッコ）
⑪デルフィ（ギリシャ）
⑫クノッソス宮殿（ギリシャ）

⑬ スルタンハッサン寺院（トルコ）　⑱ペトラのファラオの宝庫（ヨルダン）　㉓ペルセポリス（イラン）

⑭ エフェソスの劇場（トルコ）　⑲パルミラ（シリア）　㉔エローラ（インド）

⑮ サッカラのピラミッド（エジプト）　⑳ダマスカスの大モスク（シリア）　㉕ミナクシ寺院（インド）

⑯ アモン神殿（エジプト）　㉑バールベック神殿（レバノン）　㉖映画「スターウォーズ」より

⑰ キリスト生誕教会（イスラエル）　㉒イスファハンのモスク（イラン）　㉗松島（日本）

2. イメージ記憶と直観力

「イメージ記憶（目・耳・鼻・口・肌による記憶）」は、量の多さが大切です。旅行や見学、映画鑑賞などをたくさんしてためておきます。また、記憶時には、これは役に立つ、これは役に立たない、と区別しないで覚えておきます。「アイデアが浮かぶ」ときというのは、たいてい、「あるイメージ記憶」と「他のイメージ記憶」との「新たな結びつき」にありますから、結びつきやすいように、脳皮質の上に「自由配置」にして覚えておくのがコツです。これまで、「形と空間づくり」の「直観力」について何度か述べてきました。直観力とは、現在抱えている問題点やテーマに対して、解決のため、過去の経験でためておいた膨大なイメージ記憶の中の「役に立ちそうな記憶に瞬時にたどり着く力のこと」と定義しておきます。

第3章　分析から総合へ

3　アイデアをためておく

1. 日頃の努力が大切

1. 日常生活の中でアイデアをためておく

クライアントから出される「用途・必要な室・面積・予算」などを満たすだけでは豊かな形や空間をつくることはできません。もう1つ、建築デザイナーの側から「アイデア」の提供が必要です。これは、「個人のイメージ記憶」がもとになっていますから、誰かと相談してできるものではありません。これまでためておいた「イメージ記憶」と、解決したい「問題やテーマ」を掛け合わせながら、「AならばB」の考え方でつくるといいでしょう。

2. ル・コルビュジエの場合

彼は、クライアントからの依頼によるほか、依頼もないのに自分で条件を決めて数多くの設計をしています。そのような中に、「アイデア」がたくさん組み込まれています。有名な「近代建築の五原則」は、そのようにしてつくられたと考えていいでしょう。設計の修業を終えて独立したての頃、設計依頼がないときこそチャンスです。将来の実現を夢見ながら、アイデアをたくさんつくってためておきます。

2. アイデア技法

1. 異質なものを組み合わせる

アイデア技法も「AならばB」で考えることができます。Aに何を入れBで何を求めるかで技法は異なってきます。最初の「異質なものを組み合わせる」という技法は、これまでにためたイメージ記憶の中の「あるイメージ」と「別のイメージ」を組み合わせ、新しいアイデアをつくる方法です。

2. 発散と収束

何人かの友人に集まってもらい、最初は、ブレーンストーミングで、たくさんの案を出します（発散の段階）。これ以上案は出ないという段階になると、一番いい案にしぼっていきます（収束の段階）。最初は「これはダメ」などとブレーキをかけないで「自由に発想」することが大切です。

3. KJ法

文化人類学のフィールドサーベイから生まれた方法です。調査で、生活習慣・言語・宗教・歴史・地勢・植生などに関する膨大なデータを得たあと、1つの論文にまとめるにはどうするかという悩みの中から生まれた発想法です。「発散と収束」では、最後に1案にしぼりますが、ここでは、データはそのまま生かしながら、項・節・章などの段階的なまとめの中で「データを整理」していきます。
（参考：川喜田二郎『発想法』中央公論社）

図表1　ル・コルビュジエの「近代建築の五原則」

A	ならば	B
	→	ピロティ
	→	自由な平面
	→	屋上庭園
	→	水平な連続窓
	→	自由なファサード

（参考：『ル・コルビュジエ作品集』EDA EDITA, Tokyo）

図表2　アイデア技法の例

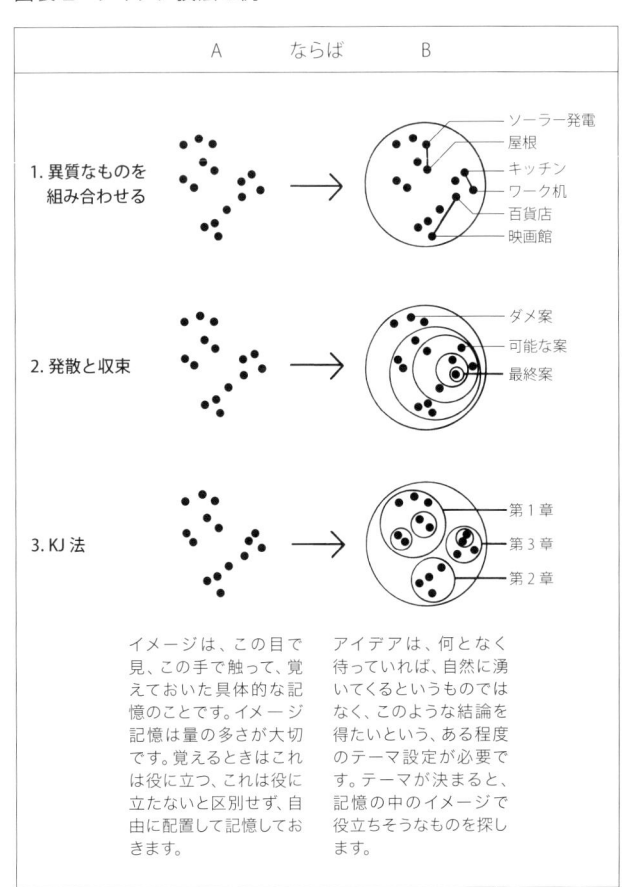

	A	ならば	B
1. 異質なものを組み合わせる		→	ソーラー発電／屋根／キッチン／ワーク机／百貨店／映画館
2. 発散と収束		→	ダメ案／可能な案／最終案
3. KJ法		→	第1章／第3章／第2章

イメージは、この目で見、この手で触って、覚えておいた具体的な記憶のことです。イメージ記憶は量の多さが大切です。覚えるときはこれは役に立つ、これは役に立たないと区別せず、自由に配置して記憶しておきます。

アイデアは、何となく待っていれば、自然に湧いてくるというものではなく、このような結論を得たいという、ある程度のテーマ設定が必要です。テーマが決まると、記憶の中のイメージで役立ちそうなものを探します。

3. スケッチとコンセプトで具体化

1. 問題やニーズを解決してアイデアにしておく

アイデアをつくるためには、何か独特な才能がいると考えがちですが、そうではありません。現在、自分の身の回りで起こっている「問題」や「ニーズ」を素直な目で見つけ出して、これまでに経験した旅行や見学、映画鑑賞などでためておいたイメージ記憶の中の「役に立ちそうなイメージ」と掛け合わせてつくるといいでしょう。

2. スケッチとコンセプトで具体化しておく

「アイデア」は、デザイナーの頭の中にある間は、ほかの人には分かりません。ほかの人にも分かるように、「スケッチ」と「コンセプト」で具体化しておきます。「視覚的」に分かるようにスケッチを用いて、そして、「説明」できるようにコトバを用いて表しておきます。設計課題の発表やプロジェクトの依頼があってからでは遅いので、日頃の努力としてコツコツとためておきます。図表3は、アイデアを具体的に表した例です。

図表3　アイデアの具体化例

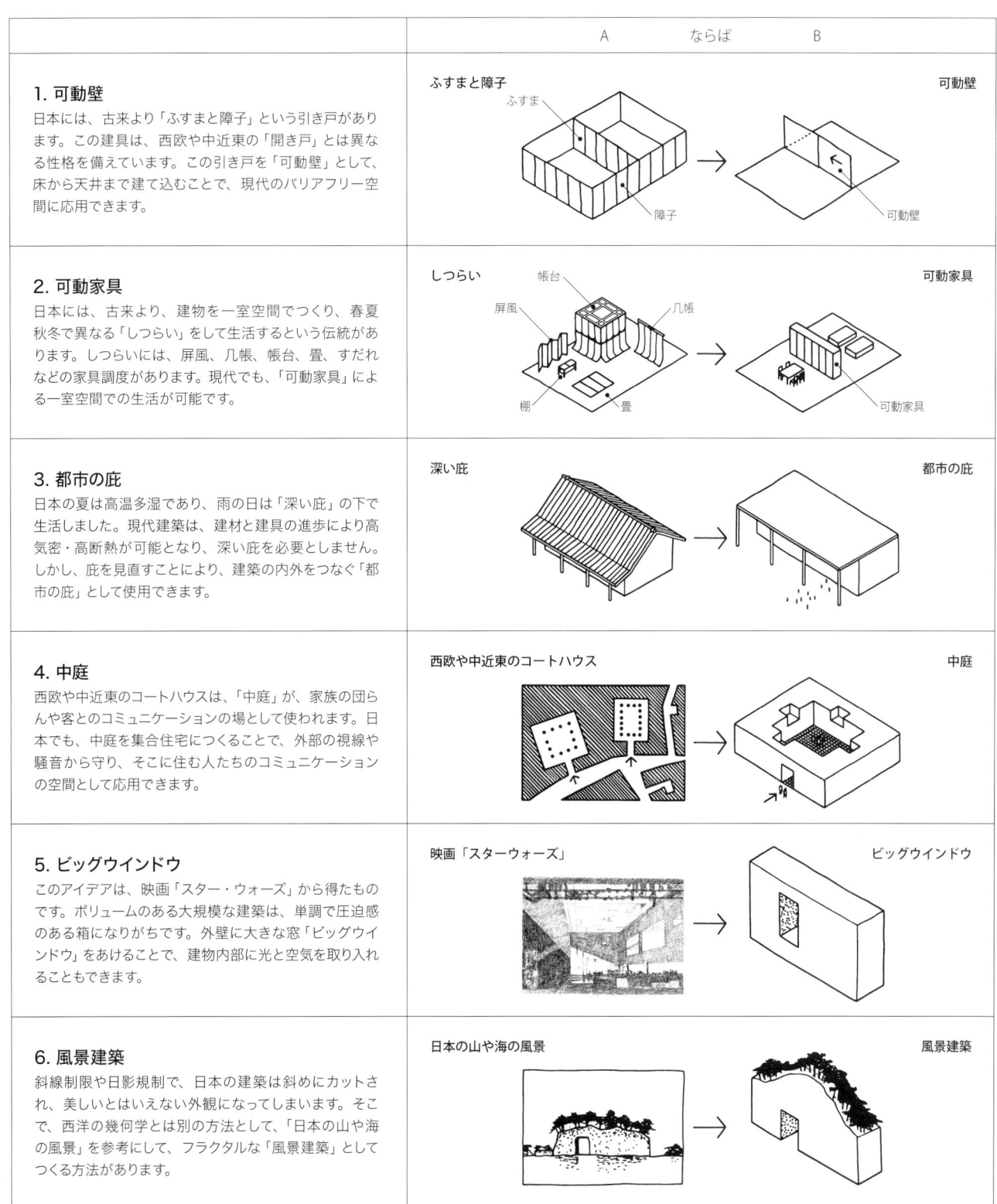

	A　　ならば　　B
1. 可動壁 日本には、古来より「ふすまと障子」という引き戸があります。この建具は、西欧や中近東の「開き戸」とは異なる性格を備えています。この引き戸を「可動壁」として、床から天井まで建て込むことで、現代のバリアフリー空間に応用できます。	ふすまと障子 → 可動壁
2. 可動家具 日本には、古来より、建物を一室空間でつくり、春夏秋冬で異なる「しつらい」をして生活するという伝統があります。しつらいには、屏風、几帳、帳台、畳、すだれなどの家具調度があります。現代でも、「可動家具」による一室空間での生活が可能です。	しつらい（帳台、屏風、几帳、棚、畳）→ 可動家具
3. 都市の庇 日本の夏は高温多湿であり、雨の日は「深い庇」の下で生活しました。現代建築は、建材と建具の進歩により高気密・高断熱が可能となり、深い庇を必要としません。しかし、庇を見直すことにより、建築の内外をつなぐ「都市の庇」として使用できます。	深い庇 → 都市の庇
4. 中庭 西欧や中近東のコートハウスは、「中庭」が、家族の団らんや客とのコミュニケーションの場として使われます。日本でも、中庭を集合住宅につくることで、外部の視線や騒音から守り、そこに住む人たちのコミュニケーションの空間として応用できます。	西欧や中近東のコートハウス → 中庭
5. ビッグウインドウ このアイデアは、映画「スター・ウォーズ」から得たものです。ボリュームのある大規模な建築は、単調で圧迫感のある箱になりがちです。外壁に大きな窓「ビッグウインドウ」をあけることで、建物内部に光と空気を取り入れることもできます。	映画「スターウォーズ」 → ビッグウインドウ
6. 風景建築 斜線制限や日影規制で、日本の建築は斜めにカットされ、美しいとはいえない外観になってしまいます。そこで、西洋の幾何学とは別の方法として、「日本の山や海の風景」を参考にして、フラクタルな「風景建築」としてつくる方法があります。	日本の山や海の風景 → 風景建築

第3章　分析から総合へ

4　場所とニーズの分析訓練をしておく

1. 日頃の努力が大切

1. 日常生活の中で場所の分析訓練をしておく

建築づくりでは「建設場所」の調査は欠かせません。では、実際にその機会があるまでは何もしないで待っているのかということになります。毎日の通勤・通学の途中で、これはと思う敷地を見つけて、敷地、道路、用途、近隣の町並みなどの分析訓練をしておきます。

2. 日常生活の中でニーズの分析訓練をしておく

実際に「ニーズの分析」を行うのは、設計課題や実際のプロジェクトの依頼があってからです。では、それまで何もしないで待っているのかということになります。毎日の新聞・テレビ・ネットなどを見ながら、情報の分析訓練をしておきます。現代では、どのような計画にしても、特に「環境問題」に配慮することが大切です。

2. 場所を分析する

1. 地図を入手する

「建築づくり」でまず行うことは、何といっても「地図の入手」です。建築づくりは、「すでに決まっている敷地」で行う場合もありますが、新たな「敷地探し」が必要な場合もあります。いずれにしても、地図の入手が必須です。

2. 場所の分析項目

地図を入手したら、そこがどのような場所かを知るために、「場所の分析」を行います。少なくとも次に述べる項目は調べておきます。

○**法的規制**　管轄の役所に行き、都市計画的な用途地域、前面道路の状態、容積率、建蔽率、斜線制限、防火地域、高度地区など、法的規制について調べます。

○**道路と交通**　敷地の前面道路に歩道があるかないか、道路の幅は何mか、人や車の交通量、街路樹や電柱の有無、将来の計画を予測して、玄関や車庫の最適位置などを調べます。

○**公共施設**　将来の生活や業務などを想定して、周辺の公共施設を調べておきます。例えば、最寄りの駅、商店街、交番、消防署、小学校、病院、銀行、公園の位置などを調べます。

○**建物種類**　敷地の周辺にはどのような建物が建っているか、例えば、1・2階の低層か、6階以上の高層か、木造かRC造かなどを調べます。

○**環境**　音・臭い・振動・色彩などについては、住宅であれば落ち着きのある環境が、商店であればむしろにぎやかな環境が必要です。実際に歩いて五感で調べます。

○**写真**　現地を訪ねたとき、敷地および周辺の写真を撮っておきます。隣地や向かいの建物、遠くに見える山や海、また、隠してしまいたい看板や電柱なども撮っておきます。

3. 利点と問題点

上記のような場所の調査をしていると、計画に生かしたい「利点」と、解決しておきたい「問題点」が見えてきます。忘れないように、現地でメモしておきます。

図表1　敷地周辺の地図の入手

実際の建設に際しては、測量会社による正確な敷地の測量が必要です。計画段階では、市販の地図、あるいは、特定行政庁の作成した都市計画図でも十分可能です。「ゼンリンの住宅地図1/2500」の書籍版は、役所の情報センター、あるいは、インターネットでも入手できます。

図表2　敷地と周辺の分析の例

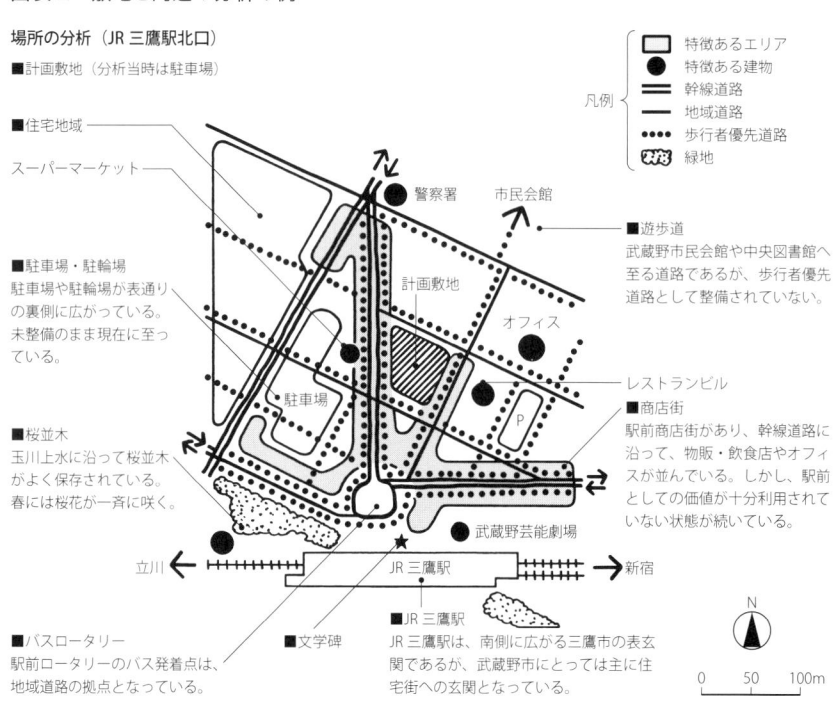

3. ニーズを分析する

1. どのような用途に適しているか調べる

例えば、先祖代々所有している敷地があり、新たにビルを建てたいけれども、「何の用途」で建てたらいいか分からないといった場合があります。マンションか、オフィスビルか、店舗か迷っているといった場合です。そのような場合は、その場所ではどのような用途が必要なのか、ニーズの分析を行う必要があります。

2. すでに決められている用途のために調べる

例えば、ある小売企業が、駅前で店舗づくりを展開したいと考えている場合、すでに用途は決められています。ところが、品ぞろえは何がいいか、客層はどのような人たちか、その地域のどの場所がいいかなど、店舗づくりに必要な「細かな情報」がない場合、その場所に行き、ニーズの分析を行う必要があります。

3. 調査方法

日頃の努力として「新聞・テレビ・ネット」に目を通して、建築や環境に関する世の中の「ニーズ」を探っておきます。ニーズにもとづいて、さらに詳しい情報を得たいときには「文献やカタログ」の調査は欠かせません。その地域で求められているニーズを知るためには「アンケート」や「インタビュー」などの方法もあります。

○**新聞・テレビ・ネットから** 現代のような情報社会では、意識して調べなくても、新聞・テレビ・ネットなど、身近な情報媒体に何となく接していれば、世の中のニーズを知ることができます。そこで、気になる情報に出会ったときが「その時」ですから、例えば、新聞であれば「切り抜き」してスクラップしておきます。

○**雑誌の記事から** 建築専門誌の多くは月刊誌です。新聞と同じように定期的に目を通しておくといいでしょう。深く読み込まなくても、記事の「見出し」と「年月」くらいは覚えておいて、その後、その記事が必要になったときバックナンバーを調べるといいでしょう。

○**文献・カタログから** プロジェクトによっては、最新の技術で解決してほしいというニーズがあります。そのような場合「文献やカタログ」の調査は欠かせません。例えば、最新の建築設備・新建材の内容・省エネルギー技術など、その情報が必要になったときに調査します。

○**アンケートから** 建設する地域や用途が特定されていて、そこで、どのようなニーズがあるかを調べなければならない場合、「アンケート」が有効です。大規模小売店舗でどのような売り場構成が必要か、大規模集合住宅でどのようなコミュニティ施設が必要かなどの場合です。

○**インタビューから** アンケートで使う調査用紙の場合は無記名が多く、おおよそのニーズを質問項目の範囲内で知ることができます。「インタビュー」では、調査員が直接訪問して調べるので、用意した調査項目のほか、口頭でのやり取りの中から、ニーズの本音の部分をアンケートより具体的に調べることができます。

図表3　新聞記事の例

「自慢の眺望は法的保護に値せず」より抜粋。『朝日新聞』平成20年6月26日朝刊。

「眺望を売りにしていたタワーマンションの目の前に同じ業者がさらに高いマンションを建てて景色が変わったとして、住民が慰謝料の支払いを求めた裁判の判決が25日、大阪地裁であった。高木勝己裁判官は「大都市・大阪の中心部で、たまたま住民が良好な眺望を独占的に享受していたとしても、法的保護には値しない」と判断した。1人当たり750万円の請求を棄却した。原告は、00〜01年に大阪・難波の28階建てマンションの高層階を購入した5人。このマンションに続き、その約80ｍ先に05年、39階建てマンションを建てて販売した近鉄不動産と近畿日本鉄道を訴えた。……」

図表4　雑誌記事の例

「マンション紛争　建築禁止の仮処分を決定—同じ売主が隣接地で日照を阻害」より抜粋（『日経アーキテクチュア』2003 2-17）。

「建設中のマンションが、隣接する同じ売主のマンションの日照を阻害したら—。鹿児島市内で1999年12月に分譲された8階建てのマンション「エイルヴィエラリベルシティ城西」の住民が、道路を挟んだ南側の土地に10階建ての分譲マンションを建設中の不動産会社、作州商事を相手取り、「日照や眺望が阻害される」などと建築禁止を求めた。この申請に、鹿児島地裁は1月24日、建築を禁止する仮処分を決定した。地裁は、被害の受忍限度の判断に当たって、「マンションを販売した不動産会社自身が、その住民に加害する可能性のあるマンションを隣接地に建設するというのは当然、特殊事情として考慮される。つまり、加害者が誰かによって、受忍限度は変わる」との見解を示した。日照については「適切な設計をしたとは到底、認められない。受忍限度を超える被害が生じる」と判断した。眺望については、住民の主張を退けた。「不動産会社には設計変更を伴う和解に応じる意思が全く認められない。1回目の審尋期日の直後に起工式を挙行し、当初の予定よりも早く杭工事に入るなど、和解をすすめたとしても期日を重ねるだけで著しい弊害が生じる恐れがある」と、工事禁止を命じる必要性を判断した。……」

図表5　文献の例

「地域共生の土地利用検討会」より抜粋（日本建築学会住宅小委員会編『事例で読む現代集合住宅のデザイン』彰国社、2004）。

「京都では、伝統的な町家が並ぶ都心部における集合住宅建設に伴って激しい建築紛争も続いてきた。「アーバネックス三条」も、当初は分譲集合住宅建設をめぐる建築紛争から始まった。しかし、その後、住民は、単なる反対運動が必ずしもいい結果をもたらさないことに気づき、専門家の支援を得て姉小路界隈を考える会を設立、文化的活動を展開しながら住民自らが「まち」の資源を知るための取り組みが開始された。当初の分譲集合住宅建設は、1996年、異例の白紙撤回となる一方、1997年、(財)京都都市景観・まちづくりセンターの設立後、同センターが事務局となり、白紙撤回となった土地利用について、「まち」全体の価値を高めるような方向で、賃貸物件として検討を再開する動きが生まれ、住民、企業、行政のパートナーシップのまちづくりにつながる地域共生の土地利用検討会が1999年1月に設立された。……」

図表6　アンケート項目の例

想定：住宅地での高齢者の生活状況について調査をしたい場合
・回答者の基本属性：性別、年齢、職業、その他
・同居人：配偶者、子ども、親、孫、独居、その他
・住宅の状況：戸建てか集合住宅、木造かRC造、その他
・日常生活行為の時間と場所：起床、食事、家事、入浴、就寝、その他
・趣味：スポーツ、芸術鑑賞、読書、ダンス、カラオケ、工芸、ビデオ、その他
・友人とよく会う場所：自宅、友人宅、カフェ、デイケアセンター、商店街、その他
・よく買い物する場所：近所の商店、スーパーマーケット、デパート、その他
・よく使用する公共施設：デイケアセンター、図書館、役所、集会所、その他
・旅行：国内・海外、家族・友人と、1人で、年に何回、その他
・親族との連絡方法：電話、ケイタイ、メール、手紙、直接会話、その他

第3章　分析から総合へ

5　案をつくる

1. 案をつくる前の準備

1. 条件をつくる

「建築づくり」は、何もない状態からは何も始まりません。まず、提案のための「条件づくり」から始めます。「AならばB」で考えるための「A」をつくることから始めます。結果として欲しい「B」を得るための準備です。「クライアント」から与えられる条件のほか、「建築デザイナー」の側からつくる条件もあります。

2. イメージをつくる

建築づくりでは、最後には「形や空間」にまとめなくてはなりません。提案したい形や空間の「イメージ」は、思いついたときが「その時」ですから、すぐ「スケッチ」しておきます。旅行や見学、映画鑑賞などでためておいた「イメージ記憶」、五感に響く事例から「解読・解釈」して得た形や空間、問題やニーズを解決して得た「アイデア」など、思いついたときに「スケッチ」しておきます。

3. コンセプトをつくる

建築づくりでは、「提案したい内容」を「コンセプト」で表すことが求められます。「何のために・何を」つくるかの基本方針を「メインコンセプト」で、「どのように」してつくるのかを「サブコンセプト」で表します。メインとサブの順序に関係なく、思いついたときにメモしておきます。

2. 概念とは

1. ソシュールの「概念」

「コンセプト」は日本語では「概念」と訳されています。スイスの言語学者F・ソシュールは、コトバが発音通りに聞こえる部分を「シニフィアン＝聴覚映像」、その内容になっている部分を「シニフィエ＝概念」と区別しました。コトバには、「見出し」になっている部分と、「意味内容」になっている部分があります。すなわち、コトバには、コトバをコトバで説明できるという特徴があります。概念は、コトバで説明可能ということです。

2. 一般概念・生きた概念

「概念」は、コトバの「意味内容」になっている部分ですが、概念が「人の脳」にためられるとき、大きく分けて2つのルートで入ってきます。1つは、例えば、学校の国語・数学・理科・社会などの授業で、共通認識のために定義された「一般概念」が脳に入ってくるルートです。もう1つは、夏休みの旅行などで「五感体験」して得た外界の刺激が記憶に残っていて、それを自分のコトバに置き換えてつくった

「生きた概念」が脳に入ってくるルートです。「コンセプトづくり」は、この「2つの概念」をうまく響き合わせながらつくるといいでしょう。

図表1　条件づくり

| 場所の分析 |
| ニーズの分析 |
| 用途の決定 |
| クライアントからの条件（面積・室・予算など） |
| 事例から学ぶ
　・家具寸法とアキ寸法
　・室名リスト
　・スパンと階高と天井高
　・ゾーニングと動線 |
| 記憶の中のイメージ |
| 提案したいアイデア |

図表2　イメージをスケッチへ置き換えていく例

第1案：ロの字案　　第2案：コの字案

第3案：山型案

第4案：ツインタワー案　　第5案：板状案

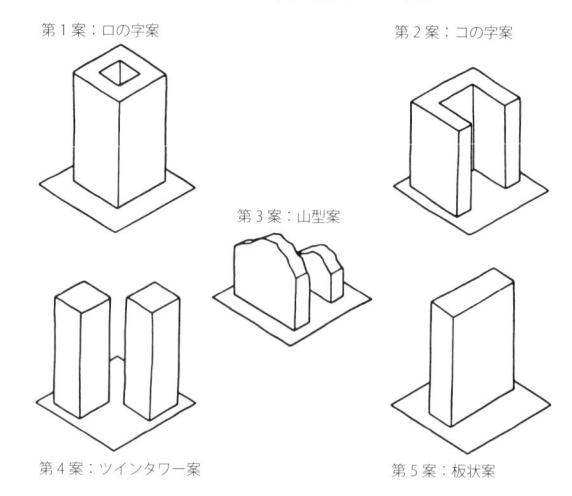

図表3　ソシュールの「概念」

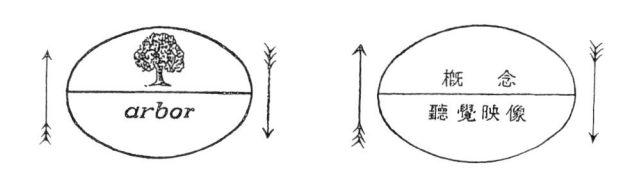

（出典：F.ソシュール著、小林秀夫訳『言語学言論』岩波書店）

図表4　一般概念と生きた概念の例

一般概念「空」	コトバの一般的な概念については、国語辞典を調べるのが一番です。例えば、「空」を広辞苑で調べると、「①地上に広がる空間。地上から見上げる所。天。おおぞら。虚空（こくう）。空中。」と定義されています。一種の味気なさがありますが、そのようなものだろうと理解できます。
生きた概念「空」	自分の五感で得た、生きた「空」の概念をコトバに表した例として、高村光太郎の『智恵子抄』の「あどけない話」の一節が挙げられます。「東京に空が無いといふ・・・阿多多羅山の山の上に毎日出てゐる青い空が・・・ほんとうの空だといふ・・・」という「空」からは、詩人の感じた青い空を、読者も共感をもってイメージできます。

3. 代替案をつくる

1. 平面づくり・形と空間づくり

提案したい内容が頭の中でまとまると、目に見える形に置き換えていきます。「平面づくり」では、「家具→ゾーン→室→平面」の順で、忍耐強く作業を重ねていきます。「形と空間づくり」では、直観をはたらかせて、イメージを「スケッチ・ラフな模型・CG」などに置き換えていきます。

2. 代替案（オールタナティブ）は複数つくる

「代替案」は、この案もある、あの案もある、という段階のものですから、alternativesと複数で表されます。代替案は、アイデア技法で述べた「発散の段階」の案のことですから、これは技術的にダメとか金額的にダメとか判断せず、自由に出して3案くらいにしぼっておきます。

4. 案を評価する

1. 評価基準（クライテリア）をつくる

3案程度にまとめられた代替案を、どの案がいいか選ぶための「評価基準 criteria」をつくります。そして、比較をします。アイデア技法で述べた「収束の段階」です。評価基準は、プロジェクトによって違いますが、例えば、図表6にあるような、予算的可能性、技術的可能性、法的可能性、工期的可能性などが挙げられます。

2. 評価（エバリュエーション）する

3案程度にしぼったA案・B案・C案を、評価基準にもとづいて良い点や悪い点を評価していきます。この作業全体を「エバリュエーション（evaluation）」といいます。評価方法は幾つかありますが、大きく「○ △ ×」の3段階で評価を行い、最も○の多い案を「決定案」として採用します。

5. 決定案（プラン）をつくる

1. 最も良いオールタナティブを決定案とする

最も○の多い代替案を決定案、すなわち、「プラン（plan）」として実行に移します。「オールタナティブ」は未決定段階のものですが、その中の決定案が「プラン」です。一敷地一建物の原則から、最後には「決定案」が必要です。

2. 決定案をさらに改善してもよい

プラン（決定案）が決まり、建設に入っても、建設途中でどうしてもある部分を変更したほうがいいと思うことも起こります。そのようなときは、「設計変更も建築づくりのうち」と考え、勇気をもって完成前に手を打ちます。

3. 次頁のプロジェクトについて

次頁は、1つの「プロジェクト」を想定して「分析から総合へ」を解説したものです。案を進めていくときの「考える順序＝論理」を理解する例として参考にして下さい。

図表5　代替案をつくる

A案	「コの字案」集合住宅の高層棟を、片廊下型でコの字に配置する案。低層部には2階分の公共施設をベースとして置く案。
B案	「ツインタワー案」集合住宅の高層棟を2つの棟に分ける案。低層部には2階分の商店、駐車場、デイケアセンターを設置する。
C案	「風景建築案」集合住宅を幾何学的な形にせず、山や谷のある日本の自然風景のようにする。低層部に、商店、デイケアセンター、駐車場を設置する。

図表6　案を評価する

代替案（オールタナティブ）	法的可能性	技術的可能性	予算的可能性	工期的可能性	ニーズ的可能性	決定案（プラン）
A案	○	△	△	×	○	
B案	△	×	○	○	△	
C案	○	○	○	○	○	→ 決定案

図表7　決定案を決める

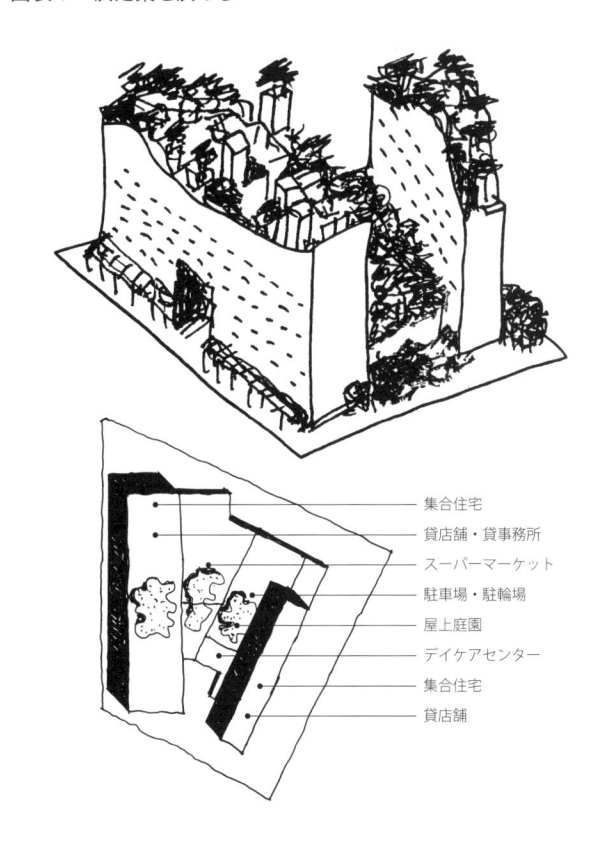

集合住宅
貸店舗・貸事務所
スーパーマーケット
駐車場・駐輪場
屋上庭園
デイケアセンター
集合住宅
貸店舗

第3章　分析から総合へ

6　複合建築の提案例―1

1. 場所の分析

○ポイント
敷地周辺の、道路や交通の状況、用途や建物の状況、音や臭いや色などの環境要素、問題点や可能性などを、自分の五感で調べます。

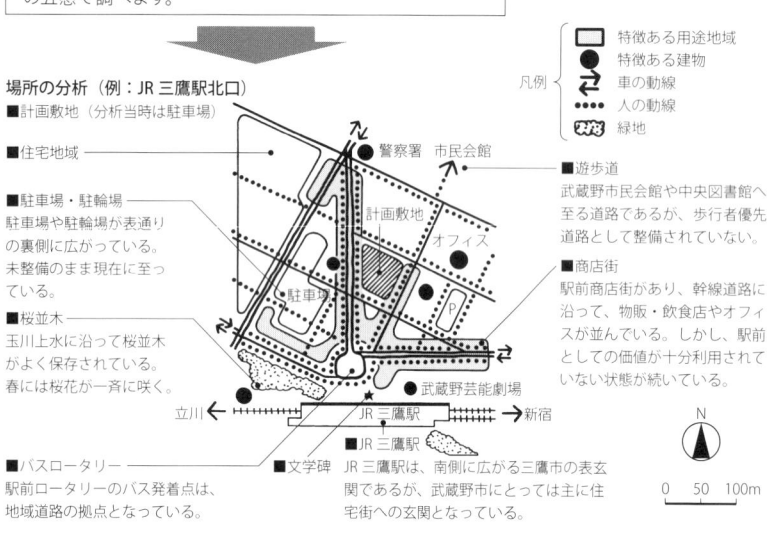

場所の分析（例：JR三鷹駅北口）

凡例
- 特徴ある用途地域
- 特徴ある建物
- 車の動線
- 人の動線
- 緑地

■計画敷地（分析当時は駐車場）
■住宅地域
■駐車場・駐輪場
駐車場や駐輪場が表通りの裏側に広がっている。未整備のまま現在に至っている。
■桜並木
玉川上水に沿って桜並木がよく保存されている。春には桜花が一斉に咲く。
■バスロータリー
駅前ロータリーのバス発着点は、地域道路の拠点となっている。
■遊歩道
武蔵野市民会館や中央図書館へ至る道路であるが、歩行者優先道路として整備されていない。
■商店街
駅前商店街があり、幹線道路に沿って、物販・飲食店やオフィスが並んでいる。しかし、駅前としての価値が十分利用されていない状態が続いている。
■JR三鷹駅
JR三鷹駅は、南側に広がる三鷹市の表玄関であるが、武蔵野市にとっては主に住宅街への玄関となっている。
■文学碑

2. ニーズと問題の分析

○ポイント
敷地や敷地周辺では、どのようなニーズや問題があるか調べます。新聞・雑誌・コミュニティ誌・行政発行のパンフレットなどで調べます。地域住民の声なども聞き取りを行って調べます。計画予定地のあるべき姿に対して参考になる情報を事前に調べておきます。

○ニーズの分析
三鷹駅の南口は、三鷹市の玄関口として開発が進んでいます。北口は、武蔵野市に接していますが、武蔵野市の玄関口としてはすでに吉祥寺駅周辺が開発されています。三鷹駅北口は、武蔵野市内の居住地域へのバス発着場などがあり、商業施設よりも、居住関連施設、例えば、駐輪場や駐車場、託児所、デイケアセンターなどへの希望が多くあります。

3. 用途の選択

○ポイント
何の用途で建てるかは土地所有者の希望が優先されますが、周辺調査から、その地域で要望され、また、その場所にふさわしい用途を選ぶことも大切です。

○用途の選択
・集合住宅
・店舗（物販・飲食）
・オフィス
・デイケアセンター
・駐車場と駐輪場

4. 事例から学ぶ

○「家具寸法とアキ寸法」のポイント
日頃の努力として学んでおいた、集合住宅・店舗・オフィス・デイケアセンターの「家具寸法とアキ寸法」を活用します。デイケアセンターを初めて計画する場合は、「事例から学ぶ」の方法を応用するといいでしょう。すなわち、「生の資料」から「分析した資料」をつくり、「家具→ゾーン→室→平面→建築→敷地」の順で進めます。

家具寸法とアキ寸法

住戸ゾーン（集合住宅）

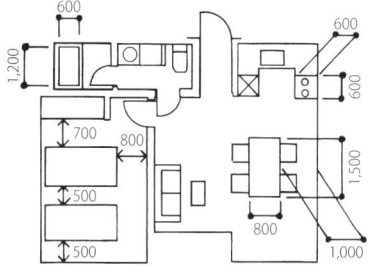

事務ゾーン（オフィス）

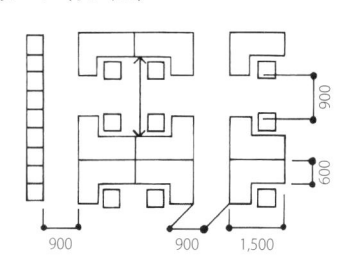

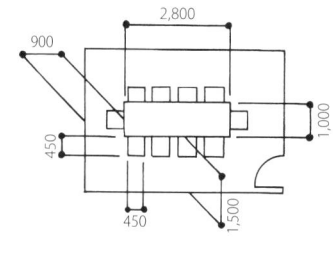

会議ゾーン（オフィス）

客席と厨房ゾーン（飲食店舗）

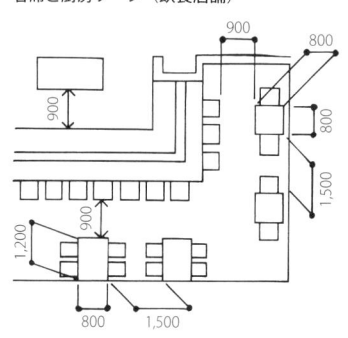

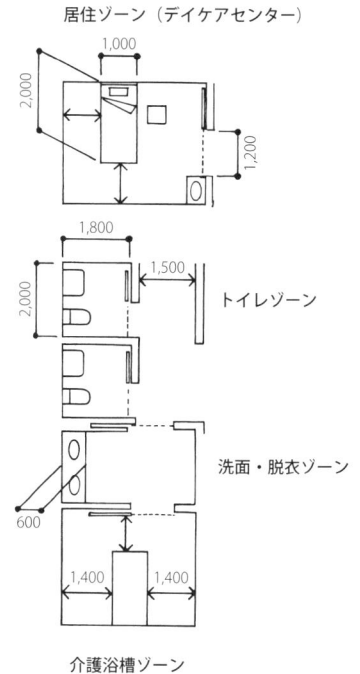

居住ゾーン（デイケアセンター）

トイレゾーン

洗面・脱衣ゾーン

介護浴槽ゾーン

168

「室名リスト」のポイント

事例分析から、計画に必要と思われる室名をすべてリストアップします。これらの室以外にも、デザイナー自身が必要とする室を、新たに付け加えることも可能です。

室名リスト

○集合住宅
居間、台所、食事室、寝室、トイレ、バス、洗面、廊下、収納、玄関（住戸）

○店舗（物販）
売り場、倉庫、従業員休憩室、トイレ

○店舗（飲食）
客席、厨房、従業員休憩室、客用トイレ

○オフィス
事務室、受付、書庫、給湯室、ロッカー室、倉庫、コピー室、会議室、社長室、廊下

○デイケアセンター
介護浴室、脱衣室、洗面室、トイレ、厨房、食事室（訓練室）、トイレ、ステイ室、面談室、スタッフ室、倉庫、玄関、汚物処理室、廊下

「スパンと階高と天井高」のポイント

「事例分析」から、それぞれの用途の「スパン」や、それぞれの用途の「階高や天井高」を調べて応用するといいでしょう。もう1つ、それぞれの用途の「標準寸法」で始める方法もあります。最初は、例えば、階高3,500mmなどのきりのいい寸法で始め、条件が厳しくなったら3,450mmなどへ崩していくといいでしょう。

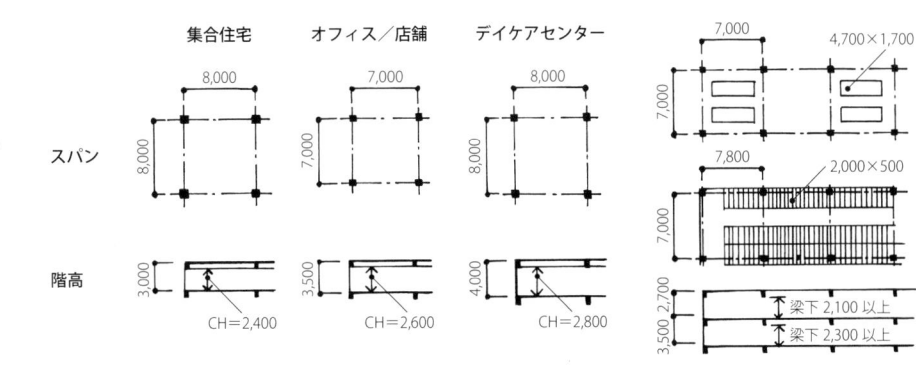

スパンと階高と天井高

集合住宅　スパン 8,000×8,000、階高 3,000、CH=2,400
オフィス／店舗　スパン 7,000×7,000、階高 3,500、CH=2,600
デイケアセンター　スパン 8,000×8,000、階高 4,000、CH=2,800

駐車場／駐輪場

7,000、4,700×1,700
7,800、2,000×500
3,500、2,700　梁下2,100以上、梁下2,300以上

「ゾーニングと動線」のポイント

「平面づくり」では、その用途ならではの「ゾーニングと動線」の関係を、事例分析から学ぶことが大切です。学んだあとは、自分の感性で、理想的な「ゾーニングと動線」の計画を行います。

5. 記憶の中のイメージ

ポイント

「形と空間づくり」は、建築デザイナーの「記憶の中のイメージ」が重要な役目を果たします。もし、記憶量が足りないと感じたなら、すぐ旅に出るといいでしょう。

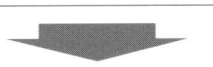

記憶の中のイメージ

日本の山や海の風景 → 風景建築

スターウォーズ → ビッグウインドウ

しつらい → 可動家具

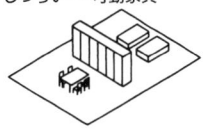

ゾーニングと動線

凡例：
□ ゾーン
‥‥ 人の動線
● 避難階段
● 住戸内階段
★ EV
車の動線
駐車ゾーン
自転車の動線
駐輪ゾーン
← 出入口

1階：店舗ゾーン（スーパーマーケット）、店舗ゾーン、集合住宅玄関ゾーン、店舗ゾーン、駐車ゾーン、店舗ゾーン、店舗ゾーン、デイケアセンター玄関ゾーン

2階：事務所ゾーン、事務所ゾーン、駐輪ゾーン、デイケアセンターゾーン

3階：住戸ゾーン

B棟9・10階：住戸ゾーン（メゾネット）

A棟11・12階：住戸ゾーン、住戸ゾーン（メゾネット）

第3章　分析から総合へ

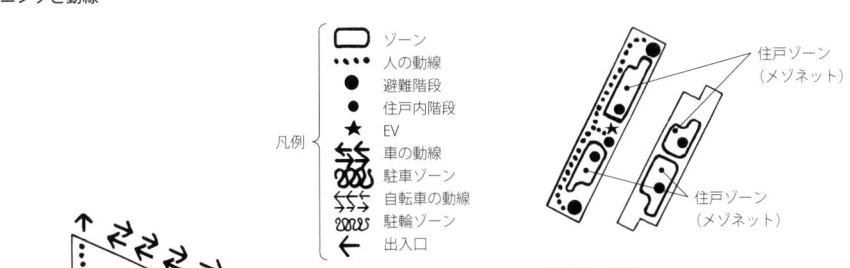

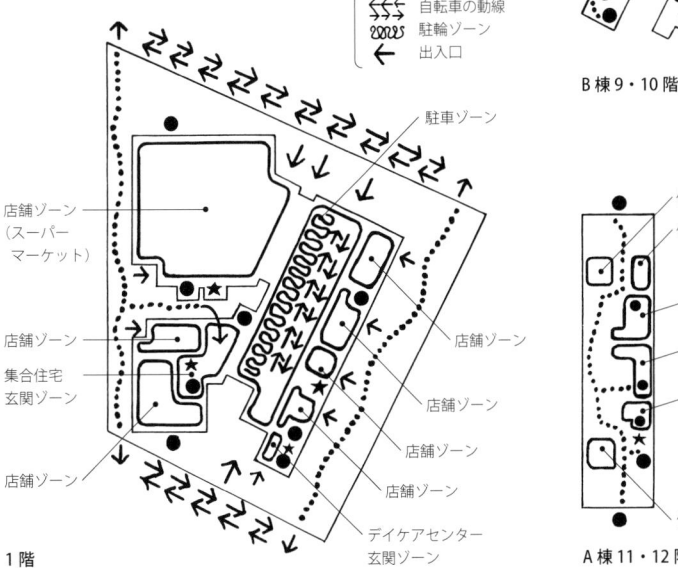

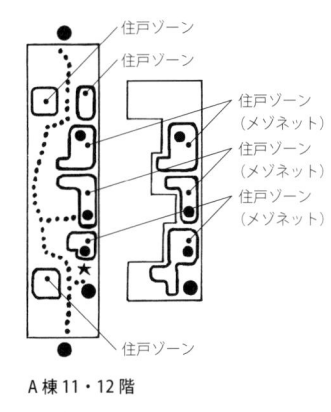

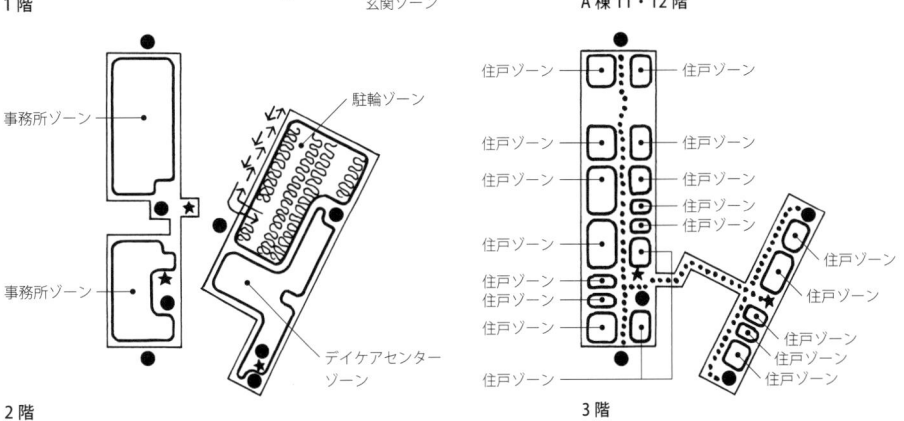

6　複合建築の提案例 — 1

第3章　分析から総合へ

6　複合建築の提案例—2

6. コンセプト

○ポイント
コンセプトは、「提案内容」を「コトバ」で表したものです。「メインコンセプト」で基本方針を述べ、「サブコンセプト」で具体的な内容を述べます。

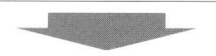

○メインコンセプト
武蔵野の自然と共生する住まいと公共施設の提案を行う。

○サブコンセプト
①変化に富んだ住戸型を含む集合住宅の提案を行う。
②敷地は三鷹駅近くにあり、必要な駐輪場と駐車場の提案を行う。
③高齢者が集まることのできるデイケアセンターの提案を行う。
④敷地は、駅前の商業地域内にあり、1階、2階の接地や準接地部分に、地元が必要とする店舗やオフィス空間を提案する。
⑤敷地は、三鷹駅から文化会館や図書館へ至る動線の途中にあり、緑地やベンチを配した歩行者用空間（かたらいの道）を提供する。
⑥建物の屋上はできるだけ緑化を行い、建物内に住む人・近隣の人・通行人たちがともに楽しめる新たな武蔵野の自然をつくる。

7. 模型写真

8. ドローイング

○ポイント
最終的には、提案内容を図面やコンセプト図で具体化する。

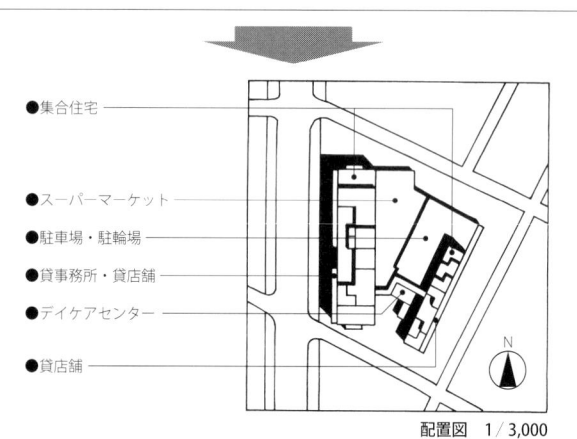

● 集合住宅
● スーパーマーケット
● 駐車場・駐輪場
● 貸事務所・貸店舗
● デイケアセンター
● 貸店舗

配置図　1/3,000

コンセプト図

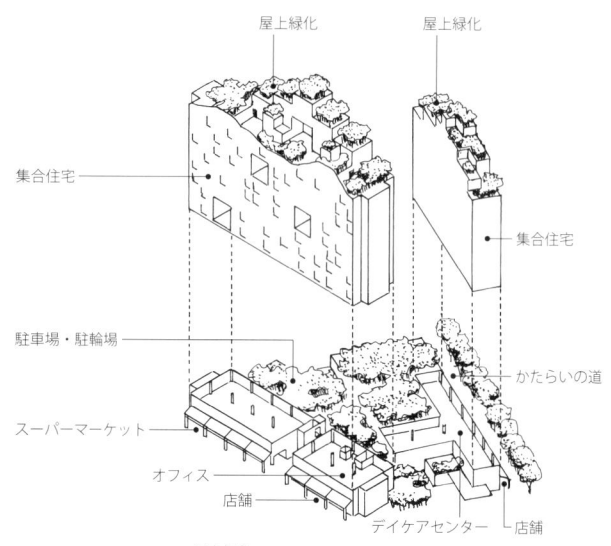

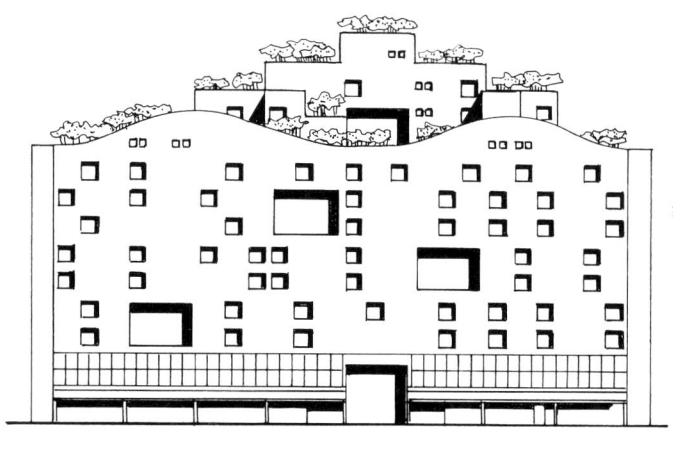

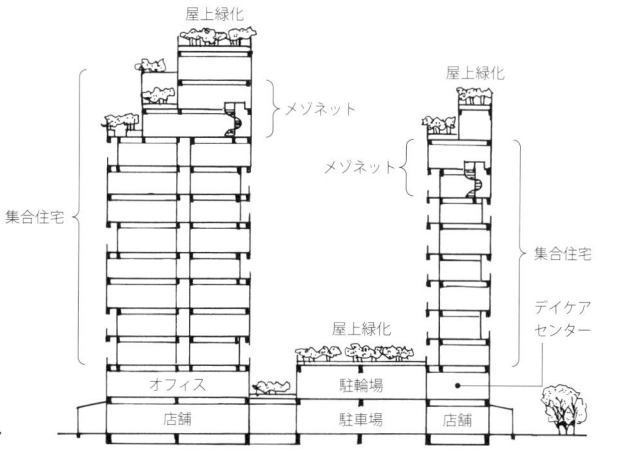

屋上緑化
集合住宅
駐車場・駐輪場
スーパーマーケット
オフィス
店舗
かたらいの道
デイケアセンター
店舗

屋上緑化
メゾネット
集合住宅
屋上緑化
デイケアセンター
オフィス
駐輪場
店舗
駐車場
店舗

立面図　1/800

断面図　1/800

サービス出入口

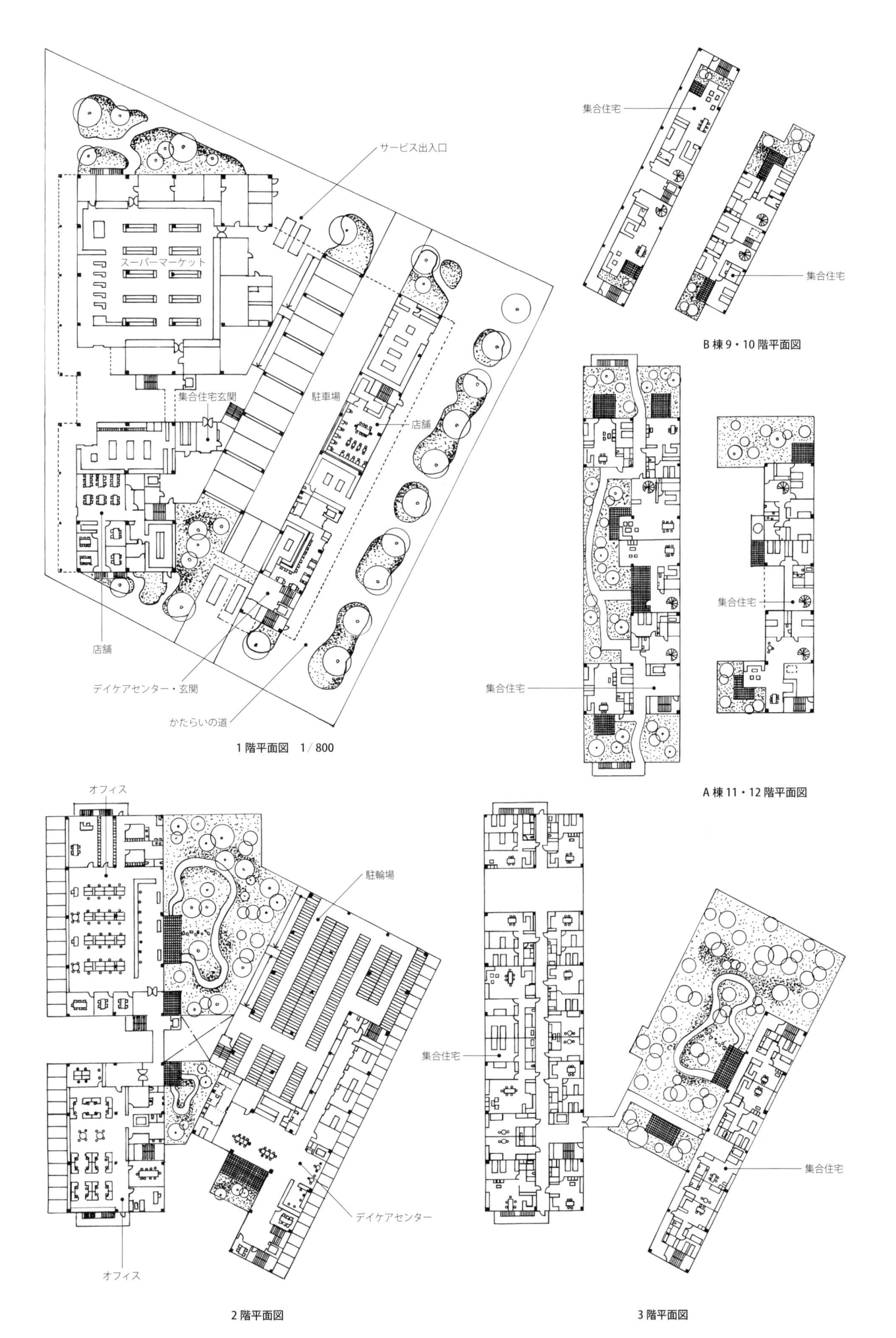

スーパーマーケット

集合住宅玄関
駐車場
店舗

店舗
デイケアセンター・玄関
かたらいの道

1階平面図　1/800

集合住宅
集合住宅

B棟9・10階平面図

集合住宅

集合住宅

A棟11・12階平面図

オフィス
駐輪場

集合住宅

デイケアセンター
オフィス

集合住宅

2階平面図

3階平面図

第3章　分析から総合へ

6　複合建築の提案例—2

171

形と空間づくりに役立つ雑誌・シリーズ・作品集類

GA DOCUMENT
E. D. A. EDITA Tokyo

世界の優れた現代建築を国内外に発信する建築専門誌。写真のクオリティは高く、建築の素材や空間などがダイナミックに紹介されている点が魅力である。

GA JAPAN
E. D. A. EDITA Tokyo

日本の優れた現代建築を国内外に発信する建築専門誌。建築の思想やコンセプトなどにも重点が置かれ、著名建築家等による座談会やインタビューなどの記事も豊富で参考になる。

JA
新建築社

日本の建築の最新情報が毎号特集形式で紹介されている和英バイリンガルの雑誌。注目される建築家の特集や、その年の建築シーンを振り返る「建築年鑑」などの特集があり、参考になる。

EL CROQUIS
El Croquis 社

スペインの建築専門誌。各号で世界的に活躍する建築家を取り上げ、過去から現在までの主要作品やプロジェクトを紹介している。著名建築家による空間づくりの特徴が俯瞰でき、参考になる。

domus
Editoriale Domus S. p. A

イタリアの建築・デザイン分野の情報を発信する伝統ある専門誌。最新の動向や情報提供とともに、テーマに沿ったインタビューや批評なども掲載されている。幅広い分野にわたる優れたデザインが数多く掲載されている。

日経アーキテクチュア
日経BP社

建築に関わる技術・法制度・デザインなど、専門家・実務者向けに総合情報を発信している雑誌。業界のリアルタイム動向などが掲載されている。

建築計画に関する参考文献

建築設計テキスト編集委員会編『建築設計テキスト 集合住宅』彰国社、2008
　　　　　　　　　　　　　　『建築設計テキスト 住宅』彰国社、2009
　　　　　　　　　　　　　　『建築設計テキスト 事務所建築』彰国社、2008
　　　　　　　　　　　　　　『建築設計テキスト 商業施設』彰国社、2008
積田洋ほか著『建築空間計画』彰国社、2012
高柳英明・鈴木雅之・西田司『事例で読む 建築計画』彰国社、2015
建築計画教材研究会編『改訂版 建築計画を学ぶ』理工図書、2013
松本直司編著『建築計画学』理工図書、2013
佐々木誠ほか『住むための建築計画』彰国社、2013
日本建築学会編『建築設計のための行く/見る/測る/考える』鹿島出版会、2011
浅野平八編著『わかる建築学 建築計画 第二版』学芸出版社、2011
長澤泰編著『建築計画 改訂版』市ヶ谷出版社、2011
浅野未紗子ほか『設計に活かす建築計画』学芸出版社、2010
大佛俊泰ほか『建築計画学入門 建築空間と人間の科学』数理工学社、2009
西出和彦『建築計画の基礎 環境・建築・インテリアのデザイン理論』数理工学社、2009
建築のテキスト編集委員会編『初めて学ぶ建築計画』学芸出版社、2009
佐野暢紀ほか『建築計画 設計計画の基礎と応用 第二版』彰国社、2009
建築計画教科書研究会編著『建築計画教科書』彰国社、2008
佐藤考一・五十嵐太郎『初学者の建築講座 建築計画』市ヶ谷出版社、2006
岡田光正ほか『現代建築学 建築計画2 新版』鹿島出版会、2003
岡田光正ほか『現代建築学 建築計画1 新版』鹿島出版会、2002
青木義次ほか『一目でわかる建築計画 設計に生かす計画のポイント』学芸出版社、2002
宇野求『図説テキスト あたらしい建築計画』彰国社、2001

あとがき

　設計課題や卒業制作、あるいは、実務のプロジェクトでは、「第1案」をつくることが大切です。第1案の大きな役割は、この「条件」であれば、これくらいの面積や階数でいけるという「規模」を予測することです。私は、その手引書となるよう、この本をまとめました。第1案ができたら、日頃からためておいたアイデアを加えて、第2案、第3案へと展開していってください。そして、あなたの目指す理想案へと完成させていくといいでしょう。

　現在のような「CAD時代」では、以前の「T定規時代」と比べて、二次曲線や三次曲面など複雑な作図が簡単にできるようになりました。また、レイヤーや面積計算ソフトなどの機能は、わずらわしい製図作業から解放してくれました。「製図（drawing）」のデジタル化は、「設計（design）」の本来の意味「存在の前に」、あるいは、「まだ現れないものを見る」といった創造的な意味を明確にしてくれたといっていいでしょう。パソコンの前に一日中座っていなくても、CADによって自由になった時間を、街や旅に出て「イメージ記憶をためておく」「寸法感覚を養っておく」「問題とニーズを見つける」といった発想のための時間に使えるのです！

　この本を上梓するにあたり、家具から発想するという観点から、文化学園大学の造形学部建築・インテリア学科助教の曽根里子さんに、また、室内環境・建築設備の観点から、建築環境・設備研究所所長の伏見建さんに協力をいただきました。心よりお礼を申し上げます。
　最後に、この本の執筆・編集にあたり、貴重な資料をご提供いただきました設計事務所および関係各位に厚くお礼を申し上げます。

　平成27年3月

宮宇地一彦

略歴

[著者]

宮宇地一彦（みやうぢ かずひこ）

1943 年　広島生まれ
1967 年　法政大学工学部建築学科卒業
1971 年　早稲田大学文学部美術専修卒業
1974 年　ワシントン大学都市建築学部建築学科大学院 MA 取得
1976 年〜菊竹清訓建築設計事務所
1987 年　宮宇地一彦建築研究所開設
文化女子大学（現・文化学園大学）教授を経て、
現　　在　宮宇地一彦建築研究所所長、工学博士、一級建築士

専門分野　建築計画・建築設計
著　　書　『デザイン脳を開く―建築の発想法』（彰国社）
　　　　　『プロセスで学ぶ独立住居と集合住宅の設計』（共著、彰国社）
　　　　　『インテリア計画の知識』（共著、彰国社）

[編集協力]

曽根里子（そね さとこ）

1978 年　東京生まれ
2001 年　文化女子大学家政学部生活造形学科卒業
2003 年　文化女子大学大学院家政学研究科生活環境学専攻修士課程修了
2003 年〜文化女子大学（現・文化学園大学）造形学部助手
現　　在　文化学園大学造形学部准教授、生活環境学修士、一級建築士

専門分野　建築計画・住居計画・住居学
著　　書　『現代集合住宅のリ・デザイン 事例で読む［ひと・時間・空間］の計画』（共著、彰国社）
受　　賞　日本建築学会優秀修士論文賞（2003）「建替団地における『戻り居住者』の住まい方・
　　　　　居住性評価に関する時間的変化の考察―公的賃貸住宅の建替計画に向けた調査研究―」

伏見　建（ふしみ けん）

1943 年　東京生まれ
1966 年　法政大学工学部建築学科卒業
1968 年　法政大学大学院工学研究科建設工学専攻修了
1968 年〜建築設備設計研究所
2005 年　建築環境・設備研究所開設
法政大学デザイン工学部兼任講師、一般財団法人省エネルギーセンターを経て
現　　在　建築環境・設備研究所代表、省エネルギー普及指導員、工学修士、建築設備士

専門分野　室内環境・建築設備、省エネルギー
著　　書　『建築大辞典』『鉄骨建築の基本と設計』（共著、彰国社）

家具から発想する建築計画

2015年4月10日 第1版 発 行
2022年4月10日 第1版 第2刷

著者	宮宇地 一彦	
発行者	下出 雅德	
発行所	株式会社 彰国社	

著作権者との協定により検印省略

162-0067 東京都新宿区富久町8-21
電話 03-3359-3231（大代表）
振替口座 00160-2-173401
印刷：真興社 製本：誠幸堂

Printed in Japan
©宮宇地一彦 2015年
ISBN 978-4-395-32036-3 C3052 https://www.shokokusha.co.jp

本書の内容の一部あるいは全部を、無断で複写(コピー)、複製、および磁気または光記録媒体等への入力を禁止します。許諾については小社あてご照会ください。